Stadt und Siedlung

Identitätsorte und Heimat im Wandel

Dokumentation der drei Veranstaltungen
„Stadt–Landschaft–Wandel. TownScapes Forum Berlin"
(30. Mai bis 1. Juni 2014, Berlin),
„Heimat planen. Heimat bauen. Siedlungen als Kulturerbe und Lebensraum"
(14. bis 16. Oktober 2014, Stuttgart) und
„Siedlungen Ost" (5. November 2014, Halle (Saale))

Impressum

Herausgeber:	Bund Heimat und Umwelt in Deutschland (BHU)
	Bundesverband für Kultur, Natur und Heimat e.V.
	Adenauerallee 68, 53113 Bonn
	Tel. (0228) 22 40 91, Fax (0228) 21 55 03
	E-Mail: bhu@bhu.de, Internet: www.bhu.de
Redaktion:	Dr. (des.) Martin Bredenbeck, Dr. Inge Gotzmann
Mitarbeit:	Yevgeniya Boldareva, Nadja Schernolutzki, Edeltraud Wirz
Verantwortlich für den Inhalt:	Dr. Inge Gotzmann
Bildnachweis:	
vordere Umschlagseite:	Siedlungen unterschiedlicher Zeitstellung prägen den Stuttgarter Norden,
	im Vordergrund die markante Trabantenstadt Neugereut (Luftbild von 1975).
	Foto: Landesmedienzentrum Baden-Württemberg, Archiv Albrecht Brugger
hintere Umschlagseite:	oben: Wandel in der Stadt – zum Beispiel Streetart und multiple Identitäten
	(Fotos: I. Gotzmann, Stadtmuseum Graz)
	unten: Wandel in der Siedlung – zum Beispiel ambitionierte Großsiedlungen auf dem Prüfstand
	und Individualisierung des Lebensumfeldes (Fotos: J. Gregori, H. Pump-Uhlmann)

Layout und Druck: Messner Medien GmbH, Rheinbach

ISBN 978-3-925374-40-1

Nachdruck – auch auszugsweise – honorarfrei mit Quellenangabe gestattet. Belegexemplar an den Herausgeber erbeten.
Das Buch wird an Mitglieder und Interessenten kostenlos abgegeben. Spende erwünscht. Bestellung beim Herausgeber

Förderin

 Die Beauftragte der Bundesregierung für Kultur und Medien

Die Beauftragte der Bundesregierung für Kultur und Medien aufgrund eines Beschlusses des Deutschen Bundestages (BKM)

Die Förderin übernimmt keine Gewähr für die Richtigkeit, Genauigkeit und die Vollständigkeit der Angaben sowie die Beachtung privater Rechte Dritter.

Kooperationspartner
CIVILSCAPE
Landesamt für Denkmalpflege Baden-Württemberg
Landesheimatbund Sachsen-Anhalt
Schwäbischer Heimatbund

Gleichstellung von Frau und Mann
Wir sind bemüht, so weit wie möglich geschlechtsneutrale Formulierungen zu verwenden. Wo uns dies nicht gelingt, haben wir zur schnelleren Lesbarkeit die männliche Form verwendet. Natürlich gilt in allen Fällen jeweils die weibliche und männliche Form.

Bonn 2014

Inhalt

Seite

Herlind Gundelach und Wolfgang Börnsen
Stadt – Siedlung – Heimat 5

Beiträge des TownScapes Forum „Stadt–Landschaft–Wandel" (30. Mai bis 1. Juni 2014, Berlin)

Thomas Gunzelmann
Die Stadt als Kulturlandschaft. Zu Geschichte und Perspektiven einer Deutungsweise des urbanen Raums 7

Sergej Stoetzer
Stadt im Wandel? Orte und Strategien ihrer Aneignung 22

Christiana Storelli
Aspekte von Stadtwandel in Europa: der Fall des Manfredo Villalta. Eine Bildergeschichte 32

Ulrich Knufinke
Sichtbar angekommen? Jüdische Architektur und der Wandel des Sakralen im Bild deutscher Städte 40

Dariusz Gierczak
Stadt und Wandel abbilden – das Beispiel Görlitz/Zgorzelec 49

Josef Oberhofer
„Bozen-Bolzano, eine mehrfache Stadt" 56

Sebastian Kurtenbach
Sozialer Wandel westdeutscher Großsiedlungen 63

Christine Mauelshagen
Die Vermittlung einer industriellen Kulturlandschaft am Beispiel der Zeche Zollverein 69

Dace Granta
Landschaften – neue Dimensionen der Stadtplanung am Beispiel Riga 78

César Caparrós Sanz
Ahora Arquitectura. Spaziergänge zum Stadtwandel in Madrid 82

Hansjörg Luser
Die Stadt sind wir. Beispiele aus Graz 88

Marie-Theres Okresek
bee free. Ein Beitrag zu Entdeckung des Nachbarn in der Mitte Europas 94

Axel Zutz
Der „Garten der Republik" – Berlins zentraler Freiraum in der historischen Mitte zwischen
Alexanderplatz und Humboldtforum 101

Gabriele Höppner
Stadt–Landschaft–Wandel Berlin. Eindrücke einer Exkursion 109

**Beiträge der Tagung „Heimat planen. Heimat bauen. Siedlungen als Kulturerbe und Lebensraum"
(14. bis 16. Oktober 2014, Stuttgart) und des Workshops „Siedlungen Ost" (5. November 2014, Halle (Saale))**

Inken Gaukel
Flachdach oder Satteldach? Die Stuttgarter Siedlungen am Weißenhof und am Kochenhof 114

Hans Martin Wörner
50 + 7 Jahre Dürrlewang 133

Bernd Langner
Siedlung und Wohnen in Stuttgart bis 1930 153

Martin Hahn und Christina Simon-Philipp
Heimat in der Trabantenstadt. Exkursion zum Siedlungsbau der 1960er/1970er Jahre in Stuttgart 161

Walter Buschmann
Heimatforschung – Siedlungsinventar Rheinland 168

Katja Hasche
Wohnsiedlungen der Nachkriegszeit in Westeuropa: Strategien der denkmalpflegerischen Erfassung und Erhaltung 179

Karin Berkemann
„Weniger, aber besser". Die Kronberger Bungalow-Siedlung Roter Hang mit dem Wohn- und Atelierhaus des Braun-Designers Dieter Rams 185

Holger Pump-Uhlmann und Heidi Fengel
Städtebauliche Qualitäten gemeinsam sichern: das Beispiel Wolfsburg-Detmerode 192

Kathrin Pöge-Alder
Heimat zwischen Realität, Traum und Anspruch 199

Jana Kirsch
Heimat Halle-Neustadt 207

Susanne Feldmann
Bilanz von „Heimat Halle-Neustadt", einem Ausstellungsprojekt des Stadtmuseums Halle und der Burg Giebichenstein Kunsthochschule Halle 212

Matthias Behne
Halle nach Neustadt. Zwei Reisen zum Nachbarn 220

Katrin Rothe
Wildwest im Thälmannpark. Beobachtungen einer Dokumentarfilmerin 225

Nils M. Schinker
Gartenstadt Hellerau weiterbauen. Beobachtungen zur Aktualität und Kontinuität der Siedlungsidee 232

Matthias Gütschow
Französisches Viertel in Tübingen. Kaserne wird Stadtquartier 240

Gerd Kuhn
Den Siedlungen eine Zukunft geben 245

Claude Schelling
Siedlungsrevision. Oder: die Suche nach einer wohnlichen Stadt 252

Zu guter Letzt
Autorinnen und Autoren 261
Anschriften BHU und BHU-Landesverbände 263

Stadt – Siedlung – Heimat

Herlind Gundelach und Wolfgang Börnsen

Heimat ist ein Gefühl, in dem vielfältige Aspekte eine Rolle spielen. Wohnorte sind ein wichtiger Teil davon, denn wo Menschen wohnen, finden sie Identität. Sowohl die Tradition des urbanen Lebens in den Städten als auch das Leben in den Siedlungen machen interessante Wandlungen durch, nicht erst heute – oder besser: ständig und immer wieder. Solchen Veränderungen ist der Bund Heimat und Umwelt in Deutschland (BHU) in seinem Projekt „Stadt – Siedlung – Heimat. Kulturraum und Identität im Wandel" nachgegangen. Die Ergebnisse sind in diesem Band zusammengefasst. Mit den Beiträgen aus Deutschland und aus unseren europäischen Nachbarländern wollen wir die vielfältigen Facetten aufzeigen und die Diskussionen anregen.

Der urbane Raum, die Stadt in ihren unterschiedlichen Erscheinungsweisen, ist eine besondere Form von Kulturlandschaft: Die Stadt hat ihre eigenen Akteure, Funktionen und Bedingungen und daher ihre eigenen Gestaltmerkmale und Abläufe. Städte sind und waren immer im Wandel. Wandel betrifft die Bevölkerungszusammensetzung (Migration, Demographie) und die Veränderungen in den Wünschen und Bedürfnissen von Bevölkerungsteilen. Wandel betrifft Lebensentwürfe und Lebensweisen (Wohnformen, Nachhaltigkeit), Gesellschaftsentwürfe und Gesellschaftsideale (Ressourcenverbrauch, sozialer Zusammenhalt), aber auch die technischen Möglichkeiten (Energiewende, Energieeffizienz). Wandel betrifft die Formen des bürgerschaftlichen Engagements, des Mitwirkens in der Stadtpolitik, des Einforderns von Beteiligung und des Einbringens von Aktivitäten. Auch Rollenverständnisse, Selbst- und Fremdbilder sind ständig im Wandel. Viele dieser Veränderungen beeinflussen das Aussehen der Stadt: Haus, Straße, Stadtteil und Stadt werden im Stadtwandel umgeformt, die Kulturlandschaft Stadt ist in Bewegung. Dies gilt in Deutschland und in Europa, von der kleinen Stadt bis zur Großstadt.

Ein anderes großes Paradigma der Heimatfindung ist das Leben in der Siedlung. Zur Schaffung von Wohnraum wurde im 19. und 20. Jahrhundert mit gezielten Siedlungsbauprojekten Einzigartiges geleistet. Arbeiter- und Eisenbahnersiedlungen, die Gartenstädte um 1910, Siedlungen des Neuen Bauens der 1920er Jahre, traditionell-konservative Projekte der 1930er bis 1950er Jahre und schließlich experimentelle und im Maßstab ungeheuer gesteigerte Anlagen der 1960er bis 1980er Jahre sind einige Stichworte. Teils längst als Kulturerbe akzeptiert und manchmal sogar als Welterbe geschützt, hält der Siedlungsbau viele Entdeckungen bereit und bietet interdisziplinäre Anknüpfungspunkte. Aus der Perspektive verschiedener Fachgebiete würdigen wir dieses Kulturerbe und wollen zugleich Chancen für seine Zukunft aufzeigen: Aspekte wie Gestaltung, Bedeutung, Akzeptanz und Identifikation, Potentiale und Transformation spielen dabei eine Hauptrolle.

Der Heimatbegriff erweist sich angesichts der Vielfalt von Aspekten als Schlüssel zu einem umfassenden Verständnis. Konnte und kann man Heimat planen und gezielt bauen? Welche Herausforderungen haben die Siedlungen heute und wie können die einzelnen Fachgebiete dabei zusammenwirken? Heimat ist der Nahbereich persönlicher Verantwortung und eigenen Engagements. Viele Siedlungskonzepte boten und bieten beste Voraussetzungen für die Entwicklung einer lebenswerten Nachbarschaft. Es gilt, auch mit neuen Wegen zu ihrer Stabilisierung und Weiterentwicklung beizutragen.

Die vorliegende Publikation dokumentiert die drei Veranstaltungen des Projekts: das Landschaftsforum „Stadt–Landschaft–Wandel" (TownScapes Forum), das der BHU gemeinsam mit dem Europäischen Verband CIVILSCAPE vom 30. Mai bis 1. Juni 2014 in Berlin ausgerichtet hat, die Tagung „Heimat planen. Heimat bauen. Siedlungen als Kulturerbe und Lebensraum", die vom 14. bis 16. Oktober 2014 in Stuttgart in Zusammenarbeit mit unserem Landesverband Schwäbischer Heimatbund und dem Landesamt für Denkmalpflege Baden-Württemberg stattfand, und den Workshop „Siedlungen Ost" vom 5. November 2014 in Halle (Saale) und Halle-Neustadt, eine Zusammenarbeit mit unserem Landesverband Landesheimatbund Sachsen-Anhalt.

Herzlich danken wir allen, die das Projekt zum guten Erfolg geführt haben: den Referentinnen und Referenten der Veranstaltungen, die ihre Beiträge für die Publikation bearbeitet haben, und allen Kooperationspartnern. Unser besonderer Dank gilt der Förderin des Projektes, der Beauftragten der Bundesregierung für Kultur und Medien (BKM).

Dr. Herlind Gundelach, MdB
Präsidentin des BHU

Wolfgang Börnsen (Bönstrup)
Vizepräsident des BHU

Die Stadt als Kulturlandschaft. Zu Geschichte und Perspektiven einer Deutungsweise des urbanen Raums

Thomas Gunzelmann

Zusammenfassung

Der Beitrag diskutiert die Fragen, ob die Stadt ein Teil der Kulturlandschaft ist, oder ob die Kulturlandschaft als eigenständiges Gebilde außerhalb der Grenzen der Stadt aufzufassen ist. Zudem werden unterschiedliche Ansätze beleuchtet, die Stadt als Landschaft auffassen oder die landschaftliche Elemente in der Stadt feststellen wollen. In der Summe ergibt sich ein vieltöniges, uneinheitliches Bild, das die definitorischen, aber auch inhaltlichen Schwierigkeiten unterschiedlichster Disziplinen im Umgang mit den komplexen Begriffen und den dahinter stehenden Phänomenen aufzeigt.

Einleitung

Stadt und Kulturlandschaft sind die komplexesten und facettenreichsten multifunktionalen materiellen Gebilde, die der Mensch auf der Erdoberfläche geschaffen hat. Sie sind aber nicht nur greifbare materielle, sich stets verändernde Gehäuse und Raum der Grunddaseinsfunktionen des menschlichen Lebens, sondern zugleich auch Konstrukte, Vorstellungswelten und Leitbilder oder sogar Visionen in Politik, wie auch in zahlreichen wissenschaftlichen Disziplinen. Dies gilt sowohl für die Rückschau als auch für die Gegenwart und die Prognose. In den Wissenschaften spiegelt sich diese Vielfalt in der Differenziertheit von Begriff und Verständnis von Stadt und Landschaft. Dazu kommt, dass gerade in anwendungsorientierten Disziplinen diese Bedeutungsinhalte häufig nicht sorgfältig reflektiert werden. Und nun versucht unsere Tagung gar, diese komplexen Kontexte in Beziehung zu setzen, festzustellen, was die Stadt in der Kulturlandschaft oder gar der kulturlandschaftliche Aspekt der Stadt ist.

Wie die offene Benennung im Titel von „Stadt als Kulturlandschaft" schon zeigt, wird das Verhältnis dieser beiden räumlichen Komplexe in Umgangssprache und Wissenschaft in unterschiedlicher, auch diametral entgegengesetzter Weise diskutiert und praktiziert. Es gibt das Verständnis von der Stadt als Antipoden der Landschaft und damit der Kulturlandschaft. Dies entspricht dem umgangssprachlichen Verständnis seit der „Entdeckung der Natur" in der Aufklärung, findet aber bis heute auch Widerhall in vielen praxisorientierten landschaftsbezogenen wissenschaftlichen Disziplinen. Die Disziplin, die über fast ein Jahrhundert die Landschaft als wesentliches Paradigma betrachtete, die Geographie, vertrat dagegen die Auffassung, dass Stadt ein Teil der Kulturlandschaft sei.

Somit kann die Stadt räumlich in der Kulturlandschaft liegen, umgekehrt trifft man aber auch die Meinung, dass Kulturlandschaft in der Stadt gelegen sein kann. Dazu treten eine Reihe von Misch- und Kunstbegriffen, die auf ihre Art Verbindungen und Gemeinsamkeiten der beiden Phänomene ausdrücken wollen. Am bekanntesten ist vielleicht die

„Stadtlandschaft" mit dem englischen Parallelbegriff „urban landscape". Aber auch das englische „townscape" ist vielfach in die Diskussion eingeflossen. In Anlehnung daran wurde eine deutschsprachige Entsprechung als „Stadtschaft" diskutiert. Mit diesen Begriffen will sich der Vortrag in knapper und deswegen vielleicht auch allzu simplifizierender Form auseinandersetzen.

Zum Kulturlandschaftsbegriff (mit Blick auf die Stadt)

Wie der Begriff der Landschaft besitzt auch der spezifizierte Begriff der Kulturlandschaft einen enormen semantischen Hof (HARD 1969; zuletzt HOKEMA 2013: 34f.), der so groß ist, dass ihm die Tauglichkeit als wissenschaftlicher Terminus schon des Öfteren abgesprochen worden ist. Trotz einer teils heftigen Kritik hat der Begriff „Kulturlandschaft" schon seit einem Vierteljahrhundert Hochkonjunktur. Dies hat zwei wesentliche Gründe: Einerseits ist er zweifelsohne grundsätzlich positiv besetzt, anderseits aber in seinen Bedeutungsinhalten ambivalent, weswegen er von vielen Disziplinen und in vielen Situationen des politischen und gesellschaftlichen Alltagslebens immer wieder herangezogen wird. Mit dem Begriff verbinden sich in den Köpfen auch vieler Fachleute Vorstellungen von Vielgestaltigkeit, traditioneller Landnutzung und ökologischer Tragfähigkeit, Schönheit, Überschaubarkeit, Heimat und Identität. Er fügt sich damit hervorragend in aktuelle Regionalentwicklungskonzeptionen unter den Leitbildern von endogener und nachhaltiger Raumentwicklung ein.

Wohl erstmals 1885 findet der Begriff der „historischen Kulturlandschaft" Eingang in die geographische Fachliteratur im Sinne der menschlichen Umgestaltung der Erdoberfläche (WIMMER 1885: 70). Als Begründer des lange geltenden humangeographischen Paradigmas der Kulturlandschaft gilt allerdings Otto Schlüter, und das nicht nur in Deutschland, sondern auch in der englischsprachigen Fachliteratur. 1906 formulierte er in einem programmatischen Aufsatz, worum es der Geographie als Wissenschaft eigentlich zu gehen habe. Es sei die *sichtbare Kulturlandschaft*, deren Ausprägung entgegen dem durch Friedrich Ratzel geprägten Zeitgeist eben weniger den naturräumlichen Grundlagen, sondern dem Menschen selbst und den in seiner Geschichte wurzelnden Faktoren zu verdanken sei (SCHLÜTER 1906). Kulturlandschaft entsteht für ihn durch *alle Wirkungen, die jede Zeit und jede Kultur nach dem Maß ihrer Kräfte auf die Landschaft ausgeübt haben*. Sie ist der *geographische Ausdruck einer Kultur*. Der geographische Ausdruck ist für ihn alles Sichtbare

Abb. 1: Kleingegliederte, ländlich geprägte Kulturlandschaft mit hohem Anteil an historischen Strukturelementen (Höfen, Markt Rattelsdorf, Landkreis Bamberg)
Foto: Thomas Gunzelmann, 2008

in der Landschaft. Untersucht wird das Gegenständliche, Greifbare. Die *nicht sichtbaren geistigen Dinge [sind]* aus dem Kreise der Forschungsgegenstände auszuscheiden, wichtig sind aber die *Handlungen, Beweggründe und Zwecke*, die *als gestaltende Faktoren an Bedeutung eher gewinnen* (SCHLÜTER 1928: 391f.).

Den traditionellen geographischen Ansätzen gemeinsam ist, dass sie die anthropogen geformte oder wenigstens überformte Umwelt als Kulturlandschaft sehen. Da der Mensch fast alle Gebiete der Erdoberfläche beeinflusst hat, sind wesentliche Teile Kulturlandschaft. Ihr gedachter Gegenpol, die Naturlandschaft, existiert nicht mehr oder nur noch auf geringer Fläche. In der Konsequenz ist die Stadt ein Teil der Kulturlandschaft mit einer spezifischen Ausprägung.

Um 1970 geriet das Paradigma „Landschaft" in der Geographie dann von vielen Seiten unter Beschuss. Der feinsinnigste und zugleich schärfste Kritiker Gerhard Hard bezeichnete dieses Paradigma als *„durchgreifendere Weltkomplexitätsreduktionsidee"* und als *„wirkungsvollste[n] Raumverklärungsmythos des deutschen Sprachraums (wenn nicht der ganzen westlichen Welt)"* (HARD 2008: 279f.). Er sprach ihm die Eignung als wissenschaftliches Konzept wie auch als Forschungsgegenstand ab, einen reflektierten Umgang mit ihm wollte er aber nicht kategorisch ausschließen.

Allerdings war der Landschaftsbegriff nicht totzukriegen, in der kulturwissenschaftlich orientierten „Neuen Kulturgeographie" gewann er erneut an Bedeutung. Nun waren alle Landschaften symbolisch (COSGROVE 1988: 59), sie sollten als Text gelesen und somit auch mit geisteswissenschaftlichen Methoden analog zu Werken der Literatur oder der bildenden Kunst interpretiert und erforscht werden.

Letztendlich ist das, was heute modern als „Landschaft drei" bezeichnet wird (PROMINSKI 2006) und über die Konzepte des amerikanischen Geographen John Brinkerhoff Jackson wieder in die Diskussion eingebracht wurde (JACKSON 2005), nichts anderes als ein neuer und wohl auch simplifizierter Aufguss des hergebrachten geographischen Kulturlandschaftskonzepts. Auch dieses betrachtete die Kulturlandschaft als prozesshafte und dynamische Struktur, die prinzipiell offen in ihrer Weiterentwicklung war, nur sah man dies als selbstverständlich und nicht als besonders bemerkenswert an. Für diese Landschaft gibt es keinen Unterschied zwischen Stadt und Land, zwischen Natur und Kultur, was ebenso dem klassischen Landschaftsbegriff entspricht. Erst wenn Wertkategorien wie Ästhetik oder geschichtlicher Zeugniswert hinzutreten, kann daher aus dem grundsätzlich objektiv gedachten und somit wissenschaftlichen Kulturlandschaftsbegriff ein handlungsbezogener Leitbegriff werden.

Neben dieser spezifisch-geographischen Auffassung von Landschaft und Kulturlandschaft als (vermeintlich) objektiviertes Konzept und Paradigma haben sich – der Geograph würde meinen, fatalerweise – zwei weitere wirkmächtige Landschaftsvorstellungen als Grundlagen wissenschaftlicher und planerischer Betätigung gehalten, obwohl sie eher auf das umgangssprachliche Verständnis von Landschaft zurückgehen. Sie haben eins gemeinsam: Sie sehen Landschaft und damit Kulturlandschaft als Freiraum oder als freie Landschaft im Gegensatz zur Stadt. Beide haben ältere Wurzeln als das geographische Landschaftskonzept. Es ist dies einerseits die Vorstellung von Landschaft als ästhetisch-emotionalem Bild, herrührend aus der Landschaftsmalerei, andererseits die von Landschaft als stärker durch natürliche Elemente bestimmtem Raum, der sich als Gegensatz zur Siedlung, besonders aber zur Stadt versteht. Letzteres Konzept geht auf das Naturverständnis zurück, das sich zur Zeit der Aufklärung herausbildete und das heute das allgemeine Verständnis von Landschaft beherrscht. Damit wird Landschaft sozusagen zur ästhetisierten Natur (RITTER 1963:

18). Im Laufe der Zeit gewinnt dann auch der ökologische Aspekt der Kulturlandschaft an Bedeutung.

So blieb es in der Konsequenz nicht aus, dass Kulturlandschaft als Arkadien gesehen wurde, oder wenigstens als schöne, vielfältige und eigenartige bäuerliche Landschaft, die den Strukturen der Mitte des 19. Jahrhunderts entsprechen sollte. In diesem Sinne ist Kulturlandschaft also nicht räumliche Realität, sondern rückwärts gewandtes Leitbild. So meint etwa WÖBSE (1994: 13), dass *„nicht alles, was der Mensch hervorbringt, [...] Kultur ist"*, weswegen auch *„nicht jede durch menschliche Eingriffe veränderte Naturlandschaft [...] eine Kulturlandschaft"* sei. Für ihn ist das Kriterium Kulturlandschaft eben nur dann erfüllt, wenn eine *„ökonomische, ökologische, ästhetische und kulturelle"* Leistung erfüllt ist, die *„ausgewogen ist und dem Menschen langfristig als Heimat dienen kann"* (WÖBSE 1999: 269).

An einen positiv konnotierten knüpft aber auch Stefan Körner mit dem „konservativen" Kulturlandschaftsbegriff an, der überhaupt erst Wertmaßstäbe und planerische Zielsetzungen ermögliche, weil er eben nicht beliebig sei (KÖRNER 2008: 10). Durch solche Sehweisen wird letztendlich der Kulturlandschaftsbegriff vorgefiltert, eingeengt und instrumentalisiert, um ihn für positive, zuweilen aber auch negative Ziele zu instrumentalisieren. Aus diesem nunmehr schon über hundert Jahre alten Dilemma des (Kultur-)Landschaftsbegriffs kann nur eine transparente Vorgehensweise heraushelfen. In einem ersten Schritt hat man daher zu akzeptieren, dass alle Tätigkeiten und Eingriffe des Menschen auf der Erdoberfläche Kulturlandschaft hervorbrachten und -bringen. Qualifizierende Differenzierungen der Elemente und Strukturen der Kulturlandschaft in ökologischer, sozialer, ästhetischer oder historischer Sicht sollte man erst in einem zweiten Schritt vornehmen, wenn man seine Wertmaßstäbe und Zielsetzungen transparent gemacht hat.

Zum Stadtbegriff (mit Blick auf die Kulturlandschaft)

Dass „Stadt" ein höchst vielfältig aufgeladener Begriff ist, über dessen Inhalt kaum Einigkeit hergestellt werden kann, ist jedem schon lange klar, der sich damit auseinanderzusetzen hat. Nicht umsonst trug ein Sammelband, der sich mit dem Stadtbegriff unterschiedlicher Disziplinen beschäftigte, den Titel „Vielerlei Städte", womit aber keineswegs unterschiedliche Städte oder Stadttypen gemeint waren, sondern differenzierte Auffassungen von Stadt als solcher (JOHANEK & POST 2004).

In unserer Betrachtung können wir uns insofern einschränken, als Stadt als räumliche Struktur aufgefasst wird. Sie besteht aus besonders dichten Netzwerken räumlicher, aber auch sozialer Interaktion und geht an ihren Rändern in Räume weniger dichter Interaktion über. Solche eher fließenden Raumbeschreibungen haben die älteren Vorstellungen von Geschlossenheit und Größe abgelöst. Städtische Raumgefüge bilden sich über längere Zeiten hinweg aus, wobei ältere Netze und Strukturen auch die gegenwärtigen beeinflussen, was der Stadt einen seit langem beachteten Palimpsest-Charakter verleiht.[1]

Anerkannt ist im Grundsatz noch das Zentrale-Orte-Prinzip, das der Stadt einen mess- und zählbaren Bedeutungsüberschuss über ihr Umland zuweist und einen ganzen Raum in ein System solcher zentraler Orte unterteilt. Dieses theoretisch quantitative Konzept Stadt wurde von der townscape-Bewegung, etwa von Gordon Cullen, sozusagen in die emotionale Ebene übersetzt. In diesem Konzept erzeugt Stadt einen Überfluss an gesellschaftlichen Angeboten, aber auch visuelle Bereicherungen und ein kollektives Mehr an Freude[2].

Natürlich haben auch die neuen Kulturwissenschaften das Konzept Stadt in Besitz genommen: Zunächst war Stadt im Sinne des ersten Turns, des „linguistic turns" (BACHMANN-MEDICK 2010: 1) Text, oder, wie Roland Barthes es formulierte: *„Die Stadt ist ein*

Diskurs, und dieser Diskurs ist wirklich eine Sprache: Die Stadt spricht zu ihren Bewohnern, wir sprechen unsere Stadt, die Stadt, in der wir uns befinden, indem wir sie bewohnen, durchlaufen und ansehen" (BARTHES 1988: 202)³. Raum und damit die Stadt gilt nun als Gestaltungsfaktor sozialer Beziehungen, Differenzierungen und Vernetzungen, als vielschichtiges Ergebnis von Verortungen, Raumansprüchen, Ab- und Ausgrenzungen. Stadt ist also das Ergebnis sozialer Beziehungen, die einerseits über die Stadt hinausreichen und sich andererseits innerhalb der Stadt überschneiden. Damit werden Menschen unterschiedlicher Herkunft miteinander verbunden oder in spannungshafte Beziehung gesetzt, woraus man folgert, dass die Stadt, gekennzeichnet durch Offenheit und neue Möglichkeiten, eben nicht eine Geschichte oder eine bestimmte Zukunft hat, sondern mehrere Geschichten und Geographien (ALLEN et al. 2005: vii).

Besonders der „spatial turn", im Zuge dessen gerade auch die Stadt als lesbarer Text, als Zeichensetzung, als Symbol, als Repräsentation in den Fokus genommen wurde, erweist sich aber auch als „return" in Richtung auf eine Materialität, also auf die gebaute Umwelt und die städtebaulichen Strukturen (BACHMANN-MEDICK 2010: 7).

In der jüngeren Vergangenheit wurde immer häufiger festgestellt: *The city is dead*, es gebe nur noch den amorphen und stets expandierenden Raum urbaner Netzwerke. Dennoch halten wir nach wie vor an der Idee der Stadt als einen konkreten Ort dezidierter, sozialer und historischer Konstellationen fest (PRAKASH & KRUSE 2008: 1f.). Und so gilt immer noch das Diktum von Fernand Braudel: „*Stadt bleibt stets Stadt, wo immer sie in Zeit und Raum auch angesiedelt sein mag*" (BRAUDEL 1985: 524), das in knapper Wendung darauf verweist, dass die Stadt trotz aller vielfältigen Erscheinungsformen zumindest als Konzept eine gemeinsame, verständliche Diskussionsgrundlage geblieben ist.

Hier soll es aber besonders um das Verhältnis, die Verschränkung oder auch den Gegensatz von Stadt und Landschaft gehen. Beides, sowohl Verschränkung als auch Gegensatz, kann man bis auf Rousseau zurückführen, für den die Stadt „*der Schlund, der das Menschengeschlecht verschlingt*", war (ROUSSEAU 1983: 151). Als Heilmittel dagegen empfahl er das Landleben, das für ihn in der Natur und damit in der Landschaft stattfand. Zugleich findet sich bei ihm bereits die Vorstellung von der Stadtlandschaft, denn er sah die Schweiz seiner Zeit bereits als „*eine einzige, große Stadt, in dreizehn Quartiere aufgeteilt, von denen einige in Tälern, andere in hügeligem Gelände und wieder andere in den Bergen liegen*"⁴. Seit dieser Zeit wird immer wieder das Verhältnis zweier im Grundsatz als positives Leitbild verstandenen Raumkonzeptionen diskutiert, so komplex und gegenläufig, dass an dieser Stelle nur eine grobe Skizze davon gezeichnet werden kann.

Die vieltönige Schnittmenge – Stadtlandschaft, urban landscape, townscape, Stadtschaft, Zwischenstadt

Die Vorstellung von Stadt in Hinblick auf einen (unreflektierten) Landschaftsbegriff rekurriert vor allem

Abb. 2: Tagcloud der Begriffe in der Schnittmenge von Stadt und Landschaft. Grafik: Thomas Gunzelmann

auf zwei Eigenschaften: auf „Natur in der Stadt" im Sinne des Verständnisses von Landschaft als ökologisch wertvoller Freiraum sowie auf die visuelle Qualität des Stadtraums nach der Auffassung von Landschaft als einem bildhaften Ausschnitt der Umwelt.

Seltener dagegen begreift man Stadtlandschaft als eine bestimmte Ausdrucksform der Kulturlandschaft an sich. Dies war der Fall in der Schule des Geographen Siegfried Passarge (1867–1958), der den Begriff der Stadtlandschaft in den 1920er Jahren prägte. Er sah die Städte als eigene Landschaften, sozusagen als „Kunstlandschaften", an deren Bau aber auch die Landschaft im Sinne der Naturlandschaft beteiligt ist, umso mehr, je niedriger die Kulturstufe der Menschen ist, die die Stadt errichten. Ein weiterer wichtiger Aspekt neben der Kulturstufe war für ihn der Kulturkreis, also eine spezifische Form menschlicher Tätigkeit, die sowohl von der jeweiligen Naturausstattung als auch von den jeweils dort abgelaufenen historischen Prozessen abhängig ist[5]. Jedenfalls wollte man mit diesem Begriff sowohl das „äußere wie das innere Gepräge" der Stadt bezeichnen (ECKERT 1930: 1) und damit die baulichen und städtebaulichen, die ökonomischen und sozialen Strukturen erfassen.

Frühzeitig erreichte dieser Begriff auch die damalige Städtebaupraxis, dabei verlor er aber seinen ursprünglichen Inhalt. Ernst May etwa definierte die Stadtlandschaft über eine Negation: „Im Mittelalter existierte der Begriff ‚Stadtlandschaft' nicht". Zur Begründung führte er die ummauerte mittelalterliche Stadt am Beispiel Nördlingens an, die von einer von „jeder Bebauung freigehaltenen offenen Landschaft" umgeben war (MAY & MATTERN 1964: 10).

Abb. 3: Anklang an das Motiv der mittelalterlichen Stadtmauer in der Siedlung Römerstadt (Frankfurt a. Main) von Ernst May.   Foto: Thomas Gunzelmann, 2014

Diese Trennung sah er mit der Urbanisierung des 19. und frühen 20. Jahrhunderts aufgehoben, wollte sie aber mit seinem Konzept der Stadtlandschaft im Sinne einer deutlichen funktionalen Trennung des städtischen Bereichs vom Freiraum wiederherstellen. Fast ikonographisch gelang ihm dies mit seinen Siedlungen an der Nidda nordwestlich Frankfurts, wo er an der Siedlung „Römerstadt" sogar das Motiv der mittelalterlichen Stadtmauer einsetzte.

Mays „aufgegliederte" Stadt sollte sich durch deutliche Abgrenzungen von Kernstadt, Freiräumen und Trabantenstädten auszeichnen und so die „Stadtlandschaft" ausbilden (MAY & MATTERN 1964: 12).

Ähnlich trivialisiert und auf den Gegensatz von Siedlung und Grünraum reduziert werden die Begriffe „Stadt" und „Landschaft" auch im Konzept der Stadtlandschaft von Hans-Bernhard Reichow, das er im Rahmen seiner „Organischen Stadtbaukunst" entwickelte (REICHOW 1948). Für ihn sollte die Stadt mit ihren Siedlungsbändern mit der Landschaft verschmelzen und ähnlich wie diese „organisch" mit ihr weiterwachsen (SOHN 2008: 9f.). Er schlug dazu

Siedlungsmuster mit sozusagen organischem blattrippenartigem Aufbau vor. Seine „Stadtlandschaft" sollte ihre Merkmale aus dem spezifischen umgebenden Naturraum beziehen. Auch Hans Scharoun nannte sein Konzept der entflochtenen Stadt „Stadtlandschaft". Ihm ging es dabei um die Kombination überschaubarer, fast ländlicher Siedlungszellen mit Grünräumen, die die Anbindung an die freie Landschaft herstellen. Diese Konzepte lehnen die dicht bebaute Großstadt ab, wollen sie organisch mit der Natur verschmelzen und so ein neues Stadtkunstwerk schaffen (SOHN 2008: 12). Letztendlich gingen diese Vorstellungen von der Stadt als Park, von einer angenehm zu durchquerenden Stadt in Gestalt einer Landschaft auf die Großstadtkritik des späten 19. Jahrhunderts zurück, sie fanden verstärkt Befürworter kurz nach dem Ersten Weltkrieg, so vor allem mit Bruno Taut und werden sozusagen sanktioniert in Le Corbusiers „Charta von Athen". Aus anderen Gründen konnte sich auch das städtebauliche Leitbild des Nationalsozialismus mit diesen Konzepten anfreunden (DURTH 1990).

Heute findet der Begriff „Stadtlandschaft" aber auch Anwendung im Sinn größerer Stadt-Umland-Räume, Metropollandschaften oder „urbane Landschaften", womit zwar der Charakter von Stadträumen als Kulturlandschaft grundsätzlich akzeptiert wird, der Begriff aber immer einer andersartigen Raumstruktur gegenübergestellt wird, den man dann „suburbanen Raum" oder „suburbane" oder auch „peri-urbane Landschaft" nennt (BREUSTE & KEIDEL 2008: 280). Stadtlandschaft meint aber auch immer noch einen Raum, in dem die Verteilung von Stadt und Landschaft als

Abb. 4: Titel der Erstausgabe von Gordon Cullens „Townscape".
Foto: Archiv Thomas Gunzelmann

integrales Phänomen gesehen wird, und will zugleich deren vermeintliche Gegensätzlichkeit reduzieren (BRAUM & ZILLICH 2009: 112). Eine häufige Verengung dieses Stadtlandschaftsbegriffs tritt dann ein, wenn man ihn im Sinne eines ökologischen Problemraums verwendet und damit vor allem wieder auf die naturnahen und damit „landschaftlichen" Teilräume der Stadt rekurriert.

Massiv gegen das städtebauliche Leitbild der Stadtlandschaft wandte sich die von England ausgehende townscape-Bewegung, deren frühester Protagonist Hubert de Cronin Hastings Le Corbusier vorwarf, die Konzepte des Landschaftsparks auf die Stadt zu übertragen (WOLFE 1963: 11). „Townscape" ist ein Kunstwort, das die Stadt bewusst zur Landschaft (landscape) in Beziehung setzt[6]. Zuerst meint es den Zusammenhang von Bauten und Freiräumen in der Stadt, der sich in optischen Beziehungen ausdrückt, die der Mensch im „seriellen Sehen" wahrnehmen kann und die bei ihm Empfindungen auslösen (CULLEN 1991: 8f.).

Deutlich wird, dass sich das townscape-Konzept in erster Linie auf die visuelle und emotionale Bedeutung von Landschaft bezieht, die ihre Quellen in der Landschaftsmalerei und im Verständnis der Aufklärung von der „Natur", im Sinne der Landschaft, hat. Im angloamerikanischen Sprachraum wurde der Begriff „townscape" etwa im Sinn von „Antlitz der Stadt" oder „sichtbare Stadtlandschaft" gebraucht. Im architektonisch-ästhetischen Sinn verwendete man ihn übersteigert für die kunstvolle räumliche Anordnung und die stimmige Beziehung einzelner Elemente des Stadtraums, vor allem unter dem Aspekt ihrer Wahrnehmung durch den Nutzer des Stadtraums[7]. „Townscape" verstand sich aber nicht nur als ein Analysekonzept, es sollte auch von vorneherein ein planerisches Vorgehen und Leitbild sein, definiert als die Kunst, hohe Dichte menschlich zu gestalten, nach dem Ingenieure sie infrastrukturell und hygienisch ermöglicht hatten (WOLFE 1963: 12).

Abb. 5: Das Prinzip des „seriellen Sehens", wodurch die Stadt nach dem „Townscape"-Konzept landschaftlich wahrgenommen werden kann.

Repro aus: CULLEN, Townscape, Ausgabe 1991, S. 17

Die Leitbegriffe oder eher Metaphern waren dabei Hintergründe, Blickpunkte, Bewegung im Raum, geschlossene und offene Ausblicke, Maßstabswechsel, Brüche, Silhouetten, Perspektiven und vor allem Komplexität, die sich aus dem Zusammenwirken all dieser Raumwirkungen im Stadtraum ergeben sollte. Um „Landschaft" in der Stadt zu schaffen, wollte dieses Konzept die Mittel der Stadt und nicht des Freiraums einsetzen. Das Ziel der townscape-Bewegung ist heute genauso aktuell wie in den 1960er Jahren, als es entwickelt wurde: das Leben in hoher Dichte in einer fußläufigen Stadt mit einer hohen Qualität des öffentlichen Raumes zu ermöglichen (ERTEN & POWERS 2013). Gebaute, dichte Stadträume mit vielfältiger Blick- und Raumwirkung waren das Ziel, Räume analog zu Landschaftsgemälden sollten gebildet werden.

Die Landschaftswirkung, also das Pittoreske und zugleich Komplexe, wollte man durch städtebauliche Mittel erzielen. In diesem Sinne wurde die Stadt als das bedeutendste Artefakt der Menschheit und als ein flüchtiges Utopia der Harmonie zwischen Mensch und Natur gesehen (WOLFE 1963: 10), ein Aspekt, der auch einer idealen Kulturlandschaft immer wieder zugewiesen wurde, zuerst vielleicht die Kulturlandschaft der Goethezeit als Idealbild im Auge, die Paul Schultze-Naumburg in seinem Werk „Die Gestaltung der Landschaft durch den Menschen" propagierte (SCHULTZE-NAUMBURG 1928).

„Stadtschaft" als wörtliche Entsprechung des englischen „townscape" fand ebenfalls bereits im frühen 20. Jahrhundert Eingang in die Diskussion. Vielleicht zum ersten Mal wurde der Begriff „Stadtschaft", der in der deutschen Rechtssprache eine genossenschaftliche, öffentlich-rechtliche Bodenkreditanstalt meint, 1913 durch den Literaturwissenschaftler Friedrich Gundolf (1880–1931) in Beziehung zum umgangssprachlichen Landschaftsbegriff gesetzt[8]. Er sah die Stadtschaft aber eher als negativen Gegenbegriff zur Landschaft. Aber schon um 1930 tritt Stadtschaft auch schon als geographischer Fachbegriff auf, mit dem die Bebauung der Stadt einschließlich der Straßen und Plätze bezeichnet werden sollte (ECKERT 1930: 1).

Etwa zeitgleich fand der Begriff auch Eingang in die Literatursprache. Joseph Roth verwendete ihn 1926 in seiner Glosse „Trübsal einer Straßenbahn im Ruhrgebiet": *„Es ist keine Landschaft, es ist eine Art langgedehnter Stadtschaft, Industrieschaft, von blühenden Gartenlokalen unterbrochen"* (ROTH 2012: 18). Damit nahm er schon den Kern des Begriffsinhalts der Zwischenstadt vorweg (RIEKER & ZIMMERMANN 2007: 51). Walter Benjamin ging im Sinne seines Flaneurs noch einen Schritt weiter, er sah die ganze Stadt mit Bezug auf Proust als Landschaft und

Abb. 6: „Stadtschaft" im Sinne Tilmann Breuers: Zusammenspiel der Stadt mit der vorgegebenen Topographie und der sie umgebenden freien Landschaft.
Foto: Luftbild Nürnberg, Hajo Dietz, 2009

somit als „Stadtschaft": *"Sehr deutlich läßt diese Stelle erkennen, wie das alte romantische Landschaftsgefühl sich zersetzt und eine neue romantische Landschaft entsteht, die vielmehr eine Stadtschaft zu sein scheint"* (BENJAMIN 1983: 530).⁹

Aber auch heute taucht dieser Begriff bisweilen in der Diskussion auf. Vom Kunsthistoriker und Denkmalpfleger Tilmann Breuer stammt eine inhaltlich näher am townscape-Begriff liegende Bedeutungsgebung. Er verwendete Stadtschaft am Beispiel des Bilds einer in die freie Landschaft eingebetteten und mit lesbaren Bezügen zu ihr ausgestatteten mittelalterlichen Stadt mit ihren unterschiedlichen Siedlungszellen. Entscheidend für ihn war das Zusammenspiel der Stadt mit der vorgegebenen Topographie, was bei einer Stadt wie Bamberg mit ihren „sieben Hügeln" und mehreren Flussarmen durchaus zu aussagekräftigen Ergebnissen führt (vgl. BREUER 2004: 20). Er bezog sich zwar bewusst auf das „townscape"-Konzept, interpretierte es aber in einer auf die Topographie und weniger auf den fließenden Stadtraum bezogenen Verengung.

An anderer Stelle wurde „Stadtschaft" als übergeordnetes Ziel des ökologischen Bauens definiert. Da Städte inzwischen einen hohen Anteil der Gesamtfläche eines Raumes in Anspruch nehmen und damit auch schädigen, hätten sie im Gegenzug auch selbst Ausgleichsfunktionen zu übernehmen. Diese Eigenschaften der städtischen Landschaft, also einerseits die sozialen, wirtschaftlichen und kulturellen Funktionen der Stadt zu übernehmen, andererseits aber eben auch die Ermöglichung natürlicher Kreisläufe in diesem Raum, solle „Stadtschaft" heißen

Abb. 7: „Zwischenstadt" zwischen den Kernstädten Bamberg und Hallstadt.
Foto: Luftbild Nürnberg, Hajo Dietz, 2011

(GLÜCKLICH 2005: 23). Auch dahinter verbirgt sich ein Landschafts- und Stadtverständnis, das definiert ist im Hinblick auf ein fachliches und politisches Ziel, nämlich die ökologische Optimierung des Stadtraums. Dass Stadt wie jeder Ausschnitt der Kulturlandschaft per se kulturelle und ökologische – wenn auch vielleicht geschädigte – Kreisläufe erfüllt, bleibt bei einer solchen Betrachtung außen vor.

Das Fließen städtischer Elemente in das Umland hinein und damit das Zerfließen der Stadt bei gleichzeitiger Umwandlung der traditionellen ländlichen Kulturlandschaft hat zu weiteren kreativen Begriffsbildungen geführt. Mit „Zwischenstadt" hat Thomas Sieverts das Phänomen der zwischen Stadt und Land stehenden Siedlungsstrukturen bezeichnet, die in der traditionellen Auffassung weder das eine noch das andere sind.

Er hat dazu aufgerufen, diesen neuen Siedlungstypus, der immer weitere Räume in Anspruch nimmt, doch auch positiv zu interpretieren und nicht nur als misslungenen, wuchernden Raum zu sehen (SIEVERTS 1997). Dieses Wuchern geht jedoch weiter und hat schon zur Feststellung geführt, dass die „*Welt Stadt ist und die Stadt die Welt*" (EISINGER 2005: 139). Andere Begriffe wie „Hybridlandschaft" oder „urban sprawl" meinen ähnliche Phänomene und zeigen doch nur die terminologische Hilflosigkeit. Auch diese Inhalte deckt der traditionelle geographische Kulturlandschaftsbegriff problemlos ab, für den Stadt und Land und was auch immer dazwischen liegt, nur eine spezifische zeittypische Ausprägung der menschlichen Inbesitznahme der Erdoberfläche oder ein Zeitschnitt im unaufhörlichen Transformationsprozess des Raumes sind, der in seiner Struktur, aber auch in seinen Entstehungszusammenhängen zu erklären ist. Fläche kann nicht wirklich „verbraucht" werden, wie es die Raumordnungskonzeptionen der letzten Jahrzehnte immer wieder beklagten, sie kann nur andersartig, zumeist intensiver, zunehmend aber auch extensiver genutzt werden (dazu auch BREUSTE & KEIDEL 2008: 281).

Eine Engführung des Kulturlandschaftsbegriffs im Bezug auf die Stadt findet sich aber auch in die umgekehrte Richtung, wo es nicht darum geht, das vermeintliche Auffressen der Kulturlandschaft durch die Stadt zu thematisieren, sondern im Gegenteil, Kulturlandschaft(en) in der Stadt zu entdecken. Dies geschieht dann gerne unter dem Schlagwort „Urbane Kulturlandschaften". Auch dabei kann man sich nicht vom hergebrachten Stadt-Land-Gegensatz lösen und postuliert das Hinausfließen städtischer Elemente in die Landschaft und das Hineinfließen der Kulturlandschaft in die Stadt.[10] Solche kulturlandschaftlichen Komponenten in der Stadt wären dann beispielsweise historische Sichtachsen aus der Stadt in die freie Landschaft, die Grünanla-

gen und Parks sowie schließlich die privaten Gärten (HAJÓS 2009: 16f.). In diesem Sinne wären auch Flächen von Landwirtschaft in der Stadt, die historisch überliefert sind, oder die eben wieder en vogue sind und neu geschaffen werden (STIERAND 2014), als „urbane Kulturlandschaft" zu betrachten.[11]

Für solche Zusammenhänge fand bisweilen auch der Begriff „Landschaftsstadt" Verwendung, der eben auf vermeintlich „landschaftliche" Komponenten im Innenraum der Stadt oder einer Stadtlandschaft abzielt, und damit einen neuen Stadttypus heraufbeschwört, in dem die Komponenten Landschaft (hier eben nur verstanden als Grün- und Freiraum) und Siedlung gleichrangig konstitutiv sind (RAUTENSTRAUCH 2004: 6). In diesem Sinne soll dann auch Landschaft Stadt reparieren, wie das am Beispiel des Emscher-Landschaftsparks postuliert wurde (vgl. STIERAND 2014), oder sogar „machen" können, wofür dann auch wieder die „Landschaftsstadt" bemüht wird (FRITZEN 2005). Aber auch dieser Begriff hat seine Vorgeschichte. So wollte etwa Potsdam schon in den 1930er Jahren eine Landschaftsstadt

Abb. 8: Seit Jahrhunderten landwirtschaftlich genutzte Flächen inmitten der Stadt: die Gärtnerstadt Bamberg.   Foto: Luftbild Nürnberg, Hajo Dietz, 2007

werden (HANSON 2011), und 1967 wollte Merete Mattern (1930–2007) in Ratingen-West eine Landschaftsstadt schaffen, die im Gegensatz zur Stadtlandschaft nicht mit Grünräumen verschmelzen, sondern ihre gebaute Form der umgebenden Topographie anpassen sollte (SCHÖLLER 2005: 122).

Es gibt zahlreiche Vorhaben in der Stadtbaugeschichte, Städte oder Teile von ihnen zu „Verlandschaften". Natürlich zählen dazu die seit dem späten 18. Jahrhundert im Sinne des englischen Landschaftsparks angelegten Volksgärten und späteren Volksparks. Besonders eindrucksvoll werden solche Bemühungen dann, wenn sie bestehende bebaute Strukturen zu verändern suchen. Hier ist beispielsweise das „re-landscaping" des McMilan-Plans in Washington D.C. zu nennen, der in der Umgebung des Capitols Slums beseitigte und ein stadtweites Parksystem etablierte (KOHLER & SCOTT 2006). Aber das „Verlandschaften" spielte auch eine Rolle in der Diskussion um den Rückbau von Großwohngebieten in den neuen Bundesländern. Abschließend sei noch vermerkt, dass es nicht nur „Landschaft" in der Stadt geben soll, sondern auch Wildnis, was sich dann im Begriff „Urban Wildscapes" (JORGENSEN & KEENAN 2011) niederschlägt.

Kurzes Fazit

Kann man bei solcher begrifflicher und disziplinärer Vielfalt – um nicht zu sagen: Verwirrung – überhaupt ein Fazit ziehen? Es fällt schwer, aber ich will es versuchen. In der Summe hatte Landschaft und damit Kulturlandschaft einen räumlichen und bildhaften Aspekt, zu dem aber bald der ökologische, pädagogische und schließlich der symbolische hinzutraten. Betrachtet man Kulturlandschaft als Kategorie der Planung, so vermengen sich häufig diese Aspekte in unterschiedlicher Gewichtung. Dabei sollte man sich aber als Grundlage zunächst die raumbezogene Komponente im Kopf vergegenwärtigen: Kulturlandschaft als sich stets unter dem Einfluss des Menschen wandelnde Naturraumvorgabe.

Im Sinne der Ausgangsfrage unseres Symposiums: Was ist Stadt und was macht sie als Kulturlandschaft aus, hat man meiner Auffassung nach zu akzeptieren, dass Stadt oder die Stadtlandschaft, auch die Zwischenstadt, eben nur spezifische Ausprägungen des Kontinuums Kulturlandschaft sind. Sie setzen sich aus denselben Grundelementen zusammen, wie sie auch weniger verdichtete Kulturlandschaftsräume aufweisen, nämlich aus materiellen Ausprägungen der menschlichen Grunddaseinsfunktionen. In der Regel, aber nicht ausschließlich, ist der Wandel in der Kulturlandschaft Stadt am dynamischsten. Man könnte diese Strukturen auch in wertneutralen Raumbegriffen beschreiben und analysieren. Verwendet man den positiv konnotierten Kulturlandschaftsbegriff, hat man implizit Schutz- oder auch Entwicklungsziele vor Augen. Verbunden sind damit meist die Begriffe Nachhaltigkeit und Identität (BREUSTE & KEIDEL 2008: 282). Es geht also um besondere, spezifische Werte, die charakteristisch für eben diesen als Kulturlandschaft zu beschreibenden Raum sind. Auf der Basis der Offenlegung der Wertmaßstäbe können dann Zielvorstellungen erarbeitet und diskutiert werden. Sauber auseinanderzuhalten sind die beiden Ebenen von Kulturlandschaft als Analysekonzept und als Leitbild.

Literatur

ALLEN, J; MASSEY, D.; PRYKE, M. (2005): Unsettling Cities: Movement/Settlement. – New York.

BARTHES, R. (1988): Semiologie und Stadtplanung. – In: Barthes, R. (Hrsg.): Das semiologische Abenteuer, S. 199–209 – Frankfurt am Main.

BENJAMIN, W. (1983): Das Passagenwerk. 2. Band. – Frankfurt am Main.

BRAUDEL, F. (1985): Sozialgeschichte des 15.–18. Jahrhunderts. Band 1. Der Alltag. – München.

BRAUM, M.; ZILLICH, C. (2009): Bewahrung urbaner Kulturlandschaften als baukulturelle Herausforderung. – In: Stadt-Kultur-Landschaft. Internationale Tagung zur Gefährdung historischer urbaner Kulturlandschaften und zu den Möglichkeiten ihrer Bewahrung für die kommunale und regionale Entwicklung, S. 112f. – Osnabrück.

BREUER, T. (2004): Der Bamberger Dom in seiner Stadt- und Landschaft. In: Taegert, W. (Hrsg.): Hortulus floridus Bambergensis, S. 19–34. – Petersberg.

BREUSTE, J.; KEIDEL, T. (2008): Urbane und suburbane Räume als Kulturlandschaften – planerische Gestaltungsaufgaben. – In: Informationen zur Raumentwicklung 5, S. 279–288.

CORBOZ, A. (2001): Die Kunst, Stadt und Land zum Sprechen zu bringen. – Basel/Berlin/Boston.

COSGROVE, D. (1988): The iconography of landscape. – Cambridge.

CULLEN, G. (1991): Townscape. Das Vokabular der Stadt. – Basel.

DUNCAN, J.S. (1990): The City as Text: The Politics of Landscape Interpretation in the Kandyan Kingdom. – New York.

DURTH, W. (1990): Die Stadtlandschaft – Zum Leitbild der gegliederten und aufgelockerten Stadt. – In: DURTH, W. (Hrsg.): Architektur und Städtebau der Fünfziger Jahre, S. 24–37. – Hannover.

ECKERT, M. (1930): Die Entwicklung der kartographischen Darstellung von Stadtlandschaften. In: PASSARGE, S. (Hrsg.): Stadtlandschaften der Erde, S. 1–14. – Hamburg.

EHLERS, E. (2011): Otto Schlüters Plädoyer für eine „Geographie des Menschen". – In: ROUBITSCHEK, W.; SCHÖNFELDER, G. (Hrsg.): Otto Schlüter (1872-1959) – Sein Wirken für die Geographie und die Leopoldina 2011, S. 19–40. – Halle (Saale), Stuttgart.

EISINGER, A. (2005): Die Stadt der Architekten: Anatomie einer Selbstdemontage. – Gütersloh.

FRITZEN, A. (2005): Mit Landschaft Stadt machen. – In: Jahrbuch Stadterneuerung 2004/2005, S. 45–50.

GLÜCKLICH, D. (Hrsg.) (2005): Ökologisches Bauen. Von Grundlagen zu Gesamtkonzepten. – München.

GUNDOLF, F. (1916): Goethe. – Berlin.

GUNZELMANN, T. (2012): Stadtdenkmal und Denkmallandschaft. – Bamberg, München, Berlin.

HAJÓS, G. (2009): Die Stadt als Landschaft – Möglichkeiten und Grenzen ihrer Bewahrung als kulturelles Erbe. – In: Deutsche Bundesstiftung Umwelt (DBU) und Deutsche Gesellschaft für Gartenkunst und Landschaftskultur e. V. (DGGL) (Hrsg.): Stadt – Kultur – Landschaft. Dokumentation einer internationalen Tagung zur Gefährdung historischer urbaner Kulturlandschaften und zu den Möglichkeiten ihrer Bewahrung für die kommunale und regionale Entwicklung, S. 16–20. – Osnabrück.

HANSON, A. (2011): Denkmal- und Stadtbildpflege in Potsdam 1918–1945. – Berlin.

HARD, G. (1969): Das Wort Landschaft und sein semantischer Hof. Zur Methode und Ergebnis eines linguistischen Tests. – In: Wirkendes Wort 19, S. 3–14.

HARD, G. (2008): Der Spatial Turn, von der Geographie her beobachtet. – In: DÖRING, J.; THIELMANN, T. (Hrsg.): Spatial Turn. Das Raumparadigma in den Kultur- und Sozialwissenschaften, S. 263–315. – Bielefeld.

HEINEBERG, H. (2006): Geographische Stadtmorphologie in Deutschland im internationalen und interdisziplinären Rahmen. – In: GANS, P.; PRIEBS, A.; WEHRHAHN, R. (Hrsg.): Kulturgeographie der Stadt, S. 1–33. – Kiel.

HOKEMA, D. (2013): Landschaft im Wandel? Zeitgenössische Landschaftsbegriffe in Wissenschaft, Planung und Alltag. – Wiesbaden.

JACKSON, J.B. (2005): Landschaften. Ein Resümee. In: FRANZEN, B.; & KREBS, S. (Hrsg.): Landschaftstheorie. Texte der Cultural Landscape Studies, S. 29–44. – Köln.

JOHANEK, P.; POST, F.-J. (Hrsg.) (2004): Vielerlei Städte: der Stadtbegriff. – Köln, Weimar, Wien.

JORGENSEN, A.; KEENAN, R. (Hrsg.) (2011): Urban Wildscapes. – London.

KOHLER, S. A.; SCOTT, P. (2006): Designing the National Capital: The 1901 Plan for Washington. – Washington D.C.

KÖRNER, S. (2008): Die neue Debatte über Kulturlandschaft in Naturschutz und Stadtplanung. – In: ANL (Hrsg.): Die Zukunft der Kulturlandschaft – Entwicklungsräume und Handlungsfelder, S. 1–14. – Laufen, Salzach.

LOHRBERG, F. (2001): Stadtnahe Landwirtschaft in der Stadt- und Freiraumplanung: Ideengeschichte, Kategorisierung von Konzepten und Hinweise für die zukünftige Planung. – Norderstedt.

MALFROY, S.; CANIGGIA, G. (1986): L'approche morphologique de la ville et du territoire. – Zürich.

Martin, G.H. (1968): The town as palimpsest. – In: Dyos, H.J. (Hrsg.): The Study of Urban History, S. 55–169. – London.

May, E.; Mattern, H. (1964): Stadtlandschaft – Flurlandschaft. – Wiesbaden.

Moravávszky, Á. (2012): The optical construction of urban space: Hermann Maertens, Camillo Sitte and the theories of "esthetic perception"– In: The Journal of Architecture 17 (Heft 5), S. 655–666.

Passarge, S. (Hrsg.) (1930): Stadtlandschaften der Erde. – Hamburg.

Prakash, G.; Kruse, K.M. (Hrsg.) (2008): The spaces of the modern city. – Princeton.

Prominski, M. (2006): Landschaft Drei. In: Institut für Landschaftsarchitektur und Umweltplanung. Technische Universität Berlin (Hrsg.): Perspektive Landschaft, S. 241–252. – Berlin.

Raith, E. (2000): Stadtmorphologie. – Wien u.a.

Reichhow, H.B. (1948): Organische Stadtbaukunst. Von der Großstadt zur Stadtlandschaft. – Braunschweig.

Rieker, Y.; Zimmermann, M. (2007): Historie und Hässlichkeit: Betrachtung zur Ästhetik des Ruhrgebiets. – Essen.

Ritter, J. (1963): Landschaft. Zur Funktion der Ästhetik in der modernen Gesellschaft: Rede bei der feierlichen Übernahme des Rektoramtes am 16. November 1962. – Münster/Westf.

Roth, J. (2012): Panoptikum: Gestalten und Kulissen. – Hamburg.

Roubitschek, W.; Schönfelder, G. (Hrsg.): Otto Schlüter (1872–1959) – Sein Wirken für die Geographie und die Leopoldina, 19–39. – Halle (Saale), Stuttgart.

Schlüter, O. (1906): Die Ziele der Geographie des Menschen. – München.

Schlüter, O. (1928): Die analytische Geographie der Kulturlandschaft. Erläutert am Beispiel der Brücken. – In: Zeitschrift der Gesellschaft für Erdkunde zu Berlin, Sonderband zum Hundertjahrfeier der Gesellschaft, S. 388–411.

Schöller, O. (2005): Die Blockstruktur: eine qualitative Untersuchung zur politischen Ökonomie des westdeutschen Großsiedlungsbaus. – Berlin.

Schultze-Naumburg, P. (1928): Kulturarbeiten. Die Gestaltung der Landschaft durch den Menschen. Bände I-III. – München.

Sieverts, T. (1997): Zwischenstadt: Zwischen Ort und Welt, Raum und Zeit, Stadt und Land (Bauwelt Fundamente). – Braunschweig.

Sohn, E. (2008): Zum Begriff der Natur in Stadtkonzepten: anhand der Beiträge von Hans Bernhard Reichow, Walter Schwagenscheidt und Hans Scharoun zum Wiederaufbau nach 1945. – Münster.

Stierrand, P. (2014): Speiseräume: Die Ernährungswende beginnt in der Stadt. – München.

Whitehand, J. W. (2009): The structure of urban landscapes: strengthening research and practice. – In: Urban Morphology 13, S. 5–27.

Wimmer, J. (1885): Historische Landschaftskunde. – Innsbruck.

Wolfe, I. (1963): The Italian Townscape. – London.

Wöbse, H. H. (1994): Schutz und Pflege historischer Kulturlandschaften. – In: Dokumentation zu den 10. Pillnitzer Planergesprächen am 25 und 26. November 1994, S. 13–16. – Dresden.

Wöbse, H. H. (1999): „Kulturlandschaft" und „historische Kulturlandschaft" – In: Informationen zur Raumentwicklung. (Heft 5 & 6), S. 269–278.

Internetquellen

Bachmann-Medick, D. (2010): Cultural Turns. Online abrufbar unter: docupedia.de/zg/Cultural_Turns?oldid=84593.

Rautenstrauch, L. (2004): Kulturlandschaft, Stadtlandschaft, Landschaftsstadt Rhein-Main. – Frankfurt a. Main. Online abrufbar unter: www.dasl.de/tl_files/PDF%20-%20normale%20Verwendung/Beitraege/15%20Rautenstrauch.pdf.

Whistler, W. M. & Reed, D. (1977): Townscape as a Philosophy of Urban Design. Online abrufbar unter: www.rudi.net/books/13105.

Erten, E. & Powers, A. (2013) Catherine Annabel on Ivor Wolfe, The Italian Townscape. Online abrufbar unter: occursus.org/2013/07/05/catherine-annabel-on-ivor-wolfe-the-italian-townscape/

Stierand, P. (2014): Produktive Stadtlandschaften an der Emscher: Wenn Landschaft Stadt repariert! Online abrufbar unter: speiseraeume.de/emscherlandschaftspark-produktive-stadtlandschaften.

1 MARTIN (1968) mit Bezug auf ältere Arbeiten Conzens. Untersucht wird dieser Aspekt der Stadt etwa durch die „Urban Morphology". Sie ist auf die Erklärung der Form und Materialität der Stadt und deren Entwicklungsprozess gerichtet, zuletzt zusammenfassend (WHITEHAND 2009.) Im deutschsprachigen Raum als Stadtmorphologie von Seiten der Architektur und des Städtebaus nach italienischen Vorbildern vor allem Saverio Muratori (1910–1973) und Gianfranco Caniggia betrieben, vgl. RAITH (2000) mit Bezug auf MALFROY & CANIGGIA (1986). Parallel mit geringem Austausch damit bestand aber auch eine Schule der geographischen morphologischen Stadtforschung (dazu HEINEBERG 2006), als deren sich stärker entwickelnder Seitenzweig die Urban Morphology angloamerikanischer Prägung bezeichnet werden kann. Wenig rezipiert wurden bisher städtebaulich-denkmalpflegerische Ansätze, obwohl hier mittlerweile die umfangreichsten Beispielstudien vorliegen, etwa GUNZELMANN (2012).

2 Das Townscape-Konzept von Cullen stammt ursprünglich aus dem Jahr 1959, hier wiedergegeben nach der Ausgabe CULLEN (1991: 6).

3 Eine frühe Arbeit, die dieses Paradigma im Titel aufgriff, war die von DUNCAN (1990), wo es um die Symbolisierung von Machtansprüchen im städtischen Raum ging.

4 Lettre au maréchal de Luxembourg, 1763, zit. nach CORBOZ (2001: 45).

5 So Passarge im Vorwort des von ihm herausgegebenen Sammelwerks zu den Stadtlandschaften der Erde, vgl. PASSARGE (1930: v).

6 Wohl 1880 erstmals verwendet und ab 1889 auch schon in Richtung des heutigen Sinns, vgl. WHISTLER & REED (1977).

7 Letztendlich baute das Konzept auf den Ideen Camillo Sittes und Hermann Maertens auf, vgl. MORAVÁNSZKY (2012).

8 GUNDOLF (1916: 639). Darauf hat zuerst BREUER (2004: 30) verwiesen.

9 Die Gleichsetzung von Stadt und Landschaft bzw. die Übertragung der ästhetisch-emotionalen Wirkungen von Landschaft auf die Stadt wird bei Benjamin auch an anderer Stelle deutlich: *Die Menge ist der Schleier, durch den hindurch dem Flaneur die gewohnte Stadt als Phantasmagorie wirkt. In ihr ist sie bald Landschaft, bald Stube.* (BENJAMIN 1983: 834) oder weiter: *Landschaft, das wird sie in der Tat dem Flanierenden. Oder genauer, ihm tritt die Stadt in ihren dialektischen Polen scharf auseinander: sie eröffnet sich ihm als Landschaft, sie umschließt ihn als Stube* (BENJAMIN 1983: 858). Dazu zitiert er Hofmannsthal zu Paris: *eine Landschaft aus lauter Leben gebaut. In der Attraktion, die sie [Paris] über Menschen ausübt, wirkt eine Art von Schönheit, wie sie großer Landschaft eignet ...* (BENJAMIN 1983: 834).

10 Im Sinne des geographischen Kulturlandschaftsbegriffs gibt es dieses „Fließen" nicht, es handelt sich lediglich um einen Transformationsprozess, wie ihn die Kulturlandschaft auf unterschiedliche Weise immer durchmacht, vgl. dazu auch BREUSTE & KEIDEL (2008: 279).

11 Einen historischen sowie planungsbezogenen Überblick zum Thema bietet LOHRBERG (2001).

Stadt im Wandel? Orte und Strategien ihrer Aneignung

Sergej Stoetzer

Zusammenfassung

Die Aneignung von Orten oder Räumen ist eine im allgemeinen Sprachgebrauch geläufige Formulierung, der in der Stadtforschung jedoch bislang kein theoretisches Konzept entspricht. Der Beitrag stellt die Ergebnisse einer mikrosoziologischen Untersuchung raumbezogener Identifikationsprozesse vor und zeigt die daraufhin entwickelten neuen Orts- und Raumbegriffe: Raum und Ort werden als zwei begriffliche Abstraktionen konzeptualisiert, mit denen dasselbe Phänomen aus jeweils unterschiedlichen Perspektiven beschrieben wird. Als Ergebnis raumbezogener Identifikationsprozesse werden vier Schlüsselkategorien konkret diskutiert, mit denen Raumaneignungen erfolgen: historiographische, biographische, gegenkulturelle und iterarive Raumkonstitutionen. Es ist nicht die Stadt im Allgemeinen, auf die sich diese Strategien beziehen, sondern erst in der Abstraktion von den identifikationsstiftenden Räumen wird von den spezifisch dabei mitkonstituierten Orten auf die Stadt geschlossen.

Einleitung

Am 11. März 2011 kam es in Folge eines schweren Seebebens vor der japanischen Küste zu einer Reihe gravierender Störfälle im Kernkraftwerk Fukushima Daiichi. In vier von sechs Reaktorblöcken führte dies zu einer Kernschmelze, bei der große Mengen an Radioaktivität freigesetzt wurden und bis zu 150.000 Menschen das Gebiet vorübergehend oder dauerhaft verlassen mussten.

Die kleine Stadt Namie-machi liegt in der Präfektur Fukishima und gehörte zu den Orten, die fluchtartig verlassen werden mussten. Alle 21.000 Einwohner dürfen bis heute nicht in die Stadt zurückkehren. Der Bürgermeister, Mister Tamotsu Baba, schreibt auf dem Blog „Memories for the Future" (vgl. www.miraikioku.com/en sowie googleblog.blogspot.jp/2013/03/imagery-on-google-maps-of-fukushima.html), dass die umgesiedelten Einwohner immer wieder nach „ihrer" Stadt fragen und wissen wol-

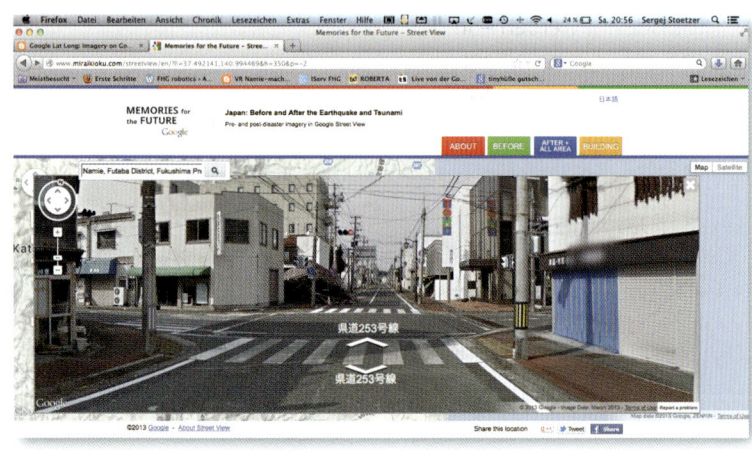

Abb. 1: Blog „Memories for the Future".
Google-Streetview-Darstellung von Namie-Machie (Screenshot)

len, wie es dort jetzt aussieht – die Gegend ist aber immer noch verstrahlt und weiterhin Sperrgebiet. Um den Einwohnern eine Möglichkeit zu geben, an ihre Erinnerungen anknüpfen zu können, und um zu zeigen, was die Folgen nuklearer Unfälle und Katastrophen für Gemeinden oder Städte sein können, wurde die Kleinstadt letztes Jahr im März von google-Street-View-Autos abgefahren – die Aufnahmen sind als digitales Stadtmodell zugänglich (vgl. goo.gl/CKnrs).

Das Thema meines Beitrages greift die Fragestellung dieser Tagung auf und fragt nach den sozialen Bedingungen von Orten, nach Identifikationsstrategien und den Möglichkeiten der Aneignung urbaner Räume. Ich habe das Beispiel der Stadt Namie-Machie als Einstieg gewählt, da sich an ihm einerseits zeigen lässt, dass Orte soziale Konstruktionen sind – darauf komme ich gleich zurück – und dass nicht nur reale Städte Identifikationspotentiale bieten, sondern auch digitale Stadtmodelle *konkret eingesetzt werden, um die Identifikation mit einem Ort zu unterstützen.*

Raum und Ort als soziale Konstruktion
Das Eingangsbeispiel hat gezeigt, dass Orte mit Stabilität assoziiert werden – in materieller wie sozialer Hinsicht sind sie grundlegende Bezugsgrößen. Die Frage „Woher kommen Sie?" – auch bei Tagungen ein gern genutzter Eisbrecher – impliziert auch die nicht gestellte nach dem „Wer sind Sie?".

Der Soziologe Pierre Bourdieu (Bourdieu 1991a, 1991b, 1997) nutzte Orte als dauerhafte Platzierungen von Menschen in Form von Wohnsitz oder Geschäftsräumen als *einen* Indikator für ihren sozialen Status. In diesem Sinne ‚verraten' Orte etwas über die Menschen, die sich an ihnen aufhalten – und prägen Menschen, die an einem Ort regelmäßig sind, diesen nicht auch mit?

Städte sind in ihrer territorialen Ausdehnung über symbolische Markierungen gekennzeichnet: die Ortseingangs- und Ausgangsschilder. Doch reicht es aus, sich innerhalb dieser dauerhaft aufzuhalten, um sich auch im Hinblick auf soziale und kulturelle Aspekte dazugehörig zu fühlen – und wie verhält es sich mit der Perspektive der anderen Bewohner? Wie eignet man sich eine Stadt an – ab wann wird man als zugehörig zu einem Ort betrachtet, gerade vor dem Hintergrund von beruflicher oder durch das Studium induzierter Migration (Bauschke-Urban 2010)?

Müssen Studierende wie Lehrende sich neben der „Ver-Ortung" innerhalb ihrer Fachdisziplin nicht auch stadtbezogen „ver-orten", d.h. sich einen Ort aneignen? Da ich gerade dabei bin, Fragen aufzuwerfen, möchte ich noch zwei grundsätzliche stellen, bevor ich auf Aneignung von Stadt zu sprechen komme: Was ist denn eigentlich ein Ort – und was ist „Raum"?

Spatial turn
„Raum" ist etwas, was zunächst selbstverständlich schien – dreidimensional, homogen und unsere physische Existenz bestimmend. Diese in den Alltag übernommene verkürzte Darstellung einer langen philosophischen und naturwissenschaftlichen Diskussion wird Anfang des 20. Jahrhunderts zunächst in der Physik, aber auch in der Kunst infrage gestellt, erst gegen Ende des letzten Jahrhunderts erfolgt dies disziplinübergreifend: Die Veränderungen im theoretischen Zugriff auf Raum werden als *spatial turn*[1] bezeichnet. Neue Raumbegriffe entstehen, und Raum wird nicht mehr *allein* gegenständlich betrachtet, sondern als *sozial konstituiert*, d.h. es gibt spezifische Vorstellungen davon, wie eine bestimmte Anordnung von Lebewesen und materiellen Artefakten (Gegenständen, Gebäuden) zu „lesen" sei und welche Bedeutung diese Anordnungen haben:

Raum ist demnach *nicht von materiellen Aspekten gelöst*, sondern *entsteht mit und aus diesen durch unsere Handlungen*. In der *Stadtsoziologie* ist der *relationale Raumbegriff* weit verbreitet, den die Soziologin Martina Löw (Löw 2001) entwickelt hat und den ich im weiteren Vortrag verwende. Sie geht davon aus, dass Raum aus *zwei miteinander verwobenen Prozessen konstituiert wird:* Das Platzieren von Lebewesen, also Personen, Tieren, Pflanzen und auch materiellen Artefakten allgemein bezeichnet Löw als *Spacing*, das immer in Relation zu anderen Platzierungen erfolgt. Gleichzeitig spielen Wahrnehmung, Erinnerung und Vorstellungen eine Rolle – die Verknüpfung einzelner Aspekte zu einem bedeutungsvollen Ganzen, die *Syntheseleistung*: So schließen wir beispielsweise völlig selbstverständlich aus der spezifischen Anordnung von Personen, Sitzmöglichkeiten und Fenstern auf ein Kirchenschiff[2], ein Klassenzimmer oder eine Bibliothek.

Durch die wechselseitige Perspektive ist die eigene *Person in ein Relationennetzwerk* eingebunden, das materielle, aber auch habituelle und normative Regularien mit beinhaltet. Wenn Räume „nur" über die Handlungen der Menschen konstituiert werden, sind sie damit prinzipiell jederzeit offen gegenüber Änderungen – gleichzeitig sind Räume jedoch so stabil, dass die Verhaltensweisen, die diese Räume hervorgebracht haben, reproduziert werden – es entstehen institutionalisierte Räume (Giddens 1988; Löw 2001). Sie erscheinen uns als selbstverständlich, weil wir den Prozess der Entstehung und Interpretation nicht mehr beachten.

Orte als Schnittmenge von Räumen
Und *Orte*? In der Humangeographie bietet Doreen Massey (Massey 1993, 1994, 2005) einen prominenten Ansatz zu ihrer Konzeptualisierung an. Sie betrachtet Orte als Schnittmengen von Räumen, d.h. von Relationen, die sich im zeitlichen Verlauf ändern und zu einer Aufschichtung von Narrativen führen. In dieser relationalen Perspektive wird Orten eine wesentlich größere Bedeutung zuteil als lediglich eine geographische Abstraktion darzustellen (Massey 2005: 130).

Orte seien spezifisch aufgrund dieser Schnittpunkte von Verbindungslinien und Abbrüchen und der Art und Weise, wie sich Menschen zu diesen verhalten. Reist man von einem Ort zum anderen, wechselt man diese Schnittpunkte und positioniert sich zu den vorgefundenen Relationen neu – die sich damit auch ändern (Massey 2005: 137). Diese Veränderungen lassen sich auf unterschiedlichen Zeitskalen beobachten. *Die Idee eines geographisch fixierten Ortes sei eine soziale Konvention, die lediglich für sehr kurze Zeiträume funktioniere*, so Massey. Naturlandschaften erscheinen ‚zeitlos' – Berge und Felsen suggerieren Stabilität und Dauerhaftigkeit. Der fachspezifische Blick der Archäologen und Geologen operiert jedoch mit anderen Zeitskalen als der alltägliche und dekonstruiert ‚Naturorte' als sich permanent ändernd (Massey 2005: 131ff.). Wenn man bedenkt, wie Erosionen Küstenlandschaften verändern, in geologischen Zeiträumen Klimawechsel die Landschaft formen oder wenn man den Drift der Kontinentalplatten betrachtet, wird deutlich, worauf Doreen Massey abzielt.

Aber auch im Zeitrahmen alltagsbasierter Erfahrungen werden Veränderungen von Orten deutlich, z.B. im Hinblick auf Städte, bei denen Reisende oft – wie Massey phänomenologisch beschreibt (Massey 2005: 137) – davon abstrahieren, dass sich am Ort der Abreise weiterhin Menschen, die gebaute Gestalt der Stadt, Sichtweisen oder subkulturelle Szenen verändern und Geschichten weitergesponnen werden, ebenso wie am Ziel der Reise. Wenn man die eigene Studienstadt besucht und sich wundert, was sich alles geändert hat, unterstellt man unmerklich, dass die Zeit am Ort stillstehen würde, während man selbst nicht dort ist. Verwunderung ruft die *Veränderung* herbei, die Grundannahme ist, dass Orte konstant seien.

Ort als soziale Konstruktion *suggeriert* eine Stabilität, auf die auch der Soziologe Thomas Gieryn (2000) hinweist. Sie wird zunächst erschüttert, wenn man

Ort, Raum und Zeit zusammendenkt, denn dann ist es nicht mehr möglich, an denselben Ort zurückzukehren: „It won't be the same 'here' when it is no longer now", gibt Massey zu bedenken (MASSEY 2005: 137). Aber auch in relationalen Konzepten ist Stabilität möglich, sie ergibt sich aber paradoxerweise nicht durch Statik, sondern durch Bewegung (MASSEY 2005: 140).

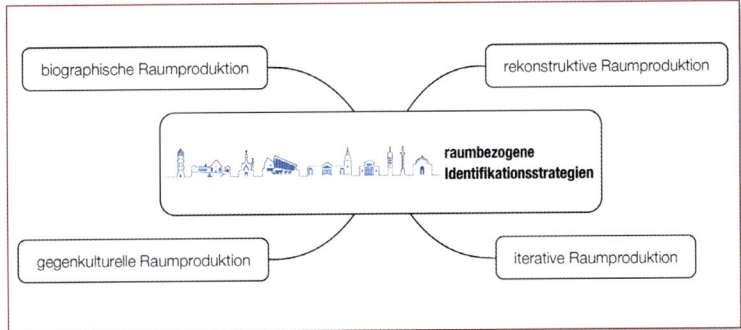

Abb. 2: Raumbezogene Identifikationsstrategien. Bild: Sergej Stoetzer 2014

Das *Besondere eines Ortes*, auf das Menschen – Anwohner, Besucher, Stadtmarketingexperten, Architekten oder Stadtsoziologen – sich beziehen, verändert sich durch diesen theoretischen Zugriff radikal. Es kann weder ‚natürlichen' Ursprungs sein, noch ahistorisch betrachtet werden, sondern man muss die Relationenbildung *im Laufe der Zeit* betrachten (MASSEY 2005: 141).

Aushandlungsprozesse spielen daher eine wesentliche Rolle für Aneignung von Stadt (vgl. STOETZER 2014): Wie sind die handelnden Akteure zu *jeweils spezifischen Zeitpunkten* und *in Relation zu anderen Personen und sozialen Gütern in diese Prozesse eingebunden*, um etwas für sie Besonderes an der jeweiligen Stadt zu finden?

Formen der Stadtaneignung

Zu dieser Frage – Formen der Aneignung von Stadt – habe ich empirisch mit Studierenden an der TU Darmstadt gearbeitet: Sie haben Fotos Ihrer Stadt erstellt, zu einem digitalen Stadtmodell vernetzt und in einem narrativen Interview über Motive und Intention berichtet (STOETZER 2014: 138ff.). Denjenigen Studierenden im empirischen Sample, die nicht dort geboren und aufgewachsen sind, ist es zunächst nicht leichtgefallen, sich am Studienort wohlzufühlen – anscheinend bietet die Stadt kein „Image", keine Syntheseleistungsangebote, die problemlos übernommen werden können.

In der Interpretation habe ich vier Strategien herausarbeiten können – die Schlüsselkategorien – und sie *als biographische, historiographische, gegenkulturelle und iterative Raumproduktion* bezeichnet (STOETZER 2014: 166ff.; 177ff.).

Allen Identifikationsstrategien, die ermittelt wurden, ist gemeinsam, dass sie *explizit Räume herstellen, die eine Vermittlungsfunktion aufweisen*: Mit der eigenen Person wird über die Konstitution von Räumen eine lebensweltliche Verbindung zu einem bestimmten Ort aufgebaut.

Die erste Schlüsselkategorie, *biographische Raumproduktion*, bezeichnet eine Identifikationsstrategie, die sich auf Orte bezieht, welche im Lebenslauf eine besondere Bedeutung haben oder hatten. Die biographische Raumproduktion ist nicht auf eine retrospektive Perspektive beschränkt. Sie kann sich auf die aktuelle Lebenssituation beziehen und auf Alltagshandlungen, d.h. auf Spacings und Syntheseleistungen im alltäglichen Handeln, zurückgreifen. Orte werden im repetitiven Handeln so über Wege miteinander verbunden, dass diese als *möglichst ästhetische Erfahrungen* erlebt werden.

Beispiele dafür sind ein neu entdeckter Weg entlang der alten Stadtmauer zur Uni, der einen Brunnen als Ort zum Innehalten (und „Spielen" mit den verstellbaren Bronze-Figuren) einschließt, das Resi-

Abb. 3: „Feierabendblick". Foto: Sergej Stoetzer 2014

Abb. 4: Brunnen. Foto: Sergej Stoetzer 2014

Abb. 5: Stadtmauer. Foto: Sergej Stoetzer 2014

denzschloss – und der Blick auf den Marktplatz nach der Uni aus dem Schloss heraus, der als „Feierabendblick" bezeichnet wurde.

Die Wahrnehmung der Umgebung, d.h. die Syntheseleistung, kann auf das Flüchtige, vermeintlich Nebensächliche gerichtet sein und bekannte Orte so in Nuancen immer wieder neu erleben lassen. Die bewusste Wahrnehmung reproduziert nicht die Alltäglichkeit der Wegeführung. Diese Strategie benötigt ein Repertoire an Orten, das zunächst erworben werden muss durch systematische Suche, Zufallsfunde oder durch Hinweise von Freunden. Zeit und lokalspezifisches Wissen sind Ressourcen, die für diese Strategie aufgewendet werden müssen.

Durch diese Strategie entstehen institutionalisierte Räume, ohne dass eine dauerhafte Veränderung der materiellen Konstellation am Ort selbst erfolgt: Diese Strategie zielt *vornehmlich auf die lebensweltliche Verbindung zur eigenen Person ab, bewertet die Stadt in der Alltagserfahrung und nicht eventbasiert* und hinterlässt, abgesehen von der temporären eigenen Anwesenheit, *keine extern sichtbaren Spuren der Nutzung oder Aneignung* (STOETZER 2014: 203).

Die *historiographische Raumproduktion als Identifikationsstrategie* untersucht die gegenwärtige Stadtwahrnehmung auf eine historisch tradierte Materialität hin und versucht, in der Raumkonstitution explizit, einen möglichst homogenen *ZeitRaum* zu konstituieren durch eine *direkte baulich-materielle Kontinuität* oder *indirekt in der Vorstellung* über die Rekonstruktion eines Transformationsprozesses. Für den letzteren Fall wird Wissen in den Bereichen Architektur, Geschichte und Soziologie angewandt bzw. erworben (STOETZER 2014: 204ff.).

In beiden Fällen sind *Syntheseleistungen als Wahrnehmungen bzw. Vorstellungen an der Konstitution der ZeitRäume[3] beteiligt.* So sind im Fallbeispiel, an dem sich diese Strategie besonders deutlich zeigen lässt, Häuser und Hinterhöfe an der Magdalenenstraße aufgrund ihrer einzigartigen Tradierung

Abb. 6: Magdalenenstraße alt/neu, Postkarte. Foto: Archiv Sergej Stoetzer

– kaum Veränderungen in der baulichen Struktur, aufwendiger und damit gepflegter Umgang mit materieller Stadtgeschichte – das zentrale Bildmotiv einer fiktiven Postkartendarstellung als Startbild im digitalen Stadtmodell. Sie zeigen ein Darmstadt, wie es sein könnte (STOETZER 2014: 226f.).

Die Analyse von Räumen anhand ihrer Materialität allein hat – dies ist in der Stadtsoziologie unstrittig – nur ein begrenztes Erkenntnispotential, denn sie zeigt nur das *Resultat eines Prozesses, nicht den Prozess selbst*. Genau dies ist die Ausgangssituation, bevor diese Identifikationsstrategie entwickelt wird: Die bauliche Gestalt der Stadt wurde ahistorisch betrachtet und aufgrund weitgehend fehlender historischer Bausubstanz *und lokalspezifischen Wissens* negativ konnotiert. Erst ein imaginierter Transformationsraum ermöglicht, Relationen herzustellen, die sich über die gegenwärtige materielle Struktur der Stadt nicht immer erkennen lassen.

In der *3. Schlüsselkategorie – gegenkulturelle Raumproduktion* – wird die Stadt *nicht* wahrgenommen und erkundet, indem auf *institutionalisierte* Angebote zurückgegriffen wird, sondern indem man diesen eine *eigene räumliche, gegenkulturelle Praxis, die als Freiheit* erlebt wird, gegenübergestellt. Statt einer *touristischen Passage* des Aushängeschilds des Darmstädter Jugendstils, der Mathildenhöhe, wird auf einen *Aufenthalt* dort gesetzt.

Mit dem *Aufenthalt* an besonderen Orten wird ein *eigener, gegenkultureller ZeitRaum* konstituiert.

Die temporär fragmentierte Anwesenheit wird durch *repetitives Verhalten institutionalisiert* und gegenkulturelle Räume damit verstetigt (STOETZER 2014: 228ff.).

Mit der *iterativen Raumproduktion als Identifikationsstrategie, also der 4. Schlüsselkategorie*, werden Orte angeeignet, indem sowohl durch *eigene* Spacings, also Veränderungen oder Platzierungen, dauerhaft Räume konstituiert werden, als auch die materiell-symbolischen Spuren als Verweise auf Raumaneignungen Dritter hinsichtlich ihrer Motivlage rekonstruiert werden. Mit dieser zeitlichen Verschiebung zwischen aktueller Wahrnehmung der Umwelt und der Suche nach sichtbaren Relikten der Raumaneignungen Dritter zu einem *vorgelagerten* Zeitpunkt wird ein *raumzeitlicher Spannungsbogen* aufgebaut, dem die Frage innewohnt, wie andere Menschen Stadt wahrgenommen, erlebt und sich in ihr „verewigt" haben (STOETZER 2014: 248ff.).

Materielle und soziale Konstellationen am Ort beeinflussen die Möglichkeiten, eigene Räume zu konstituieren. Der Materialität kommt dabei weniger eine ästhetisch-normative Funktion zu als vielmehr eine praktische: *Im Vergleich zu den anderen Identifikationsstrategien wird Materialität nicht der Optik, sondern der Funktionalität untergeordnet*. Im Materiellen zeigt sich neben den technischen Eigenschaften auch eine *zeitgeschichtliche Wertung*: In der Logik der eigenen Identifikationsstrategie wird im Fallbeispiel dafür plädiert, auch Spuren der Gegenwart als Aneignung von Räumen zu tradieren und in Stadtplanung und Denkmalschutz nicht ausschließlich historisierend zu arbeiten: Jede Zeit hätte ihre eigenen ästhetischen Spuren.

Weiterhin spielen Freiräume durch tragfähige soziale Netzwerke mit informellen Regeln eine große Rolle: Sie ermöglichen ein Handeln, das formal außer-

Abb. 7: (Il)legale Raumaneignungen: Party im Gebäude. Foto: Studentenaufnahme

Abb. 8: (Il)legale Raumaneignungen: Grillen auf dem Dach. Foto: Studentenaufnahme

halb der legalen Rahmenbedingungen liegt, faktisch jedoch geduldet wird. Beispiele sind das Grillen abends auf Flachdächern von Universitätsgebäuden oder große Partys mit bis zu 1500 Gästen, deren Vorbereitungen merkwürdigerweise nie von Objektverantwortlichen bemerkt wurden...

Ermöglicht wird dies durch eine besondere Übernahme von Verantwortung – denn wenn die Freiheit für solche Events ausgenutzt würde, wäre sie sofort vorbei.

Systematisiert man die Identifikationsstrategien und geht über die unmittelbaren empirischen Ergebnisse hinaus, zeigt sich, dass die Aneignung von Orten über raumbezogene Identifikationsstrategien durch Wissen, Zeit als Ressource und durch Frei-Räume moderiert wird. Die Strategien selbst lassen sich auf eine Verschränkung von Spacings und Syntheseleistungen, d.h. auf bestimmte Formen der Konstitution von Räumen, abstrahieren (vgl. detailliert STOETZER 2014: 279ff.).

Schlussfolgerungen

Wenn eine Stadt ein „Image" oder Markenzeichen hat, das problemlos übernommen werden kann (was Inhalt, Intention, Handlungsoptionen und lebensweltlichen Bezug zur eigenen Person beinhaltet), fällt es leichter, sich die Stadt „anzueignen". Diese Stadtimages versuchen, etwas als für die Stadt

Abb. 9: Holzschnitt von Darmstadt und Kurzinfo zur Stadt in Reclams Universum 1914.
Foto: Archiv Sergej Stoetzer

typisch herauszustellen, das Anknüpfungspunkte bietet – Wissenschaftsstadt wäre dies z.B. für Darmstadt.

Doch das war nicht immer so. Die Holzschnitt-Darstellung aus dem Jahr 1914 zeigt eine Stadt, die im Vordergrund von Feldern und Bäumen flankiert ist und von Hügeln im Hintergrund eingerahmt wird. Die Fluchtpunktdarstellung lenkt den Blick auf mehrere Kirchen in der Bildmitte, deren Türme die ebenfalls abgebildeten Schornsteine deutlich überragen. Die Darstellung findet sich auf der ersten Seite des Sonderhefts der Zeitschrift „Universum" des Reclam-Verlags aus dem Jahr 1914. In Stichworten wird Darmstadt unterhalb des Holzschnitts charakterisiert (Reclams Universum 1914: 1).

Diese Stadt ist nicht nur im Hinblick auf ihre Materialität ein ganz anderer Ort als die Wissenschaftsstadt von heute: Die Eignung der Stadt für Pensionäre und die Möglichkeiten, Ruhe und Ordnung notfalls durch nahegelegene Militärbasen aufrechterhalten zu können, sind nicht mehr Bestandteil der Werbebotschaft. Der zeitliche Abstand von fast 100 Jahren der beiden Stadtdarstellungen zeigt, wieweit die professionell entwickelten Syntheseleistungsangebote das Verhältnis von Selbst- und Welthaltung sowie generell eine kulturelle, politische und soziale Weltanschauung widerspiegeln: Stadt *ist* Wandel.

Raumbezogene Identifikationsstrategien sind eine *aktive Auseinandersetzung mit einem bestimmten Ort*, sie binden die eigene Person in die auf unterschiedlichen Zeit- und räumlichen Skalen akkumulierten sowie sich fortschreibenden Relationennetze als Teil dieses Ortes mit ein.

Die Aneignung von Orten kann auf der Ebene von *Spacings* erfolgen, die zu einer *dauerhaften Veränderung der materiellen Konfiguration* führen – sie hinterlassen dann „Spuren". Eine weitere Möglichkeit ist, dass *eine (An-)Ordnung jeweils temporär immer wieder neu erzeugt* und dadurch verstetigt wird.

Syntheseleistungen können als *extern nicht sichtbare Aneignungsform* eine lebensweltliche Verbindung der Person zu dem Ort begründen. Weiterhin können temporäre oder einmalig konstituierte Räume über repetitive *Syntheseleistungen in der Erinnerungsarbeit* immer wieder neu konstituiert und auf diese Weise tradiert werden, ohne dass dazu erneut die erinnerten (An-)Ordnungen materiell rekonstruiert werden müssten oder – um den Bogen zum Eingangsbeispiel zurückzuschlagen – ohne dass die entsprechenden Orte dafür aufgesucht werden müssten oder dürften.

Der Einbezug der jeweiligen Person ist dabei wesentlich: Für den einen ist es die spannende Suche nach den Motiven, warum bestimmte Orte über z.B. Streetart angeeignet werden, andere können dieses ästhetische Empfinden nicht teilen und nehmen es als strafbare Handlung und Verschandelung der Gegend wahr. Graffiti als Kennzeichnung und Form der An-Eignung mag Sprayern die Stadt „persönlicher" vorkommen lassen, indem in der Öffentlichkeit eine bestimmte, persönliche Form von Ästhetik manifestiert wird und Oberflächen der Stadt – oder stadtsoziologisch: die Atmosphären der konstituierten Räume – so erobert werden. Graffiti-Gegner hingegen vertreten eine andere Interpretation: auch sie sprechen von „ihrer" Stadt, die nur ohne diese Kennzeichnungen „schön" sei. *Beide Gruppen setzen dabei ihr ästhetisches Empfinden als verallgemeinerbaren Maßstab an* und maßen sich dabei die Aneignung eines öffentlichen Raumes an, indem sie ihr Idealbild von Stadt über dasjenige von anderen stellen, so der Soziologe Reinold Sackmann (SACKMANN, KISON, HORN 2009). Die Eigentümer von Immobilien können sich dabei im Gegensatz zu den Sprayern auf entsprechende juristische Strukturen berufen, die diese Form der Raumaneignung sanktionieren.

Wichtig an diesen Punkten ist, dass die *Nutzung von Räumen immer an Aushandlungsprozesse (mit unterschiedlichem Konfliktpotential) gebunden ist*. Vielleicht ist die Frage nach dem Wandel von Stadt durch neue Akteursgruppen auch eine Möglichkeit, den arg strapazierten Begriff der Urbanität neu zu beleben: Ist die Vielfalt, die mit einem relationalen Zugang zu Orten und Räumen möglich ist, nicht auch Sinnbild für die europäische Stadt, die „traditionell" durch den Austausch mit Fremden, reisenden Händlern, Handwerkern und auch Studierenden, ihre distinkte Form in materieller, sozialer und „geistiger" Hinsicht erhielt?

Sollte nicht jede Generation auch städtebaulich die Möglichkeit haben, ihre eigenen „Spuren" zu hinterlassen? Menschen brauchen Frei-Räume, d.h. materielle wie soziale und auch geistige Handlungsspielräume – das müssen ja nicht nur Graffiti sein, auch die Nutzung von Brachen oder kleinen Parzellen an Gehwegen für Urban Gardening kann eine Form der Aneignung von Raum darstellen – um Identifikationsstrategien entwickeln zu können.

Es ist nicht die Stadt im Allgemeinen, auf die sich Identifikationsstrategien beziehen, sondern erst in der *Abstraktion* von den identifikationsstiftenden Räumen wird von den spezifisch dabei mitkonstituierten Orten auf die Stadt geschlossen. Vielleicht kann man ein Konzept der Aneignung von Stadt entwickeln, das die gegenseitigen Perspektivwechsel mitdenkt – frei nach Rosa Luxenburg: *Die Freiheit der Aneignung von Stadt ist immer auch die Freiheit anderer Formen der Stadtaneignung.*

Literatur

ARIAS, S. (2010): Rethinking space: an outsider's view of the spatial turn. – In: GeoJournal 75, S. 29–41.

BAUSCHKE-URBAN, C. (2010): Im Transit. Transnationalisierungsprozesse in der Wissenschaft. – Wiesbaden.

BERKING, H. (2010): Raumvergessen – Raumversessen. Im Windschatten des Spatial Turn. – In: Fragile Sozialität – Inszenierungen, Sinnwelten, Existenzbastler, S. 387–394. – Wiesbaden.

BOURDIEU, P. (1991a): Physischer, sozialer und angeeigneter physischer Raum. – In: Stadt-Räume. Die Zukunft des Städtischen, S. 25–34. – Frankfurt a. M., New York.

BOURDIEU, P. (1991b): Sozialer Raum und „Klassen". Zwei Vorlesungen. – Frankfurt a.M.

BOURDIEU, P. (1997): Ortseffekte. – In: Das Elend der Welt, S. 159–167. – Konstanz.

DÖRING, J., & THIELMANN T. (Hrsg) (2008): Spatial Turn. Das Raumparadigma in den Kultur- und Sozialwissenschaften. – Bielefeld.

GIDDENS, A. (1988): Die Konstitution der Gesellschaft. Grundzüge einer Theorie. – Frankfurt a. M., New York.

GIERYN, T.F. (2000): A Space for Place in Sociology. – In: Annual Review of Sociology, 26, S. 463–496.

GÜNZEL, S. (Hrsg) (2010): Raum. Ein interdisziplinäres Handbuch – Stuttgart, Weimar.

LIPPUNER, R.; Lossau, J. (2004): In der Raumfalle. Eine Kritik des spatial turn in den Sozialwissenschaften. – In: Soziale Räume und kulturelle Praktiken. Über den strategischen Gebrauch von Medien, S. 47–63. – Bielefeld.

LIPPUNER, R.; LOSSAU, J. (2010): Kritik der Raumkehren. – In: Raum. Ein interdisziplinäres Handbuch, S. 110–119. – Stuttgart, Weimar.

LÖFFLER, B. (2011): Fremd und Eigen. Christlicher Sakralbau in Japan seit 1853. – Berlin.

LOSSAU, J. (2012): Spatial Turn. – In: Handbuch Stadtsoziologie, S. 185–198. – Wiesbaden.

LÖW, M. (2001): Raumsoziologie. – Frankfurt a. M.

MASSEY, D. (1993): Power-geometry and a progressive sense of place. – In: Mapping the Futures. Local cultures, global change, S. 59–69. – London, New York.

MASSEY, D. (1994): Space, Place, Gender. – Minneapolis.

MASSEY, D. (2005): For Space. – London, Thousand Oaks, New Delhi.

PUGH, J. (2009): What are the consequences of the 'spatial turn' for how we understand politics today? A proposed research agenda. – In: Progress in Human Geography, 33(5), S. 579–586.

Reclams Universum (1914): Darmstadt – eine Stätte der Kultur. (Vol. 30. Jahrgang)

SACKMANN, R.; KISON, S.; HORN, A. (Hrsg.) (2009): Graffiti kontrovers: Die Ergebnisse der ersten mitteldeutschen Graffitistudie. – Halle.

STOETZER, S. (2014): Aneignung von Orten. Raumbezogene Identifikationsprozesse. – Darmstadt.

WARF, B.; ARIAS, S. (Hrsg.) (2009): The Spatial Turn: Interdisciplinary Perspectives. – London, New York.

Internetquellen

www.miraikioku.com/en (aufgerufen am 8.7.2014)

googleblog.blogspot.jp/2013/03/imagery-on-google-maps-of-fukushima.html (aufgerufen am 8.7.2014)

1 Die Veröffentlichungen zu diesem Paradigmenwechsel beziehen sich auf die Besprechung und inhaltliche Neuinterpretation philosophischer, (stadt-)soziologischer und architekturtheoretischer Klassiker sowie auf die gegenwartsbezogene Theoriebildung und empirische Forschung. Eine Darstellung der theoretischen Bezüge bieten GÜNZEL 2010; LOSSAU 2012, explizit interdisziplinäre Perspektiven diskutieren ARIAS 2010; DÖRING/THIELMANN 2008; PUGH 2009; WARF/ARIAS 2009, und eine theoriekritische Reflektion stellen BERKING 2010; LIPPUNER/LOSSAU 2004, 2010.

2 Manchmal aber auch scheitert diese Dekodierung, wenn lokale Kontexte nicht hinreichend bekannt sind. So gibt es z.B. in Japan wedding chapels, die den sakralen europäischen Gebäuden nachempfunden sind, deren Funktion aber nur in der Simulation des (europäischen) Hochzeitsrituals liegt (LÖFFLER 2011).

3 Mit dieser Schreibweise wird in der Stadtsoziologie ein Ortskonzept, basierend auf Relationennetzwerken und Zeitbezügen, diskutiert (BERKING 2010; STOETZER 2014).

Aspekte von Stadtwandel in Europa: der Fall des Manfredo Villalta. Eine Bildergeschichte

Christiana Storelli

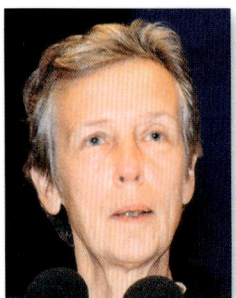

ALS BEGINN
DIE STADT

Die Stadt ist ein Wert-Schrank *der eigenen Werte und jener der Gesellschaft.*

Die Stadt braucht Menschen und die Menschen brauchen Stadt.

Die Stadt verlängert sich, erweitert sich, verbraucht Gebiet.

Die Stadt ändert sich... und die Menschen?

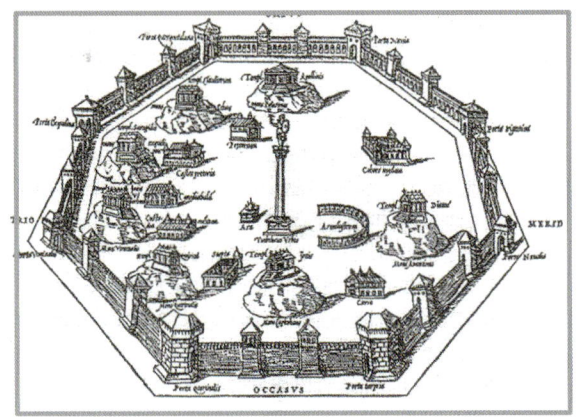

Der Fall des Manfredo Villalta
– Mai 2014 –

Manfred Villalta geht zur Arbeit

- jeden Morgen
- durch dieselbe Straße
- die Straße der „Schande"
- an der Baustelle vorbei

- Jeden Morgen seit Monaten wird er vor der Baustelle wütend.
- Er erinnert sich, was da war.
- Und er sieht, was gerade gebaut wird.

Mit schlechter Laune geht er jeden Morgen zur Arbeit.

Eine neue Haltung
Seit kurzer Zeit passt Manfredo immer mehr auf, was im täglichen Verlauf vorkommt, besonders auf seinem Weg zur Arbeit: Da denkt er nach, schaut sich um, beobachtet, was entlang der Straße passiert…

Er denkt:
- wie schnell vergisst man
- wie schnell gewöhnt man sich
- wie schnell vernichtet man und baut neu

Und wie wenig denkt man eigentlich darüber nach.

Was passiert, wenn? ...

... du an einen Morgen merkst und realisierst, dass das, woran du gewöhnt warst, nicht mehr da ist oder ein wenig anders aussieht?

... und wenn das Haus, an dem du immer vorbei gehst, plötzlich mit rosaroter Farbe gestrichen ist?

Mittwoch, den 7. Mai

Vielleicht hatte er schlechte Laune, oder auch nicht, als er in sein Büro ging. Nach einer Stunde raste er wieder heraus, in den dunklen Korridor, schlug wütend die Tür hinter sich zu, so stark…., dass langsam sich andere Türen öffneten.

Kollegen … schauten ihn an…

„AUCH IHR" … FLÜSTERTE ER NUR …

und meinte „Auch ihr seid wie Hühner in dunklen Zellen untergebracht."

An jenem Mittwoch verließ er sein Büro.

Manfredo musste umziehen

Beamter in der öffentlichen Verwaltung, für Baubewilligung zuständig, musste Manfredo Villalta vor kurzem umziehen.

Alles hat sich am neuen Arbeitsplatz geändert: Lage, Größe, Arbeitskreis, Umgebung. Auch die Strecke, die er zu Fuß brauchte.

Da musste er raus.

Da musste er rein.

Alles hatte Einfluss auf seine Gewohnheiten und das war natürlich nicht schlimm, aber einiges schon… Klimaanlage, die Größe/das Ausmaß, die winzigen, festgeschraubten Fenster.

Deshalb war er so oft mit sich selbst unzufrieden.

Manfredo geht in die Stadt
An diesen Mittwoch hatte Manfredo Villalta mit seinem Arbeitsplatz Mühe. Er dachte an die winzige Zelle, wo er den ganzen Tag ohne frische Luft sitzen musste. Er geht bis zum Rathausplatz.

- Er dachte, wie weit die Arbeiten an der Baustelle fortgesetzt waren (und denkt an die abgerissene Villa).
  Er denkt… wie schnell ändert sich die Stadt.
- Er dachte… warum muss man in einem solchen Zustand arbeiten (und denkt an seinen neuen Arbeitsplatz).
  Er denkt… was für Änderungen im Entwerfen.

Manfredo will etwas unternehmen.
Er weiß aber nicht, was und wie.

Manfredo denkt nach
Er setzt sich ins Café an der Ecke des Rathausplatzes vor der Kathedrale.

Er schaut sich um, die Leute, die Bauten, die den Platz kennzeichnen… auch da… wenigstens sind die Fassaden noch da.

Manfredo zerbricht sich den Kopf
Vor Augen hat er…

die abgerissene Villa

den alten Arbeitsplatz

Dann fällt ihm noch anderes ein… er hatte es gerade in der letzten Wochenzeitung gesehen.

und den neuen.

Christiana Storelli: Aspekte von Stadtwandel in Europa: der Fall des Manfredo Villalta. Eine Bildergeschichte

Dann

fängt Manfredo an zu reagieren.

Man kann doch nicht gleichgültig sein!

Er fragt sich nach den Gründen, die das Stadtbild (samt historischem Wert und Lebensart) ändern.

Hier reagiert man!

Manfredo Villalta sucht

Er glaubt, etwas zu finden.
- Notwendigkeit des Wiederaufbaus,
- Gleichgültigkeit gegenüber den Besonderheiten der Regionen,
- die Meinung, stärker als die Natur zu sein,
- Ersparnis in Energie und Boden,
- Größenwahn,
- erkannte Ansprüche,
- kein oder wenig Respekt gegenüber Natur, Geschichte, Kulturvermögen

Aber… wie reagieren die Leute?
Wie reagieren die Leute, die im neuen Verwaltungsgebäude arbeiten?

Manfredo Villalta stellt sich Fragen

- Wieviel gelten die Menschen?
- Bringen diese Änderungen neue Werte?
- Das Alte gegen das Neue?
- Was passiert in der Stadt?
  - …mit den verlassenen Gebäuden?
  - …mit dem übermäßigen Wachstum?
  - …mit der aktuellen Planung?
  - …mit immer neue Vorschriften?
- Was passiert mit der Landschaft?

Der Journalist

Manfredo war in seinen Gedanken so konzentriert…. Hei, was machst du da, ruft sein Freund, der Journalist, der auf der Suche nach Neuigkeiten in der Stadt spazierte…

Manfredo erzählte ihm, worum es ging: seine Unzufriedenheit darüber, im neuen Verwaltungsgebäude zu arbeiten. „Könntest du nicht einen Artikel darüber schreiben?", fügte Manfredo hinzu.

„Ich weiß", sagt Daniel Mair, der Journalist, „dass viele da unzufrieden sind, ich kann aber darüber nicht schreiben… zu viele wären beleidigt … verstehst du… versuche doch eine Untersuchung bei deinen Kollegen, die kennst du", schlägt ihm der Journalist vor.

Zurück zur Arbeit

im gehassten Gebäude. Ohne Überzeugung überlegt er sich, ob der Vorschlag von Daniel Mair einen Sinn hat. Befragen … könnte man eher, vielleicht wird es einfacher. **So** entschied er sich endlich.
In seinem winzigen Büro denkt er darüber nach, wie, mit wem und wo er anfangen kann.

Die Versammlung

Es gelingt ihm, einige Kollegen vom dritten Stock zu überzeugen…
sich zum Thema *Änderungen* zu beteiligen,
sich wenigstens damit zu beschäftigen.

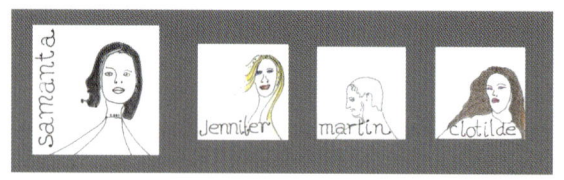

Der Tisch

In einem kleinen Sitzungszimmer setzen sich 9 Kollegen, die mit Manfredo Villalta plaudern.
Einer nach dem andern äußern sie sich langsam.

Die Meinungen

- Ich hätte gern viel mehr Fenster… mehr Phantasie in der Organisation der Räume
- Es ist alles so neu, mir gefällt es hier, wenn ich daran denke, wo ich vorher war…
- Ich muss meinen Arbeitsplatz behalten.
- Ein größerer Raum würde mir schon passen…
- Ich komme von der Autobahn… das Gebäude ändert schon sehr die Landschaft… mir gefällt es nicht, zu groß, zu imposant
- Ich würde besser in einem „open space" arbeiten
- Warum hat man mich nicht vorher befragt? Ich bin darüber böse…
- Das Gebäude gefällt mir nicht, nicht von außen und noch weniger von innen

Manfredo hört allen zu… und dann wendet er sich an Samanta: „Was sagst du?"

Samanta Akt 1

„Ich bin mit allem einverstanden."
Dann bin ich ein bisschen weiter gegangen:
„An die Änderungen der Stadt habe ich gedacht, ganz allgemein und was für einen Einfluss solche Eingriffe auf das Stadtbild und auf den Menschen haben."
Samanta macht eine Pause.
„Ich weiß, was da fehlt!", sagt sie dann, „mir fehlt die Rücksicht auf die Menschen und ihre Meinungen."
Samanta schaut sich um, lächelt zu den Kollegen und wendet sich an Manfredo Villalta.

Samanta Akt 2

„Ich möchte träumen, und so soll mein Traum aussehen", sagt sie:

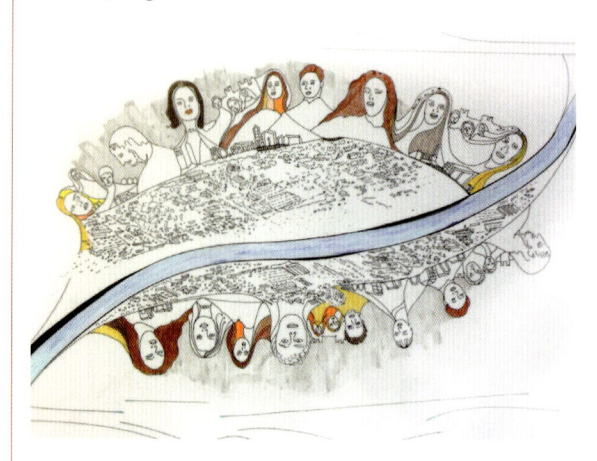

Christiana Storelli: Aspekte von Stadtwandel in Europa: der Fall des Manfredo Villalta. Eine Bildergeschichte

Samanta Akt 3
nach einer Pause …. fügt sie hinzu …

„**So** würde ich mit dem Gebäude, das uns krank macht, umgehen!"

Am Ende
… die Gewalt… **nein!**
(auch wenn er es gern gemacht hätte)

aber: Ja zur Utopie

Manfredo grüßt die Kollegen, trinkt sein Glas Wasser aus, verlässt den Raum.
Er fügt hinzu: **„Ich hoffe, dass diese Übung nützlich war… für mich in jedem Fall."**

Manfredo Villalta
kündigt und wird Journalist
sein Deckname: „der Igel"

Manfredo Villalta
- Ingenieur
- wollte Sternkunde studieren
- liebt Graffiti
- ist ein aufmerksamer Beobachter
- und ein Freidenker
- sammelt kleine Steine

Sichtbar angekommen? Jüdische Architektur und der Wandel des Sakralen im Bild deutscher Städte

Ulrich Knufinke

Zusammenfassung

Der Wandel des Sakralen im Bild deutscher Städte ist eine sozial, ökonomisch und kulturell weit ausgreifende und vielschichtige Entwicklung. Sie erlangt jedoch, wie die meisten Stadtwandel-Prozesse, zumeist nur lokal und zeitlich begrenzt Aufmerksamkeit, wenn Sakralbauten Diskussionen hervorrufen oder für Aggressionen sorgen. Im Einzelfall – dem Abriss einer Kirche, der Einweihung einer Synagoge, dem Bau einer Moschee oder dessen Verhinderung – lassen sich Akteure und Interessen noch mehr oder weniger gut benennen und die Wege nachzeichnen, die zum jeweiligen Ergebnis geführt haben. Sie gehören jedoch zu einem Gesamtbild, das weitaus schwieriger zu erfassen ist. Die folgenden Überlegungen zur Stellung der jüdischen Architektur in diesem Prozess unternehmen den Versuch, eine breitere Perspektive zu finden und eine besondere Facette im Bild des Sakralen in den deutschen Städten der Gegenwart auszuleuchten.

Sakrale Architektur als Zielscheibe politischer Gewalt

Mit dem glücklicherweise materiell folgenlosen Wurf von Brandsätzen auf die Synagoge in Wuppertal am 27. Juli 2014 ist, nicht zum ersten Mal in der jüngsten Vergangenheit, eine jüdische Einrichtung als Ziel einer politischen Aggression zum „Thema des Tages" geworden und ins Blickfeld der politischen Berichterstattung gerückt (vgl. LINDE 2014).

Vordergründig wird die Tat in Zusammenhang mit dem Krieg zwischen der Hamas und der israelischen Armee im Gaza-Streifen im Sommer 2014 gestellt, doch steht hinter der Auswahl der Synagoge als Angriffsziel ein Verständnis sakraler Architektur, das in der sich als weitgehend säkularisiert auffassenden bundesdeutschen Bevölkerung zumeist nur noch unterschwellig wirkt: der sakrale Bau

Abb. 1: Wuppertal, Synagoge und jüdisches Gemeindezentrum von 2002 (Architekt: Hans Christoph Goedeking). Foto: Ulrich Knufinke 2007

als symbolisches und politisches Objekt, seine Präsenz oder Nicht-Präsenz im Stadtbild als Gegenstand gesellschaftlicher Konflikte.

Nicht nur am Gebäude einer Synagoge, das zum Ziel antijüdischer (antisemitischer, antiisraelischer, antizionistischer…) Aggression gemacht wird, kommt diese Bedeutungsdimension des Sakralen an die Oberfläche. Sie spiegelt sich auch in der bei vielen – Kirchgänger oder nicht – ausgeprägten „Verlustangst" hinsichtlich der Zukunft von „funktionslos" gewordenen Kirchenbauten. Es dürfte mehr als eine gewisse persönliche Sentimentalität hinsichtlich des Verlusts von Orten der eigenen Biographie („hier wurde ich getauft", „da haben meine Kinder geheiratet"…) dahinter verbergen, wenn auch jene sich über die Entwidmung, den Umbau oder den Abriss einer Kirche empören, die schon längst nicht mehr zu ihren regelmäßigen „Nutzern" gehören oder zu jenen, die mit der Zahlung ihrer Kirchensteuern ein Anrecht auf dauerhafte Erhaltung „ihres" Gotteshauses erworben zu haben meinen. Hier zeigt sich, dass die bloße Präsenz dieser Bauten, ihre Sichtbarkeit im Alltag, nicht nur stadträumliche („Kirchturm"), sondern auch individuelle und kollektive Orientierung bedeutet – weit über die religiöse Funktion für die schrumpfende Gruppe der Gottesdienstbesucher hinaus. Sakrale Bauwerke – nicht nur Kirchen – sind „Anker-Orte", wenn auch nicht jederzeit und für jeden mit derselben identifikatorischen Bedeutung. Ihr Wandel geht mit Unbehagen einher.

Wie sehr sakrale Bauten zumindest als Orte historischer und kultureller Identifikation weiterhin von Bedeutung sind, mag sich an anderer Stelle ausdrücken: Verschoben in die Sphäre der kulturhistorischen Denkmäler, sind „große", „alte", „schöne", „bedeutende" Kirchen, Moscheen und Synagogen ideale Gegenstände der Vermarktung durch die Kultur- und Tourismus-Industrie. Dass sie aus dem Bereich individueller Religiosität hinausgeschoben werden, geht mit dem säkularisierenden Funktions-

wandel einher: Eine Beterin im Kölner Dom ist dekorativ-stimmiges Fotomotiv wie ein Beter an der Klagemauer oder im Felsendom.

Der Harmlosigkeit des in der bundesrepublikanischen Gesellschaft weitgehend unbestrittenen Kultur-*Denkmals* „historischer Sakralbau" stehen jedoch handfeste Konflikte gegenüber, wenn es um die in einem Bauwerk manifeste und im Stadtbild sichtbar gemachte Ausgestaltung von Religionsfreiheit geht (KNUFINKE 2012: 201f.).[1]

Im Sommer 2011 machte eine „Bürgerbewegung pro Deutschland" im Wahlkampf um die Wahlen zum Berliner Abgeordnetenhaus mit einem Plakat

Abb. 2: Wahlwerbung der „Bürgerbewegung pro Deutschland" für die Wahlen zum Abgeordnetenhaus in Berlin, 2011. Foto: Ulrich Knufinke 2011

Werbung, das die Frage nach der Bedeutung und Wirkung von Architektur bzw. architektonischen Bildern in den politischen, gesellschaftlichen Auseinandersetzungen der Gegenwart mit einiger Dringlichkeit aufwirft. Im Zentrum des Plakats steht die schwarze Silhouette eines Bauwerks mit zentraler Kuppel und zwei schlanken, spitzen Türmen. Die Kuppel bekrönt eine Mondsichel. Die Silhouette wird überdeckt von einem grellroten Kreis mit einem diagonalen Balken.

Unmissverständlich stellt das Bauwerk eine Moschee dar, und ebenso unmissverständlich zeigen der Kreis und der Balken eines Verkehrsschilds an, dass eine solche an dieser Stelle nicht zulässig sei – eine zweifelsfrei islamfeindliche Darstellung. Ihre Urheber bedienen sich eines bestimmten Bildes zur Kennzeichnung jener Gruppe, gegen deren Anwesenheit bzw. Sichtbarkeit sie sich richten: Es ist das Bild des Bauwerks, in dem sich die „Gegenseite" in Ausübung ihres Grundrechts auf Religionsfreiheit versammelt. Dasselbe Piktogramm wurde bereits bei den Demonstrationen gegen den Bau einer Moschee in Köln-Bocklemünd 2007 verwendet, es hat sich also vom Bild, das gegen einen „Einzelfall" gerichtet ist, zu einer allgemeinen Darstellung verwandelt (BEINHAUER-KÖHLER & LEGGEWIE 2009).

Die Bauwerke und Einrichtungen der jüdischen Gemeinden stehen ebenfalls im Spannungsfeld unterschiedlichster Interessen und Deutungen. Die Erinnerung an die Zerstörung der Synagogen in der Folge der so genannten Reichspogromnacht vom November 1938 und an die Vernichtung der europäischen Juden im Holocaust prägt gerade in Deutschland das Verständnis jüdischer Bauten. Die in den zurückliegenden rund 20 Jahren in recht großer Zahl neu errichteten Synagogen und anderen jüdischen Gemeindeeinrichtungen lassen fragen, von wem und für wen, mit welchen Zwecken und mit welchen Deutungen sie errichtet wurden und werden – und was dies mit der Wahrnehmung des Sakralen als Teil der Städte „macht" (vgl. CORIDASS 2010, ROSENFELD 2011, KNUFINKE 2014).[2]

Synagogen in der Bundesrepublik – „politische Architekturen"?

Bauprojekte und Einweihungen neuer Synagogen erfahren eine hohe öffentliche, politische und mediale Aufmerksamkeit, zugleich zeigt sich ihre Gefährdung durch verschiedene Spielarten des Antisemitismus. Die Einweihung der jetzt zum Ziel von Brandsätzen gewordenen Synagoge in Wuppertal im Jahr 2002 stand durch die Anwesenheit des israelischen Staatspräsidenten Moshe Katsav und des aus dieser Stadt stammenden deutschen Bundespräsidenten Johannes Rau im besonderen Licht der Öffentlichkeit. Die Veranstaltung nutzten unterschiedliche Akteure als Gelegenheit, ihre Deutungen deutsch-jüdischer Geschichte und ihre Erwartungen an eine deutsch-jüdische Gegenwart und Zukunft zu formulieren.

Paul Spiegel, seinerzeit Präsident des Zentralrats der Juden in Deutschland, hebt in seinem Grußwort in der Festschrift zur Einweihung die Bedeutung der Synagoge als „Mittelpunkt jüdischen Lebens in einer Stadt und Stein gewordener Wille, an einem Ort bleiben zu wollen" hervor. Zugleich erinnert er daran, dass die Mitglieder der jüdischen Gemeinde „den Faden wieder neu [aufnehmen], den das mörderische System der Nazis zerrissen hatte. Sie knüpfen an die Traditionen der Juden im Bergischen Land an […]. Denn auch das ist für uns wichtig: die Tradition zu wahren und von Generation zu Generation weiterzugeben."[3]

Während Spiegel das Anwachsen der jüdischen Gemeinden in der Gegenwart seit 1990 als Auslöser für den Neubau von Synagogen erläutert und die Fortsetzung der jüdischen Tradition in den Mittelpunkt stellt, gibt Johannes Rau in seinem Grußwort einen Hinweis auf die Geschichte des Standorts auf dem Areal des früheren Pfarrhauses der benachbarten Gemarker reformierten Kirche. Dort hatte 1934 „die erste Bekenntnissynode der Deutschen Evangelischen Kirche [getagt]. Die ‚Barmer Erklärung' […] wurde das Fundament des Widerstandes zuerst gegen die ‚Deutschen Christen', aber auch gegen den Totalitätsanspruch des nationalsozialistischen Parteistaats, der Menschenrechte verachtete, wenn er sie nicht selber definiert hatte."[4] Jedoch habe sie nicht erwähnt, dass schon damals Juden verfolgt worden seien. Im Folgenden erläutert Rau das zögerliche Eingeständnis der evangelischen Kirchen einer Mitverantwortung am Holocaust nach 1945, das erst 1980 erstmals mit aller Deutlichkeit erfolgt sei.

Schließlich deutet Rau die besondere Nachbarschaft der neuen Synagoge in Wuppertal: „Dass Kirche und Synagoge nicht nur nebeneinander, sondern zusammen stehen, kann mehr als ein Signal und mehr als ein Symbol sein. […] jetzt ist die Synagoge da, wo vorher ein reformiertes Pfarrhaus stand. Das ist ein Zeichen der Versöhnung: Auch hier, auf dem Gelände der Gemarker Kirche, in der Jesus, der Christus, bezeugt und gepredigt wird, haben die Juden ein Zuhause: Jesus war einer von ihnen. […] die Synagoge ist Zeichen und Ort der Versöhnung, kann Zuhause sein und Heimat werden. Gäste und Besucher sollten sie als Zeichen gelebter Versöhnung erkennen."[5]

Im Verständnis Paul Spiegels und Johannes Raus steht die Bedeutung der Synagogen als Teil einer Kultur des erinnernden Dialogs im Vordergrund. Sie sind nicht nur „Mittelpunkt[e] jüdischen Lebens einer Stadt" (Spiegel), also Häuser mit religiöser, kultureller Funktion für die jüdische Minderheit selbst, sondern sie sind auch – und dies im besonderen Maße im Hinblick auf die nicht-jüdische Bevölkerungsmehrheit – Orte der Erinnerung an das Nicht-mehr-Existente, an das Vernichtete – und an die Vernichteten (KNUFINKE 2015).

Rau hebt dabei das symbolträchtige Nebeneinanderstehen von Synagoge und Kirche hervor – also eine Kategorie der Sichtbarkeit, des Standorts im gegenwärtigen Stadtbild.

Die „Sichtbarkeit" der jüdischen Gebetshäuser, ihre Lage im Stadtbild und ihre räumliche Relation zu den Gotteshäusern der christlichen Mehrheit, ist in der Geschichte der Synagogenarchitektur in

Abb. 3: Glöß'scher Bilderbogen: Auszug der Juden aus Deutschland!", Ausschnitt. Dresden, 1895.   *Foto: Archiv Ulrich Knufinke*

Deutschland seit dem Mittelalter von hoher Aussagekraft hinsichtlich der sozialen Stellung der jüdischen Gemeinschaften. Über lange Jahrhunderte sollten jüdische Bauten nicht offen sichtbar sein. Oft mussten sie hinter Vorderhäusern versteckt errichtet und in einer Weise gestaltet werden, die sie nicht in Konkurrenz zu den Kirchen treten ließ (vgl. allgemein Hammer-Schenk 1981; Krinsky 1997; Schwarz 1988; zum Mittelalter zuletzt Harck 2014).

Synagogen und ihre Architektur als kulturelle Phänomene im 19. und frühen 20. Jahrhundert

Erst im 19. Jahrhundert, im Zuge der Aufklärung und der Bestrebungen zur rechtlichen Gleichstellung der Juden sowie ihrer wachsenden Teilhabe am sich entwickelnden Bürgertum der Phase der Industrialisierung, konnten Synagogen häufiger an Standorten errichtet werden, die eine Sichtbarkeit des Judentums im Stadtbild mit sich brachten. Die jüdischen Gemeinden repräsentierten sich hier in ihrem neuen Selbstverständnis als „Staatsbürger jüdischen Glaubens" – selbst wenn ihre rechtliche und soziale Situation diesem Anspruch noch längst nicht entsprach. Synagogen wie die in Leipzig, Köln (siehe Abb. 3), Berlin, Hannover (siehe Abb. 4), Breslau, Hamburg, Frankfurt, München und vielen anderen deutschen Großstädten sollten mit unterschiedlichen stilistischen Einkleidungen – vom maurischen über den „deutschen", romanisch-gotischen Stil bis zu den unterschiedlichen Erscheinungsformen der Moderne im beginnenden 20. Jahrhundert – jüdische Häuser des Gebets sein, die einerseits spezifisch jüdisch erscheinen und andererseits die historische Verwurzelung der jüdischen Gemeinschaften in den Städten zum Ausdruck bringen konnten.

Die erhoffte Akzeptanz, das „Ankommen" in der bürgerlichen Gesellschaft, blieb jedoch unvollständig. Es wurde vom rassischen Antisemitismus, der am Ende des 19. Jahrhunderts aufkam, radikal in Frage gestellt, und als Symbol der vermeintlichen „Fremdheit" alles Jüdischen diente unter anderem die Architektur der Synagogen. Ein Stich von 1895 zeigt diese propagandistische

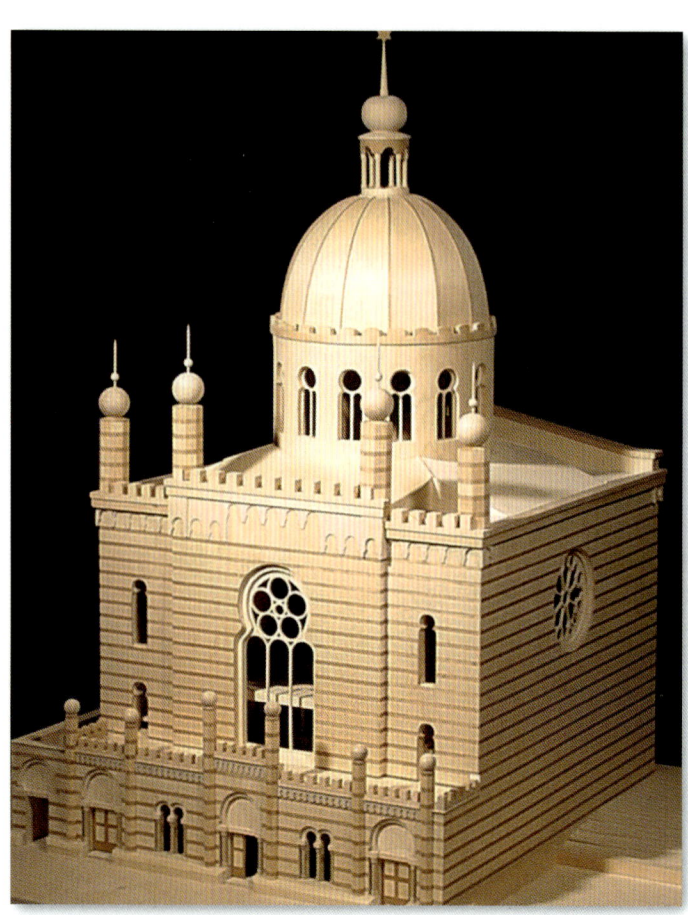

Abb. 4: Synagoge in der Glockengasse von 1857 im maurischen Stil, Modellrekonstruktion (Architekt: Friedrich Zwirner, Modell).
Foto: Bet Tfila-Forschungsstelle für jüdische Architektur in Europa, Technische Universität Braunschweig

Abb. 5: Hannover, Synagoge von 1870 im romanisch-gotischen Stil (Architekt: Edwin Oppler).
Foto: Die Kunstdenkmäler der Provinz Hannover, H. 19, Hannover 1932, Abb. 134

Sicht (siehe Abb. 5): Auf einem würfelförmigen Gebäude lastet eine flache Kuppel, ungewöhnlich gerahmte Fenster gliedern die Fassaden, kleine Türmchen besetzen die Ecken. Ein breites Schriftfeld gibt die Funktion an: „Synagoge". Der „Glöß'sche politische Bilderbogen" schildert den „Auszug der Juden aus Deutschland" – ein Potpourri aus der Hochphase des Antisemitismus im Kaiserreich des späten 19. Jahrhunderts, in dem das Bild der Synagoge zwischen vielen anderen Szenen und Objekten jedoch nur einen kleinen Raum einnimmt (vgl. KNUFINKE 2012: 201–226).

Die Gestaltung der „Synagoge" im maurischen Stil wird in der Karikatur zum „Nachweis" der Fremdheit der Juden, zum Beleg dafür, dass sie nicht ins Bild der deutschen Städte gehören (und dies zu einem Zeitpunkt, als die Mode der maurischen Synagogen in Deutschland längst abgeebbt war).

Die Synagoge als „Symbolarchitektur" für die Präsenz jüdischer Gemeinden war dann auch das Zielobjekt der nationalsozialistischen Verfolgung: Mit der Zerstörung der jüdischen Gebetshäuser war ein symbolischer Akt der Auslöschung vollzogen, der die Vernichtung der jüdischen Menschen folgen sollte (und angesichts des nur marginalen Widerstands auch bedenkenlos folgen konnte).

Synagogen nach 1945 – Bleiben und Bauen im „Land der Täter"

Nach dem Ende des Nationalsozialismus und des Holocausts schien ein Neuanfang jüdisches Leben in Deutschland lange Zeit nicht wahrscheinlich. Die Überlebenden strebten zum größten Teil die Auswanderung aus dem „Land der Täter" an (zur Geschichte der Juden in Deutschland seit 1945 vgl. zum Beispiel Schoeps 2001 oder Brenner 2012 mit einer umfassenden Bibliographie). Die neu gegründeten Gemeinden betrachteten ihre Mitglieder überwiegend als provisorische Einrichtungen. Von den weit über 100.000 Überlebenden der Lager, die nach 1945 in Deutschland als Verschleppte lebten, verließ der größte Teil das Land, sobald eine Auswanderung möglich war. Erst nach 1949 konsolidierten sich einige jüdische Gemeinden. Aus den Provisorien wurden nach und nach dauerhafte Einrichtungen, es kam bis in die 1960er Jahre zu einer kleinen „Welle" von Neubauten. Neue Synagogen und Gemeindezentren galten der jungen Bundesrepublik als Symbole der materiellen „Wiedergutmachung" und des Gesinnungswandels der nicht-jüdischen Gesellschaft (vgl. KNUFINKE 2010: 337–352). So stellte Bundeskanzler Konrad Adenauer 1959 in der Festschrift zur Einweihung der Synagoge in Bonn fest (siehe Abb. 6): „Die neue Synagoge in Bonn macht am Sitz der Bundesregierung deutlich, daß im demokratischen Deutschland die Freiheit des religiösen Bekenntnisses gewährleistet ist. Ebenso wie in Bonn entstanden und entstehen in diesen Jahren viele neue Synagogen. Sie sind ein sichtbarer Beweis für die fortschreitende Wiedergutmachung und die wahre Einstellung der überwiegenden Mehrheit des deutschen Volkes zu den jüdischen Mitbürgern" (Festschrift zur Einweihung der neuen Synagoge in Bonn 1959: 9).

Angesichts der niedrigen Mitgliederzahlen und der weiterhin unsicheren Zukunft jüdischer Gemeinden im Nachkriegsdeutschland waren diese Bauten jedoch viel weniger repräsentativ als jene Großbauten, die in den deutschen Städten seit 1938 zumeist zerstört waren.[6] Nur selten konnten Grundstücke besetzt werden, die Synagogen bzw. jüdische Gemeindezentren zu Fixpunkten im Bild der Städte des Wiederaufbaus werden ließen. Als auf den ersten Blick als „sakral" zu erkennende Bauten sind die jüdischen Einrichtungen der Nachkriegsjahrzehnte nur in wenigen Fällen konzipiert worden, zumal eine solche Lesbarkeit der Architektur ohnehin nicht zum Kern der Entwurfsaufgabe „Synagoge" gehört.

Nach einer Phase der Stagnation setzte nach 1990 mit dem Zuzug von Jüdinnen und Juden aus den Staaten der ehemaligen Sowjetunion eine erneute „Neubauwelle" ein, die bis in die Gegenwart anhält – die Synagoge in Wuppertal ist hierfür ein Beispiel. Viele der Neubauten der letzten Jahre werden mit hohen gestalterischen, symbolischen und städtebaulichen Ansprüchen entworfen, manche darf man durchaus als „spektakulär" bezeichnen wie die Bauten in Duisburg, Dresden, München oder Mainz.

Immer noch: Ankommen?

Zur Einweihung der neuen Synagoge und des jüdischen Zentrums in München (siehe Abb. 7) formulierte Charlotte Knobloch, seinerzeit Vorsitzende des Zentralrats der Juden in Deutschland, im Jahr 2006: „Die Rückkehr der Münchner Juden ins Stadtzentrum ist […] ein wichtiges gesellschaftliches und politisches Signal. Der 9. November 2006 [der Tag der Einweihung, U.K.] zeigt, dass wir Juden uns als selbstverständlichen Teil dieses Landes verstehen und es gemeinsam mit anderen Menschen gestalten wollen" (KNOBLOCH 2006: 5).

Den historischen Hintergrund, die Erinnerung an den Holocaust fasst Knobloch als „Auftrag für die Gegenwart" auf, „unser Leben gemeinsam zu gestalten. Juden und Nichtjuden sollen sich in

Abb. 6: Bonn, Synagoge und Gemeindezentrum von 1959 (Architekt: Helmut Goldschmidt).   Foto: Ulrich Knufinke 2007

Abb. 7: München, Synagoge des Jüdischen Zentrums am St. Jakobsplatz von 2006 (Architekten: Wandel, Hoefer, Lorch).
Foto: Ulrich Knufinke 2007

der Mitte einer großen Brücke treffen" (KNOBLOCH 2006: 5). In München nimmt das jüdische Zentrum aus Synagoge, Schule, Gemeindehaus und (städtisch geführtem) jüdischem Museum eine städtebaulich herausgehobene Situation ein – es füllt eine der letzten großen Lücken, die nach dem Zweiten Weltkrieg im Stadtraum offen geblieben waren. Die skulpturale Qualität des Ensembles, besonders der allseitig frei in den Stadtraum gestellten Synagoge, setzt einen ähnlich „monumentalen" Akzent wie einige der Synagogen des späten 19. und frühen 20. Jahrhunderts. Ist das Münchner Stadtbild damit wieder „vervollständigt"? Hatte die Synagoge „gefehlt"? Offenbar nicht allen. Vor der Grundsteinlegung im Jahr 2003 musste die Polizei einen Anschlag rechtsradikaler deutscher Antisemiten verhindern – die Symbolkraft des sakralen Bauwerks sollte auch dort zum Angriffsziel werden und der Anschlag das „wichtige gesellschaftliche und politische Signal" (KNOBLOCH 2006) des Synagogenneubaus verhindern.

Das durch Architektur sichtbar gemachte „Ankommen" der jüdischen Gemeinden in den deutschen Städten stellt erneut die Frage nach der Akzeptanz der Minderheit in der Mehrheit, mehr noch, es fragt nach der Verantwortung der Mehrheit für die Freiheit der Minderheit. Diese Frage ist selbstverständlich nicht auf die jüdische Minderheit beschränkt, sie gilt auch für die muslimische und für alle anderen religiös-kulturellen Minderheiten. Wenn der Wandel des Sakralen im Bild der Städte als ein Prozess hin zu mehr Freiheit und Teilhabe gestaltet würde, wäre er nicht mehr nur als „Identitätsverlust" erfahrbar, den viele angesichts des Verschwindens kirchlicher Bauten beklagen, sondern als ein Gewinn – nicht nur für ein vielfältigeres Stadtbild, in dem sakrale Bauten seit jeher Anker-Orte gesellschaftlicher Orientierung sind.

Literatur

BEINHAUER-KÖHLER, B. & LEGGEWIE, C. 2009: Moscheen in Deutschland. Religiöse Heimat und gesellschaftliche Herausforderung. – München.

BRENNER, M. (Hrsg.) (2012): Geschichte der Juden in Deutschland. Von 1945 bis zur Gegenwart. Politik, Kultur und Gesellschaft. – München.

CORIDASS, M.E. (Hrsg.) (2010): Gebauter Aufbruch. Neue Synagogen in Deutschland. – Regensburg.

Festschrift zur Einweihung der neuen Bergischen Synagoge in Wuppertal (2002). – Wuppertal, S. 9.

HAMMER-SCHENK, H. (1981): Synagogen in Deutschland. Geschichte einer Baugattung im 19. und 20. Jahrhundert (1780–1933). – Hamburg.

HARCK, O. (2014): Archäologische Studien zum Judentum in der europäischen Antike und im zentraleuropäischen Mittelalter. – Petersberg.

KNOBLOCH, C. (2006): Grußwort. – In: Das neue jüdische Zentrum München, S. 4f. – München.

KNUFINKE, U. (2012): Synagogen im 19. und 20. Jahrhundert. Bauwerke einer Minderheit im Spannungsfeld widerstreitender Wahrnehmungen und Deutungen. – In: BOTSCH, G. u.a. (Hrsg.) (2012): Islamophobie und Antisemitismus – ein umstrittener Vergleich. – Berlin, S. 201–226.

KNUFINKE, U. (2014): Architektur und Erinnerung: Synagogenbau in Deutschland nach der Shoah. – In: KAPPEL, K. u.a. (Hrsg.): Geschichtsbilder und Erinnerungskultur in der Architektur des 20. und 21. Jahrhunderts. – Regensburg, S. 93-108.

KNUFINKE, U. (2015*): Ein öffentlicher Platz der Erinnerung? Standorte zerstörter Synagogen im Bild deutscher Städte. – In: NOVA, A. u.a. (Hrsg.): Platz-Architekturen. Kontinuität und Wandel öffentlicher Stadträume vom 19. Jahrhundert bis in die Gegenwart. – Berlin, München. (* erscheint voraussichtlich 2015)

KNUFINKE, U. (2012): Synagogen im 19. und 20. Jahrhundert. Bauwerke einer Minderheit im Spannungsfeld widerstreitender Wahrnehmungen und Deutungen. – In: BOTSCH, G., u.a. (Hrsg.): Islamophobie und Antisemitismus – ein umstrittener Vergleich. – Berlin, Potsdam, S. 201–226.

KNUFINKE, U. (2010): New Beginnings of Jewish Architecture in Germany after 1945: Ernst Guggenheimer's Stuttgart Synagogue. – In: COHEN-MUSHLIN, A. & Thies, H.H. (Hrsg.): Jewish Architecture in Europe. – Petersberg, S. 337–352.

KRINSKY, C. H. (1997): Europas Synagogen. Architektur, Geschichte und Bedeutung. – Wiesbaden.

ROSENFELD, G.D. (2011): Building After Auschwitz. Jewish architecture and the memory of the Holocaust. – New Haven.

SCHOEPS, J.H. (Hrsg.) (2001): Leben im Land der Täter. Juden im Nachkriegsdeutschland (1945–1952). – Berlin.

SCHWARZ, H.P. (Hrsg.) (1988): Die Architektur der Synagoge. – Frankfurt am Main.

Internetquellen

www.zentralratdjuden.de/de/topic/383.synagogen.html

LINDE, M. (2014): Versuchter Anschlag auf Wuppertaler Synagoge: Haftrichter ordnet U-Haft für Tatverdächtige an. Online abrufbar unter: www.1.wdr.de/studio/wuppertal/themadestages/brandsaetze-synagoge100.html

1 Eine aktuelle Auflistung mit Angaben zur Architektur der aktuellen Synagogen in der Bundesrepublik findet sich auf www.zentralratdjuden.de/de/topic/383.synagogen.html.
2 „Dies soll ein Haus des Gebets sein für alle Völker" Festschrift zur Einweihung der neuen Bergischen Synagoge in Wuppertal. Wuppertal 2002, S. 9, dort auch die obige Zitate.
3 „Dies soll ein Haus…" (wie Anm. 2), S. 10f.
4 „Dies soll ein Haus…" (wie Anm. 2), S. 11.
5 Von den Großsynagogen des 19. und frühen 20. Jahrhunderts, die nach 1945 noch standen, konnten nur wenige wieder von jüdischen Gemeinden genutzt werden, so in Augsburg, Berlin (Rykestraße), Frankfurt am Main (Westend-Synagoge) oder Köln (Roonstraße); andere erhaltene Bauten waren für die neu gegründeten Gemeinden zu groß, so in Essen, Hamburg (Oberstraße) oder Offenbach.

Stadt und Wandel abbilden – das Beispiel Görlitz/Zgorzelec

Dariusz Gierczak

Zusammenfassung

Die ostmitteleuropäische Stadt wird als Teil der wiederentdeckten „Europäischen Stadt" verstärkt erst seit der jüngsten politischen Wende von 1989/90 wahrgenommen. Dabei stehen die Großstädte, die als Motoren der wirtschaftlichen und gesellschaftlichen Entwicklung betrachtet werden, im Zentrum der Debatte. Den Mittel- und Kleinstädten, die speziell im östlichen Mitteleuropa in der rasanten Transformationsphase der 1990er Jahre einem enormen Wandel ausgesetzt waren, wird hingegen deutlich weniger Aufmerksamkeit geschenkt. Ziel des vom Herder-Institut gemeinsam mit polnischen und tschechischen Partnern herausgegebenen Atlaswerkes ist eine Darstellung der siedlungstopographischen Entwicklung von 34 ausgewählten Städten der historischen Region Schlesien vom 19. bis zum 21. Jahrhundert. Am Beispiel von Görlitz/Zgorzelec wird dies dargestellt.

Stadt und Wandel abbilden – das Beispiel Görlitz/Zgorzelec

Im Zusammenhang mit dem gesellschaftlichen Wandel, der praktisch weltweit zu einer Dominanz der urbanen Kultur führt, werden in den letzten Jahrzehnten verstärkt neue Perspektiven der Urbanisierung und Stadtplanung sowie der kulturgeschichtlichen Aspekte der Stadtentwicklung diskutiert. Bereits in den 1990er Jahren bewirkten diese Diskussionen ein Umdenken in der Betrachtung des gemeinsamen städtischen Kulturerbes in Europa. Die ostmitteleuropäische Stadt wird seitdem verstärkt als Teil der wiederentdeckten „Europäischen Stadt" wahrgenommen. Allerdings fokussiert sich der Blick auf die Großstädte, denen die Rolle der Schrittmacher der wirtschaftlichen und gesellschaftlichen Entwicklung zugeschrieben wird. Den Mittel- und Kleinstädten, die speziell im östlichen Mitteleuropa in der rasanten Transformationsphase der 1990er Jahre zu den Verlierern zählten, wird hingegen deutlich weniger Aufmerksamkeit geschenkt.

Ziel des vom Herder-Institut gemeinsam mit dem Historischen Institut der Breslauer Universität und der Universitätsbibliothek in Breslau herausgegebenen Historisch-topographischen Atlasses schlesischer Städte ist eine Darstellung der siedlungstopographischen Entwicklung von 34 ausgewählten Städten der historischen Region Schlesien vom 19. bis zum 21. Jahrhundert. Mit dieser hybriden Publikation soll ein breites Publikum angesprochen werden: Historiker, Architekten, Stadtforscher, Lehrer und Schüler sowie alle an der Lokalgeschichte interessierten.

Das Atlasprogramm umfasst neben reich bebilderten Texten von insgesamt 32 Autoren aus Polen, Tschechien und Deutschland zur jeweiligen Stadtentwicklung die Edition von zum Teil unikalen amtlichen topographischen Karten- und Luftbildquellen im einheitlichen Maßstab 1:25.000 aus mehreren Zeitabschnitten.

Abb. 1: Die Druckausgabe des ersten Bandes des Historisch-topographischen Atlasses schlesischer Städte: Görlitz/Zgorzelec.

Die zeitliche Abfolge der ausgewählten Karten und Luftbilder verdeutlicht den Wandel der Stadtlandschaft in den vergangenen zwei Jahrhunderten, und insbesondere in der Internetversion bilden sie den illustrierten Einstieg in die Geschichte der jeweiligen Stadt. Die einzelnen Etappen der Stadtentwicklung können auf den eigens für den Städteatlas erstellten Entwicklungsphasenkarten verfolgt werden, die in der Internetversion animiert sind.

Längere Zeit galt die Lausitzer Neiße mit den beiden Grenzstädten Görlitz und Zgorzelec als Symbol der Teilung, heute stellt die Brückenstadt Görlitz/Zgorzelec den idealtypischen Vorreiter für das längerfristig angelegte Projekt im zusammenwachsenden Europa dar (WAACK 2010). Die einzigartige Geschichte dieser Stadt wird in einem animierten 3D-Trailer zusammengefasst, der auch getrennt von der Internetversion des Städteatlas betrachtet werden kann (KREFT et al. 2012).

Der verdichtete urbane Raum um die Industriezentren und Hauptstädte ist heute aus der Landschaft Mitteleuropas kaum wegzudenken und prägt inzwischen die Wahrnehmung dieser Großregion stärker als andere Landschaftsbilder. Dabei ist das heutige Stadtbild relativ jung, obwohl die meisten Städte auf eine lange Tradition zurückblicken können.

Die Verbreitung des deutschen, insbesondere des Magdeburger und Lübecker Stadtrechts, die etwa gleichzeitig mit der Verbreitung der steinernen Bauweise zusammenfiel, veränderte grundlegend die Raumentwicklung in Mittel- und Ostmitteleuropa (vgl. LÜCK et al. 2009). Das Stadtbild zahlreicher Orte wird bis heute von ihren mittelalterlichen Altstädten geprägt. Dieses Stadtbild wurde bis in das 19. Jahrhundert hinter den Stadtmauern konserviert. Erst die industrielle Revolution brachte einen beispiellosen Wandel der städtischen Erscheinungsformen. In diesem Zusammenhang charakteristisch für den seitdem zunehmend rasanten Fortschritt war das Zusammenspiel der Industrialisierung und der Errungenschaften der Medizin, welche zu einem explosionsartigen Bevölkerungswachstum im urbanen Raum geführt haben.

Das Bevölkerungswachstum konzentrierte sich in den Städten, die teilweise innerhalb kürzester Zeit große Menschenmassen aufgenommen haben. Die neuen Produktionszweige bzw. -techniken siedelten sich in den Städten selbst oder direkt an den Lagerstätten der Produktions- bzw. Energierohstoffe. Die schnell anwachsenden Arbeitersiedlungen an diesen Lagerstätten nahmen sehr rasch einen urbanen Charakter an, und viele bekamen auch bald Stadtrechte, wobei diese neue Gründungswelle deutlich schwächer ausgeprägt war als jene im Mittelalter. Als Reflex auf die Industrialisierung und das sich beschleunigende Bevölkerungswachstum dehnten sich die alten Städte über ihre bisherigen Stadtgrenzen auf das umliegende Land aus.

Die industrielle Revolution breitete sich besonders schnell im preußischen Schlesien aus, dem seit 1815 auch die Oberlausitz mit Görlitz gehörte. Die wirtschaftliche Basis für Görlitz stellte dabei zunächst die Textilindustrie mit ihren Standorten an der Neiße dar. Die zu Anfang des 19. Jahrhunderts eingeleiteten politischen Reformen begünstigten eine moderne Entwicklung der Städte. Insbesondere die „Städteordnung für die Preußischen Staaten" von 1808 („Steinsche Städteordnung"), welche den Städten eine Selbstverwaltung bescherte und solche Stadterweiterungsmaßnahmen wie Eingemeindungen oder eine planbare Umlandpolitik sowie den Ausbau von moderner Infrastruktur deutlich erleichterte. Als große Leistung der Gründerzeit gelten neben der Stadterweiterung und der Industrialisierung v.a. der Ausbau des Verkehrsnetzes und der kommunalen Einrichtungen: Gas, Wasser, Elektrizität, Kanalisation, Nahverkehr, aber auch Museen, Bibliotheken, Schulen und Krankenhäuser. Städtische Parks und Grünanlagen entstanden oft auf dem Gebiet der abgetragenen Befestigungen.

Zum ersten Mal hatten die meisten Städte selbst und die lokalen Akteure einen so weitreichenden Einfluss auf die eigene Entwicklung. Einen großen Beitrag zur Modernisierung von Görlitz leistete in der frühen Industrialisierungsphase der Bürgermeister Ludwig Demiani, der sich seit 1833 bis zu seinem Tod 1846 insbesondere für Flächenerschließungen und moderne Verkehrsinfrastruktur, für Bildung, Hygiene und Gesundheit einsetzte. In dieser Zeit erhielt Görlitz u.a. die Mädchen-Mittelschule am Fischmarkt (1838) und das erste städtische Krankenhaus (1844). Im Andenken an seine Verdienste für die Stadt heißt einer der zentralen Plätz von Görlitz Demianiplatz.

Das dichte Eisenbahnnetz in Schlesien umspannte gegen Ende des 19. Jahrhunderts bereits fast jede

Abb. 2: Das Gelände des 1909 gebauten Stadtkrankenhauses veranschaulicht die zunehmende Bedeutung von Grünflächen im urbanen Raum während der Gründerzeit.

Abb. 3: Der Bahnhof in Görlitz im Jahr 1900.

Stadt. Dank der günstigen Lage an dem alten Verkehrsweg, der den Osten mit dem Westen (Via regia) und die wichtigen Metropolen Leipzig, Dresden und Breslau verband, wurde Görlitz bereits 1847 an das sächsische und das preußische Eisenbahnnetz angeschlossen. 1867 wurde die Eisenbahnstrecke nach Berlin eröffnet.

Die Verkehrsknotenfunktion der Stadt begünstigte die Ansiedlung des Eisenbahn- und Maschinenbaus. Die aus der bereits 1847 gegründeten Görlitzer Maschinenbau-Anstalt von Christoph Lüders aufgegangene Waggonfabrik gehört heute wie in der Gründerzeit zu den größten Arbeitgebern der Region.

Wie in zahlreichen anderen Städten entstand auch in Görlitz eine neue Industrie- und Handelsbebauung um den Bahnhof und die stadtnahen Abschnitte der Eisenbahnstrecken. Die Schleifung der nördlichen, westlichen und südlichen Stadtmauern zwischen 1848 und 1856 ermöglichte ein Zusammenwachsen des Bahnhofsareals sowie der Vororte mit der Stadt. Wie nötig diese Erweiterung der Bauflächen war, zeigt sich im Anstieg der Einwohnerzahl, die sich in Görlitz in der zweiten Hälfte des 19. Jahrhunderts vervierfacht hatte (KREFT et al. 2008–2014).

Das starke Wachstum im 19. Jahrhundert führte durch richtungsweisende Bebauungsplanungen zu einer Verlagerung des funktionalen Stadtzentrums von der Altstadt zum Bahnhof hin. Die Stadtentwicklungspläne jener Zeit orientierten sich in Görlitz an den großen Vorbildern Paris, Wien und Berlin. Görlitz galt damals als schönste Provinzstadt Deutschlands. Als solche erfreute sie sich einer großen Beliebtheit bei den Pensionären und Rentnern, was ihr den Namen einer „Pensionopolis" eintrug. Das schnelle Wachstum der Stadt setzte sich in der Zwischenkriegszeit

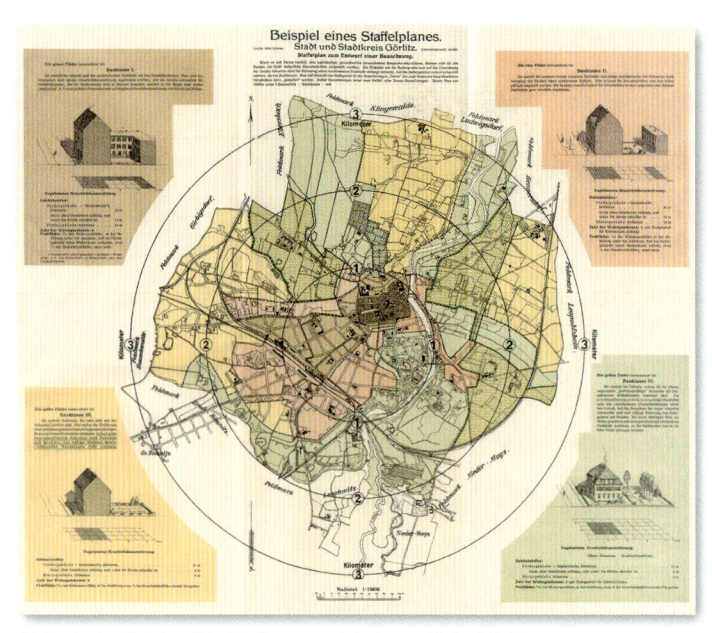

Abb. 4: Staffelplan für Görlitz, entwickelt von Heinrich Küster.

fort und wurde seit 1917 von einem modernen Bebauungsplan vom Stadtbaurat Heinrich Küster geregelt, der die Stadt in vier Bauzonen gliederte.

Der von Stadtbaurat Heinrich Küster entwickelte Bebauungsplan teilte das Stadtgebiet für die Bauordnung in vier Zonen ein, nach denen die baupolizeilichen Vorschriften gestaffelt wurden. Aufgrund unterschiedlicher Bodenpreise konnten nicht für alle Stadtgebiete einheitliche Bauvorschriften erlassen werden.

Während im 19. Jahrhundert die nationalen Städtesysteme stabil blieben, folgten in der ersten Hälfte des 20. Jahrhunderts scharfe Zäsuren auch für die Stadtentwicklung. Mit dem Ersten Weltkrieg endete die Spätphase der Gründerzeit, während der die zentralen Stadtbezirke einen relativ starken Umbau erfahren hatten. Die Stadtplanungs- und Wohnungsbaupolitik in Deutschland setzte in der Weimarer Republik und später im Deutschen Reich ganz andere Prioritäten. Nun konzentrieren sich die

Abb. 5: Görlitz von NW; in dem Schrägluftbild der Stadt von Nordwesten (1929) sind die alten Industriestandorte an der westlichen Seite der Neiße und die nur teilweise realisierte Gartenstadtbebauung östlich des Flusses zu sehen.

Bautätigkeiten auf die eingemeindeten Gebiete. So begann 1915 der Beamtenwohnungsverein, gemäß dem damals aufkommenden Ideal bürgerlichen Wohnens in freistehenden Häusern mit Gärten in Zentrumsnähe, den Bau der Gartenstadtsiedlung auf dem Rabenberg. Eine weitere Gartenstadtsiedlung schloss sich östlich an. Die beiden Siedlungen, die nicht in voller Größe realisiert wurden, gehören heute zu den beliebtesten Wohngebieten in Zgorzelec.

Görlitz breitet sich indes vor allem nach Osten aus. Nach den Eingemeindungen der 1920er und 1930er Jahre betrug die Stadtfläche 30,55 km², wovon 15,9 km² östlich der Neiße lagen. Die Bevölkerungszahl der gesamten Stadt pendelte sich bei ca. 94.000 ein. Die kriegsbedingte Teilung der Stadt 1945 hatte gravierende Folgen für das innere Stadtgefüge. Der bevölkerungsreichere Westteil mit der historischen und unzerstörten Altstadt verblieb bei Deutschland (1949–1990: Deutsche Demokratische Republik; seit 1990: Bundesrepublik Deutschland), während der Teil östlich der Neiße als Zgorzelec in die Polnische Volksrepublik eingegliedert wurde. Beide Städte nahmen zunächst eine voneinander abgewandte Entwicklung. Symbolisch wurde diese Trennung unerwartet von der deutschen Wehrmacht eingeleitet, als sie am vorletzten Tag des Zweiten Weltkrieges alle Neißebrücken sprengte.

Durch die neue Grenzziehung gerieten sowohl Görlitz als auch Zgorzelec in eine Randlage. Zgorzelec stand vor der deutlich schwierigeren Aufgabe, aus einer ehemaligen Vorstadt eine vollfunktionierende Stadt mit eigener Verwaltung und Infrastruktur zu entwickeln, da sich die meisten bisherigen städtischen Einrichtungen nun im Ausland befanden. Görlitz hingegen hatte zunächst unter einem enormen Ansturm von Migranten zu leiden. Aus dem Osten kamen Flüchtlinge, ausgesiedelte Deutsche, aus dem Landesinneren befreite Zwangsarbeiter und andere displaced persons auf ihrem Weg in die (zuweilen nicht mehr existierende) Heimat. Die Einwohnerzahl von Görlitz stieg innerhalb weniger Monate auf über 100.000 an, was zu enormen Versorgungsproblemen führte. Diese Situation wurde erst zu Anfang der 1950er Jahre bewältigt, als die Einwohnerzahl wieder abnahm.

Der polnische Teil wurde zunächst von den zurückkehrenden displaced persons und polnischen Militärsiedlern sowie Flüchtlingen aus dem Griechischen Bürgerkrieg besiedelt. Eine größere Zuwanderung aus dem Landesinneren, bzw. aus den an die Sowjetunion abgetretenen Ostgebieten des Vorkriegspolens, erlebte Zgorzelec erst in den 1950er Jahren, als die anderen Gruppen die Stadt teilweise verlassen hatten.

Die Bautätigkeiten in Görlitz beschränkten sich im Wesentlichen auf neue Großwohnsiedlungen in den eingemeindeten Gebieten, die alte Bausubstanz in der Stadtmitte blieb hingegen jahrzehntelang vernachlässigt. Im Jahr 1976 wurden sogar Überlegungen zu einem Umbau der Stadtmitte nach Konzepten der damals geltenden Ideale einer sozialistischen Stadt im Rahmen eines deutsch-polnischen Wettbewerbs diskutiert, was übrigens eine der ersten gemeinsamen polnisch-deutschen Initiativen in Görlitz darstellte. Da kurz danach die Beziehung zwischen der DDR und Polen wieder abkühlten, kam es nicht zur Realisierung dieser Konzepte. Erst nach 1990 kam es zu einer sichtbaren Verbesserung und zur Revitalisierung der Altstadt.

Ähnlich wie in Görlitz wurden auch in Zgorzelec wurden vor 1989 vorwiegend Großwohnsiedlungen gebaut, unter anderem im Bereich der unvollendet gebliebenen Gartenstadtsiedlungen. Die im deutlich geringeren Maße vorhandene Altbausubstanz war zunächst in einem etwas besseren Zustand, denn die Volksrepublik Polen verfolgte eine andere städtebauliche Politik als die DDR – dazu war die VR Polen auch aufgrund der bis zur Wende nicht überwundenen landesweiten Wohnungsnot gezwungen. Doch die deutlich schlechtere finanzielle Lage der Kommunen in Polen nach der Wende und – anders als in Görlitz – das Fehlen großzügiger Mäzene führte zunächst zum Verfall einiger Gebäude.

Eine Verbesserung der Bausubstanz und eine städtebauliche Aufwertung in Zgorzelec erfolgten nach dem Beitritt Polens in die EU. Die im selben Jahr erfolgte Wiedereröffnung der Altstadtbrücke markiert den Übergang der beiden Städte von zwei Grenzstädten zu einer Brückenstadt.

Insbesondere die ehemalige Neißevorstadt direkt am polnischen Ufer profitierte von dieser Entwicklung. 2013 wurde unter anderem die historische Bebauung am Töpferberg (plac Pocztowy) rekonstruiert. Die Sanierungsmaßnahmen und Erneuerung der Infrastruktur sind durch die Mittel des Europäischen Fonds für regionale Entwicklung mitfinanziert. Seit 2001 stammen 46,6% der 23,2 Millionen Euro öffentlichen Investitionen in den Städtebau aus EU-Mitteln. In Görlitz sollten hingegen über 400 Millionen Euro in die Stadtsanierung investiert worden sein (www.zgorzelec.eu).

Nach der Wende blieben in Zgorzelec repräsentative Bauten vor dem Verfall verschont. So die im Jahr 1902 errichtete Oberlausitzer Gedenkhalle (heute Kulturhaus der Stadt Zgorzelec), die auch heute noch von der Bedeutung der Stadt Görlitz zu Beginn des letzten Jahrhunderts zeugt und gleichzeitig sowohl als ein Symbol der Teilung und der Annäherung gesehen werden kann: Hier wurde nämlich einerseits 1950 das Görlitzer Abkommen über den Verlauf der „Friedens- und Freundschaftsgrenze" an Oder und Neiße zwischen der DDR und der VR Polen unterzeichnet, andererseits seit 2000 tagen hier gemeinsam die Räte der Zwillingsstädte Görlitz und Zgorzelec.

Abb. 6: Neißebrücke 2004. Die Altstadtbrücke erschloss bis zu ihrer Zerstörung durch die Wehrmacht am vorletzten Tag des Zweiten Weltkrieges die Neißevorstadt am östlichen Flussufer. Ihre Wiedereröffnung im Oktober 2004 setzte ein Zeichen für das Zusammenwachsen der Doppelstadt.

Abb. 7: Kulturhaus Zgorzelec. Blick auf die frühere Oberlausitzer Gedenkhalle mit dem Georg-Snay-Park (heute Kulturhaus der Stadt Zgorzelec und Park im. Andrzeja Błachańca).

Die ehemalige Oberlausitzer Gedenkhalle ist somit ein Symbol der doppelten Europastadt Görlitz/Zgorzelec , die am 5. Mai 1998 wurde die Europastadt Görlitz/Zgorzelec proklamiert wurde. Trotz der von der politischen Seite offiziell proklamierten Bruderschaft der sozialistischen Völker, erst durch die Wende kam es zu einer engeren Zusammenarbeit der beiden Städte. Am 22. April 1991 wurde der Partnerschaftsvertrag von dem Görlitzer Oberbürgermeister Matthias Lechner und dem Vorsteher der Stadtverordnetenversammlung in Görlitz Franz Erward sowie den Bürgermeister von Zgorzelec Edward Grela und dem Vorsitzenden des Stadtrats von Zgorzelec unterzeichnet. Fünf Jahre später fand in der Doppelstadt der erste deutsch-polnische Partnerschaftskongress statt.

Die Zusammenarbeit umfasste aber auch andere konkrete Maßnahmen wie eine Stadtbuslinie zwischen den beiden Städten oder gemeinsame Kindergärten, Schulen und Kulturveranstaltungen sowie grenzüberschreitende städtebauliche Projekte, von denen auch die Wirtschaft der beiden Städte profitiert. Für das Jahr 2006 bewarben sich beide Städte gemeinsam um den Titel der Kulturhauptstadt Europas, der allerdings an Essen ging, doch diese Bestrebungen zeigen eindeutig, dass sich die beiden Städte auf die gemeinsame Geschichte, zu einem gemeinsamen Kulturerbe berufen, da an der Lausitzer Neiße eine Spalte im Antlitz Europas wieder zusammenwächst.

Literatur

LÜCK, H.; PUHLE, M.; RANFT, A. (Hrsg.) (2009): Grundlagen für ein neues Europa. Das Magdeburger und Lübecker Recht in Spätmittelalter und Früher Neuzeit. – Köln/Weimar/Wien.

WAACK, Ch. (2010): Historisch-topographischer Atlas schlesischer Städte – Historycznotopograficzny atlas miast śląskich, Bd. 1, Görlitz/Zgorzelec. – Marburg.

Internetquellen

KREFT, W.; GIERCZAK, D.; FRIEDE, M. (2008-2014): Historisch-topographischer Atlas schlesischer Städte – Historycznotopograficzny atlas miast śląskich – Historicko-topografický atlas slezských měst – Historical-Topographical Atlas of Silesian Towns. Online abrufbar: www.herder-institut.de/startseite/projekte/laufende/staedteatlas-schlesien.html (letzter Abruf am 08.01.2015).

KREFT, W.; GIERCZAK, D.; FRIEDE, M.; BOCKSTETTE, B.; HAUCK, O.; KUROCZYŃSKI, P. (2012): Görlitz/Zgorzelec – Stadtentwicklung bis ins 21. Jahrhundert. Online abrufbar: www.youtube.com/watch?v=NRmV1ZP4WIc (letzter Abruf am 08.01.2015)

Urząd Miasta Zgorzelec (2014): www.zgorzelec.eu (letzter Abruf am 08.01.2015)

1 Der polnische Name dieses Gebilde – europamiasto – ist ein Dorn im Auge vieler sprachbewusster Polen, denn eine für das Deutsche typische Wortzusammensetzung von zwei Nomen widersetzt sich den Normen der polnischen Grammatik.

Alle Abbildungen: Bildrechte beim Herder-Institut

„Bozen-Bolzano, eine mehrfache Stadt"

Josef Oberhofer

Zusammenfassung

Ich will versuchen, den Aspekt Stadt–Landschaft–Wandel anhand meiner Wahl-Heimatstadt Bozen zu erläutern, verschiedene Merkmale von sichtbaren und unsichtbaren Entwicklungen aufzugreifen und hoffe, auf einige der dieser Veranstaltung zugrunde liegenden Fragen zufriedenstellende Antworten oder Impulse geben zu können.

Geschichtliche Dimension

Bozen liegt eingebettet in einer herrlichen Natur- und Kulturlandschaft am Fuße der Alpen und bildet gleichsam das Tor zum Süden. In keiner Stadt Südtirols sind die geschichtlichen Ereignisse des Landes deutlicher ablesbar als in Bozen. Der Autor beschränkt sich – was den historischen Aspekt in Bezug auf die leidvolle Geschichte Südtirols betrifft – lediglich auf ein paar wesentliche Kernaussagen. Während die gebauten Elemente in der Stadt auch noch nach über 50 Jahren eher eine Barriere als eine Verknüpfung darstellen, haben die Menschen der drei Sprachgruppen die Vorteile eines friedlichen Zusammenlebens erkannt und leben diese größtenteils auch aus.

Abbildung 2 zeigt das Siegesdenkmal, das anstelle eines österreichischen Kaiserjägerdenkmals von den Faschisten als Triumphbogen und Eingangstor zu den neu geplanten Stadtteilen errichtet wurde. Aus

Abb. 1: Bozen, Luftbild.

Abb. 2: Bozen, Siegesdenkmal.

Abb. 3: Bozen, Finanzgebäude mit dem umstrittenen Relief.

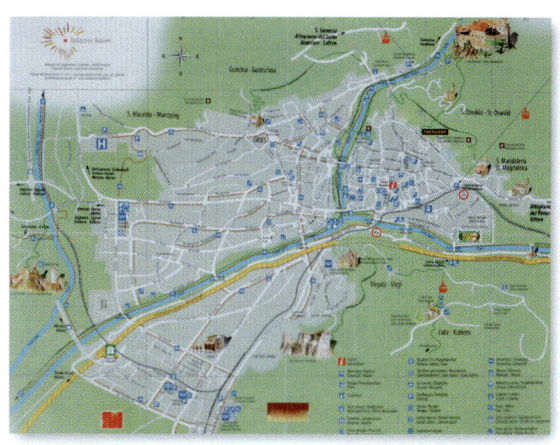

Abb. 4: Karte von Bozen.

weißem Marmor, mit seinen 20 m Höhe weithin sichtbar, beansprucht es für sich, das Recht kundzutun, dass Südtirol seit dem Sieg der Italiener gegen Österreich-Ungarn zu Italien gehört. Die in der ganzen Stadt verteilten Denkmäler, mit ihrer faschistischen Herrschersymbolik geschmückt, werden seit jeher von einem Teil der Südtiroler Minderheit als Affront empfunden und geben immer wieder Anlass zu Spannungen und feindseligen Auseinandersetzungen. Als Beispiel zeigt Abbildung 3 das sehr umstrittene Piffrader-Relief am Finanzgebäude, wo u.a. in der Mitte der Duce Benito Mussolini hoch zu Ross dargestellt ist.

Bozen befindet sich am Zusammenfluss der Flüsse Talfer, Eisack und Etsch, die die Stadt in drei große Zonen teilt. Da ist auf der einen Seite zwischen den Flüssen Talfer und Eisack das historische Bozen, das auf eine jahrhundertealte Tradition auf dem Gebiet der Handelstätigkeit zurückblicken kann und vorwiegend von deutschsprachiger Bevölkerung bewohnt wird, und auf der anderen Seite, nicht weit davon entfernt, gleich hinter der Talferbrücke die neue, „moderne", in der Zeit des Faschismus erbaute und vorwiegend von Italienern bewohnte Stadt.

Abb. 5: Die aus dem 12. Jahrhundert stammende Laubengasse, eine mittelalterliche Straßenmarktanlage und seit jeher Kern des alten und vor allem geschäftigen Bozen.

Orographisch rechts, Gries, eine ehemals von Landwirtschaft und Weinbau geprägte Streusiedlung, die ebenfalls mehrheitlich von deutschsprachiger Bevölkerung, den Grieser Bauern, bewohnt wird. Im Westen der Stadt befinden sich schließlich die neuen Wohnbauzonen und im Süden die Industriezone.

Abb. 6: Die den historischen Lauben nachempfundenen und im rationalistischen Baustil von den Faschisten verwirklichten Arkadengänge im neuen Stadtteil von Bozen.

Abb. 7: Gries, ehemals eine eigenständige Gemeinde, wurde 1926 von den Faschisten in die Landeshauptstadt zwangseingemeindet. Die sonnige, windstille Lage am Fuße des Tschögglberges war Anfang des 20. Jahrhunderts für kurze Zeit sogar als internationaler Luftkurort bekannt. Heute wird dieser Stadtteil mehr und mehr von neuen Baulichkeiten eingekreist.

Kultur-Landschaft

Was die Kultur-Landschaft betrifft, so wurde durch die – wenn auch für viele Menschen sehr leidvolle – Trennung vom Heimatland Tirol ungewollt eine Besonderheit geschaffen, die heute von den Touristikern gerne als Attraktion gehandelt wird: Bozen liegt in Italiens nördlichster Region und wird von der Zentralregierung regelmäßig als eine der lebenswertesten Metropolen des ganzen Staates gekürt. In der Ursprungsheimat Österreich spricht man von der „Toskana Tirols", die man bei jeder Gelegenheit gerne besucht.

Stadt-Landschafts-Gestaltung

Was die Gestaltung und Weiterentwicklung von Bozen betrifft, so besteht eine ungeheure Spannung zwischen dem begrenzt verfügbaren Raum durch seine geographische Lage (die Stadt befindet sich in einem Talkessel, umringt von Bergen und Hügeln), was die Entwicklungsmöglichkeiten in vielen Bereichen stark eingrenzt, und der Herausforderung, der Stadt Bozen dennoch die Rolle einer kleinen Hauptstadt zu verleihen, und zwar als Stadt der Kultur und der Begegnung von Kulturen, als Stadt mit innovativen Funktionen. Die räumlichen Entwicklungsmöglichkeiten und eine nachhaltige Stadterneuerung werden zudem durch das vorhandene Stadtbild erschwert, das bereits durch politische Systeme und Sozialentwürfe mit ihren unterschiedlichen Ordnungsvorstellungen stark geprägt ist.

Abb. 8: Die Industriezone, die seit dem in den späten 1930er Jahren begonnenen Bau der Arbeiterwohnsiedlungen, den sogenannten Semirurali, ständig gewachsen ist und, wie die meisten Gewerbegebiete, einen eher chaotischen Eindruck erweckt.

Diese Spannung generiert zwar Kreativität, die sich jedoch nicht immer vorteilhaft auf die räumliche Entwicklung auswirkt.

Strukturwandel

Das Thema Strukturwandel ist sehr weitläufig, unzählige Beispiele könnten aufgezeigt werden. Ich habe mich für ein Beispiel entschieden, das auch den klimatischen Aspekt mit einbezieht. „Studieren unter Palmen" lautet der sympathische Slogan, mit dem die „freie" Universität Bozen um Studenten wirbt (Abb. 9).

Ich nehme an, dass auch Sie sich etwas mehr Palmen erwarten würden, doch die Werbestrategie scheint zu funktionieren, denn viele junge Menschen bevölkern die Stadt, verändern den Wohnungsmarkt und das bislang eher konservativ strukturierte Stadtleben. Neue Zweckbauten wie in Abbildung 10 entstehen, die sich jedoch recht unsensibel in bestehende Strukturen hineinzwängen und das Stadtbild verändern.

Gesellschaftswandel

Der seit 1295 stets von einheimischen Händlern ununterbrochen gehaltene, sehr malerische Obst- und Gemüsemarkt, der in jedem Werbeprospekt als eines der Highlights von Bozen zu finden ist, wird mehr und mehr von asiatischen und nordafrikanischen Migranten übernommen, womit sich sowohl das Stadtbild als auch das Warenangebot verändern.

Als gegen Ende des vorigen Jahrhunderts die Verkehrsverbindungen von und nach Bozen sowohl auf der Straße als auch auf der Schiene großzügig ausgebaut wurden, gewann die alte Handelsstadt auch für den Fremdenverkehr zu-

Abb. 9: Universitätsgebäude und Palmengruppe.

Abb. 10: Neubau eines Institutsgebäudes.

nehmend an Bedeutung, und in der Stadt entwickelte sich schleichend aber konstant eine weitere Besonderheit Bozens: Der Mix aus alpenländischer Lebensart, vermischt mit der italienischen „Dolce Vita". Und so wird heute am Fuße der Dolomiten Tirolerisch, Ladinisch und Italienisch und bei Bedarf auch Hochdeutsch, Englisch und allerlei Sonstiges gesprochen. Knödel und Spaghetti gehören mittlerweile genauso zum Selbstverständnis wie Sachertorte, gepaart mit Cappuccino.

Bevölkerungswandel

Die italienische Bevölkerung nimmt ständig zu und wird mehr und mehr auch in den bislang rein deutschen Stadtvierteln ansässig. Hinzu gesellen sich die vielen Migranten, die – wie in ganz Europa – das soziale Gefüge kräftig durchrütteln. Diese Gesellschaftsvermischung, verbunden mit dem allgemeinen Wohlstand, hat in den letzten Jahren zu einer zunehmenden Verwahrlosung von Traditionen (Herz Jesu/Fronleichnam, wie im ländlichen Raum) geführt, und wir Heimatpfleger beklagen schon seit geraumer Zeit einen starken Identitätsverlust der deutschsprachigen Stadtbevölkerung.

Traditionswandel

Die historischen Lauben werden nach und nach von den alteingesessenen Handelsfamilien verlassen und die Geschäfte an große Einkaufsketten vermietet. Diese reißen die einstmals kleinen Häusereingänge auf und bauen enorme Geschäftseingänge, die das äußere Erscheinungsbild stark beeinträchtigen. Die oberen Stockwerke werden als Lager verwendet

Abb. 11a und 11b: Eindrücke vom Markt.

oder an Migranten vermietet. Nach Geschäftsschluss ist die Altstadt ausgestorben.

Leitbild

Die Stadtverwalter haben erkannt, dass Bozen als Knotenpunkt für Umwelt, Kultur und Forschung ein Vermögen darstellt, das aufgewertet werden muss, indem die Humanressourcen, die Ressourcen an Platz und urbaner Qualität verstärkt werden müssen.

Sie haben unter dem Schlagwort „Ideen 2015" einen Masterplan erarbeitet, der, gestützt auf den strategischen Entwicklungsplan, einen Leitfaden für eine menschengerechte städtebaumäßige Weiterentwicklung der Landeshauptstadt vorsieht, sei es vom Standpunkt der Umwelt aus, oder sei es unter Berücksichtigung des wirtschaftlichen und sozialen Aspektes. Ich bitte um Nachsicht, wenn ich auf dieses interessante Dokument nicht näher eingehen kann. Soviel sei jedoch gesagt: Es bildet unter dem Aspekt Stadt–Landschaft–Wandel einen guten Ausgangspunkt für die Festlegung zukünftiger Strategien in allen Bereichen und bietet gleichzeitig auch allen Interessierten Gelegenheit für die Auseinandersetzung mit der langfristigen Verantwortung, die die Verwaltung übernimmt.

Abb. 12a und 12b: Tradition und Moderne: Einstellungen, die sich auch vermischen.

Abb. 13: Veränderungen in den Lauben.

Perspektiven der Heimatpflege

Sehr viele Gestaltungsabläufe passieren schleichend, aber kontinuierlich auf einer Ebene, auf welche die Heimatpflege nur begrenzt Einfluss nehmen kann. Bei größeren Szenarien versucht der Heimatpflegeverband, sich beratend einzubringen und gegebenenfalls auch mit gezielten Aktionen (Unterschriftenaktionen, Protestkundgebungen, Bürgerversammlungen) vermeintlichen Fehlentscheidungen der Stadtverwalter entgegenzuwirken. Das betrifft Vorhaben wie z.B. die geplante Verlegung des Bahnhofs zur Schaffung neuen Wohn- und Handelsraums, die seit Jahrzehnten immer wieder angestrebte Verbauung der umliegenden Hügel (Virgl, Kohlern, St. Magdalena etc., weil in der Talsohle bereits alles versiegelt ist), den umstrittenen Ausbau des Bozener Flughafens, die Ausarbeitung des Bauleitplanes oder anderes. Bozen ist heute Treffpunkt der Kulturen, und man verspürt eine mitteleuropäische Atmosphäre. Geschichte und Architektur, Kunst und Musik sind umgeben von einer herrlichen Naturkulisse. All dies ist in stetem Wandel, den es aufmerksam zu verfolgen und zu beobachten gilt.

Was macht Bozen aus?

Interkulturelles Flair durch das tägliche Aufeinandertreffen der drei Kulturen? Der Mix aus Alt und Neu? Die Größe der Stadt, die durch ihre bescheidene und menschliche Dimension nicht stresst? Die die Stadt umgebende Natur, die in kürzester Zeit erreichbar ist, zu Fuß oder mit dem Fahrrad? Die Neugierde und die Herzlichkeit der Menschen? Die Liste der Fragen könnte noch lange fortgesetzt werden. Eine eindeutige Antwort auf all die Fragen gibt es vermutlich nicht!

Wofür könnte Bozen stehen?

Um es auf einen Nenner zu bringen: Bozen bedeutet für den Autor dieses Beitrages gewachsene Kultur, gepaart mit Regionalität als Wohlfühl-Faktor, dies alles eingebettet in eine einzigartige Landschaft mit angenehmem, sub-mediterranem Klima. Was die Menschen betrifft, die in der Stadt leben, so befindet sich vieles zwischen Umbruch und Aufbruch.

Abb. 14: Strategische Vision.

Alle Abbildungen: Archiv Heimatpflegeverband Südtirol, Bozen

Sozialer Wandel westdeutscher Großsiedlungen

Sebastian Kurtenbach

Zusammenfassung

Großsiedlungen gehören in vielen Großstädten der alten Länder heute zu den am deutlichsten armutsgeprägten Stadtteilen. Diese Beobachtung erstaunt umso mehr, da dort zu Beginn der Siedlungszeit, in den 1960er und 1970er Jahren, nahezu ausschließlich mittelschichtgeprägte Haushalte wohnhaft waren. Der Beitrag beschreibt den sozialen Wandel westdeutscher Großsiedlungen anhand fünf unterscheidbarer Phasen mittels einschlägiger Studien. Zudem wird ein Erklärungsansatz des sozialen Wandels durch Verknüpfung des vorgeschlagenen Phasenmodells mit dem Modell der Pfadabhängigkeit geliefert. Im Ergebnis entsteht ein vertieftes Verständnis für die Erklärung der aktuellen sozialen Situation in westdeutschen Großsiedlungen.

Einleitung und Abgrenzung

Großsiedlungen der 1960er und 1970er Jahre gehören heute zu den am stärksten armutsgeprägten Stadtteilen westdeutscher Großstädte. Die Unterscheidung in ost- und westdeutsche Großsiedlungen ist deshalb sinnvoll, da es unterschiedliche geschichtliche Verläufe und Rahmen, sowie unterschiedliche politische und wirtschaftliche Gegebenheiten gab, die einen entscheidenden Einfluss auf städtebauliche und soziale Strukturen der neu errichteten Großsiedlungen ausübten. Ein entscheidendes Kriterium war beispielsweise, dass in der ehemaligen DDR, wie in anderen sozialistischen Staaten auch, durch den Wohnungsbau nicht der optimale Preis, sondern die optimale Bodennutzung im Vordergrund stand (Dangschat/Wendl 1978: 209). Dadurch wurden Großsiedlungen eher innenstadtnah (Beispiel: Berlin) oder autark (Beispiel: Halle an der Saale) geplant, wohingegen in der BRD diese eher an den Stadträndern entstanden (Beispiel: Köln-Chorweiler).

Neben den zahlreichen Untersuchungen zu Großsiedlungen in den neuen Ländern (z.B. Keller 2005) stehen kaum aktuelle Studien zu westdeutschen Großsiedlungen zur Verfügung und ebensowenig solche, die sich mit den sozialstrukturellen Umschichtungsprozessen der doch relativ jungen Siedlungsgeschichte auseinandersetzen. Einen Vorschlag, diese Lücke zu schließen, unterbreitet der vorliegende Beitrag mittels der Verknüpfung einschlägiger Forschungsliteratur seit den 1960er Jahren. Ziel ist es, ein Phasenmodell des sozialen Wandels westdeutscher Großsiedlungen zu erarbeiten, diese mit dem Modell der Pfadabhängigkeit zu verknüpfen und dadurch zu einem vertieften Verständnis der aktuellen Situation zu gelangen.

Sozialer Wandel und die Veränderungen von Stadtteilen

Dass städtische Teilgebiete sich im Laufe der Zeit verändern, wirkt allenfalls im ersten Moment trivial. Werden die Gründe, Muster und Mechanismen oder Auswirkungen und Kosten solcher Umschichtungsprozesse bedacht, so eröffnet sich ein breites Forschungsfeld. Aktuell gehört sicherlich der Prozess der Gentrifizierung zu den prominentesten Beispielen. In der Konsequenz hat sich die sozialstrukturelle Zusammensetzung der Wohnbevölkerung auf einem geografisch abgrenzbaren Gebiet geändert, wodurch auch von sozialstrukturellem Wandel gesprochen werden kann (MEULEMANN 2013: 369). Lehner definiert sozialen Wandel folgerichtig ganz allgemein als „Veränderung der Sozialstruktur über die Zeit" (LEHNER 2011: 342).

Die Nachfrage nach einem Wohngebiet wird maßgeblich beeinflusst durch die Struktur des Wohnungsmarktes auf der einen Seite und die Verfügbarkeit des einzusetzenden Einkommens potenzieller Mieter in einer Abwägung von Alternativen und Präferenzen auf der anderen Seite (FRIEDRICHS 1988: 65). Wenn sich demnach entweder die Anzahl der Marktteilnehmer verringert und es dadurch zu einer erhöhten Anzahl an Alternativen (die auch durch Neubau entstehen können) kommt, oder wenn sich die Präferenzmuster ändern, dann kann es zu kleinräumigen Veränderungsprozessen kommen. Die Hauptantriebskraft dazu sind selektive Wanderungsbewegungen (FARWICK 2007: 116).

Großsiedlungen in den alten Ländern
Für Großsiedlungen liegt keine allgemeingültige Definition vor, wodurch es oftmals zu Merkmalszuschreibungen kommt (WASSENBERG 2013). Dabei spielen eher städtebauliche Angaben, wie die Anzahl der Wohneinheiten (FRIEDRICHS 1995: 123), als soziale Merkmale eine Rolle. Hinzu treten auch Verweise auf die Erbauungszeit. Gibbins unternimmt 1988 eine rein planerische Definition: „Mit dem Begriff „Großsiedlung" bezeichnen wir solche Wohngebiete, die in den 1960er und 1970er Jahren als separate oder zumindest funktional eigenständige Siedlungseinheiten geplant und realisiert wurden. Nicht nur sämtliche Wohnungen, sondern auch die Infrastruktur, Grün- und Freizeitflächen sowie Verkehrserschließungen waren Gegenstand der Planung und Realisierung. Das Erscheinungsbild ist durch eine dichte und hochgeschossige Bebauung geprägt. Der überwiegende Anteil des Wohnungsangebotes besteht aus Mietwohnungen, von denen ein hoher Anteil öffentlich gefördert ist. Die Siedlungen sollen mindestens einen Bestand von 500 Wohnungen haben" (GIBBINS 1988: 9). Zwar ist diese Definition aus städtebaulicher Sicht hilfreich, dennoch ignoriert sie sozialstrukturelle Merkmale wie das Ausmaß der residentiellen Segregation oder die Sozialstruktur.

Errichtet wurden Großsiedlungen in den alten Ländern zur endgültigen Überwindung der historischen Wohnungsnot nach dem Zweiten Weltkrieg. Zwar gab es bereits Erfolge beim Wiederaufbau der Städte, dennoch hatten bei Weitem nicht alle die Chance auf eine eigene Wohnung. In den meisten Städten gab es noch bis in die späten 1960er Jahre Barackensiedlungen, in denen Menschen untergebracht waren, die keinen Wohnraum fanden. Der Großsiedlungsbau erschien nicht nur für die Lösung dieses Problems, sondern auch in wirtschaftlichen Gesichtspunkten attraktiv. Mit ihm wurde zudem der soziale Wohnungsbau auch in der BRD endgültig etabliert. Wie HÄUSSERMANN und SIEBEL (1996) betonen, adressierte der soziale Wohnungsbau, anders als heute, die „breiten Schichten der Bevölkerung" und damit die Mittelschicht. Ohne auf die Rolle der Neuen Heimat oder der Parteien beim Großsiedlungsbau eingehen zu wollen (siehe dazu: SCHÖLLER 2003), sei auf das Ergebnis verwiesen: An den Rändern der Großstädte wurden funktional entflochtene Stadtteile errichtet, die dem Ideal der Moderne, „Urbanität durch Dichte", nachempfunden wurden. Der lokale Wohnungsmarkt war zudem geprägt durch den hohen Anteil an gefördertem Wohnraum, was einzig bei relativer Einkommenshomogenität nicht segregierend wirkt.

Phasen des sozialen Wandels

Zur Betrachtung des sozialen Wandels wurden einschlägige Studien zugrunde gelegt. Im Ergebnis steht ein fünfphasiges Modell des sozialen Wandels westdeutscher Großsiedlungen.

1. Großsiedlungen als Wohnstandort der modernen Kleinfamilie

Großsiedlungen waren Zuzugsgebiete für Familien der Mittelschicht. Ein immer wiederkehrendes Merkmal ist die Vielzahl an Kindern in den Siedlungen (Zapf et al. 1969: 224, Weeber 1971: 27, Müller 1977: 22), was auch als demografischer „Kinderberg" bezeichnet wurde (Heil 1974: 190). Die Zugezogenen kamen im Gros aus derselben Stadt oder Region (Dorsch 1972: 54, Herlyn 1990: 159). Besonders relevant erscheint die Belegungspraxis des sozialen Wohnungsbaus zur damaligen Zeit. Denn durch Ausschlusskriterien für Mitbewerber (Weeber 1972: 32) zum einen und Alternativlosigkeit (Zapf et al. 1969: 207) auf der anderen Seite wurden Mittelschichtfamilien in den stadträndigen Neubausiedlungen konzentriert. Die Erstbevölkerung kann auch als Pionierbevölkerung bezeichnet werden, da sie zum einen in Stadtteilen lebten, die noch im Werden begriffen waren. Zum anderen war noch keine soziale Infrastruktur vorhanden, weder formell in Form von Vereinen noch informell in Form von Nachbarschaftsbeziehungen. Dennoch gibt es aus dieser Zeit keine Berichte von besonders ausgeprägten Konflikten oder Vereinsamung in den Siedlungen.

2. Großsiedlungen als Kompensationsorte für Bewohner von Behelfssiedlungen

Paradox ist, dass der Erfolg der Großsiedlungen schlussendlich zur Entstehung von Problemlagen in ihnen führte. Die Randstadtidylle wurde nämlich von zwei Seiten aufgelöst. Erstens entwickelte die Gruppe der Erstbevölkerung Suburbanisierungstendenzen infolge steigender Mieten als Konsequenz der degressiven Förderpraxis des sozialen Wohnungsbaus und steigender Einkommen. Auch waren mehr Alternativen auf dem Wohnungsmarkt vorhanden, die nachgefragt werden konnten. Zweitens wurden vermehrt „Problemmieter" in die Siedlung eingewiesen (Friedrichs/Dangschat 1986: 9, BMBau 1990: 17), was wiederum Distinktionsbedürfnisse weckte (Schelling 1971, Friedrichs 1995: 97).

3. Großsiedlungen als gemiedene Gebiete

Ernsthafte Imageprobleme und der Fortzug der Mittelschicht, gepaart mit einem steigenden Anteil von „Problemmietern", führten zur zunehmenden Meidung der Gebiete (Friedrichs/Dangschat 1986: 3). Das führte dazu, dass Großsiedlungen plötzlich mit einer erhöhten Leerstandsproblematik zu kämpfen hatten (Kreibich 1985: 183, Huf 1991: 12, Friedrichs 1995: 124). Auf die Entmischung folgte der Leerzug, sobald es Alternativen gab.

4. Großsiedlungen als Migrationszielgebiete

Ende der 1980er Jahre ging der Leerstand in den Großsiedlungen rapide zurück. „War es gelungen, in knapp zwei Jahren die wesentlichen Probleme dieser Siedlungen zu lösen und sie wieder zu allseits akzeptierten Wohnformen zu machen?" (BMBau 1990: 17). Das zumindest fragten Stadtforscher und Politik. „Die Antwort auf diese Frage muß ganz eindeutig „NEIN!" lauten – trotz aller geleisteten Anstrengungen" (BMBau 1990: 17). Trotzdem waren die Siedlungen wieder bewohnt, und zwar durch Zugezogene aus der sich auflösenden Sowjetunion. Insbesondere (Spät-)Aussiedler zogen in die Großsiedlungen, da die Kommunen dort Belegungsrechte hatten und aufgerufen waren, die Neuzuwanderer aufzunehmen.

5. Großsiedlungen als Wohnstandorte der Marginalisierten

Die Zuwanderung von eher armutsgeprägten Zuwanderern, gepaart mit der Konzentration von Armen, hat die aktuelle und (vorerst) letzte Phase der Großsiedlungen erzeugt. Großsiedlungen sind heute mehrfachsegregierte und sozialstrukturell stabile Gebiete (Häussermann 1998: 170ff.).

Pfadabhängigkeit und sozialer Wandel

Nach der Beschreibung der Phasen des sozialen Wandels stellt sich die Frage, ob es ein zugrundeliegendes Verlaufsmuster gibt, das die einzelnen Zeitabschnitte logisch verknüpft. Dazu wird das organisationssoziologische Modell der Pfadabhängigkeit mit dem Phasenmodell des sozialen Wandels westdeutscher Großsiedlungen verknüpft.

Werle definiert Pfadabhängigkeit als „einen vergangenheitsdeterminierten Prozess relativ kontinuierlicher bzw. inkrementeller Entwicklungen. Die jeweils erreichten Zustände können kollektiv ineffizient oder suboptimal sein, ohne dass der Prozess deshalb notwendigerweise zum Erliegen kommt oder radikal geändert wird" (Werle 2007: 119). Pfadabhängigkeit ist damit kein statischer Zustand, sondern ein Entscheidungsmuster. Demnach tritt eine Pfadabhängigkeit einzig bei Entscheidungssituationen auf (Hall/Taylor 1996: 957).

Der Ausgangspunkt der Pfadabhängigkeit ist die Annahme der Beeinflussung zurückliegender Entscheidungen auf aktuelle Phänomene. Begründet wird dies durch die Entstehung von Bewertungsmustern durch Erfahrungen, wodurch Entscheidungsmuster stabilisiert werden (Schreyögg et al. 2011: 82). Zwar ist Pfadabhängigkeit mittlerweile ein interdisziplinär verwendeter Terminus, wodurch zwei Herausforderungen entstanden sind: Es sollten nicht ausschließlich zurückliegende, sondern auch aktuelle Ereignisse einbezogen werden (Sydow et al. 2009: 689). Zudem muss das Modell zur Analyse sozialer Prozesse modifiziert werden (Pierson 2000: 252f.).

In dieser Phase der Pfadabhängigkeit, in der keine Entscheidungsoption präferiert wird, geschieht ein *small event* (Duschek 2010: 230), was Rückkopplungseffekte, sogenannte *increasing returns* (Bayer 2006: 36), selbst verstärkt. Diese Episode bildet die zweite Phase, in welcher der Pfad selbst kreiert wird (Duschek 2010: 235). Es werden spezifische Optionen höher gewichtet, bis nur noch eine gewählt wird. Dieser unreflektierte Prozess führt zur Missachtung von Alternativen, wodurch nur noch gleichförmige Entscheidungen getroffen werden, was die dritte Phase, den *lock in* bildet (Duschek 2010: 235). Im Folgenden wird die Verknüpfung von Pfadabhängigkeit und Phasenverlaufsmodell des sozialen Wandels westdeutscher Großsiedlungen unternommen:

1. Die Phase, in der Großsiedlungen der Wohnort der Mittelschicht war, ist zugleich die Ausgangslage des sozialen Wandels und der pfadabhängigen Entwicklung.
2. Mit dem Zuzug von „Problemmietern" beginnen die ersten negativen Rückkopplungsmechanismen. In dieser Phase ist das individuelle small event zu verorten.
3. Durch den ansteigenden Auszug der Mittelschicht kommt es zu immer stärkeren Rückkopplungseffekten. In dieser Phase ist auch der *critical juncture* zu platzieren.
4. Der selektive Zuzug armutsgeprägter Migranten in eher leerstehende Großsiedlungsbestände kann als Zeichen eines bereits stattgefundenen kollektiven *lock in* gewertet werden.
5. Die aktuelle Situation in westdeutschen Großsiedlungen kann als Zeichen eines stabilen Pfades gewertet werden.

Fazit

Das hier vorgeschlagene Modell des pfadabhängigen sozialen Wandels westdeutscher Großsiedlungen ist zugleich auch eine Prognose der weiteren Entwicklung. Denn es ist deutlich geworden, dass es dort eine relative Stabilität der sozialen Situation gibt, die in den vergangenen Jahren auch nicht durch Programme wie „Stadtumbau West" oder „Soziale Stadt" grundsätzlich revidiert werden konnte. Allerdings sind auch keine radikalen Lösungen wie Abrisse zu verzeichnen, da sich dort die wenigen Restbestände des sozialen Wohnungsbaus konzentrieren, und ein Neubau ist in Zeiten der Krise öffentlicher Finanzen nicht zu erkennen. In der Konsequenz leben die Ärmsten der Stadtgesellschaft segregiert an den Stadträndern in Siedlungen, die in den letzten Jahren zunehmend zum Spekulationsobjekt internationaler Finanzinvestoren wurden.

Literatur

Beyer, J. (2006): Pfadabhängigkeit. Über institutionelle Kontinuität, anfällige Stabilität und fundamentalen Wandel. – Frankfurt a. M./New York: Campus Verlag.

BMBau (1990): Städtebauliche Lösungen für die Nachbesserung von Großsiedlungen der 50er bis 70er Jahre. Teil A: Städtebauliche und bauliche Probleme und Maßnahmen. – Bonn-Bad Godesberg: Bundesminister für Raumordnung, Bauwesen und Städtebau.

Dangschat, J.S.; Wendl, N. (1978): Warschau. – In: Friedrichs, J. (Hrsg.): Stadtentwicklungen in kapitalistischen und sozialistischen Ländern, S.184–245. – Reinbeck bei Hamburg: Rowohlt Taschenbuch Verlag.

Dorsch, P. (1972): Eine neue Heimat in Perlach. Das Einleben als Kommunikationsprozess. – München: Georg D.W. Callwey.

Duschek, S. (2010): Strategisches Pfadmanagement: „Beyond Path Dependence". – In: Schreyögg, G.; Conrad, P. (Hrsg): Organisation und Strategie (Reihe Managementforschung, Band 20), S. 223–259. – Wiesbaden: Gabler Verlag.

Farwick, A. (2007): Soziale Segregation in den Städten: Von der gespaltenen Gesellschaft zur gespaltenen Stadt. Soziale Segregation in den Städten. – In: Baum, D. (Hrsg.), Die Stadt in der Sozialen Arbeit, S. 111–122. – Wiesbaden: VS Verlag für Sozialwissenschaften.

Friedrichs, J.; Dangschat, J. (1986): Gutachten zur Nachbesserung des Stadtteils Mümmelsmannberg. Hamburg: Universität Hamburg, Forschungsstelle vergleichende Stadtforschung.

Friedrichs, J. (1995): Stadtsoziologie. – Opladen: Leske und Budrich.

Friedrichs, J. (1988): Makro- und mikrosoziologische Theorien der Segregation. – In: Ders. (Hrsg), Soziologische Stadtforschung, S. 56–77. – Opladen: Westdeutscher Verlag.

Gibbins, O. (1988): Großsiedlungen. Bestandspflege und Weiterentwicklung. – München: Callwey.

Häussermann, H.; Siebel, W. (1996): Soziologie des Wohnens. Eine Einführung in den Wandel und Ausdifferenzierung des Wohnens. – Weinheim und München: Juventa Verlag.

Häussermann, H. (1998): Zuwanderung und die Zukunft der Stadt. Neue ethnisch-kulturelle Konflikte durch die Entstehung einer neuen sozialen „underclass"? – In: Heitmeyer, W.; Dollase, R.; Backers, O. (Hrsg.): Die Krise der Städte. Analysen zu den Folgen desintegrativer Stadtentwicklungen für das ethnisch-kulturelle Zusammenleben, S. 145–175. – Frankfurt a. M.: Suhrkamp Verlag.

Hall, P.A.; Taylor, R.C.R. (1996): Political Science and the Three New Institutionalisms. – In: Political Studies, 66 (June), S. 952–973.

Herlyn, U. (1990): Leben in der Stadt. Lebens- und Familienphasen in städtischen Räumen. – Opladen: Leske und Budrich.

Huf, B. (1991): Brückenhof. Zusammenleben in einer Großsiedlung am Stadtrand. – Kassel: Gesamthochschule Kassel. Arbeitsbericht des Fachbereichs Stadt- und Landschaftsplanung.

Keller, C. (2005): Leben im Plattenbau. Zur Dynamik sozialer Ausgrenzung. – Frankfurt a. M./New York: Campus Verlag.

Kreibich, V. (1985): Wohnversorgung und Wohnstandortverhalten. – In: Friedrichs, J. (Hrsg.), Die Städte in den 80er Jahren, S. 181–195. – Opladen: Westdeutscher Verlag.

Lehner, F. (2011): Sozialwissenschaft. – Wiesbaden: VS Verlag für Sozialwissenschaften.

Meulemann, H. (2013): Soziologie von Anfang an. Eine Einführung in Themen, Ergebnisse und Literatur. – Wiesbaden: VS Verlag für Sozialwissenschaften.

Müller, W. (1977): Aktivität im Neubaublock. – In: Groenemeyer, R.; Bahr, H.E. (Hrsg.), Nachbarschaft im Neubaublock. Empirische Untersuchungen zur Gemeinwesenarbeit, theoretische Studien zur Wohnsituation, S. 204–293. – Weinheim und Basel: Beltz Verlag.

Pierson, P. (2000): Increasing Returns, Path Depence, and the Study of Politics. – In: The American Journal of Sociology, 94 (2), S. 251–267.

Schelling, T.C. (1971): Dynamic models of segregation. – In: Journal of Mathematical Sociology, 1, S. 143–186.

Schreyögg, G.; Sydow, J.; Holtmann, P. (2011): How history matters in organisations: The case of path depence. – In: Management and Organizational History, 6(1), S. 81–100.

Schöller, O. (2003): Die Blockstruktur. Eine qualitative Untersuchung zur politischen Ökonomie des westdeutschen Großsiedlungsbaus. – Berlin: Verlag Hans Schiler.

Sydow, J.; Schreyögg, G.; Koch, J. (2009): Organizational path depence: opening the black box. – In: Academy of Management Review, 34(4), S. 689–709.

Wassenberg, F. (2013): Large housing estates: ideas, rise, fall and recovery. The Bijlmermeer and beyond. – Delft: Delft University Press.

Weeber, R. (1971): Eine neue Wohnumwelt. Beziehungen eines Neubaugebiets am Stadtrand zu ihrer sozialen und räumlichen Umwelt. – Stuttgart/Bern: Karl Krämer Verlag.

Werle, R. (2007): Pfadabhängigkeit. – In: Benz, A.; Lütz, S.; Schimank, U.; Simonis, G. (Hrsg.), Handbuch Governance. Theoretische Grundlagen und empirische Anwendungsfelder, S. 119–131). – Wiesbaden: VS Verlag für Sozialwissenschaften.

Zapf, K.; Heil, K.; Rudolph, J. (1969): Stadt am Stadtrand. Eine vergleichende Untersuchung in vier Münchener Neubausiedlungen. – Frankfurt a. M.: Europäische Verlagsanstalt.

Die Vermittlung einer industriellen Kulturlandschaft am Beispiel der Zeche Zollverein

Christine Mauelshagen

Zusammenfassung

Bereits seit mehr als einem Jahrzehnt trägt die Zeche Zollverein in Essen den Titel eines UNESCO-Welterbes und erlangte so den Status eines international bedeutsamen Industriedenkmals. Neben dem Welterbe-Ensemble der Schachtanlagen 1/2/8 und XII sowie der Kokerei weist auch die industriell geprägte Kulturlandschaft Zollverein einen hohen historischen Wert auf. Über 150 Jahre prägte das Bergwerk die Siedlungsformen, Landschaft und Kultur in diesem Raum, wodurch funktional-genetische Verbindungen geschaffen wurden, die für das heutige Verständnis des Welterbes unabdingbar sind. Der Fragen, was diese industrielle Kulturlandschaft ausmacht und wie sie vermittelt wird, nimmt sich der vorliegende Beitrag an.

Die industrielle Kulturlandschaft Zollverein

Einst gerühmt als „schönste Zeche der Welt", ausgezeichnet als UNESCO-Welterbe und bejubelt als „Wahrzeichen des Ruhrgebiets", erlangte die Zeche Zollverein in Essen eine hohe Popularität weit über die Grenzen des Ruhrgebietes hinaus (Stiftung Zollverein 2014). Die Steinkohlenzeche gehörte in allen Phasen ihrer Entwicklungsgeschichte zu den führenden Bergwerken im Ruhrgebiet. Bereits die Architektur und Technik der 1848 bis 1852 entstandenen Gründungsanlagen erreichten zu jener Zeit einen Spitzenstand im Ruhrbergbau. Mit dem Bau der bis heute vollständig erhaltenen Zentralschachtanlage Zollverein XII von 1928 bis 1930 war das Bergwerk schließlich sogar im weltweiten Vergleich führend. Die letzte Hochphase erreichte Zollverein mit dem Bau der Kokerei in den Jahren 1958 bis 1961. Nicht verschont von der 1959 einsetzenden Strukturkrise im Bergbau, wurden 1986 schließlich die Zeche und 1993 die Kokerei stillgelegt (GANZELEWSKI & SLOTTA 1999: 3). Heute gilt Zollverein als Symbol für den erfolgreichen Wandel einer ehemaligen Industrieanlage

Abb. 1: UNESCO-Welterbe Zollverein.
Foto: Christine Mauelshagen

Stadt und Siedlung (BHU 2014)

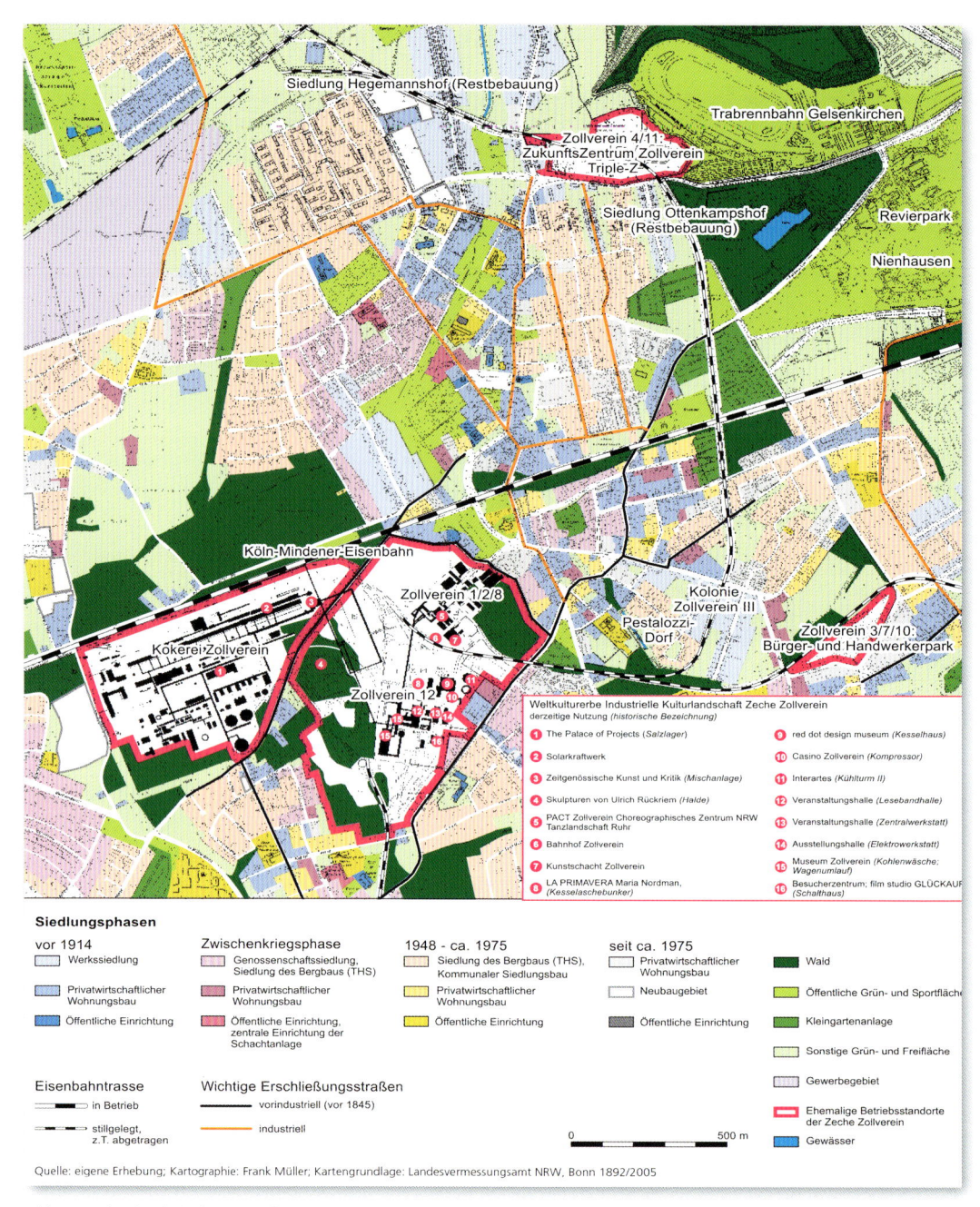

Abb. 2: Kulturlandschaftliche Aufnahme Essen-Katernberg – Flächennutzung und Bauphasen. Graphik: H.-W. Wehling 2006

Abb. 3: Entstehung der industriellen Kulturlandschaft Zollverein. Graphik: Christine Mauelshagen

in einen internationalen Kunst-, Kultur-, Design- und Tourismusstandort (Stiftung Zollverein 2014).

Die heutige Identität des Zollvereins ist geprägt von einer über 150 Jahre langen Historie und starken funktional-genetischen Verflechtungen mit der umliegenden Kulturlandschaft, denn parallel zur Entwicklung der Zechenanlagen veränderte sich auch die Umgebung des Bergwerks. Bis zur Gründung der Zeche wurde das Gebiet agrarisch bewirtschaftet und war mit rund 500 Einwohnern dünn besiedelt; die Bauern und Kötter betrieben Viehzucht und bestellten kleinflächige Felder. Erst der Bau der Köln-Mindener Eisenbahn im Jahr 1847 stellte einen Einschnitt in die Region und diese traditionelle Lebensweise dar (Ganzelewski & Slotta 1999: 200). Ebenfalls wurde im selben Jahr mit dem Abteufen des ersten Zollverein-Schachtes begonnen, wodurch eine allumfassende Entwicklung des Raumes unter- und übertage einsetzte, die zu einer signifikanten Veränderung und Überprägung der Landschaft führte. Demzufolge entstand eine Infrastruktur, die von Zollverein nicht nur für nötig befunden, sondern ebenfalls erbaut und finanziert wurde. Hierzu zählen Siedlungen mit Häusern und Wohnungen, Kirchen, Friedhöfe, Konsumanstalten und Fürsorgeeinrichtungen, Werkseisenbahnen, Halden, Kokereien u.v.m. Um den hohen Bedarf an Arbeitskräften zu decken, warb die Zeche Arbeitskräfte aus anderen Regionen und Ländern, insb. Osteuropas und der Türkei, an (Hoppe et al. 2010: 20). Zur Unterbringung der Arbeiter entstanden zudem stetig neue Wohnsiedlungen, wodurch sich Zollverein schließlich über die drei Stadtteile Katernberg, Schonnebeck und Stoppenberg (Stadtbezirk VI) erstreckte (Syré 2010: 64). Insgesamt stieg die Bevölkerung bis zur Schließung der Zeche auf mehr als 50.000 Einwohner an, und ein extrem stark verdichteter, industrieller Siedlungsraum entstand (Kania 2002: 17). So wurde Zollverein nicht nur zum wichtigsten Arbeitgeber, sondern auch zum „Dreh- und Angelpunkt im Leben der Menschen im Schatten der Fördergerüste und Halden" (Ganzelewski & Slotta 1999: 200). Das Ergebnis dieser Prozesse ist eine industrielle Kulturlandschaft von hohem kulturgeschichtlichem Wert und überregionaler – sogar europäischer – Bedeutung, die sich aus dem untertägigen Betrieb des Bergwerks heraus erklärt. Nicht nur dem Welterbe *Industriekomplex Zeche Zollverein* selbst gilt es deshalb, außerordentliche Anerkennung beizumessen, sondern auch der industriellen Kulturlandschaft Zollverein (Wehling 2013: 191).

Teil der Kulturlandschaft Zollverein sind nicht nur industrielle Zeitzeugen, auch Elemente aus vorindustrieller Zeit prägen die Landschaft. Beispielhaft hierfür sind u.a. der Kapitelberg mit der mittelalterlichen Stiftskirche, den Klostergebäuden und einem Friedhof in Stoppenberg. An die ehemals landwirtschaftliche Prägung des Raumes erinnern einige wenige Restflächen, die von heutigen landwirtschaftlichen Betrieben bewirtschaftet werden. Darüber hinaus sind die zwei Hofgebäude (Dortmannshof und Stratmann-Kotten) aus der Zeit vor 1850 erhalten geblieben, wobei sich auf letztgenanntem heute ein Reiterhof befindet. Weitere erhaltene Hofgebäude wurden zu Wohnhäusern umgenutzt. Zusätzlich stellt die Benennung der Straßen einen historischen Bezug zu den anderen ehemaligen Höfen und Kotten her (Plöger 2001: 138f.).

Wesentlich präsenter und nahezu vollständig erhalten sind die industriellen Kulturlandschaftselemente. Neben dem 2001 als UNESCO-Welterbe ernannten Ensemble der Schachtanlagen 1/2/8, XII und der Zentralkokerei sind auch die Schachtanlagen 3/7/10 und 4/5/11 erhalten. Das Welterbe-Ensemble wurde nach dem Prinzip „Erhalt durch Umnutzung" (Stiftung Zollverein 2011) zu einem Wirtschafts- und Tourismusstandort mit dem Schwerpunkt Design, Kultur- und Kreativwirtschaft umgenutzt. So hat sich bspw. im Maschinenhaus gegenüber der Schachtanlage 1/2/8 das Kommunikationszentrum *Kunstschacht Katernberg* niedergelassen, und die Schachtanlage XII wurde unter Berücksichtigung denkmalpflegerischer Maßgaben restauriert bzw. saniert. Hier ist heute u. a. das *Ruhr Museum* ansässig. Ferner können Besucher im Denkmalpfad Zollverein® auf Schacht XII und der Kokerei den Weg der Kohle nachverfolgen (Borgelt & Jost 2009: 5ff.). Die Schachtanlage 3/7/10 wurde für Investoren zu einem Bürger- und Handwerkerpark umgestaltet und auf Zollverein 4/5/11 das

Abb. 4: Vierspännerhaus. Foto: Christine Mauelshagen

Abb. 5: Kosumanstalt 4, Joseph-Oertgen-Weg 90.
Foto: Rheinische Industriekultur e.V.

ZukunftsZentrumZollverein (Triple Z), ein Zentrum für Existenzgründer und junge Unternehmen, eingerichtet (SYRÉ 2010: 82ff.). Für das Gesamtverständnis der industriellen Kulturlandschaft Zollverein und ihrer sozial- und kulturgeschichtlichen Bedeutung sind die Bergarbeitersiedlungen ein überaus wichtiges Element. Beispielhaft hierfür sind verschiedene Kolonien aus den unterschiedlichen Phasen der Siedlungsentwicklung wie die Kolonie Hegemannshof oder die Pestalozzidörfer (GANZELEWSKI & SLOTTA 1999: 201f.). Neben den verschiedenen Gebäuden entstanden auch Kirchen, Schulen, Kindergärten, Geschäfte und Kneipen, Sport- und Taubenzüchtervereine wie auch die kommunale Infrastruktur. Die Entwicklung des Ortskerns von Katernberg kann bis heute noch anhand des Denkmalbestands nachvollzogen werden. So sind neben den historischen Wohn- und Geschäftsstätten auch die Bauten rund um den Marktplatz erhalten, und das vorindustrielle Straßennetz ist vollständig erkennbar (SYRÉ 2010: 64ff.; WEHLING 2013: 192). Zur Versorgung der Bergleute und ihrer Familien unterhielt das Bergwerk sechs zecheneigene Konsumanstalten, wo man gegen ein geringes Entgelt Kolonial- und Manufakturwaren erwerben konnte. In den 1950er Jahren schlossen viele der Konsumanstalten und die noch verbliebenen wurden von einer privaten Handelsgesellschaft übernommen. Die Konsumanstalten 4 und 6 sind als Denkmale und Dokumente des kommunalen Engagements erhalten geblieben. Ebenfalls engagierte sich Zollverein im Bereich der Fürsorge für die Bergleute und ihre Familien bei wirtschaftlichen, gesundheitlichen und erzieherischen Problemen (GANZELEWSKI & SLOTTA 1999: 205f.; GROSSMANN 1999: 40ff.).

Ein weiterer Faktor, der die industrielle Kulturlandschaft Zollverein maßgeblich geprägt hat, waren die Eisenbahnen. Der Erfolg der Montanindustrie war stark abhängig von der überregionalen Verkehrsanbindung und den infrastrukturellen Transportmöglichkeiten, weshalb der Standort an der Köln-Mindener Eisenbahn und die Gründung der Bergisch-Märkischen Bahn von hoher Bedeutung für das Prosperieren Zollvereins war. Zudem wurde eine Reihe von Werksbahnen eingerichtet, die den Binnenverkehr, den Anschluss an den Fernverkehr sowie den Rhein-Herne-Kanal sicherten. Diese vielfältigen Bahntrassen durchschneiden die Landschaft und grenzen Siedlungsbereiche voneinander ab. Viele von ihnen prägen noch heute in Form von Radwegen die Landschaft (GANZELEWSKI & SLOTTA 1999: 205f.; PLÖGER 2001: 131f.; SYRÉ 2010: 66f.).

Überdies sind auch die Niveauveränderungen der Erdoberfläche ein Charakteristikum der industriellen Kulturlandschaft Zollverein. So entstanden im Laufe der Zeit einige Teuf- und Berghalden, wie bspw. die grüne Halde östlich und die schwarze Halde westlich der Schachtanlage 1/2, welche zur Förderung der Waldentwicklung natürlich bewachsen sind. Darüber hinaus kam es im gesamten Gebiet durch den

Kohleabbau auf Zollverein zu Absenkungen der Erdoberfläche von zum Teil mehr als 25 Metern. Hieraus resultierten Schäden an der Bausubstanz und eine Verschlechterung der Vorfluterverhältnisse, wodurch die Hauptfluter überschwemmten und versumpften, da die Wassermengen nicht mehr ablaufen konnten. Zur Behebung dieser Probleme kanalisierte man den Hauptvorfluter Schwarzbach, den Zollverein-Graben sowie den Stoppenberger Bach und die Berne. Zusätzlich wurden Pumpen zur künstlichen Entwässerung eingesetzt. Bis heute werden drei Pumpwerke zur Entwässerung der industriell entstandenen Poldergebiete eingesetzt (GANZELEWSKI & SLOTTA 1999: 20f.; PLÖGER 2001: 130ff.; SYRÉ 2010: 100).

Die Vermittlung der industriellen Kulturlandschaft Zollverein

Die vorangegangenen Ausführungen beschreiben die gewachsenen historischen Zusammenhänge der industriellen Kulturlandschaft Zollverein und zeigen, wie stark das Bergwerk den Raum und die Arbeits-, Wohn- und Freizeitfunktion geprägt und bestimmt hat. Der Vermittlung dieser industriellen Kulturlandschaft nehmen sich heute insbesondere drei verschiedene Akteure an: die *Stiftung Zollverein e.V.*, der *Bürger- und Verkehrsverein im Stadtbezirk VI* und der *Zeche Zollverein e.V.*

Die gemeinnützige *Stiftung Zollverein e.V.* ist der wohl bekannteste Akteur im Umfeld des Welterbes. Sie wurde 1998 vom *Land NRW* und der *Stadt Essen* gegründet und mit der Organisation und Koordination der vielfältigen auf Zollverein stattfindenden Aktivitäten betraut. Im Jahr 2008 wurden ebenfalls die Bereiche Standortentwicklung und -betrieb der *Entwicklungsgesellschaft Zollverein* wie auch die unselbstständige *Stiftung Ruhr Museum* in die *Stiftung Zollverein* als Trägerin des Welterbes integriert. Stiftungszweck ist die „Erhaltung des Welterbes und die Förderung der Kultur sowie die Entwicklung von Zollverein zu einem internationalen Kultur- und Wirtschaftsstandort" (Stiftung Zollverein 2011). So fokussiert die *Stiftung Zollverein* in ihrer Arbeit neben der Entwicklung des Standortes insbesondere die Bespielung und Vermittlung des Welterbe-Ensembles mit den Schachtanlagen 1/2/8, XII und der Kokerei. Hierzu bietet sie im Rahmen des Denkmalpfads Zollverein® 22 Führungsformate an, die den Besuchern die Industriegeschichte Zollvereins näher bringen sollen. Die Führungen bewegen sich auf dem Gelände des Welterbes und veranschaulichen den Besuchern die verschiedenen Arbeitsprozesse von der Kohleförderung bis zur Koksproduktion auf Schacht XII und der Kokerei. Neben diesen technischen Abläufen spielen ebenfalls Aspekte aus den Bereichen Arbeits-, Architektur- und Sozialgeschichte im Rahmen der Führungen eine bedeutende Rolle (ebd.). Darüber hinaus veröffentlicht die Stiftung regelmäßig verschiedene Publikationen, wie z.B. „ZOLLVEREIN® Das Magazin", welches

Abb. 6: Werksfürsorge I in den Hofgebäuden des schon 1285 urkundlich als „ther Heghe" erwähnten Hofes. Foto: Rheinische Industriekultur e.V.

Abb. 7: Pestalozzidorf im Grund. Foto: Rheinische Industriekultur e.V.

neben Informationen zum UNESCO-Welterbe auch Inhalte über weitere Angebote in der industriellen Kulturlandschaft Zollverein enthält.

Erste Ideen für eine touristische Nutzung des Welterbe-Umfeldes entwickelten sich bereits 1998. So wurde vom lokalen Verkehrsverein die sogenannte *Zollverein Touristik*, heute *Bürger- und Verkehrsverein im Stadtbezirk VI (BVV)*, ins Leben gerufen, die in den umliegenden Stadtteilen private Gästezimmer sowie Führungen und Ausflüge in die industrielle Kulturlandschaft Zollverein und das Ruhrgebiet vermittelt. Ziel des Vereins ist es, „die Wirtschaftskraft, die durch die anwachsenden Besucherzahlen auf das Gelände des UNESCO-Welterbes Zollverein getragen wird, auch den Bewohnern der Stadtteile zu Gute kommen zu lassen" (BVV o.J.), neue Arbeitsplätze zu generieren und eine Aufwertung der strukturschwachen Stadtteile zu erzielen. Der *BVV* bietet zwei- und fünfstündige Führungen und Radtouren an, die sich nicht nur in ihrer Dauer, sondern auch in ihrer Streckenführung unterscheiden. Eine Führung durch die industrielle Kulturlandschaft Zollverein startet gewöhnlich auf dem Welterbe Zollverein, wo eine grundsätzliche Einführung zur Zeche Zollverein, den einzelnen Gebäuden und ihrer Bedeutung erfolgt. Von dort geht es weiter zu den Zechensiedlungen, wo das Leben der Menschen früher und heute veranschaulicht wird. Die Gästeführer – ehemalige Bergleute oder Einwohner der Stadtteile – zeigen z.B. typische Vierspännerhäuser mit vier Eingängen für vier Mietparteien sowie die Stallungen und Gärten zur Selbstversorgung. Auch vorindustrielle Elemente, wie z.B. ein alter Bauernhof in Katernberg, werden präsentiert. Ebenfalls finden Aspekte der Sozialgeschichte im Rahmen der Führung ihren Platz. Hierzu zählen bspw. der Lindenbruch als Heimat des örtlichen Fußballvereins, die Fatih-Moschee, die als Bürgerinitiative gebaut wurde sowie die Taubenzucht und die Taubenklinik: die weltweit erste Klinik für Zuchtvögel. Auch die Konsumanstalten und Fürsorgeeinrichtungen sind Teil der Führungen. Neben den Übernachtungs- und Führungsangeboten empfiehlt der *BVV* den Besuchern lokale Gastronomie und bietet Souvenirs wie bspw. handgenähte Kohlesäckchen an.

Einen anderen Vermittlungsansatz hat der Verein *Zeche Zollverein e.V.* Der 1990 gegründete Geschichtsverein befasst sich historisch orientiert mit der industriellen Kulturlandschaft Zollverein, deren Entwicklung das Erscheinungsbild des Essener Nordens bis in die Gegenwart maßgeblich geprägt hat. Die 40 Vereinsmitglieder setzen sich zusammen aus ehemaligen Zollvereinern sowie bergbauinteressierten Laien und treffen sich wöchentlich auf dem Welterbe. *Zeche Zollverein e.V.* unterhält ein eigenes Archiv mit einer Sammlung betrieblicher Akten, Kartenwerken, einer Bibliothek und historischer

Abb. 8: Animierte Siebtrommel in der Kohlenwäsche im Denkmalpfad Zollverein. Foto: Christine Mauelshagen

Fotos aus dem gesamten Grubenfeld. Hierzu zählen Aufnahmen der Schachtanlagen, sowohl über als auch unter Tage, sowie alte Ansichten aus dem Stadtbezirk VI. Zudem befindet sich ein Tonarchiv mit Zeitzeugenbefragungen im Aufbau. Auch die beratende Tätigkeit bei Rundfunk- und Fernsehsendungen zählt zu den Vereinsaktivitäten. Darüber hinaus hat der Verein sechs Bücher zur Zeche und der industriellen Kulturlandschaft Zollverein (mit)erarbeitet, davon ist jedoch nur noch eines im Handel erhältlich (Zeche Zollverein e.V. o.J.).

Um die industrielle Kulturlandschaft Zollverein als historisches Erbe bestmöglich zu erhalten und für spätere Generationen erfahrbar zu machen, ist auch zukünftig eine ganzheitliche Vermittlung der bergbaulichen Geschichte mit ihren funktionalen Zusammenhängen notwendig. Dies erfordert eine konsequente Fokussierung und den weiteren Ausbau der Kulturlandschaftsvermittlung in der Arbeit der zuvor genannten Akteure.

Literatur

Borgelt, C.; Jost, R. (2009): Welterbe Zollverein Essen. Die Neuen Architekturführer Nr. 12. – Berlin: Stadtwandel Verlag.

Ganzelewski, M.; Slotta, R. (1999): Die Denkmal-Landschaft „Zeche Zollverein". Eine Steinkohlenzeche als Weltkulturerbe?! Veröffentlichungen aus dem Deutschen Bergbau-Museum. – Bochum.

Grossmann, J. (1999): Wanderungen durch Zollverein. Das Bergwerk und seine industrielle Kulturlandschaft. – Essen: Klartext Verlag.

Hoppe, W.; Keil, A.; Makowa, K.; Schneider, W.; Schulte-Derne, F. (2010): Das Ruhrgebiet im Strukturwandel. Diercke Spezial. – Braunschweig.

Kania, H. (2002): Die industrielle Kulturlandschaft der Zeche Zollverein. – In: FORUM Industriedenkmalpflege und Geschichtskultur. H. 1/2002, S. 16–23.

Plöger, R. (2001): Erhaltung statt Abriss von aufgelassenen Industrieanlagen. Die vom Bergbau geprägte Kulturlandschaft im Bereich Grubenfeld Zollverein (Essen). – In: Nagel, F.N. (Hrsg.): Kulturlandschaftsforschung und Industriearchäologie. Ergebnisse der Fachsitzung des 52. Deutschen Geographentags Hamburg. Mitteilungen der Geographischen Gesellschaft in Hamburg. Bd. 91, S. 117–150. – Stuttgart.

Syré, C. (2010^2): Industrielle Kulturlandschaft Zollverein. Themenroute 2 der Route der Industriekultur. Bd. 2. – Essen: Regionalverband Ruhr.

Wehling, H.-W. (2006): Aufbau, Wandel und Perspektiven der industriellen Kulturlandschaft des Ruhrgebiets. – In: Geographische Rundschau. Jg. 58, H. 1, S. 12–19.

Wehling, H.-W. (2013): Die Idee der Kulturlandschaft und ihre Übertragbarkeit auf das Ruhrgebiet. Die industrielle Kulturlandschaft Zollverein. – In: Buschmann, W. (Hrsg.): Zwischen Rhein-Ruhr und Maas. Pionierland der Industrialisierung – Werkstatt der Industriekultur, S. 185–194. – Essen.

Internetquellen

Stiftung Zollverein (2011): Internetpräsenz der Stiftung Zollverein. Online abrufbar: www.zollverein.de (letzter Abruf am 08.01.2015).

Stiftung Zollverein (2014): Basis-Pressemitteilung. Stand: Januar 2014. Online abrufbar: www.zollverein.de/uploads/assets/52613854695498539f0006b7/20140115_Basis-Pressemitteilung_Januar_2014_.pdf. 2014-05-03 (letzter Abruf am 08.01.2015).

Zeche Zollverein e.V. (o.J.): Zeche Zollverein e.V. Verein zur Förderung der Geschichte des Bergwerks. Online abrufbar: www.zollverein-geschichte.de/index.html (letzter Abruf am 08.01.2015).

Landschaften – neue Dimensionen der Stadtplanung am Beispiel Riga

Dace Granta

Zusammenfassung

Lettland hat die Landschaftskonvention des Europarates im Jahr 2007 ratifiziert, doch die Umsetzung der Konvention erfolgt stufenweise, besonders in den Städten. Die leitenden Grundsätze für die Einführung der Konvention wurden in der Landschaftsstrategie Lettlands 2013–2019 definiert, die im Jahr 2012 auf der staatlichen Ebene vorbereitet wurde. Da die finanziellen Möglichkeiten der örtlichen Gemeinden und Städten sehr verschieden sind, darf jede Kommune die vom Staat vorgeschriebenen Aufgaben der Landschaftspolitik bis zum Jahr 2019 unter Berücksichtigung der eigenen finanziellen Leistungsfähigkeit realisieren. Auf Basis der Erfahrung der Kommunen werden im Laufe der nächsten fünf Jahre die Richtlinien für Landschaftsschutz, Pflege und Planung in den Gemeinden und Städten auf nationaler Ebene entwickelt.

Die Umsetzung der Konvention in Lettland

Seitdem Lettland die Landschaftskonvention unterzeichnet hat, wurde rege diskutiert, welche Instrumente für die Umsetzung dieser Konvention für Lettland besonders geeignet sind. Einige Fachleute sind der Meinung, dass die Umsetzung der Konvention auf Erkenntnissen von Wissenschaftlern und Fachleuten basieren soll. Anderseits möchten die NGOs die Aufmerksamkeit mehr auf die Meinung der Öffentlichkeit lenken.

Neben der Umsetzung der Konvention wurde in Lettland über neue Instrumente der Raumplanung diskutiert:

- Entwicklungsstrategien der örtlichen Kommunen, in denen ihre Entwicklungsziele, räumliche Perspektiven sowie Richtlinien für die Umsetzung der Entwicklungsstrategie definiert werden;

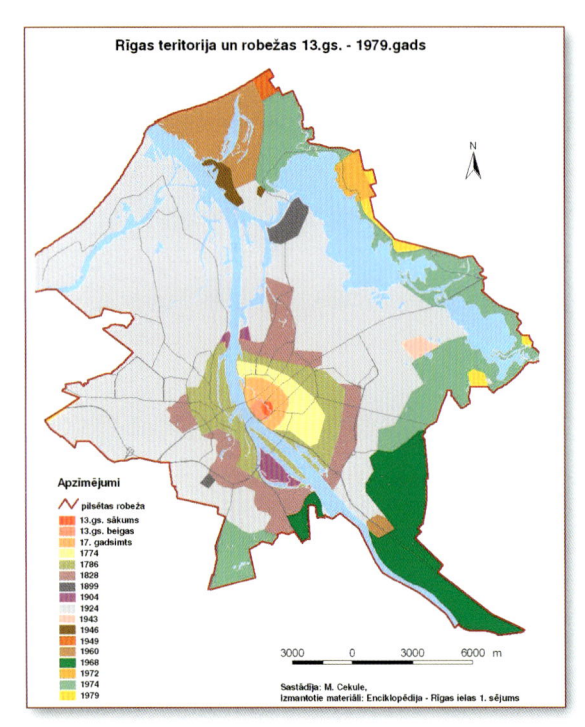

Abb. 1: Das Territorium Riga seit dem 13. Jahrhundert bis 1979. Graphik: Marita Cekule

- Themenpläne, die jede Kommune für verschiedene Bereiche ausarbeiten kann;
- Teil- oder Lokalpläne, die jede Kommune für einen bestimmten Teil ihres Territoriums entwickeln kann.

Im Jahr 2011 wurden die oben erwähnten Raumplanungsinstrumente akzeptiert und in das neue Raumplanungsgesetz übernommen. Entwicklungsstrategien der Kommunen, Themenpläne und Teilpläne wurden auch als bedeutende Instrumente für die Umsetzung der Landschaftspolitik Lettlands in der Landschaftsstrategie für die Jahre 2013 bis 2019 bezeichnet. Ausgehend von diesen Grunddokumenten muss jede Gemeinde wertvolle Landschaften identifizieren, diese müssen in die Entwicklungsstrategie integriert werden. Durch die Bereitstellung der Themenpläne, zu denen auch die Landschaftspläne gehören, wird für jede Kommune eine intensive Planung der wertvollen Landschaften ermöglicht. Die unterschiedlich detaillierten Landschaftspläne mit verschiedenen Maßstäben dienen als Grundlage für die Flächennutzungspläne und Benutzungsverordnungen, die für alle Land- und Immobilienbesitzer oder Verwalter verpflichtend sind.

Derzeit arbeiten die Kommunen an der Erstellung ihrer Entwicklungsstrategien. Eine intensive Landschaftsplanung ist leider durch Mangel der finanziellen Mittel beschränkt, doch in mehreren Kommunen, darunter auch in der Stadt Riga, bestehen bereits gute Voraussetzungen für die Landschaftsplanung.

Die Raumstruktur der Stadt Riga

Lettlands Hauptstadt Riga, die 2014 auch Europa-Kulturhauptstadt ist, hat über 700.000 Einwohner. Das Territorium von Riga umfasst über 300 km². So groß ist die Stadt im Laufe der letzten acht Jahrhunderte geworden, wobei sich das historische Zentrum von Riga auf umliegende Dörfer und Landgüter ausgeweitet hat.

Seit dem 20. Jahrhundert hat sich die Stadtgrenze nicht verändert, die Dörfer und Landgüter sind Stadtteile mit eigenen historischen Namen geworden. Nach der Eingliederung Lettlands in die UdSSR nach dem Zweiten Weltkrieg wurden ehemalige Dörfer und Außenbezirke durch die aus „Moskau" diktierte Industrialisierungspolitik stark verändert: Die Bebauung mit niedrigen Privatheimen wurde durch mehrstöckige Blocks ersetzt, dazwischen plazierte man riesige Industriewerke. Die neue Bausubstanz wurde durch in der UdSSR übliche Vorschriften bestimmt.

Nach der Wiedererstellung der Unabhängigkeit Lettlands im Jahr 1991 wurde das vorher genormte Stadtplanungssystem durch ein demokratisches Planungssystem ersetzt. Darüber hinaus erhielt die Be-

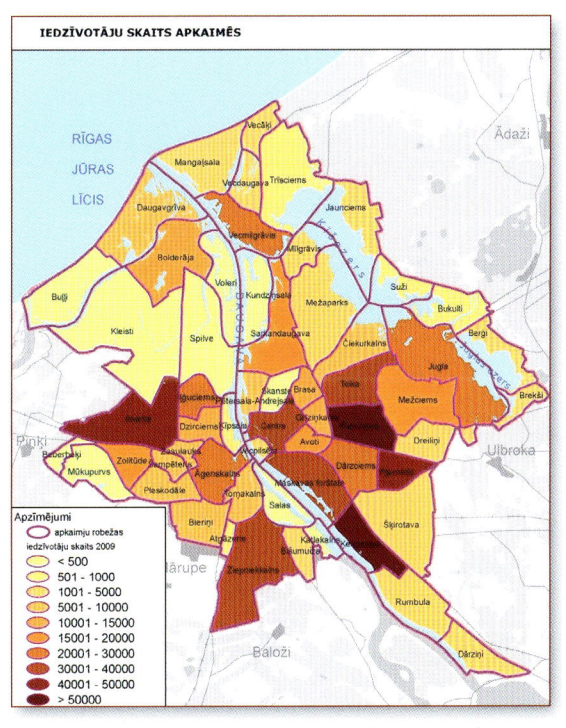

Abb. 2: Einwohnerzahlen und Grenzen der Nachbarschaften Riga.
Graphik: AndrisLočmonis

teiligung der Öffentlichkeit eine wichtige Rolle, und die Stadtverwaltung Riga hat ein Konzept von Nachbarschaften *(local communities, neighbourhood)* entworfen. Eine Nachbarschaft wurde als ein Wohnungszentrum von geeigneter Größe, mit einer Versorgungsfunktion und einer Identität, zu der Bebauungsart und Landschaft beitragen, definiert. Insgesamt wurden in Riga 58 Nachbarschaften festgelegt.

Die Fläche einer einzelnen Nachbarschaft schwankt zwischen 74,5 ha (Atgazene) und 1873 ha (Kleisti), und die Einwohnerzahlen zwischen 79 (separate Inseln auf dem Daugava Fluss) bis 59.940 Einwohner (Purvciems). Laut der Bevölkerungsbefragung bewerten 72% der Einwohner diese Aufteilung der Stadt als positiv, nur 5% der Einwohner halten eine solche Teilung für überflüssig. Eine besondere Rolle spielen die Nachbarschaften bei der Verbesserung der sozialen und öffentlichen Infrastruktur.

Die Nachbarschaften und Landschaften in Planungsdokumenten

Erstmal wurde das Konzept der Nachbarschaften im Flächennutzungsplan Riga für die Jahre 2006–2015 aufgenommen. Seit dem Jahr 2007 verfolgt die Stadtverwaltung Riga ein besonderes Entwicklungsprojekt für Nachbarschaften. In Rahmen dieses Projekts wurde eine interaktive Plattform www.apkaimes.lv ausgearbeitet, wurden Daten gesammelt und verschiedene Studien durchgeführt. Es wurden auch Bürgerversammlungen und Aktivitäten für die Beteiligung der Bewohner organisiert. Das Konzept der Nachbarschaften wurde auch in die Entwicklungsstrategie für Riga bis zum Jahr 2025 aufgenommen: Das Ziel PH3 bedeutet ein Stadtleben mit qualitativen Nachbarschaften. Ausgehend von diesem Ziel soll die Stadtverwaltung Riga die Sicherheit garantieren, verschiedene Dienstleistungen und einen hochwertigen Lebensraum entwickeln.

Die Stadtverwaltung Riga führte im Jahr 2009 ein Forschungsprojekt mit dem Titel „Definierung, Analyse und Bewertung von Landschaftsterritorien in Riga" durch. Im Rahmen dieses Projekts wurde ein Überblick über die Vielfalt der Landschaften vorbereitet, und man führte eine Befragung der Öffentlichkeit über Landschaftsqualität durch. Für den neuen Flächennutzungsplan Riga wird seit 2013 auch ein Themenplan/Landschaftsplan entwickelt. Die Arbeit an diesem Themenplan ist in zwei Phasen aufgeteilt. Die erste Phase basiert auf der komplexen Analyse der Natur-, Sozial- und Wirtschaftsprozesse.

Abb. 3: Während des Workshops der Nachbarschaft Sarkandaugava identifizierte räumliche Probleme.
Graphik: Vides rissinàmuju imstitùts

Experten haben die Stadtstruktur analysiert, besonders dynamische Stadtteile wurden benannt. In besonders dynamischen Stadtteilen spielt die Landschaftsplanung eine große Rolle. In der zweiten Phase sollen in besonders dynamischen Stadtteilen detaillierte Landschaftspläne auf der Ebene der Nachbarschaften erstellt werden. Hier sollen die Öffentlichkeit und Methoden der kommunikativen Planung einbezogen werden. Dazu werden in den Nachbarschaften Workshops mit aktiver Beteiligung von Bewohnern, von Vertretern aus der Stadtverwaltung, von Landschaftsplanern und NGOs organisiert. Als Testworkshop organisierte man ein Seminar in der Nachbarschaft Sarkandaugava, bei dem ein breites Spektrum von Themen bearbeitet wurde, die drei „besten" und die drei „problematischsten" Orte der Nachbarschaft ermittelt und Vorschläge für ihre Entwicklungsziele ausgearbeitet wurden.

Vertreter der Stadtverwaltung bewerten, inwiefern die Resultate der Workshops in den Flächennutzungsplan und in das Investitionsprogramm mit einbezogen werden. Ein Beispiel: Die Einwohner der Nachbarschaft Skanstes hatten die Idee eines „Klein-Venedig". Dieser Vorschlag wurde im Teilplan übernommen und vertieft – ein sehr feuchtes Territorium wird in Zukunft durch ein Kanalsystem entwässert. Die Kanäle können auch zur Erholung genutzt werden.

Projekte zur Landschaftsverbesserung in der Stadt Riga

Neben der Raumplanung organisiert die Stadtverwaltung Riga verschiedene Projekte zur Verbesserung des Lebensraumes. Gemeinsam mit der Universität Löwen (Belgien) wurde in Jahren 2011 bis 2012 das Projekt „Radi Rigu" („Schaffe Riga") realisiert. Es wurden in fünf Nachbarschaften Workshops zur Einführung von den Lebensraum verbessernden Projekten veranstaltet. Beispielsweise wurde in Zolitude, wo das längste Plattengebäude der Stadt untergebracht ist, auch die längste Sitzbank der Stadt geplant.

Abb. 4: Entwurf der längsten Sitzbank der Stadt in der Nachbarschaft Zolitude.
Foto: Projekt „Schaffe Riga"/Stadtverwaltung Riga

Gemeinsam mit dem Verein der Landschaftsarchitekten Lettlands wurde im Jahr 2013 das Projekt „Pagalmu renesanse" („Wiedergeburt von Innenhöfen") realisiert. Die Einwohner wurden gebeten, eigene Innenhöfe zu fotografieren und diese Fotos einzuschicken. Es wurde ein elektronisches Handbuch verfasst, und die Einwohner können eine kostenlose Beratung erhalten, wie man den eigenen Innenhof aus Raumplanungssicht am besten gestalten kann. Seit dem Jahr 2013 nimmt die Stadtverwaltung Riga zusammen mit Städten in Frankreich, Polen, Spanien, Portugal, Dänemark, Deutschland und Italien an einem internationalen Projekt „USER" teil. Das Ziel des Projektes ist die Verbesserung des öffentlichen Raumes im historischen Stadtkern Riga.

Bei allen genannten Projekten wird die Meinung der Öffentlichkeit berücksichtigt, und die Bewohner werden zum aktiven Mitwirken aufgerufen.

Mitautoren:
Guntars Ruskuls, Lamna Lidaka, Màra Lipa Zameša

Ahora Arquitectura.
Spaziergänge zum Stadtwandel in Madrid

César Caparrós Sanz

Zusammenfassung

Ahora Arquitectura ist eine Kulturgruppe zur Verbreitung von Themen aus Architektur, Stadtplanung und Kulturerbe. Als Beitrag zum Landschaftsprogramm des Madrider Bezirks Tetuán organisierten wir Führungen durch das Gebiet und konnten so grundsätzliches Wissen über diese Stadtlandschaft vermitteln.

Zur Stadtlandschaft

Landschaft kann verstanden werden als eine Darstellung individueller oder kollektiver Wahrnehmung der Beziehung zwischen dem Raum und seinen Bewohnern. Hinsichtlich einer Definition von „urbaner Landschaft" kommen viele Faktoren zusammen: Topographie, Vegetation, Gebäudematerialien und Konstruktionsweisen, wirtschaftliche Aktivitäten, stadträumliche Lage, Geschichte und viele weitere Elemente, die alle zur Charakterisierung einer städtischen Landschaft herangezogen werden können.

Die wirtschaftlichen Entscheidungsträger spielen in der Stadtlandschaft natürlich eine große Rolle. Unverzichtbar bleibt jedoch die Einbeziehung der Bewohner in bauliche Entscheidungen, seien es Veränderungen oder Aufwertungen der Landschaft. Durch die Erinnerung an historische Ereignisse und Erfahrungen sind wir emotional an unsere Umwelt gebunden. Dies hilft uns, unsere Umwelt zu verstehen, sowohl uns ihrer permanent bewusst zu sein als auch sie aktiv zu schützen und zu verbessern.

Die urbane Landschaft von Tetuán zeichnet sich besonders durch die folgenden Merkmale aus: auf der einen Seite durch ihre Topographie und ihre administrative Einteilung; auf der anderen Seite durch die Wohnviertel in Bezug zu ihrer innerstädtischen Lage in der Gesamtstadt. Verglichen mit gedanklich und ästhetisch leicht zugänglichen, geordneten und homogen verteilten Stadtquartieren von heute gehören zur allgemeinen Wahrnehmung der Charakteristika von Tetuán Aspekte wie gestalterische Unordnung, niedrige Häuser, windige Straßen und große leere Wandflächen – weil die Häuser, die dort anschließen sollten, nicht gebaut wurden.

Tetuán gliedert sich in drei verschiedene räumliche Bereiche: erstens das zentrale Gebiet – das ursprüngliche Tetuán. Es umfasst einige Nachbarschaften, die zur Gemeinde Chamartín de la Rosa gehörten und ursprünglich 1863 aus einer Militärsiedlung entstanden sind; zweitens der nördliche Bereich, bekannt als Barrio de la Ventilla, der seine heutigen Grenzen nach dem spanischen Bürgerkrieg erhielt; und schließlich der südliche Bereich, in dem sich Wohnsiedlungen, Gewerbe- und Dienstleistungsflächen befinden. Im Jahre 1948 wurde Chamartín de la Rosa an Madrid angegliedert, so dass der heutige Bezirk Tetuán entstand. Sein südlicher Bereich ist dabei wesentlich dichter bebaut als der zentrale Bereich, der einige Ähnlichkeiten mit dem nördlichen Gebiet aufweist.

Zum Projekt „Paisaje Tetuán" („Landschaft Tetuán")

Die für Kultur zuständige städtische Behörde hat im Rahmen der Kulturförderung mit ihrem PECAM- (Plan Especial de Cultura del Ayuntamiento de Madrid) und PCPU-Programm (Plan de Calidad del Paisaje Urbano) für den Bezirk Tetuán die Gründung einer Institution unterstützt, die die Aufwertung der Stadt in künstlerischer und kreativer Hinsicht bewirken soll. Das Ganze erfolgt im Rahmen des Projektes „Landschaft Tetuán" (Paisaje Tetuán) 2013, einem Pilotprojekt, das als Vorbild auch für andere Bezirke Madrids dienen soll. Tetuán wurde hierfür ausgewählt, da Image und Ausstrahlung dieses Gebietes als dringend verbesserungsbedürftig galten, nämlich um für neue Anwohner attraktiv zu werden. Zugleich sollten historische Plätze gepflegt und als historisches Erbe gewürdigt werden. Außerdem existierte bereits ein gutes Netzwerk verschiedener Akteure in diesem Stadtteil, die zudem in der ganzen Stadt gut vernetzt waren. Diese Akteure hatten sich Tetuán ausgesucht, da sie diesen Bezirk für seine zentrale Lage und viel frei verfügbaren Raum schätzten.

Unser Beitrag zum Projekt beschäftigt sich insbesondere mit Stadtwandel, Kunst im Stadtraum, temporärer Nutzung von Orten und der Wiederentdeckung und -öffnung vergessener oder vernachlässigter Räume. Wir haben dazu in einem Rundgang die wichtigen Stationen zusammengestellt und bieten Führungen an. Jeder Interessent kann diesem Rundgang auch selbständig folgen. In diesem Text sind ein paar ausgewählte Stationen näher erläutert.

Stadtrundgang
La plaza del Poeta Leopoldo de Luis

Dieser Platz ist eine Herausforderung: Ihm fehlt Gestaltung, und er wird in ungeordneter Weise von allen genutzt, die sich hier aufhalten oder ihn passieren. Wegen des Parkhauses unter dem Platz ist die Platzfläche sehr uneben, die Zu- und Ausfahrten nehmen den Fußgängern viel Raum weg. Die anschließende große Hauptstraße *Calle Pamplona* ist das Ergebnis einer Öffnungsmaßnahme, die die Madrider Stadtplanung 1963 im Rahmen eines Masterplans durchgeführt hat. Die Maßnahme beinhaltete den Ausbau einiger Kreuzungen und Querstraßen, wurde aber nie vollendet. Daher legen

Abb. 1: Madrid, Plaza del Poeta Leopoldo de Luis, Wandgestaltung.
Foto: C. C. Sanz

heute verschiedene Organisationen den Schwerpunkt ihrer Arbeit auf eine Verbesserung und ästhetische Aufwertung des Platzes, um ihn für die Anwohner attraktiver zu machen. Beteiligt sind zum Beispiel Vereine und Büros wie *Estudio Pez*, *Agronautas* und *Estudio Montes*. Sie streben unter anderem die Schaffung schattiger Sitzplätze an, die sich aus der Struktur des Parkplatzes ergeben sollen. Vor allem Einwohner mit Migrationshintergrund aus Ecuador nutzen den Platz derzeit tagsüber als Aufenthaltsort.

Der berühmte urban art-Künstler *SUSO 33*, selbst Bewohner von Tetuán, hat einige seiner markanten Figuren auf die großen Wandflächen dieser leeren Mauern gebracht, beispielsweise eine menschliche Gestalt, die sich aus einer durchgehend gesprayten Linie ergibt und auf mehreren Mauern im ganzen Bezirk auftaucht (Abb. 1). Zu dieser Figur hat SUSO 33 andere Figuren gruppiert, die in ihrer Anordnung wieder den Eindruck eines menschlichen Umrisses machen, und so ergeben sich neue Formen und Deutungsmöglichkeiten. Gerade dieses Bild ist ein bekanntes Symbol Tetuáns geworden, und es scheint, als reflektiere es das Verlangen des städtebaulich schwierigen Platzes, zu einem Ort des Zusammentreffens von Menschen zu werden.

Abb. 2: Nach Abriss des Gebäudes markiert eine Mauer die Fluchtlinien, im Inneren entsteht nicht genutzte, vernachlässigte Fläche. Foto: C. C. Sanz

Abb. 3: Hinter der roten Tür (Abb. 2) finden die Besucher einen urbanen Garten mit kleiner Theaterbühne. Foto: C. C. Sanz

Calle Pamplona

Weiter geht es in der großen Hauptstraße *Calle Pamplona*, einem Versuch der 1960er Jahre, den Platz zu öffnen und seine räumliche Situation zu verbessern. Die Gebäude entlang der Straße variieren stark in ihrer Art und Größe und erzeugen einen fragmentiert wirkenden Stadtraum. Diese Brüche haben die Architekten *Matos* und *Castillo* 2007 bei der Fassadengestaltung eines Wohnhauses aufgenommen.

Calle Jerónima Llorente

Diese Straße wird seit den letzten zehn Jahren durch die steigende Ansiedlung von Läden von und für Lateinamerikanische Bevölkerung geprägt. Die Kreuzung der Straßen *Lope de Haro – Franco Rodríguez – Villaamil* ist einer der bezeichnendsten Orte des Bezirks, eine Art Hauptbezugspunkt, der allerdings nicht angemessen genug von der Bevölkerung genutzt wird.

„Granando Metros"

An dieser Stelle wurde ein ganzer Baublock abgerissen, weil er die Straßen zu sehr einengte. Das Bauland ist in städtischem Besitz und scheint wegen des Zuschnitts ungeeignet für Neubauten zu sein. Nun wurde es ummauert eingezäunt und dient als Platz für Werbeplakate (Abb. 2). Ursprünglich schlug die Arbeitsgruppe Basurama und Zuloak vor, die neuen Mauern wieder abzureißen, um die Innenfläche in den öffentlichen Stadtraum einzubeziehen, was allerdings nicht genehmigt wurde. Als Alternative wurde die Wand geöffnet (die Öffnung ist mit einer roten Türe verschlossen), und im Inneren ist auf einer Teilfläche nun eine kleine Theaterbühne für die Nachbarschaften entstanden: Die Anwohner sind dazu aufgerufen, sich diesen Ort anzueignen und zu nutzen (Abb. 3). Wie es mit der restlichen Fläche weitergeht, ist noch offen.

Peri Playa Victoria

Dieses Gebiet ist Teil von städtischen Verschönerungsprozessen (PERI, Plan Especial de Reforma Interior) der frühen 1990er Jahre, bei denen z.B. militärisch genutztes Bauland qualitativ aufgewertet wurde. Diese Gasse heißt *Pasaje del Doctor Mariani*. Ihre Planung gilt als Misserfolg, weist aber dennoch eine interessante Entwicklung innerhalb der Stadt auf. In diesem Bereich gibt es zwei Plätze, die *Plaza Canal de Isabel II* und der *Park „ohne Namen"*. Ersterer ist ein voller Erfolg. Er wird oft und gern von Passanten genutzt. Der Park „ohne Namen" jedoch war in vielerlei Hinsicht ein Misserfolg, zum Beispiel bezüglich seiner Gestaltung, seiner Bausubstanz und Wärmeisolierung oder auch der finanziellen Mittel, dazu gleich nochmals.

Hypertube

Im Zuge der erwähnten Verschönerungsprozesse (PERI) wurde Bauland zu öffentlichem Wohnraum transformiert; neben Wohnungen gehörte dazu auch ein neues Schwimmbad (am Standort eines alten) und ein hochinteressanter sogenannter „geheimer Garten". Geplant waren außerdem neue sanitäre Einrichtungen, eine Art Erholungszentrum, das nie verwirklicht wurde. Die Baufläche, die frei geblieben ist, ist heute einer der meistgefragten Orte im ganzen Bezirk Tetuán. Wir haben ihm daher den Namen „Park ohne Namen" gegeben und wollen, dass die Anwohner von dieser Fläche profitieren.

Die Büros *PKM Architekten* und *Taller de Casquería* schlugen vor, hier ein Wahrzeichen entste-

Abb. 4: „Hypertube", Kunst im öffentlichen Raum. Foto: C. C. Sanz

hen zu lassen. Entstanden ist „Hypertube" aus sechs großen Betonröhren, die jeweils acht Tonnen schwer sind und einen Durchmesser von 2,50 m haben. Diese Idee stieß auf viel Widerstand und führte zu Beschwerden. Die Bürger beteiligten sich wenig daran und schätzen das Werk nicht – Sicherheitsrisiken und die sozusagen „Nutzlosigkeit" des Monuments werden als Gründe genannt.

Abb. 5: Ein Fenster an der Straßenecke entpuppt sich als Kunstwerk und Lern-Ort, siehe Abb. 6.   Foto: C. C. Sanz

Abb. 6: Das Geschichtsfenster liefert die nötigen Informationen und nutzt moderne Medien.   Foto: I. Gotzmann

Geschichtsfenster Tetuán

Nun nähern wir uns langsam dem Zentrum des Bezirks. Deutlich ist zu erkennen, dass die Straße *Calle Hierbabuena* (im weiteren Verlauf *Calle de Muller*) eine Reaktion auf die komplexe Topographie ist. Neubauten, die entlang der Straße entstanden und auf sie hin ausgerichtet wurden, haben dahinter ältere, oft tiefergelegene Häuser, abgeschottet. Dabei sind diese Häuser wahrscheinlich die ältesten Bauten des Gebiets. Sie werden von einigen für ihren historischen Flair und ihre orientalisierende Architekturen geschätzt. Andere betrachten sie wiederum eher als minderwertig.

„Geschichtsfenster Tetuán" ist ein Projekt, das Geschichte als wichtigen Aspekt für das Verstehen von Landschaft verdeutlichen will. Leiterin des Projektes ist die Journalistin Bea Burgos, die ihre sogenannten Fenster zu verschiedenen Themen aus der Geschichte von Tetuán konzipiert. Burgos selber dazu: „Die Landschaft ist Teil unserer Erinnerung. Über ihre räumlichen Grenzen hinweg verbergen sich Spuren der Vergangenheit, verknüpft mit unseren Erinnerungen. Diese Spuren der Vergangenheit sind Schatten einer anderen Zeit, die nur als Reflexion ihrer selbst in der Erinnerung des Reisenden existieren oder desjenigen, der der Landschaft treu bleibt."

Der Garten von Tetuán

Das Gelände, um das es abschließend geht, ergab sich aus dem Abbruch einer Häusergruppe. Auch ein altes Schlachthaus wurde abgerissen. Der komplizierte Prozess der Weiterentwicklung dieses Bereichs wurde durch die Wirtschaftskrise lange Zeit geradezu gelähmt. Im Rückbereich einer öffentlichen Schule konnten sich auf dem Gelände mittlerweile drei Projekte etablieren, nämlich Moenia (was soviel bedeutet wie Stadtmauern, und darin ein Garten), *Lagaleriamagdalena/MoodStudio* (ein Foto-Projekt zur Geschichte) und *La Fresquera*, wörtlich „Einzäunungen".

Durch gemeinsames Gärtnern hat sich bei diesem urban gardening hier eine sehr engagierte, aktive

Abb. 7: Ein Blick in den urbanen Garten; auf der Wand im Hintergrund die Ergebnisse des Fotoprojekts. Foto: C. C. Sanz

Abb. 8: Aus geschichteten Holzpaletten entstand eine Tribüne. Foto: C. C. Sanz

Abb. 9: Die Pflanzen wachsen in mobilen Gefäßen, die frisches Erdreich enthalten. Foto: I. Gotzmann

Nachbarschaft herausgebildet. Alle können daran teilhaben. Weil der Boden des Geländes von schlechter Qualität und meistens auch mit Giftstoffen belastet ist, muss der Anbau in Gefäßen erfolgen, die auch schon mal improvisiert werden. Dieses Problem sensibilisiert die Anwohner natürlich auch für die typischen Umweltproblematiken in unseren stark genutzten Städten.

Aus der Ursprungsidee des Gärtnerns haben sich außerdem neue Perspektiven entwickelt, so dass soziale und kulturelle Angebote dazugekommen sind. Das große Fotoprojekt rief alle Nachbarn zum Mitmachen auf: Die Porträts sind auf der Fassade angebracht und sollen die typischen Menschen darstellen, die dieses Viertel bevölkern. Bei der „Einzäunung" ist aus alten Holzpaletten eine Art Tribüne entstanden. Hier kann man sitzen, wenn auf der Brandmauer der Schule Filmprojektionen stattfinden.

Diese ausgewählten Beispiele zeigen die Vielfalt dessen, was im Bezirk Tetuán vor sich geht – die Vielfalt der Arten und Weisen, wie Menschen sich die Stadt aneignen und weiterentwickeln. Ein zweites großes Projekt zur Stadtlandschaft Tetuán ist in Planung!

Internetseite

www.ahoraarquitectura.es

Stadt und Siedlung (BHU 2014)

Die Stadt sind wir. Beispiele aus Graz

Hansjörg Luser

Zusammenfassung

Graz, die zweitgrößte Stadt Österreichs und Landeshauptstadt der Steiermark, hat heute etwa 270.000 Einwohner, knapp 10% davon mit ausländischer Staatsbürgerschaft. An fünf Universitäten studieren rund 55.000 junge Menschen, die Grazer Altstadt und das peripher gelegene Barockschloss Eggenberg sind Teil des Weltkulturerbes, im Jahre 2003 war Graz die „Kulturhauptstadt Europas". Abgesehen von dieser international ehrenden Auszeichnung scheint Graz eine seltsam anmutende Vorliebe zu eigen, sich mit Titeln verschiedener Art selbst zu versehen oder mehr oder weniger wohlklingende Prädikate zu erwerben: Kulturhauptstadt, Stadt der Menschenrechte, City of Design, aber auch Feinstaubhauptstadt… Der Beitrag stellt beispielhafte bürgerschaftliche Projekte vor und zeigt damit, dass Graz auch – und dies zu Recht – eine „Stadt der Bürgerinitiativen" ist.

Stadt der Bürgerinitiativen

Dieser vergleichsweise wohlerworbene Titel, der Graz auch international bekannt machte, bezieht sich auf eine durch im gesamteuropäischen Rundblick sehr frühe Bürgeraktion im Hinblick auf Stadtentwicklung: Es war der im Jahre 1972 gestartete Protest gegen den Bau einer die Stadt von Nord nach Süd durchschneidende Autobahntrasse im Westen von Graz. Als der damalige Langzeit-Bürgermeister die Originalität von rund 37.000 dagegen gesammelten Unterschriften anzweifelte und verlangte, dass diese im Rathaus nochmals zu leisten seien, kostete ihn das bei der bald darauf folgenden Wahl sein Mandat. Die Planung der Trasse wurde verworfen und durch die 12 km lange Untertunnelung eines den Rand der Stadt begleitenden Hügelzuges ersetzt. Die Erfahrung lehrte: Durch konzentrierte, mit fachlichen Argumenten gestützte Artikulation des Bürgerwillens lässt sich etwas erreichen!

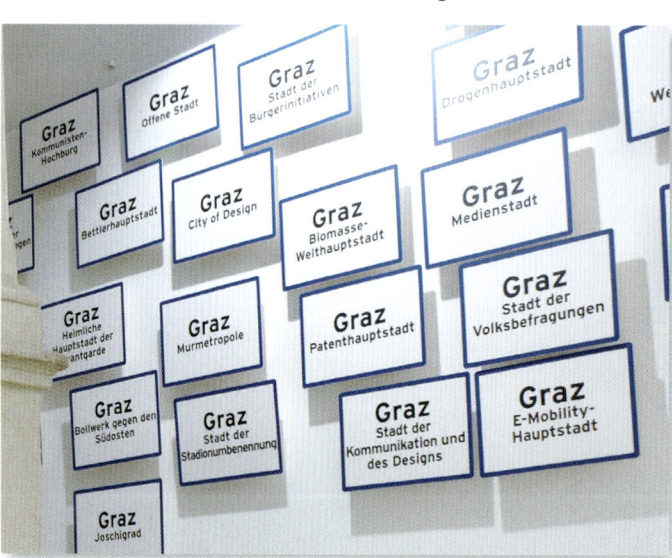

Abb. 1: Graz ist… Foto: © Stadtmuseum Graz

Auch eine andere Aktion in dieser Zeit, die von dem Medium „Kleine Zeitung" unterstützte Initiative „Rettet die Grazer Altstadt", brachte nachhaltigen Erfolg: Sowohl der von einer Investorengruppe beabsichtigte Ersatz einer historischen Häuserzeile durch ein monumentales Großprojekt als auch der von der Steiermärkischen Landesregierung geplante Bau einer Tiefgarage im Renaissancehof des Landhauses wurden erfolgreich verhindert. Als nachhallende politische Reaktion auf diese Erfahrung wurde das noch heute in der Fassung von 2008 gültige „Grazer Altstadterhaltungs-Gesetz 1974" in Kraft gesetzt, Schutzzonen erlassen und u.a. auch das Internationale Städteforum in Graz angesiedelt – ein im Auftrag des Europarates gegründeter Verein als Dokumentations- und Informationszentrums für die Erhaltung des Kulturerbes in historischen Städten und Gemeinden.

Ermutigt durch derart spektakuläre Ergebnisse spross in der Folgezeit eine wahre Fülle von kleinsten bis allumfassenden Initiativen hervor. Um sie einigermaßen zu zügeln, zu betreuen und gegebenenfalls auch zu lenken, gründete die Stadt das „Büro für Bürgerinitiativen", heute „Referat für BürgerInnenbeteiligung". Bis zu 200 parallel laufende Initiativen lieferten ein buntes Bild davon, was die Menschen in der Stadt bewegte – meist der Zustand vor der eigenen Haustüre.

Planungswerkstatt: Zeit für Graz

Die Fülle von Initiativen mit unterschiedlichsten Zielsetzungen bot zwar die volle Palette der Befindlichkeiten der Grazerinnen und Grazer, jedoch keine übergeordnete Aussage aus dem Munde der Bürgerschaft zur Frage der Lebensqualität in der Stadt – wie diese aktuell empfunden und vor allem für die Zukunft erwartet würde. Der Gemeinderat der Stadt Graz beschloss daher 2006, zum ersten Mal eine gesamtstädtisch und inhaltlich möglichst offen angelegte Erkundung des BürgerInnenwillens durchzuführen im Hinblick auf:

- die Verbesserung von Lebensqualität und Zukunftsperspektiven (insbesondere von JungbürgerInnen), auch durch die Stärkung einer dynamischen und innovativen Wirtschaft,
- die Identifikation der Einwohnerschaft mit ihrer Stadt,
- die Förderung einer konstruktiven und problemlösungsorientierten Kommunikation zwischen Politik, Verwaltung und Bevölkerung,
- die Förderung eines strategischen und integrativen Einsatzes der finanziellen Ressourcen.

Als Vorbild galt das sogenannte „Basler Modell", dessen Charakteristikum in der Zielsetzung besteht, im Zuge eines Stufenverfahrens einen ganz konkreten Katalog von prioritär gereihten Projekten der Stadtentwicklung von den BürgerInnen der Stadt beschließen zu lassen.

Die Durchführung der „Planungswerkstadt: Zeit für Graz" wurde als Ergebnis einer europaweiten Ausschreibung an ein Team vergeben, dem auch der Verfasser dieses Beitrags angehörte. In einem 21 Monate dauernden Prozess wurden in der Informationsphase zunächst in allen Stadtteilen „Innovationswerkstätten" abgehalten. In 17 über die ganze Stadt verteilten, moderierten und für jedermann offenen „Marktplätzen" wurden Ideen, Interessen und Anregungen gesammelt und im Teilnehmerkreis gemeinsam zu Themenbündeln geordnet. In einem Zwischenschritt ordnete das Team in einer zweitägigen Klausur den über 1700 gesammelten Beiträgen insgesamt elf Schwerpunktthemen zu, die sich aus einer gesamtstädtischen Sicht herauskristallisierten. Solche Schwerpunkte waren u.a. der städtische Verkehr, die Gestaltung von Straßen und Plätzen, der städtische Grünraum, das soziale Zusammenleben, Jugend, Sport und Spiel, die Sicherheit und der Flussraum der Mur. Um auch von Bevölkerungsgruppen, von denen zu erwarten war, dass sie sich am

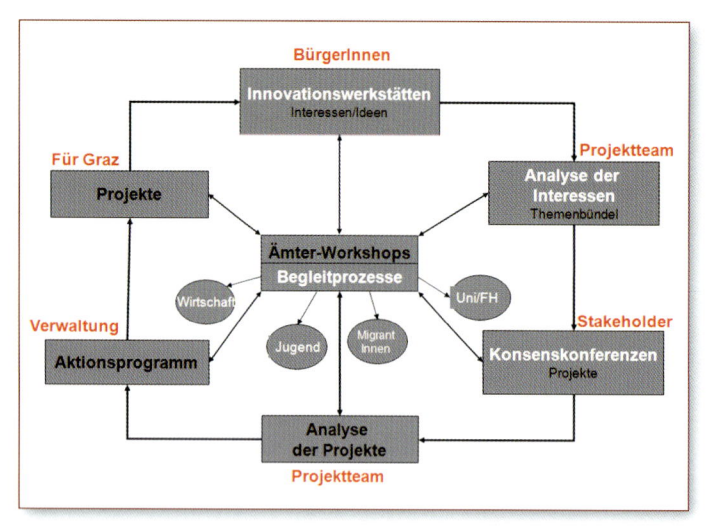

Abb. 2: Organisationsschema „Planungswerkstatt: Zeit für Graz".
Graphik: Stadt Graz

allgemeinen Beteiligungsverfahren kaum beteiligen würden, ihre Anliegen zu erfahren, wurden ergänzende Begleitprozesse für MigrantInnen, Jugendliche, die Universitäten und führende Repräsentanten der Wirtschaft eingerichtet.

Abb. 3: Logo „Zeit für Graz".
Graphik: Stadt Graz

Für die folgende Entscheidungsphase wurde zu jedem Schwerpunktthema eine „Konsenskonferenz" gebildet, zu der jeweils circa 20 bis 25 Personen eingeladen wurden. Sie sollten zusammen ein möglichst umfassendes Spektrum an Interessen auch mit konträren Orientierungen abbilden. Das Ziel dieser Konferenzen war es, das in freier Diskussion erarbeitete Material der Innovationswerkstätten zu schärfen, weiter zu entwickeln und daraus möglichst innovative und konkrete Maßnahmenvorschläge zu formen, die letztlich den Konsens der teilnehmenden BürgerInnen zu den jeweiligen Themen und Fragestellungen ausdrücken. Dazu galt es, Vorschläge nach Sinnhaftigkeit zu bewerten, Gegensätzliches abzuwägen, Durchführungsmöglichkeiten zu recherchieren und diese mit Fachleuten, die bei Bedarf zugeladen werden konnten, zu erörtern, die Vorschläge nach Prioritäten zu ordnen und schließlich für den betreffenden Themenbereich einen gemeinsam getragenen Konsens zu finden. Das Konsenspapier sollte für den Themenbereich strategische Handlungsempfehlungen definieren, Leitprojekte festlegen sowie weitere Teilprojekte beschreiben und nach Priorität reihen.

Die erarbeiteten Ergebnisse aus den Konsenskonferenzen bildeten schließlich die Basis für das gewünschte „Aktionsprogramm". Um der Politik am Ende ein möglichst praktikables Entscheidungsinstrument in die Hand zu geben, wurden die von den BürgerInnen ausgearbeiteten Konsenspapiere an die thematisch zuständigen Fachabteilungen zur Kommentierung übermittelt. Diese Gegenüberstellung zeigt u.a. ein differenziertes

Bild davon, wie der Verwaltungsapparat auf die erarbeiteten Ergebnisse eingehen konnte, einzugehen bereit wäre oder ohnedies schon vorbereitet war. Nachdem die städtischen Entscheidungsträger schon während des laufenden Prozesses über den jeweils aktuelle Stand der Ergebnisse an die eigens eingerichteten Institutionen Lenkungsauschuss, Verwaltungsbeirat und politischen Beirat informiert worden waren, nahm der Gemeinderat der Stadt Graz im Oktober 2007 das Aktionsprogramm durch Beschluss einer überwältigenden Mehrheit an.

Abb. 4: Konsenskonferenzen: 1500 Arbeitsstunden der BürgerInnen in insgesamt 46 Sitzungen. Foto: ISG

Eine nachfolgende Evaluierung fasste die Erfahrungen aus dem Prozess so zusammen: Die „Planungswerkstatt. Zeit für Graz" soll keine einmalige Aktion bleiben. Sie muss nicht immer mit Hochdruck arbeiten, soll aber auf keinen Fall geschlossen werden. Politischer Richtungsstreit interessiert BürgerInnen wenig, wer sich beteiligt, ist vor allem an der Sache interessiert. Potenzial und Bereitschaft zur aktiven Teilnahme sind größer als vermutet, das Engagement wuchs mit der Fortdauer des Prozesses. Das Interesse der BürgerInnen, etwas „aus erster Hand" zu erfahren und auf dieser Basis auf höherer Ebene zu diskutieren, ist bemerkenswert. Fachliche Inputs sind sehr gefragt.

Einige Stakeholder nahmen die Möglichkeit, ihre Interessen darzulegen, kaum wahr; das Bewusstsein, EntscheidungsträgerInnen auch direkt erreichen zu können, hielt sie von der Teilnahme am Verfahren ab. Die Beauftragung einer außenstehenden Institution war für die Durchführung günstig. Der öfters geäußerte Vorwurf, Verwaltung und Politik „stecken unter einer Decke", wurde so entkräftet.

Die Anzahl der Sitzungen je Konsenskonferenz konnte die Konzentration am Vorgang erhalten und Ergebnisse erreichen. Unterschiedliche Uhrzeiten für die Sitzungstermine wurden gut angenommen. Der durch Login geschützte Bereich der Homepage wurde als internes Kommunikationsmittel geschätzt und sehr gut genutzt.

Die Betreuung der Konferenzen durch Moderation war für den Erfolg wesentlich; dabei war umso mehr Fachkenntnis verlangt, je tiefer man in einen Sachbereich eindrang (Lenkung auf Wesentliches).

Mit der „Planungswerkstatt. Zeit für Graz" wurde ein neuer Standard der BürgerInnenbeteiligung erreicht, an dem künftig der Maßstab angelegt werden sollte.

Forum „Mehr Zeit für Graz"

Entgegen der Erkenntnis, dass die „Planungswerkstadt: Zeit für Graz" weiter betrieben werden sollte, wurde sie mit Auftragsende geschlossen. Einige der darin Beteiligten wollten sich damit nicht abfinden und gründeten 2008 das Forum „MEHR Zeit für Graz". Es ist als offene Veranstaltung konzipiert, um Graz lebenswerter und bürgerInnenfreundlicher zu machen; Engagement, Transparenz und respektvoller Diskurs sind die proklamierten Prinzipien. Bisher wurden über 40 Foren abgehalten, jedermann kann sie spontan besuchen. „MEHR Zeit für Graz" setzt sich für die Weiterführung und zügige Umsetzung

Abb. 5: Logo „MEHR> Zeit für Graz". Graphik: Stadt Graz

der Projekte aus „Zeit für Graz" ein, für die Erarbeitung geeigneter Bürgerbeteiligungsmodelle, die rechtzeitige Einbindung und Transparenz bei den für BürgerInnen relevanten Planungen, die Ermunterung zur Selbstorganisation und Zivilcourage und für ein positives Klima in der Zusammenarbeit zwischen PolitikerInnen, BeamtInnen und BürgerInnen.

Die Stadt Graz sprang auf den Zug auf und stellt dem Forum seither Räume, zumeist im Rathaus, zur Verfügung und unterstützt es auch organisatorisch als Informations- und Diskussionsplattform für alle interessierten BürgerInnen. Schwerpunkthafte Themengruppen des Forums sind: Grünstadtentwicklung, Miteinander, Urbaner Klimaschutz und Wir sind die Stadt.

Sehr oft werden aktuelle Themen durch GastreferentInnen präsentiert und zur Diskussion gestellt, verschiedene Bürgerinitiativen, die VertreterInnen der Themengruppen von „MEHR Zeit für Graz" sowie der Beirat für BürgerInnenbeteiligung berichten über ihre Aktivitäten. Interessierten bietet sich die Möglichkeit zu einem unbürokratischen Informations-, Gedanken- und Meinungsaustausch mit PolitikerInnen und der Stadtverwaltung.

Leitlinien für die BürgerInnenbeteiligung

Als vorläufig letzten Schritt im Gefolge der „Planungswerkstatt: Zeit für Graz" erhielt das städtische Referat für BürgerInnenbeteiligung 2012 den Auftrag zur Ausarbeitung von Leitlinien, um der BürgerInnenbeteiligung bei allen Vorhaben der Stadt künftig einen institutionalisierten Rahmen zu geben. Im Herbst 2014 fasste der Gemeinderat dann den einstimmigen Beschluss, die inzwischen in einem aufwändigen Kommunikationsprozess erstellten Leitlinien in der Realität zu erproben. Als einschränkende Grenzziehung ist festgehalten, dass sie nicht als Generator von Ideen zu verstehen und ausschließlich für Vorhaben der Stadt anzuwenden sind. Dieser Bezug ist allerdings sehr eng und für die Stadt Graz absolut neuartig, denn er sieht vor, dass die wesentlichen städtischen Vorhaben in einer sogenannten „Vorhabensliste" zusammengefasst der Öffentlichkeit bekannt zu machen sind. Die Leitlinien beschreiben die genauen Spielregeln für das Zustandekommen dieser Liste und die entsprechende Phasenplanung für die nominierten Vorhaben. Sie sollen für Projekte mit Bürgerbeteiligung möglichst frühzeitig Klarheit, Transparenz und Verbindlichkeit erzeugen und festlegen, welche Vorhaben überhaupt betroffen sind. Es ist vorgesehen, die Vorhabensliste auf der Webseite der Stadt Graz ab Mitte Jänner 2015 für jedermann einsehbar zu veröffentlichen und man darf gespannt sein welche Reaktionen dieser Schritt auslösen wird.

Unverwechselbares Graz

Trotz oder gerade wegen der in Richtung Partizipation gesetzten Aktivitäten scheint der BürgerInnenbeteiligung in Graz – ähnlich wie den Studentenbewegungen des legendären Jahres 1968 – mit der Zeit der vitale Schwung abhandengekommen zu sein. Teils gefangen in institutionalisierten Abläufen, aber auch konfrontiert mit dem routinierten Umgang von Projektanten mit sich regendem Widerstand, zum Teil entmutigt durch den Eindruck, nichts verändern zu können oder im besten Fall aus fehlendem Leidensdruck, waren in letzter Zeit kaum vehemente

Äußerungen von BürgerInnen-Willen oder -Unwillen zu registrieren. Als interessante Ausnahmen konstituierte sich im Jahre 2013 die „Initiative für ein unverwechselbares Graz", einer BürgerInnenbewegung gegen den fortschreitenden Identitätsverlust der Stadt mit einer beachtenswerten Liste von ProponentInnen und UnterstützerInnen.

Auslöser für die Gründung war, dass nach Meinung der Initiatoren in den letzten Jahren das Erscheinungsbild der Stadt immer häufiger durch überdimensionierte Bauvorhaben verunstaltet würde, bei welchen ausschließlich private Gewinnmaximierung im Vordergrund stünde und weniger die Menschen und ihr Wohnbedürfnis. Dieses Versagen in Politik und Verwaltung gefährde die Qualität und Identität der Stadt. Als UNESCO-Welterbe, City of Design und Stadt der Menschenrechte solle Graz sein historisches Erbe in und außerhalb der Altstadt in Würde erhalten und Neues mit hoher Qualität schaffen und einfügen. Eine qualitätsvolle Gestaltung des Lebensraumes schafft Wohlbefinden und Glück für BewohnerInnen und BesucherInnen.

Unter dem so lautendem Credo werden auf einer Webseite diverse Bauwerke und Projekte gezeigt, die nach Einschätzung der Initiative mit diesen Zielsetzungen nicht in Einklang stehen. Das öffentliche Echo, auch der Medien, auf die Äußerungen der Plattform ist beachtlich und zeigt, dass die Wahrnehmung des Erscheinungsbildes der Stadt für ihre Bewohner nach wie vor ein wesentliches Merkmal des städtischen Lebensgefühls darstellt. In einer übergeordneten Sichtweise steht dabei nicht die unmittelbare Situation Einzelner im Vordergrund, sondern das gesellschaftliche Engagement. Dass dieses dem Bild der Stadt gilt, und im Besonderen jenem der historischen Stadt, schließt den mit der Initiative

Abb. 6: Internationales Städteforum in Graz, Plakat für Symposium. *Foto: ISG*

„Rettet die Grazer Altstadt" eingangs zu zeichnen begonnenen Kreis wieder.

Auch das „Internationale Städteforum in Graz" widmet seine Aktivitäten diesem Bereich. In jährlichen Symposien, mit vier Mal jährlich erscheinenden Magazinen und spezifischen „Spotlight"-Exkursionen zu beispielgebenden Bauprojekten, wird versucht, Menschen auf ihre wertvolle Lebensumwelt zu fokussieren und ihr aktives Engagement entgegen zu bringen. ∎

bee free
Ein Beitrag zu Entdeckung des Nachbarn in der Mitte Europas

Marie-Theres Okresek

Zusammenfassung

Projektidee ist die dauerhafte Transformation des ehemaligen Todesstreifens zu einem verbindenden, im positiven Sinne einmaligen Landschaftsabschnitt mit überregionalen Trägerfunktionen. Dabei sollen neue Nachbarschaften auf Basis der gemeinsamen, ehemaligen Grenzsituation entwickelt werden. Als Reaktion auf die Komplexität des Gestaltungsfeldes wird der Grenzstreifen mit Bienenvölkern und deren -stöcken bespielt, eine zunächst einfache Idee, die jedoch vielschichtige Lesarten anbietet. Als europaweit anzutreffendes Phänomen charakterisieren Bienen die Schnittstelle zwischen Kultur und Natur; sie werden als Informationssammler und -träger eingesetzt. Die menschgemachten Behausungen der Kulturbienen differieren von Region zu Region. Das kultivierte Produkt der Bienen, der Honig, versteht sich als Essenz einer Landschaft, er macht Biodiversität schmeckbar. Absicht ist es, die existierende regionale Vielfalt entlang der 8700 km langen Grenze auf möglichst vielen Ebenen in ein superregionales, grenzloses Konzept zu integrieren und über vielfältige lokale Partizipationsmöglichkeiten verlorenes Bewusstsein für Gemeinsamkeiten wiederherzustellen. Die Grenzregionen sind mit gewandelter, positiver Konnotation wieder in aller Munde.

Ausgangslage

2014 jährt sich der Fall des Eisernen Vorhangs zum 25sten Mal – die Grenze in den Köpfen ist vielerorts noch vorhanden. Gleichzeitig ist das europäische Volk mit neuen Herausforderungen konfrontiert: Bevölkerungsalterung, Jugendarbeitslosigkeit und Mangel an unmittelbaren Erfahrungen durch die Virtualisierung der Kommunikation.

Als Reaktion auf die Komplexität des Aktionsfelds wird der Grenzraum mit einer einfachen Idee bespielt. Bienenvölker sammeln regionalspezifischen Honig und operieren dabei als Superorganismen. Das kultivierte Produkt, der Honig, versteht sich als Essenz einer Landschaft, er macht Biodiversität

Abb. 1: Der regionale Bienenstock in Montenegro ist aus Holz, der farbige Anstrich wird vom Imker selbst aufgebracht. Die Stöcke fügen sich wie selbstverständlich in die Hänge der Hügellandschaften ein. Foto: © bauchplan).(, Ernst Körmer

Abb. 2: Honig als Essenz einer Landschaft.
Foto: © bauchplan).(

schmeckbar. Das freie Schwärmen der Bienen erlaubt es, eine Region – über ehemalige, aktuelle und künftige Grenzen hinweg – in Form von Honig in ein Glas zu bündeln.

Dem Prinzip der Honigbiene folgend, wird die kulturelle Landschaft entlang des Green Belt frei bereist und besammelt. Parallel zur Honigsammlung entsteht dabei eine facettenreiche Abbildung des heutigen Europas: Impressionen und Erfahrungsberichte junger Europäer, die sich mit der Naht Europas auseinandersetzen, treffen auf persönliche Geschichten und Anekdoten lokaler Imker und Grenzbewohner, die die Trennung und den Wegfall der Grenze aus nächster Nähe miterlebt haben.

Durch Sammeln und Dokumentieren der regionalen und kulturellen Vielfalt Europas eröffnet bee free Potentiale für eine neue landschaftliche, soziale und kulturelle Nachbarschaft im vereinten Europa.

Vom Eisernen Vorhang zum Grünen Band

Nach der Errichtung des Eisernen Vorhangs war die Trennung Europas scheinbar unumkehrbar. Über 40 Jahre waren die Möglichkeiten des soziologischen, wirtschaftlichen und naturräumlichen Austausches durch lebensfeindlich konzipierte Grenzanlagen eingeschränkt. Auch nach dem Wegfall von Mauern, Zäunen und Sperranlagen war diese Zäsur als Schengen-Außengrenze über weite Abschnitte streng bewacht. Mit der Ostverschiebung der Schengen-Grenze und der Ausweitung der Handelsabkommen tritt 2008 erstmals die Situation ein, dass der ehemalige Todesstreifen zumindest in Mitteleuropa für beide Seiten frei begeh- und überquerbar wird. Neue Begegnungsräume entstehen, alte Regionen Europas konsolidieren sich neu.

Als Konsequenz der langjährigen Trennung entwickelten sich paradoxerweise in den streng bewachten Grenzlandschaften effiziente Schutzzonen für die Natur. Der Naturschutz erhebt Anspruch auf diese für Europa einmaligen Flächen. Vielfältige Schutzmaßnahmen mit unterschiedlicher Restriktivität prägen den European Green Belt. Die Entwicklung von grenzüberschreitenden Schutzgebieten verlangt in

Abb. 3: Wüstung Josefův Důl, im Herzen des Böhmerwaldes. Mit der Errichtung des Eisernen Vorhanges wurden grenznahe Siedlungen ins Landesinnere verlegt. Die Natur hat viele dieser Behausungen in beinahe romantische Ruinen verwandelt.
Foto: © bauchplan).(

prioritärer Reihung nach überregionaler Abstimmung, nach regionaler Vernetzung und nach lokaler Beteiligung.

25 Jahre nach dem Fall des Eisernen Vorhangs bedarf es großer Aufmerksamkeit, um die Überbrückung des europäischen Bruches im Gleichgewicht zu halten. Ein nur der Natur vorbehaltener Schutzkorridor widerspricht den Intentionen, die Kluft zwischen Ost und West zu schließen.

bee free versteht sich als konkrete Handlungsanweisung zur Sensibilisierung einer breiten Öffentlichkeit und folgt den Prämissen des Biosphärenreservats, wonach auf Basis der Unterstützung lokaler Bevölkerung ökonomische, soziale und ökologische Konzepte der Nachhaltigkeit verwirklicht werden sollen.

Abb. 4: Luftbild von der ehemaligen Grenze zwischen den beiden deutschen Staaten, Hessen und Thüringen, Werra-Meißner-Kreis und Lkr Eisenach.
Foto: © Klaus Leidorf

Phänomen und Ansatz

Europa hat in seiner langen Geschichte zahlreiche Konflikte und Kriege überwunden. Trotzdem befindet sich Europa heute in einer Sinnkrise. Vielfältige gesellschaftliche Schwierigkeiten – Jugendarbeitslosigkeit, soziale Ungleichgewichte, drohende Umweltzerstörungen, mangelnde Mitbestimmungsmöglichkeiten oder auch Defizite in einer unmittelbaren Kommunikation – trüben den Ausblick auf die Zukunft. In diesem angespannten Umfeld versteht sich bee free als Anstoß, als kleiner Baustein für mehr soziale und kulturelle Interaktion in einem vereinten Europa.

bee free wählt bewusst eine einfache Herangehensweise. Erst durch weitere Betrachtung im Detail ist deren Vielschichtigkeit gleich einem Palimpsest im Ganzen zu erfassen. Der gewählte Zugang ist spielerisch. Er soll Interaktion ermöglichen und Steuerungselemente in allen Projektphasen anbieten.

Gefördert werden Erkundung und Auseinandersetzung mit der wechselvollen Geschichte und der gemeinsamen Zukunft Europas. Durch das Ausschwärmen der Menschen zum Green Belt werden neue Verknüpfungen hergestellt, neue Sichtweisen auf Natur, Geschichte und eigene Erfahrungshorizonte ermöglicht.

Die Auswirkungen der Demarkationslinie mit ihrer wechselnden Raumtiefe und ihrer enormen Länge bilden eine Vielzahl an Anknüpfungspunkten: Der Honig der Landschaften, die Geschichten der Imker, subjektive Impressionen und verifizierte Daten erzeugen für eine breite Öffentlichkeit – auch abseits der Grenze – ein schillerndes und bewegendes Bild. Durch einen umfassenden Konnotationswandel des ehemaligen Grenzraums öffnen sich neue Möglichkeiten für einen Brückenschlag in Europa.

Prinzip Honigbiene

Entlang des European Green Belt, dem Rückgrat des gesamteuropäischen Biotopverbundes, werden historisch, soziologisch und/oder ökologisch bedeuten-

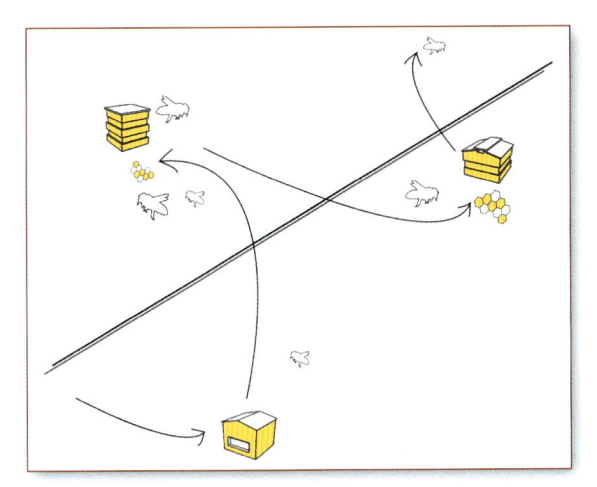

Abb. 5: Die Biene schwärmt ungeachtet nationaler und sozialer Grenzen. Sie sammelt das Aroma des weitreichenden Grünen Bandes und bündelt es in einem Tropfen Honig.
Graphik: © bauchplan).(

Reisestipendien

Jungen Europäern wird durch Reisestipendien die Möglichkeit einer Exkursion in das ehemalige Grenzgebiet geboten. Eine Reise in diesen einzigartigen Landschaftsraum, diese innereuropäische Narbe, die von der wechselreichen Geschichte Europas hinterlassen wurde. Ein Erkundungsflug, in dem persönliche Erfahrungen und Beobachtungen zu historischen, soziologischen und ökologischen Aspekten eingesammelt werden. Die Essenz dessen stellt der Honig dar. Jedes Glas erzählt seinen Ursprung, erklärt eine Geschichte und bündelt Landschaften, die sich auf beiden Seiten der von den Menschen angelegten Grenzen erstrecken. Die persönlichen Anekdoten der Reisenden und ihre lokalen Begegnungen bieten einen unmittelbaren Zugang zur wechselvollen Geschichte Europas.

de Landschaftsräume bereist und besammelt. Mit einfachen Mitteln und auf persönlicher Ebene wird der Kontakt vor Ort gesucht. Das Prinzip Honigbiene – der Wechsel von Ost nach West und umgekehrt – ist Programm und versteht sich als wesentlicher Beitrag zur Erfassung der Heterogenität und Vielfalt. Diversität wird höher bewertet als eine quantitativ umfassende Sammlung. Im Zuge der Reisen sammelt sich ein Kaleidoskop an Eindrücken, Geschichten und Entwicklungen, welches in seiner Gesamtheit einen schillernden und zugleich ambivalenten Zugang zum europäischen Zeitgeschehen bietet.

Die Bewohner und im Speziellen die Imker und ihr unmittelbarer, exemplarischer Bezug zur ehemaligen, innereuropäischen Demarkationslinie bilden den Fokus der Reisen nach dem Prinzip Honigbiene, dem Prinzip der Kommunikation des Superorganismus Biene. Wie beim Bienentanz sollen alle auch noch so beiläufigen Begegnungen als potentieller Informationspool genutzt werden. Absicht ist es, die Summe der Zufälle zu einem ganzheitlichen Bild zu verweben.

Zusammenführung der Sammlung

Wie bei Bienen auf der Pollenernte bedarf es einer Zusammenführung der gesammelten Produkte und Erfahrungen im Bienenstock. bee free ermöglicht die unmittelbare Gegenüberstellung unterschied-

Abb. 6: Hassan ist Imker im Selbstversuch in Echina, Griechenland, nur wenige Kilometer von der bulgarischen Grenze entfernt. Die Bienenstöcke hat er sich selbst gebaut, da sein Dorf so abgelegen liegt, dass man gekaufte fertige Produkte nur selten beschafft. *Foto: bauchplan).(*

Abb. 7: Harkany, eine ungarische Kleinstadt an der kroatischen Grenze. Die 80-jährige Imkerin Gizella ist erstaunt und hocherfreut zugleich, als sie junge europäische Grenzschwärmerinnen auf der Suche nach Honig aufspüren. Voller Stolz erzählt sie über die familiäre Honigproduktion, die sie seit 17 Jahren betreiben. Foto: © Marie Baldenweck

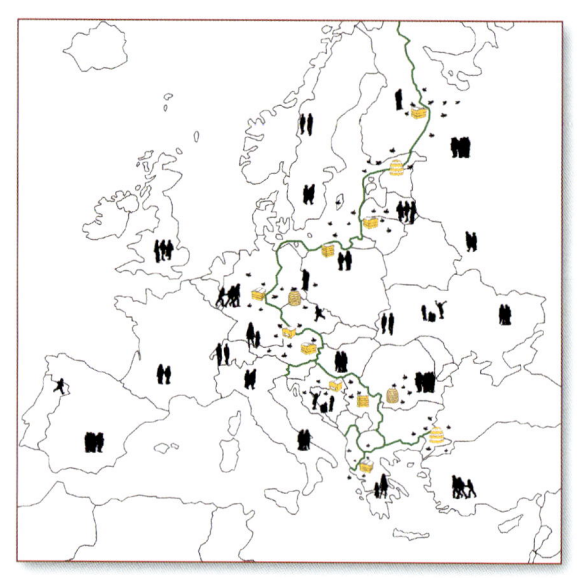

Abb. 8: Ziel ist es, ein gesamteuropäisches Selbstverständnis für die Nahtstelle Europas zu entwickeln. Reisende sammeln Geschichte und Honig und bringen diese zum Sammelpool von bee free und zurück in ihre Heimat und wirken so als Multiplikator für eine differenzierte Sichtweise der jüngeren europäischen Geschichte. Graphik: © bauchplan).(

licher Geschichten, Regionen und Eindrücke. Sichtbar gemacht werden Differenzen und Parallelen, mögliche Synergien und Widersprüche Europas.

Als Ideal gilt die Sammlung aller Landschaften entlang des ehemaligen Eisernen Vorhangs, Millionen von geflogenen Kilometern, die Summe transeuropäischer Biodiversität in zahllosen Gläsern. Symbolisch wird Honig als Träger der Grenzgeschichten eingesetzt. In der Sammlung wird das ursprünglich Getrennte neu organisiert, neue Beziehungen werden erkennbar, ein neuer semiotischer Raum wird gebildet. Jedem Besucher ist es freigestellt, den Honig zu einer Geschichte zu erwerben, zu kosten und gleich einem Terroir Assoziationen zu einem konkreten Gebiet zu entwickeln. Ergänzende Kurzfilme, ästhetisch prägnante Pollenanalysen oder Impressionen der darin gesammelten Landschaften geben dem Besucher die Möglichkeit, die Vielschichtigkeit des Korridors und des Kontextes zu erleben. Dialoge, narrative Interviews sowie die Option, den Honig als Teil des Kunstwerks zu erwerben, geben Orientierung für eine weitere Entwicklung und werden als erster Schritt zur konkreten Etablierung einer Marke gesehen.

Interaktion

Mit Hilfe der Reisenden wird zudem ein Sammelvideo der unterschiedlichen Grenzerfahrungen erstellt – ein Abbild der früheren und gegenwärtigen Diversität Europas, ein Ausflug in die Welt von Schwärmen und Landschaften, der über die Wahrnehmung des ehemaligen Grenzraums 25 Jahre nach dem Fall

Abb. 9: Präsentationsskizze zu einer Ausstellung von bee free. Foto: © bauchplan).(

des Eisernen Vorhangs berichtet. Durch die spielerische Beschäftigung mit dem kulturellen Phänomen Biene können ernste historische, soziologische und ökologische Phänomene einer breiten Öffentlichkeit vermittelt werden.

Eine interaktive Website wird zum Austausch initiiert. Informationen werden gesammelt, in übersichtliche Form gebracht und sind auf einer Landkarte zugeordnet abrufbar. Reisende und Bewohner vor Ort können sich hier vernetzen, Interessierte können in persönlichen Berichten streunen, Erfahrungen und Wissen werden geteilt. Diese Plattform ermöglicht ein Zusammenarbeiten über Grenzen und Orte hinweg. Jeder kann barrierefrei ein Teil von bee free werden.

Stadt–Landschaft–Wandel

Die Diversität des Grenzstreifens drückt sich auch in seiner unterschiedlichen Urbanität aus. Während weite Strecken immer noch Landschaften mit einem geringen Besiedlungsgrad darstellen, sind hochurbane Orte seit jeher Teil des Grünen Bandes. Sie bilden einen bedeutenden Faktor von bee free, da hier die Infrastruktur für die Verbreitung der Idee bereits vorhanden ist. Zudem hat der Stadthonig in den letzten Jahren zunehmend an Wertschätzung gewonnen. Die verbreitete Anwendung von Pestiziden in der Landwirtschaft sowie die Bestückung der Felder in ein und derselben Kulturpflanze führt zu einer beträchtlichen Qualitätsminderung des Produkts Honig. Dagegen ist der Honig, der im urbanen Umfeld gewonnen wird, facettenreich und weitgehend frei von Schadstoffbelastung, da die Emissionen der Luft nicht in den Nektarbereich der Blüten eindringen. So erfreut sich der Stadthonig einer hohen Akzeptanz, die momentan scheinbar noch mit

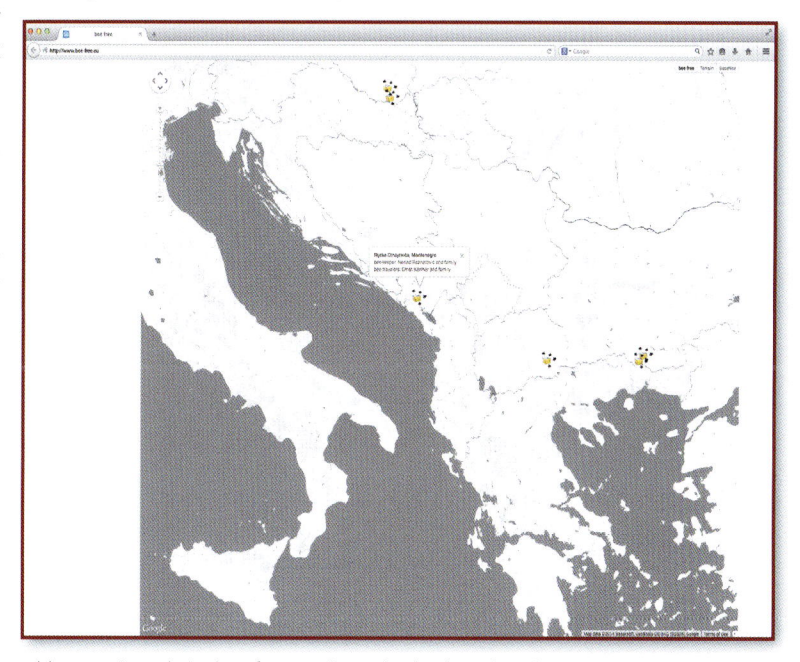

Abb. 10: Die website bee-free.eu dient als Plattform für alle gesammelten Eindrücke, Erlebnisse und Geschichten. Sie lädt ein, durch touristisch noch vollkommen unberührte Landstriche zu streunen und sie um individuelle Erfahrungen zu ergänzen. Graphik: © bauchplan).(

Abb. 11: Berliner Honig als hippes Produkt der Stadtnatur.   Foto: © bauchplan).(

Abb. 12: Aufgrund des enormen Bienensterbens ist man in manchen Teilen Chinas dazu übergegangen, mit manueller Bestäubung die Fruchtbildung zu unterstützen.   Foto: © Gilles Sabrié

einer kindlichen Freude über diesen ungewöhnlichen Einsatz der Kulturbiene zu tun hat. Die Bienenstöcke auf Dächern, die Leihstöcke für Balkone, die Bienenvölker in weitläufigen Parkanlagen werden als gelungener lokaler Einfall in einer globalisierten Welt wahrgenommen.

Nur langsam erkennt der Laie, dass Bienenvölker vor allem jenseits ihrer Honigproduktion einen unersetzbaren Wert zur Blütenbestäubung haben. Musste der Imker früher noch ein Glas Honig an den Bauern geben, wollte er seinen Bienenstock inmitten dessen Feldern aufstellen, hat sich das Verhältnis mittlerweile zu Gunsten des Imkers umgekehrt. Fahrende Bienenvölker bespielen Landschaften temporär, mit beiderseitigem Nutzen. Auch das Szenario der manuellen Bestäubung ist in Teilen der Welt bereits Realität geworden.

Die vielschichtige Wahrnehmung des Produkts Honig spiegelt die variablen Interpretationsmöglichkeiten von bee free wieder. Wie auch die Landschaft ist bee free einem ständigen Wandel unterworfen und ist somit immer Zeichen seiner Zeit.

Internetseite

www.bee-free.eu
(zuletzt abgerufen: 12.12.2014)

Der „Garten der Republik" – Berlins zentraler Freiraum in der historischen Mitte zwischen Alexanderplatz und Humboldtforum

Axel Zutz

Zusammenfassung

Der Artikel macht aus gartenhistorischer Sicht mit den Konzeptionen, Realisierungen und dem heutigen Erscheinungsbild der Grün- und Freifläche unter dem Berliner Fernsehturm, dem heute sogenannten „Rathausforum" sowie dem Marx-Engels-Forum bekannt. Beide Anlagen sind Teil der Ost-Berliner Zentrumsplanung und wurden um das Ende der 1960er bis zum Anfang der 1970er Jahre von einem Entwurfskollektiv um den Landschaftsarchitekten Hubert Matthes (geb. 1929) und den Architekten Manfred Prasser (geb. 1932) entwickelt. Einzelelemente bzw. Teilbereiche dieses Stadtraums stehen unter Denkmalschutz. Heute findet über die Zukunft der Freifläche eine öffentliche Debatte statt, bei der auch die Wiedererrichtung der verlorenen Altstadt um die St. Marienkirche vorgeschlagen wurde.

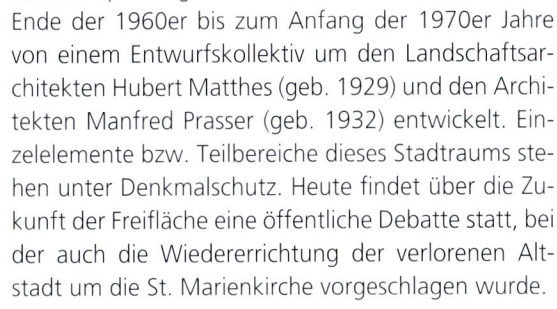

Einleitung

Um die mittlerweile auch schon historische Freifläche unter dem Berliner Fernsehturm wird seit einigen Jahren heftig gestritten. Während die Anhänger einer „Urbanisierung" der Mitte nach historischem Vorbild mit markigen Worten die bauliche Rekonstruktion der durch Krieg und Nachkriegsstädtebau „verlorenen Altstadt" und damit die Re-Privatisierung der öffentlichen Grünfläche fordern, geraten die vorhandenen gestalterischen Qualitäten dieses Ortes leider allzu oft in den Hintergrund. Allerdings existiert auch hinter der Position des Freiraum-Erhalts und einer heutigen Ansprüchen gerechtwerdenden Qualifizierung eine Anhängerschaft, die sich zunehmend lauter einmischt. Die Senatsverwaltung für Stadtentwicklung und Umweltschutz hat indessen auf Veranlassung von Baudirektorin Regula Lüscher, einer Anhängerin und Verteidigerin der Öffentlichkeit des Ortes, mit einer behutsamen Erneuerung der Anlagen im unmittelbaren Umfeld des Fernsehturmes und einer Umgestaltung der Marienkirchen-Umgebung begonnen. Über die weitere Gestaltung des Rathausforums soll in den kommenden Jahren von einem externen Dienstleister ein „ergebnisoffener und neutraler Dialogprozess" organisiert werden. Zugleich wurde für 2015 die Auslobung eines städtebaulichen Wettbewerbs entschieden, der von einem Kuratorium begleitet werden soll, in dem beide Positionen vertreten sind.

Die städtebauliche Reaktion Berlins wird nicht müde, den großen Freiraum zwischen dem S-Bahn-Viadukt am Alexanderplatz und dem zukünftigen Humboldtforum schlechtzureden: Die Innenstadt am Fuße des Fernsehturms sei „eine Brache ohne Aufenthaltsqualität", schrieb der Tages-

Abb. 1: Rosenparterre mit Blick zum Dom.   Foto: Axel Zutz 2013

spiegel (20.4.2013), „funktionslos gewordene riesige Aufmarschflächen" sah gar die Morgenpost (23.4.2013). Zu denjenigen, die diesen Abwertungskanon mit angestimmt haben, gehört ein sogenanntes „Bürgerforum Berlin e.V.", das heute mit seiner „Planungsgruppe Stadtkern" die Wiederbebauung der Freifläche fordert: „Die Mitte von Berlin muss wieder an die Bürger zurückgegeben werden,

als Planungsbeteiligte,

als Bauherren und

als Nutzer.

Denn die Berliner Kernstadt liegt unter namenlosen Freiflächen und Grünanlagen sowie überbreiten Hauptverkehrsstraßen begraben."[1]

Brache? Aufmarschfläche? Namenlosigkeit? Enteignung? Zuerst: Hier muss niemandem etwas zurückgegeben werden, denn der Freiraum gehört – anders als zukünftige Privatbauten – bereits heute den Berlinern, und sie nutzen ihn gemeinsam mit ihren Gästen gern und intensiv, hier herrscht grüne Urbanität im besten Sinne. Aufmarschflächen hat es an dem hier behandelten Ort zu keinem Zeitpunkt gegeben, dies waren der Lustgarten und der frühere Marx-Engels-Platz, heute Standort des Humboldtforums. Und Brachen gibt es heute nur in dem Umfang, in dem für Schloss- und U-Bahn-bau Grünflächen entwidmet und bis jetzt nicht wieder ihrer vorherigen Bestimmung zurückgegeben wurden.

Was motiviert also diese Abscheu gegenüber einem Ort der Muße und Entspannung, der freien Begegnung und des Spiels und der gelegentlichen politischen Manifestation vor dem Sitz der Berliner Stadtregierung? Vielleicht irritiert die immer noch überwiegende Behaftung von Architektursprache, Bildzeichen, Oberflächen und Raumkonstruktion mit der Ost-Berliner Geschichte? Vielleicht irritiert, dass Berlin hier städtebaulich Anschluss an die internationale Nachkriegsmoderne gefunden hat wie an kaum einem anderen Ort in der Stadt? Vielleicht irritiert die Größe eines solchen öffentlichen Ortes mitten im Zentrum der Stadt?

Tatsächlich verfügt Berlin mit seiner offenen grünen Mitte über eine Besonderheit, denn kaum eine andere europäische Metropole kann nach 1945 ein solch großzügiges Geschenk an ihre Stadtbevölkerung aufweisen. Und: „Das ab 1965 geplante, an den Alex anschließende Ensemble um den Fernsehturm stellt wohl den schönsten und damals attraktivsten Stadtraum Ostberlins dar. Hier auf der großen Bürgerwiese vor dem Roten Rathaus war endlich der Stadt ein Raum mit Bindungskraft wiedergegeben" (HAIN 1996: 113).

Diese Qualität wird u.a. verteidigt und ihre Qualifizierung eingefordert von der Planergruppe „Think Berlin plus", die sich „für eine Neue Mitte mit Handlungsfreiraum" einsetzt. Ihr Aufruf „Für eine qualifizierte Freiraumgestaltung gegen eine Reprivatisierung der Mitte (und gegen eine Bebauung nach historischem Vorbild)!" hat diesbezüglich ein klares Zeichen gesetzt: „Berlin sollte sich in seiner Mitte einen Raum bewahren, der das Potential in sich trägt, ein öffentlicher Raum für Alle zu sein. Dieser wichtige Freiraum im Zentrum Berlins darf nicht privatisiert werden!"[2]

Doch zunächst einige Worte zur geschichtlichen Entwicklung des Ortes, um zu verstehen, wie es zu einem solcherart radikalen Stadtwandel kam, wie wir ihn hier heute vorfinden: Bis zum Beginn des Zweiten Weltkrieges waren etwa 90% der ca. 600x300m großen Fläche bis auf den Straßenraum, den Neuen Markt als einzigem öffentlichen Platz und die Blockinnenbereiche bebaut. Die Gebäude stammten überwiegend aus dem 19. Jahrhundert und waren in der Mehrzahl Geschäftshäuser und öffentliche Einrichtungen wie z.B. die Post, die schräg gegenüber dem Rathaus einen ganzen Block einnahm. Bis auf die gotische St. Marienkirche gab es kaum bedeutende historische Bauten. Für geplante Umgestaltungen v.a. der Straßenräume hatte es während der Zeit des Nationalsozialismus Enteignungen gegeben, die bis heute nur teilweise restituiert wurden. Einen größeren Freiraum sah die Umgestaltung der Ost-West-Achse an dieser Stelle nicht vor, jedoch die Erneuerung der Randbebauung an der Kaiser-Wilhelm-Straße (heute Karl-Liebknecht-Straße). Im März 1945 wurden durch Bomben etwa 80% der Bausubstanz in diesem Gebiet zerstört. 1950 befanden sich zwei Drittel der Fläche in öffentlicher Hand (Angaben nach GÖBEL und MAUERSBERGER 2013).

Kurz vor dem Schlossabriss 1950 sah der städtebauliche Vorschlag von Richard Paulick ein „neues Forum" zwischen Marienkirche und Schloss vor. Hiermit tauchte die Idee vom zentralen Freiraum zum ersten Mal auf. 1960/61 wurden drei Kollektive mit der Überarbeitung der Wettbewerbsergebnisse zur „sozialistischen Umgestaltung der Hauptstadt der DDR" (Oktober 1958) betraut, Hubert Matthes wirkte bereits mit. Als zentrale Freifläche sollte die Anlage im Zusammenhang mit dem zukünftigen Zentralgebäude und dem Marx-Engels-Forum zugleich nationalstaatliche Repräsentation und Volksherrschaft – dies freilich unter den Bedingungen der SED-Diktatur – versinnbildlichen. Der Park sollte Platz für das Individuum wie für das Kollektiv bzw. die Masse und „viel Grün und Luft im Zentrum der Stadt" bieten.[3]

Von 1965 bis 1969 erfolgte der Bau des Berliner Fernsehturms. Die skulpturale Turmumbauung entstand nach dessen Fertigstellung bis 1972 nach einem Entwurf von Walter Herzog und Herbert Aust unter Mitwirkung von Manfred Prasser und Dieter Bankert (alle VEB Baumontagekombinat IHB, vgl. BARTH 2000: 40f., 174f.). Die Grundform des Sechsecks sollte zwischen der Rundung des Turms und dem Rechteck des Platzes vermitteln.

1969/70 schloss daran die Entwurfsplanung für den Park in Zusammenarbeit von Matthes, Prasser und Bankert an. Mehrere Varianten wurden ausgearbeitet, die endgültige Ausarbeitung lag bei Matthes. Die Ausführung der Parkgestaltung bis 1973 verantwortete Rolf Rühle (geb. 1931, tätig 1968 bis 1982 als Gruppenleiter Projektierung im VEB Wohnungsbaukombinat WBK Berlin). Im Jahr 1973 waren auch die Wohnscheiben an der Rathaus- und Karl-Liebknecht-Straße bezugsfertig.

Der Bereich zwischen Bahnhof Alexanderplatz und Spree wurde als ein Raum aufgefasst und konzipiert. Die Form ergab sich aus der Achse Karl-Marx-Allee – Karl-Liebknecht-Straße – Unter den Linden – Straße des 17. Juni, deren zentralen Teil er bildet. Die Wände der Raumschale nach Westen und Osten sind Bahnviadukt und Zentralgebäude (ehemaliger Palast der Republik, zukünftig das Humboldtforum); nach Norden und Süden die beiden Wohnscheiben mit ihren Verlängerungen Rotes Rathaus und Palasthotel.

Der Park ist mit dem Alexanderplatz als Doppelanlage zu sehen, verbunden durch das Bahnhofs-Erdgeschoss und über die Rathausstraße, diese Verbindung wird derzeit durch Neu-Bebauung gestört. Weitere Verknüpfungen bestanden in den Erdgeschosszonen der Wohnscheiben, wo kleinteilige Aufenthaltsräume mit Brunnen, Skulpturen, bildkünstlerischer Ausgestaltung der Fassaden und verschiedenen Treppen, einschließlich einer spiralförmi-

Abb. 2: Hubert Matthes beim Internationalen Entwurfsseminar zum UNESCO-Jahr des Kindes am Bauhaus Dessau 1979. Matthes war von 1962 bis 1977 im VEB Baumontagekombinat Industriehochbau (IHB) Leiter der Abteilung Freiflächengestaltung und dann bis 1980 Leiter der Abteilung Freiflächen im Büro für Städtebau des Magistrats von Berlin (Ost), anschließend Professor an der Hochschule für Architektur und Bauwesen Weimar. *Foto: Privat*

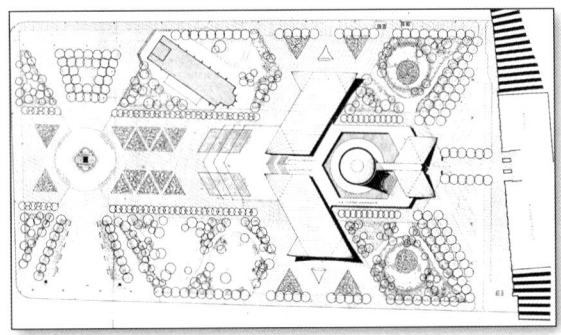

Abb. 4: Plan der Anlage, wie er weitgehend realisiert worden ist. Autoren: Matthes, H.; Prasser M. 1970. Das Konzept sah vor, den Blick bis zur Spree mit den vorbeifahrenden Schiffen über die Kaskaden und den Neptun-Brunnen zu ermöglichen. Die Fläche an der Spree wurde zum Wasser hin abgesenkt und als richtungsloser Kreis im Schnittpunkt der natürlichen Wasserachse mit der künstlichen städtebaulichen Achse konzipiert. Die Spandauer Straße sollte untertunnelt werden.
Foto: Wiss. Sammlungen IRS Erkner, Vorlass Matthes

gen Wendelrampe für Kinderwagen, zu den verschiedenen Einrichtungen und Gastronomien in den Passagen und begrünten Zwischengeschossen führten und einen modernen, integrierten und funktionsüberlagerten Fußgängerbereich formten (dazu Andrä u.a. 1986: 46–55). Schaukästen für Kultur und Pavillons an der Rathausstraße sollten die Besucher auf kulturelle Angebote aufmerksam machen. Auf Vorschlag von Rühle wurden hier Hochbeete hinzugefügt. Die Pflanzenauswahl durch das Stadtgartenamt (verantwortlich Gottfried Funeck) entsprach nicht den Intentionen von Matthes.

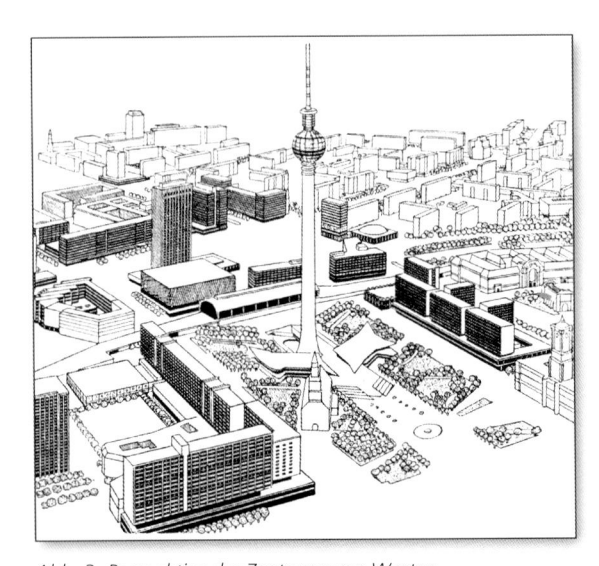

Abb. 3: Perspektive des Zentrums von Westen.
Zeichnung: Peschel, R. und R., aus: Kürth, H.; Kutschmar, A. 1978: 247

Abb. 5: Die Übergangslösung für die Grünfläche des späteren Marx-Engels-Forums erfolgte durch Rühle in Abstimmung mit Matthes. Mit seinen 600 neu gepflanzten Bäumen und der Denkmalanlage (Gesamtleitung Ludwig Engelhardt) vollendete das Forum 1986 den „Stadtpark mitten im Zentrum der Hauptstadt" (Funek 1886: 73).
Foto: Bundesarchiv Bild 183-1987-0527-010, Berlin, Marx-Engels-Forum, Dom, Palast der Republik.
Foto Hubert Link, 27.5.1987

Abb. 6: „Die meterhohen Fontänen der Wasserspiele am Fernsehturm sind seit ihrer Inbetriebnahme vor wenigen Tagen ein weiterer Anziehungspunkt für die Hauptstädter und die in- und ausländischen Besucher".
Foto: KUTSCHER (verehel. KUBIZIEL), S., 7.5.1972, Bundesarchiv, Bild 183-L0507-0013

Abb. 7: „Ein Plätzchen zum Ausruhen findet man am Rande der Wasserspiele rund um den Fernsehturm".
Foto: REHFELD, K., 22.8.1977, Bundesarchiv, Bild 183-S0822-0024

Bedeutung

Der Park am Fernsehturm nahm als Garten des geplanten Zentralgebäudes den Palast der Republik vorweg. Er war als zentraler Park und „repräsentativer Raum der Erholung" (FLIERL 1979: 93) der Hauptstadt der DDR die eigentliche Schau- und Gartenseite des Palastes und bildet bis heute das neue, aber historisch gedachte und konzipierte, Zentrum Berlins (zitiert nach TOPFSTEDT 1988: 172). Da Fernsehturm und Palast als zwei Elemente des Zentralgebäudes angesehen werden können, ist das eigentliche Zentral„gebäude" der Freiraum dazwischen (MÜLLER 2004). Die Idee der Anlage entspricht einem modernen herrschaftlichen Garten mit historischen, aber zeitgenössisch poppig interpretierten Gestaltungselementen wie Rosen-Parterre, landschaftlichen Bosketten und zentraler Blickachse mit Wasserspielen. Mit seinen gartenkunsthistorischen Zitaten beanspruchte er selbst Geschichtlichkeit. Der „große Himmel" und der fließende Fluss symbolisieren Unendlichkeit und Ewigkeit und spielen mit der Zeit (GIROT 2000).[4] Der Park ist in seiner Entwurfssprache, seinem räumlichen Beziehungsgefüge und seinem inhaltlich-historischen Bedeutungsgehalt einmalig. Als „Garten der Republik" ist der Park am Fernsehturm in gestalterischer wie in bedeutungsgeschichtlicher Hinsicht ein herausragendes Gartendenkmal der (Ost-)Moderne und wichtiger Bestandteil eines Denkmalensembles der Nachkriegsmoderne.[5]

Der Park funktionierte als panoramatische Kulisse in zwei Richtungen: Von der Fernsehturmfreitreppe in Richtung Palast und vom oberen Palastfoyer in Richtung Fernsehturm, gleichzeitig war er ein von oben zu betrachtender Gartenteppich für die rund 4000 Anwohner der Wohnscheiben. In der Mitte der Achse sollte eine großzügige Schau- und Flanierfläche mit dreieckigen Rosenbeeten (Parterres) die Festlichkeit des Ortes unterstreichen. In den Seitenbereichen waren ruhige Rückzugsbereiche mit Blütenstauden und Sträuchern vorgesehen. Diagonale Querungen sollten den Wechsel der Seiten ermöglichen. Sie liegen im 60-Grad-Winkel zur Turmhauptachse, der die Formen der Beete und Rasenflächen bestimmt und die Schrägstellung der St. Marienkirche berücksichtigt. Die Marienkirche sollte mit einem Pflasterhof auf deren histori-

Abb. 9: Grüne Urbanität am Rande des Rosenparterres. Der Park am Fernsehturm erfreut sich nach wie vor großer Beliebtheit bei Anwohnern, Touristen und als Treffpunkt von Jugendlichen. Er ist einer der wenigen Orte im Zentrum Berlins, an denen abseits von Verkehrslärm und Einkaufstrubel Entspannung und Begegnung möglich sind und der groß genug ist, um unterschiedlichen Freiraumbedürfnissen gerechtzuwerden.   *Foto: Axel Zutz 2013*

Abb. 8: Der Park am Fernsehturm aus der Vogelschau. Deutlich erkennbar sind die Diagonal-Bezüge auf die Marienkirche.   *Foto aus: BOLDT 1987: 19*

schem Niveau umgeben werden. Es erfolgte keine Anschüttung, die Kirche lag bereits um 1900 tiefer als der umgebende Stadtteil und war von drei Seiten umbaut. Matthes und Prasser wollten den von Reinhold Begas erschaffenen Neptun-Brunnen, der 1891 auf der Südseite des Schlosses aufgestellt worden war, nicht in die Achse stellen, dieser sollte eher vor das Alte Stadthaus (passend zum Jugendstilbau Ludwig Hoffmanns). Der Brunnen wurde dann aber Teil der Wasserachse von den Kaskaden bis zur Spree. Die im stündlichen Rhythmus ihr Wasserspiel wechselnden Fontänen der Kaskaden beleben die Anlage auf eine heitere Weise und sind bis heute ein beliebter Aufenthaltsort. Leider gibt es die von dem Metallgestalter Achim Kühn entworfenen Stühle nicht mehr.

Schlussbemerkung

Wie bereits eingangs geschildert, ist der Erhalt des Freiraums keine Selbstverständlichkeit: „Der Senatsbeschluss zum Planwerk Innenstadt im Jahr 1999 hat grundsätzlich die Erhaltung der begrünten öffentlichen Freifläche festgelegt, auch als Ausgleich für die systematische Nachverdichtung der umliegenden Stadtquartiere am Alexanderplatz, am Molkenmarkt, auf der Spreeinsel sowie am Hackeschen Markt. Aus dem Senatsbeschluss ging jedoch politisch kein Entwicklungsauftrag für das Rathausforum hervor, sodass der konkrete Umgang mit dem Areal kontrovers blieb."[6]

Seit 2012 wird die unmittelbare Umgebung des Fernsehturms und der Marienkirche im Auftrag der Senatsverwaltung für Stadtentwicklung und Umweltschutz vom Büro Levin Monsigny Landschaftsarchitekten gestalterisch aufgewertet.[vii]

Während im Bereich des Fernsehturms unter Orientierung an der historischen Vorlage mit zeitgemäßer Landschaftsarchitektur ein angemessener Umgang mit dem historischen Entwurf gesucht und gefunden wurde, wird im Bereich der Marienkirche der historische Stadtgrundriss der Vorkriegszeit im Oberflächenbelag nachgezeichnet. Dieser verdeutlicht, dass sich die Kirche einst in einem Blockinnenbereich befand und von ihr bis auf das zum Neuen Markt hin ausgerichtete Portal nur das Dach und der Turm sichtbar waren.

Die Ausweitung des tiefergelegenen Niveaus der Kirche bedingte leider einen Eingriff in die nördliche Promenadenreihe und weitere Einzelbaumfällungen. Die Nachzeichnung der historischen Situation ist jedoch hinsichtlich einer besseren Erlebbarkeit der Historie an diesem Ort eine gute Lösung.

In Planung befindet sich ferner die Umsetzung des Martin-Luther-Denkmals auf seinen historischen Standort im Bereich des ehemaligen Neuen Marktes vor der Marienkirche. Nach dem Abschluss des U-Bahn-Baus wäre der Zeitpunkt günstig, den Parkbereich an der Rathausstraße, das Rosenparterre,

Abb. 10: Beetbepflanzung am Alextreff (das Gebäude wurde 2000 für ein Multiplexkino abgerissen).
Foto: unbekannt, 25.5.1977, Archiv Senatsverwaltung für Stadtentwicklung und Umweltschutz

das Rondell mit dem Neptunbrunnen und den Rathausvorplatz zu erneuern sowie das Marx-Engels-Forum wiederherzustellen.

Die Bebauung von Berlins zentraler Freifläche wäre eine nicht hinnehmbare Privatisierung öffentlichen Eigentums, symbolisch käme sie einem zweiten Palastabriss gleich. Berlin hat eine stark am Stadtgrün interessierte Bürgerschaft: Wird sich der Berliner Senat nach der herben Schlappe am Tempelhofer Feld einen neuen Streit um Freiflächenverluste leisten?

Literatur

Andrä, K.; Klinker, R.; Lehmann, R. (1986): Fußgängerbereiche in Stadtzentren. – Berlin.

Barth, H. (2000): Einträge zu Dieter Bankert und Manfred Prasser. – In: Barth, H.; Topfstedt, T. (Hrsg.): Vom Baukünstler zum Komplexprojektanten. Architekten in der DDR. Dokumentation eines IRS-Sammlungsbestandes biografischer Daten. – Erkner.

Beerbaum, M.; Graffunder, H.; Murza, G. (1977): Der Palast der Republik. – Leipzig.

Bodenschatz, H. (2009): Rathausforum, die Geschichte des Stadtraums. Vortrag beim Zukunftsraum Historische Mitte am 10. Juli 2009. Online abrufbar bei der Senatsverwaltung für Stadtentwicklung und Umweltschutz unter www.stadtentwicklung.berlin.de/staedtebau/projekte/historische_mitte/rathausforum/de/download/rathausforum_bodenschatz_2009.pdf (14.12.2014).

Breitenborn, D. (1973): Berliner Wasserspiele. – Berlin.

Durth, W.; Düwel, J.; Gutschow, N. (1998): Architektur und Städtebau in der DDR. Aufbau. Städte, Themen, Dokumente (Band 2). – Frankfurt/Main, New York.

Funek, G. (1986): Marx-Engels-Forum in der Hauptstadt Berlin. – In: Landschaftsarchitektur, 15. Jg., H. 3, S. 23.

Girot, C. (2000): Vortrag beim Stadtforum 78 am 7. Juli 2000 (unveröffentlicht).

Göbel, B.; Mauersberger, L. (Wiss. Bearb., hrsg. von der Stiftung Stadtmuseum Berlin, Nentwig, F. Red.: Bartmann, D.) (2013): Geraubte Mitte. Die „Arisierung" des jüdischen Grundeigentums im Berliner Stadtkern 1933–1945. Ausstellung vom 4.9.2013 bis 19.1.2014 im Ephraim-Palais, Stadtmuseum Berlin. – Berlin.

Günther, H. (2000): Biografische Daten zu Hubert Matthes und Rolf Rühle (unveröffentlicht, zusammengestellt für die Senatsverwaltung für Stadtentwicklung und Umweltschutz Berlin).

Hain, S. (1996) (Hrsg. Institut für Regionalentwicklung und Strukturplanung): Archäologie und Aneignung. Ideen, Pläne und Stadtfigurationen. Aufsätze zur Ostberliner Stadtentwicklung nach 1945. – Erkner.

Institut für Denkmalpflege der DDR 1979 und Senatsverwaltung für Stadtentwicklung und Umweltschutz Berlin (Zugriff am 14.12.2014): Denkmaleintrag „Fernsehturm mit Fußumbauung und Freiflächen" Objekt-Nr. 09065023, T.

Kürth, H.; Kutschmar, A. (1978): Baustilfibel – Berlin.

Matthes, H. (2013): Der Fernsehturm – Rathauspark (unveröffentlichtes Manuskript).

Müller, P. (2004): Symbolsuche. Die Ostberliner Zentrumsplanung zwischen Repräsentation und Agitation. Vortrag auf dem Werkstattgespräch „Neuere Forschungen zur Planungsgeschichte" am 3. Dezember 2004 am IRS Erkner organisiert von Holger Barth.

Müller, P. (2005): Symbolsuche. Die Ostberliner Zentrumsplanung zwischen Repräsentation und Agitation. – Berlin.

Pfeiffer-Kloss, V. (2012): Ein Klotz aus Leere oder ein urbaner Stadtplatz? Entdecken, erforschen, weitererzählen. – In: Bund Heimat und Umwelt (Hrsg., Red. Bredenbeck, M.): Klötze und Plätze. Wege zu einem neuen Bewusstsein für Großbauten der 1960er und 1970er Jahre, S. 166–171. – Bonn.

Rada, U. (2013): Behutsame Platzerneuerung in Berlin-Mitte. – In: Garten + Landschaft 123 Jg., H. 9, S. 22–25.

Schulz, J.; Gräbner, W. (1981): Architekturführer DDR – Berlin, Hauptstadt der Deutschen Demokratischen Republik, S. 38–46. – Berlin.

Sigel, P. (2010): Altstadt-Rathausforum-Freiraum. Die Suche nach der Zukunft der Mitte. – In: Stiftung Stadtmuseum Berlin (Hrsg.): Berlins vergessene Mitte. 1840 Stadtkern 2010, S. 85–96. – Berlin.

Topfstedt, T. (1988): Städtebau in der DDR 1955–1971. – Leipzig.

---

1 Siehe den programmatischen Text einer „Charta für die Mitte von Berlin planungsgruppe-stadtkern.de (14.12.2014).

2 Siehe dazu u.a. den Aufruf „Berlins Mitte braucht HandlungsFreiraum!" unter www.think-berlin.de/2014/03/703 (14.12.2014). Engagiert am Rathausforum ist auch der Verein urbanophil.net – Netzwerk für urbane Kultur (Pfeiffer-Kloss 2012).

3 Beratung des Politbüros zu den Überarbeitungsbeiträgen am 11.4.1961, zitiert nach: Durth u.a. 1998: 281.

4 Für den Landschaftsarchitekten Christoph Girot ist das zentrale Problem nicht der Freiraum an sich, er plädiert „für den Rahmen und für die Leere", sondern, „wie die Seiten arbeiten mit diesem Kern". Girot nennt in seinem Vortrag eine ganze Reihe von Pariser Anlagen, die am Wasser liegen, auffälligerweise nicht die dem Rathausforum am ehesten ähnelnden Tuilerien (Girot 2000).

5 Siehe den Denkmaleintrag „Fernsehturm mit Fußumbauung und Freiflächen", Institut für Denkmalpflege der DDR 1979 und Senatsverwaltung für Stadtentwicklung und Umweltschutz unter http://www.stadtentwicklung.berlin.de/denkmal/liste_karte_datenbank/de/denkmaldatenbank/index.shtml, Objekt-Nr. 09065023,T (14.12.2014).

6 Zitiert nach Senatsverwaltung für Stadtentwicklung und Umweltschutz unter www.stadtentwicklung.berlin.de/staedtebau/projekte/historische_mitte/rathausforum (14.12.2014).

7 Siehe dazu die offizielle Darstellung der Senatsverwaltung für Stadtentwicklung und Umweltschutz unter www.stadtentwicklung.berlin.de/staedtebau/projekte/historische_mitte/rathausforum/de/aktivitaeten/freiraeume.shtml (14.12.2014) sowie Rada 2013: 24f.

Stadt–Landschaft–Wandel Berlin. Eindrücke einer Exkursion

Gabriele Höppner

Stadt im Wandel

Stadt ist Jahrhunderte lange Entwicklung und Veränderung, Stadtlandschaft schreibt Geschichte. Berlins Geschichte war in besonderer Weise durch städtebauliche Veränderungen gekennzeichnet. So sind mittelalterliche Reste nur noch in winzigen Spuren vorhanden. Auch die Stadt des 18. Jahrhunderts wurde durch die Gründerzeit des 19. Jahrhunderts verdrängt.

Wie keine andere Großstadt war Berlin seit den Zerstörungen durch den Zweiten Weltkrieg extremen Veränderungen und Herausforderungen ausgesetzt. Das Zusammenprallen zweier Regime, zunächst noch an den Grenzen überwindbar, dann die radikale Teilung der Stadt, der Mauerfall, die Wiederentdeckung der Hauptstadt des vereinten Deutschlands...

Viele Jahrzehnte lang war Berlin die Stadt der „Ossis" und der „Wessis" – für die Ossis ihre Hauptstadt, für die Wessis Westberlin mit besonderem Status der Alliierten. Berlinert wurde überall, im Osten besser als im Westen. Im Westen der Stadt war die Sprache durchsetzt von bayerischen, württembergischen, schwäbischen, rheinischen und anderen Mundarten, Türkisch-Deutsch, durchsetzt von englischen Termini, wurde die Sprache Kreuzbergs. Das Markenzeichen eines Busfahrers war hier wie dort seine ruppige „Berliner Schnauze". Charakteristisch für den Westteil der Stadt war die große Überalterung der Bevölkerung, jedoch durchmischt von vielen Studenten. Manch einer der jungen Männer entfloh in Westberlin dem Militärdienst.

Nach dem Mauerfall änderte sich so manches, auch die Sprache. Heute hören wir Englisch, Französisch, Spanisch, Skandinavisch, Russisch, Chinesisch, Suaheli... Menschen verschiedenster Nationalitäten aus der ganzen Welt durchstreifen die Stadt, besuchen sie, leben hier, vielleicht ein paar Monate, ein paar Jahre, machen sie sich zu ihrer neuen Heimat.

Das Kiezdeutsch verändert sich rasant, je nach Bedarf täglich neu, vor allem in Kreuzberg, noch immer die Stadt mit der zweitgrößten türkischen Bevölkerung nach Istanbul.

Wandel in der Stadtlandschaft: Was wird aus den Brachen, die zum Mauerstreifen gehörten? Ungenutzte Ufer, ehemalige Fabrikgelände, Brauereien, Lagerhallen – wie können wir sie nutzen? So vielfältig die Menschen in dieser Stadt, so verschieden sind ihre Bedürfnisse, so vielgestaltig sind ihre Ideen, so groß der Wunsch, ihre Kreativität in die Tat umzusetzen. Die Hausbesetzungen der 1980er Jahre im Westen der Stadt fanden ihre Fortsetzung in den 1990er Jahren im Osten. Rasanten Mietpreissteigerungen konnten die BesetzerInnen für kurze Zeit entgehen. Hausbesetzer gegen Hausbesitzer. Bald zeigte sich, wer stärker war. Auch wurden Hausbesetzer zu Hausbesitzern. Einige Projekte konnten erhalten werden für eine alternative Kultur, selbstbestimmt, selbst organisiert mit kulturellen und sozialen Ansprüchen. Nicht zuletzt fühlen sich viele Künstler, Musiker, Schriftsteller, Maler aus aller Welt angezogen und verhelfen ihrerseits zu neuer Vielfalt und Lebendigkeit.

Wer bestimmt, was aus der Stadt wird? Sollen wir zulassen, dass immer mehr Baumärkte gebaut werden, obwohl schon jetzt zu viele Pleite gehen? Wie viele Gewerbeflächen werden gebraucht? Brauchen wir überhaupt diese Einkaufszentren und noch mehr davon? Wem nützen sie? Wer verdient daran? Und wer hat schließlich den Schaden? Wer schützt die Verbraucher? Wer schützt die vielen kleinen Gewerbetreibenden, die das Bild und die Lebensqualität an vielen Orten unserer Stadt heute noch stark bestimmen? Nur die Betroffenen selber können sich schützen, sie wollen mitbestimmen, Besitz ergreifen von Flächen ihrer Stadt: Kultureinrichtungen organisieren, Gärten anlegen, gesundes Gemüse ziehen, Spiel- und Aufenthaltsflächen selber gestalten. Entsteht so eine neue Streitkultur? Mehr Mitbestimmung der Betroffenen bei Planungsprozessen?

Abb. 1: Rund um den U-Bahnhof Schlesisches Tor regt Streetart zum Diskutieren an. Foto: Inge Gotzmann

Eine Exkursion zum Stadtwandel

Lassen sich einige der hier zur Kurzform reduzierten Gedanken in einer dreistündigen Exkursion wiederfinden? Den etwa 30 Tagungsgästen wurden am 31. Mai 2014 zwei Routen angeboten. Beide Routen hatten alternative Nutzungen, selbstverantwortliche Organisation der Flächen, Mitbestimmung der Anwohner und urbanes Gärtnern zum Thema.

Abb. 2: Viele Streetart-Werke verstehen sich als durchaus vergängliche Kommentare im Stadtbild. Foto: Inge Gotzmann

Route 1
Mit Caro Eickhoff *auf den Spuren von Streetart in Berlin* wurden die TeilnehmerInnen ins tiefste Kreuzberg geführt. Wer hätte sich vorgestellt, dass anhand der vielfältigen Wandbilder, Markierungen und Kritzeleien die Geschichte der vergangenen Jahrzehnte aufgeblättert werden kann. Caro, eine lebendige junge Frau, hochschwanger mit ihrem zweiten Kind, nahm die Gruppe mit viel Engagement und Spaß auf diese Reise mit und ermöglichte neue Blickweisen. Der anschließend besichtigte

Abb. 3: In den Prinzessinnengärten.　　　*Foto: Inge Gotzmann*

Abb. 4: Mehr als Müll: Milchtüten wurden zu Pflanzbehältern.
　　　　　　　　　　　　　　　　　　　Foto: Inge Gotzmann

Prinzessinnengarten am Moritzplatz ist aus einer Jahrzehnte lang brach liegende Fläche entstanden. Anwohner entfernten den Müll säuberten die Flächen. Es bildete sich eine gemeinnützige Organisation „Nomadisch Grün". Aus der Fläche wurde ein Garten mit ökologischem Anbau, Bienen, einem Gartencafé und Gemüseküche inmitten der Großstadt. Da es vom Senat jeweils nur befristete Verträge gibt, werden die Pflanzen in Containern gezogen. Inzwischen berät das Team Urban-Gardening-Projekte in Berlin und in anderen Städten. Robert Shaw führte die Gruppe durch den Garten.

Route 2

Weit über Berlin hinaus reichte das öffentliche Interesse an der *Entwicklung des Tempelhofer Feldes*. Hatte es doch gerade eine Woche vor der Exkursion beim Volksentscheid eine deutliche Mehrheit für das Offenhalten des Feldes und gegen die Senatsplanungen zur teilweisen Bebauung mit Wohnungen und einer Bibliothek gegeben. Einstmals Exerzierplatz, dann Flughafen der Nazis, nach dem Krieg Flughafen der Alliierten Amerikaner, die mit ihren „Rosinenbombern" die Westberliner Bevölkerung versorgten, Westberliner Flughafen – ein historisches Kernstück der Berliner Geschichte.

Bereits bei der Schließung des Flughafens forderte die Bevölkerung Mitbestimmung. „Bloß kein Privatflughafen für Gewerbetreibende!" Das nicht mehr genutzte Feld, von hohen Zäunen umgeben, wurde nach der Einstellung des Flugbetriebs jeden Sonntag von Anwohnerinnen und Anwohnern gestürmt, bis der Bürgermeister die Freigabe der Fläche beschied. Rasch nahmen die Menschen davon Besitz. Laufen, Rad fahren, skaten, Kite surfen, Drachen steigen lassen, picknicken, urban gardening, alles hat Platz. Die Natur entfaltet sich auf großen Flächen. Neuntöter und Falken können wir entdecken, auf einzeln stehenden Gehölzen auf Beute lauernd. Wo sonst inmitten einer großen Stadt finden Lerchen als Bodenbrüter Lebensräume?

Wo gibt es inmitten einer Stadt einen so weiten Blick, wo so große offene Flächen? „Berlin trägt dreihundert Hektar Steppe in seinem Herzen, also mehr so ein inneres Brandenburg. Der Rand ist die Mitte, die Mitte ein Rand. Wo gibt es das sonst?" schrieb Boris Pofalla im Feuilleton von faz.net. am 12.05.2014. Gerda Münnich und ihre Mitstreiter, Herr Büttner und Herr Peinert, erklärten uns die Aktivitäten der *„Allmende"*, vielfältig gestaltete Gärten auf dem Tempelhofer Feld. Das Interesse war so groß, die Gespräche waren so intensiv, dass die Gruppe auf den zweiten Teil der Tour, die Besichtigung des *Viktoriaparks*, verzichteten.

Die Begegnung mit dieser *historischen Parkanlage am Kreuzberg*, der dem Bezirk seinen Namen gab, zeigt eine Geschichte voller Wandlungen der vergangenen 200 Jahre. Der brach liegende Sandhügel am südlichen Ende der Stadt – für Berliner Verhältnisse ein „Berg" – wurde von Schinkel für das Monument zum Sieg über Napoleon auserkoren. Wie die Umgebung des Denkmals zu gestalten sei, beschäftigte fünf Generationen von Gartenbaudirektoren und Gartenkünstlern, Politikern, Fachleuten, Bürgerinnen und Bürgern. Es ging um Konflikte mit der sich ausdehnenden Stadt, um Umgestaltungen, Jahrzehnte lange Streitigkeiten mit Grundstückseigentümern und deren Rechte zur Bebauung, Gerangel um die Planungen und Ausführungen. Erst im vorigen Jahrhundert war die Verwirklichung der wohlgestalteten Grünflächen

Abb. 5: Fahrradwerkstatt auf dem Tempelhofer Feld. Foto: Gabriele Höppner

Abb. 6: Allmende-Gärten auf dem Tempelhofer Feld.
Foto: Gabriele Höppner

einschließlich der Sportanlagen für vielfältige Nutzungen und Ansprüche vollzogen. Das Monument auf dem höchsten Punkt der beliebten Grünfläche zieht mit einem großartigen Blick über die Stadt viele Menschen an. Wunderbar ist es, von oben den Sonnenuntergang zu betrachten.

Gemeinsamer Exkursionsabschluss

Die beiden Exkursionsgruppen trafen sich schließlich im „Kreuzberger Himmel", einem Restaurant der St. Bonifazius-Gemeinde, zum gemeinsamen Essen. Mit dem Film „Wildwest im Thälmannpark" von Katrin Rothe (vgl. ihren Beitrag in diesem Band) konnten wir dort die Erfahrungen und Diskussionen über das Thema Stadtwandel abschließen.

Literatur

JOST, Regina (2011): Tempelhofer Freiheit – Flughafen Tempelhof Berlin. – Berlin.

LAUTENSCHLÄGER, Rolf (2014): Das Tempelhofer Feld. – Berlin.

POFALLA, Boris (2014): Ist die Leere noch groß genug? – www.faz.net/aktuell/feuilleton/tempelhofer-feld-ist-die-leere-noch-gross-genug-12933110-p3.html 2014-12-17.

Senatsverwaltung für Stadtentwicklung und Umweltschutz (2013): Tempelhofer Freiheit – Die Entwicklung der Parklandschaft (Informationsbroschüre). – Berlin.

STÜRMER, Rainer (1988): Die historische Entwicklung des Viktoria-Parkes. – Berlin (Gartendenkmalpflege Heft 4).

Abb. 7: Blick über das Feld in Richtung Westen. Foto: Gabriele Höppner

Abb. 8: Picknick auf dem Tempelhofer Feld, im Hintergrund die Allmende-Gärten und das „Schillerkiez". Foto: Gabriele Höppner

Flachdach oder Satteldach?
Die Stuttgarter Siedlungen am Weißenhof und am Kochenhof

Inken Gaukel

Zusammenfassung

Die Frage nach der richtigen Dachform – Flachdach oder Satteldach (hier als Sammelbegriff für geneigte Dächer verwendet) – beschäftigt bis heute Architekten, Bauverwaltungen und nicht zuletzt die Bauherren selbst. Als Argumente werden auf beiden Seiten die harmonische Einfügung in die Landschaft und in bestehende städtebauliche Strukturen, die technisch einwandfreie Umsetzbarkeit und Effizienz sowie wünschenswerte Gesellschaftsbilder angeführt. Diese Auseinandersetzung erlebte ihren reichsweiten Höhepunkt in der zweiten Hälfte der 1920er Jahre anlässlich des Baus der Weißenhofsiedlung in Stuttgart. Der Entwicklung dieses Streits und seinen Nachwirkungen in Stuttgart soll hier nachgegangen werden.

Die Ausgangssituation um 1900

Die rasante wirtschaftliche Entwicklung ab 1871 und die damit einhergehenden Veränderungen in der deutschen Gesellschaft hin zu einem neuen Besitzbürgertum und einem immer größer werdenden Teil von Lohnarbeitern forderten Reformen. Diese Entwicklung lässt sich im Feld der Architektur ab 1900 in der Abkehr vom Historismus sehr gut nachvollziehen. Damit ist schon angedeutet, dass es bei den vehementen Auseinandersetzungen ab Mitte der 1920er Jahre nicht nur um Fragen architektonischer Gestaltung, sondern auch um ein Menschen- und Gesellschaftsbild für die Zukunft ging.

Die Entwicklung der Architektur in Deutschland ab 1900 gliedert sich in drei Stränge: Die Heimatschutzbewegung brachte eine völkische Architektur hervor, die in Anknüpfung an die Gartenstadtidee bewusst einen Gegenentwurf zur Großstadt, eine neue Heimat für die aus wirtschaftlichen Gründen vom Land in die Stadt Geflüchteten bieten wollte. Die Rückbesinnung auf traditionell handwerkliche Ausführung – durchaus mit sozialromantischen Anteilen – stand im klaren Gegensatz zu der auf Technik, Industrie, Modernität und Internationalität aus-

Abb. 1: Paul Klopfer zeichnet 1948 die Karikatur zu dem, zumindest in Stuttgart, noch immer nicht ausgestandenen Kampf um die richtige Dachform.
Quelle: Universitätsarchiv Stuttgart

gerichteten Haltung der Avantgarde, später unter dem Begriff „Neues Bauen" oder „Neue Sachlichkeit" zusammengefasst. Wobei bereits hier zu betonen ist, dass das Gesellschaftsbild der Avantgarde stark der Demokratie verpflichtet war und der moderne Mensch nicht auf das Funktionieren reduziert wurde, sondern Raum erhalten sollte, Freiheiten zu leben und seine Möglichkeiten zu entfalten. Hintergrund war die rationale Utopie der Befreiung des Einzelnen aus der Unmündigkeit. Parallel zu diesen beiden Strömungen, die sich vor allem im Bereich des Wohnbaus fanden, entwickelte sich eine neue Art von Klassizismus für öffentliche und repräsentative Bauten – im süddeutschen Raum findet sich als Sonderform die barocke Ausprägung.

Weimarer Republik

Nach der Überwindung der Wirtschaftskrise verstehen mehrere Großstädte den kommunalen Wohnungsbau als Chance, eine neue Gesellschaft zu formen und beauftragen Architekten der Avantgarde, führend wird das „Neue Frankfurt" um Ernst May. Neben Berlin und Breslau, um weitere Beispiele zu nennen, wagt sich auch die Stadtverwaltung Stuttgart an das Neue Bauen und finanziert auf Initiative des Deutschen Werkbundes den Bau der Siedlung am Weißenhof im Rahmen ihres Wohnbauprogramms. Damit fällt indirekt eine Entscheidung gegen die Vertreter der Stuttgarter Schule, äußerst renommierte Repräsentanten der Heimatschutzbewegung, ohne dass diese ausdrücklich intendiert ist. Um die Geschichte der geführten Auseinandersetzung zu verstehen, muss chronologisch berichtet werden.

Chronologie
30. März 1925
Der Gesamtvorstand des Deutschen Werkbundes beschließt, für das Jahr 1926 eine Ausstellung mit dem Titel „Die Wohnung" in Stuttgart vorzubereiten. Zu diesem Zeitpunkt plant das Stadterweiterungsamt für den Bau- und Heimstätten-Verein die Bebauung des Weißenhofgeländes.

Anfang Juli 1925
Die Württembergische Arbeitsgemeinschaft des Deutschen Werkbundes kann dem Stuttgarter Gemeinderat ihre Denkschrift vom 27. Juni 1925 und damit das Ausstellungskonzept vorstellen. Einige wesentliche Punkte, an denen sich das Ergebnis dann messen lassen muss, sind hier ausdrücklich benannt: „Die Rationalisierung auf allen Gebieten unseres Lebens hat auch vor der Wohnungsfrage nicht halt gemacht und wenn die wirtschaftlichen Verhältnisse unserer Zeit jede Verschwendung verbieten und die Erzielung größter Wirkungen mit den kleinsten Mitteln erfordern, so heißt das für den Bau von Wohnungen wie für den Wohnbetrieb selbst die Verwendung solcher Materialien und technischer Einrichtungen, die auf eine Verbilligung der Wohnungsanlagen und des Wohnbetriebs, sowie auf eine Vereinfachung der Hauswirtschaft und eine Verbesserung des Wohnens selbst abzielen. [...] Diese Verbilligung und Vereinfachung darf aber nicht bedeuten: Häßlich bauen und armselig wohnen. Die letzte Werkbundausstellung ‚Die Form' hat hier überzeugend bewiesen, daß Schönheit nichts mit äußerem Reichtum oder Überfluß zu tun hat, sondern daß der schlichtesten Form, in billigstem Material gearbeitet, große Schönheit und Anmut innewohnen kann, wenn sie mit echtem künstlerischem Empfinden erfüllt, aus dem Geist unserer Zeit und für unsere Zeit gestaltet ist. [...] Um allen Mißverständnissen vorzubeugen, soll hier gleich betont werden, daß es sich nicht um die Erstellung von ‚Ausstellungsbauten' in früherem Sinne handeln kann, sondern daß hier Wohnhäuser geschaffen werden müssen, die für Familien in kleineren und mittleren Verhältnissen bestimmt sind und diesen nach Schluß der Ausstellung zum Bewohnen übergeben werden."

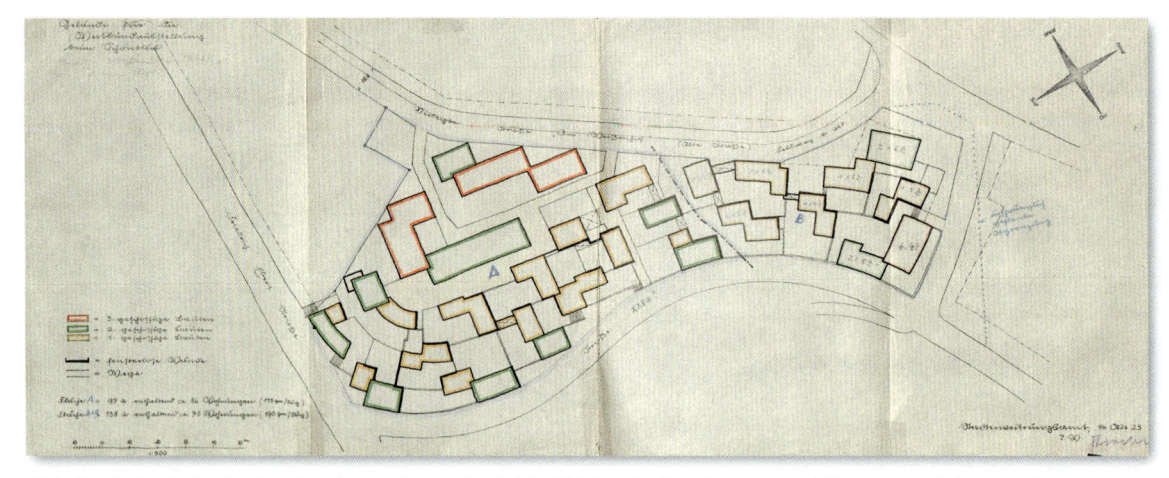

Abb. 2: „Gelände für die Werkbundausstellung beim Schönblick" nach dem Entwurf von Mies van der Rohe, gezeichnet vom Stadterweiterungsamt Stuttgart, 14. Oktober 1925
Quelle: Stadtarchiv Stuttgart

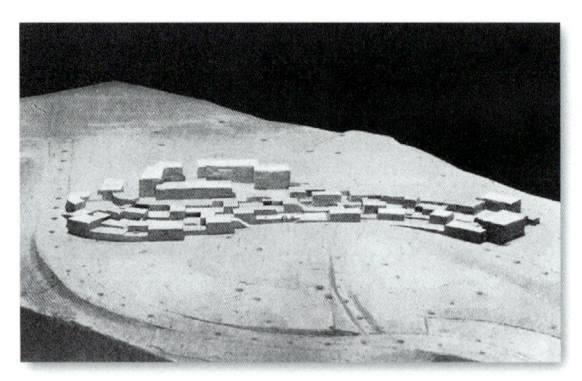

Abb. 3: Modell der ersten Bebauungsskizze zur Werkbundsiedlung am Weißenhof von Mies van der Rohe, undatiert
Quelle: Deutscher Werkbund (1927)

24. Juli 1925
Der Bebauungsplan des Stadterweiterungsamtes für das Weißenhofgelände wird im Gemeinderat vorgestellt. Zu diesem Zeitpunkt verhandelt der Werkbund bereits mit Ludwig Mies van der Rohe.

8. Oktober 1925 (Abb. 2 und 3)
Die Württembergische Arbeitsgemeinschaft des Deutschen Werkbundes teilt der Stadt mit, dass Mies mit der künstlerischen Leitung für das Ausstellungsprojekt beauftragt ist. Bei der nächsten Sitzung der Bauabteilung des Gemeinderates wird die neue Planung samt Modell präsentiert und die Verschiebung der Ausstellung auf 1927 bekanntgegeben.

22. Januar 1926
Die Stuttgarter Ausstellungs- und Tagungsstelle veranstaltet gemeinsam mit der Württembergischen Arbeitsgemeinschaft des Deutschen Werkbundes eine Pressebesprechung mit über 20 Vertretern kommunaler und regionaler Blätter, um die Veranstaltung der Werkbundausstellung „Die Wohnung" im Sommer 1927 anzukündigen.

1. April 1926
Von den im Laufe der Vorplanung insgesamt zehn Listen mit vorgeschlagenen Architekten (24. September 1925 bis 12. November 1926) für die Entwürfe der Einzelhäuser ist die vierte Liste vom 1. April 1926 bemerkenswert, da hier eine Quote und damit zwischenzeitlich die ausdrückliche Berücksichtigung der Stuttgarter Architekten festgeschrieben wird: 2/5 Stuttgarter, 2/5 Auswärtige und 1/5 Ausländer. Auf dieser Liste sind Paul Bonatz und der Schmitthenner-Schüler Konstanty Gutschow zu finden (Stadtarchiv Stuttgart, Bestand 11, Akte 584).

> **Noch einmal die Werkbundsiedelung**
> Von Professor Paul Bonatz
>
> Man hat das Gefühl, als stürze sich die Stadt mit der Werkbundsiedlung am Weißenhof in ein Abenteuer. Diese Befürchtung wird verstärkt, wenn man den ersten Plan von Mies van der Rohe für die Werkbundsiedlung sieht. Der Plan ist unsachlich, kunstgewerblich und dilettantisch.
>
> In vielfältigen horizontalen Terrassierungen drängt sich in unwohnlicher Enge eine Häufung von flachen Kuben am Abhang hinauf, eher an eine Vorstadt Jerusalems erinnernd als an Wohnungen für Stuttgart. Dem äußeren Eindruck zu Liebe sind die Bauelemente vielfältig ineinandergeschachtelt, so daß jeder in kurzem Abstand die Hintermauern der Vordermannes vor Augen hat. Die Ausführung wird mehr als doppelt so teuer als bei vernünftiger Bauweise. Es ist sicher nicht die Meinung des Gemeinderats, daß hier öffentliche Mittel verschwendet werden sollen.

Abb. 4: Anfang des Zeitungsartikels „Noch einmal die Werkbundsiedelung" von Paul Bonatz, erschienen am 5. Mai 1926 im Schwäbischen Merkur   Quelle: Stadtarchiv Stuttgart

Abb. 5: „Jerusalem. Blick vom Kidrontal auf den Tempelplatz" Quelle: Gröber, K. (1925): Palästina, Arabien und Syrien. Baukunst, Landschaft, Volksleben. – Berlin.

5. Mai 1926 (Abb. 4 und 5)
Seit Bekanntwerden des städtebaulichen Entwurfs von Ludwig Mies van der Rohe und der zu ahnenden Nichtberücksichtigung der Vertreter der Stuttgarter Schule wird immer wieder Kritik an der Planung in der Tagespresse formuliert. Ein wesentlicher Artikel, der die Vorlage für die späteren wirkmächtigen Angriffe werden wird, stammt von Paul Bonatz und erscheint im Schwäbischen Merkur. Hieraus stammt die Zeile „eher an eine Vorstadt Jerusalems erinnernd als an Wohnungen für Stuttgart". Es gibt einige Versuche, den von Bonatz gewählten Vergleich zu erklären. Ein gänzlich unpolitischer ist, auf seine rege Reisetätigkeit im Mittelmeerraum bereits seit der Vorkriegszeit zu verweisen und in diesem Zusammenhang auf den 1925 erschienen Bildband über Palästina, Arabien und Syrien.

7. Mai 1926
Die direkte Konsequenz aus dem Zeitungsartikel war ein Vermittlungsgespräch zwischen Peter Bruckmann, dem Vorsitzenden des Deutschen Werkbundes, und Paul Bonatz. Drei Architekten sollen einen Gesamtentwurf für die Siedlung am Weißenhof ausarbeiten: Ludwig Mies van der Rohe und je ein Vertreter des rechten und linken Flügels der Stuttgarter Schule, namentlich werden Richard Döcker und Paul Schmitthenner benannt. Bonatz verzichtet bei diesem Kompromiss auf eine Planungsbeteiligung unter der Voraussetzung, dass er bei der Begutachtung und Auswahl mitwirkt. Bemerkenswert ist auch der Versuch, die öffentliche Auseinandersetzung zu beenden: „Die Teilnehmer am engeren Wettbewerb versprechen für sich und ihre Freunde, dass sie nach stattgefundener Entscheidung sich loyal verhalten und die angestrebte Einheit der Siedelung nicht durch gegensätzliche Auffassung und Agitation stören wollen" (Stadtarchiv Stuttgart, Bestand 11, Akte 584).

8. Mai 1926
Bereits einen Tag später entscheidet die Bauabteilung des Stuttgarter Gemeinderats, keine weiteren Pläne ausarbeiten zu lassen und macht somit den Vermittlungsversuch zunichte.

24. Juli 1926
In der Sitzung der Bauabteilung findet sich keine Mehrheit für das Werkbundprojekt, es wird an den

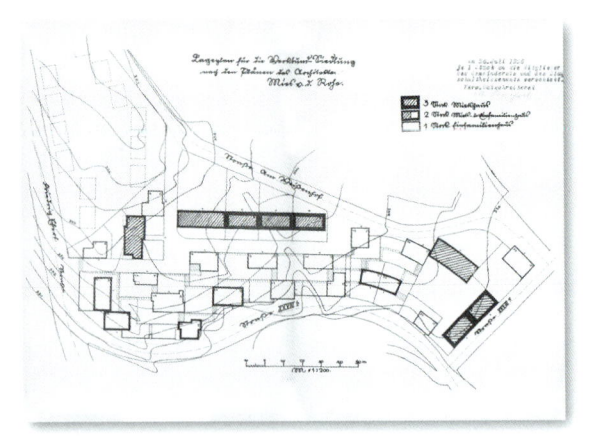

Abb. 6: „Lageplan für die Werkbund-Siedlung nach den Plänen des Architekten Mies v. d. Rohe, am 28. Juli 1926 an die Mitglieder des Gemeinderats verschickt"
Quelle: Stadtarchiv Stuttgart

Abb. 7: Werbekarte mit Siedlungsmodell von Willi Baumeister, auf der Mies van der Rohe im März 1926 die Gebäude mit unterschiedlichen Dächern versieht und handschriftlich mit „Siedlung am Weissenhof, wie sie würde, wenn Rechtsmittel zur Verfügung stünden" kommentiert
Quelle: Stadtarchiv Stuttgart

Gemeinderat verwiesen. Dennoch bespricht der Baubürgermeister Daniel Sigloch die sechste Vorschlagsliste, auf der Prof. Heinz Wetzel mit der Anmerkung „falls er annehmen sollte" zu finden ist.

28./29. Juli 1926 (Abb. 6)
Die entscheidende Gemeinderatssitzung endet bei namentlicher Abstimmung mit einer unerwartet deutlichen Annahme des Projekts: 25 Ja-Stimmen, 11 Nein-Stimmen und 6 Enthaltungen. Damit ist die Realisierung der Werkbundsiedlung gesichert (Stadtarchiv Stuttgart, Bestand 11, Akte 584).

Oktober 1926
Paul Bonatz verlässt den Deutschen Werkbund, dem er seit 1913 angehört, da er mit den Entscheidungen zur Werkbundsiedlung nicht einverstanden ist und seinen Namen in diesem Zusammenhang missbraucht sieht. 1927 folgt Paul Schmitthenners Austritt.

12. November 1926
Erst jetzt steht fest, welche Architekten welche Häuser bauen werden. Es sind nur noch zwei Stuttgarter vertreten, nämlich Richard Döcker und Adolf G. Schneck.

Dezember 1926
Die „Deutsche Bauzeitung" veröffentlicht einen Artikel von Paul Schultze-Naumburg, in dem er die für Deutschland untypischen flachen Dächer angreift: „Die flachen Dächer des Orients bei uns einzuführen, würde etwas Ähnliches bedeuten, als wenn man uns weiße Leinenanzüge mit Tropenhelm oder den arabischen Burnus als Tracht empfehlen würde. Die Tatsache, daß mancher arme Teufel seine Leinenjacke im Winter weitertragen muß, dürfte wohl kaum mit einer Empfehlung dieses Notbehelfes gleichbedeutend sein." Dieser Artikel wird im Schwäbischen Heimatbuch 1927 unter der Überschrift „Zur Frage des schrägen und des flachen Daches bei unserem Wohnhausbau" erneut abgedruckt und damit einer weiteren Leserschaft bekannt. Bemerkenswert ist, dass hier das Bonatz-Bild des Arabischen, Fremden, nicht in die süddeutsche Landschaft Passenden aufgriffen wird.

9. Februar 1927
Der Stuttgarter Baubürgermeister Sigloch fragt in einem Schreiben an das Reichsarbeitsministerium in

Abb. 8: Werkbundausstellung „Die Wohnung" von Nordosten während der Ausstellungszeit im Sommer 1927
Quelle: Deutscher Werkbund (1927)

Abb. 9: Übersichtsplan der Weissenhofsiedlung
Quelle: Das Werk. Schweizer Monatsschrift für Architektur, Kunstgewerbe, Freie Kunst (1927)

Berlin an, ob mit einer Förderung für eine weitere Versuchssiedlung gerechnet werden kann. Diese Anfrage bezieht sich auf erste Überlegungen von Paul Schmitthenner, am Kochenhof 100 Wohnungen zu errichten (Stadtarchiv Stuttgart, Bestand 11, Akte 587).

März 1927 *(Abb. 7)*
Mies van der Rohe resümiert den Stand der Auseinandersetzungen durch die ironische „Überarbeitung" einer Werbepostkarte.

25. Mai 1927
Der Reichstypenausschuss, der Vorläufer der Reichsforschungsgesellschaft, tagt im Stuttgarter Rathaus. In der Sitzung werden die Zuschüsse für die Werkbundsiedlung am Weißenhof bewilligt und für die geplante Versuchssiedlung am Kochenhof von Paul Schmitthenner verweigert (Stadtarchiv Stuttgart, Bestand 11, Akte 587).

23. Juli 1927 *(Abb. 8 bis 11)*
Die Eröffnung der Werkbundausstellung „Die Wohnung" findet mit einer Verzögerung von zwei Wochen und teilweise noch nicht fertiggestellten Bauten statt. Die Ausstellung wird über das geplante Ende am 9. Oktober bis zum 31. Oktober 1927 verlängert.

Abb.10: Westseite des Mehrfamilienhauses von Ludwig Mies van der Rohe (1886-1969), 1927, im Übersichtsplan Haus 9
Quelle: Stadtarchiv Stuttgart

Abb. 11: Ostseite des Einfamilienhauses von Hans Scharoun (1893-1972), 1927, im Übersichtsplan Haus 12
Quelle: Landesamt für Denkmalpflege

Abb. 12: „Neueste Lebensform von Mies v. d. Rohe: Das Dachgartenbad mit angehängtem Haus. Keine Bodenfeuchtigkeit. Kleinste Küche. Keine Möbel. Lässt sich nach jeder Windrichtung drehen, daher Luft, Licht Sonne ganz nach Bedarf."
Handgemaltes Diapositiv aus der Serie „Neue Lebensformen. Nach Mies van der Rohe. Motto: Der Kampf um die neue Wohnung ist der ein Kampf um neue Lebensformen. Illustriert von einem Zeitgenossen."

Quelle: Stadtarchiv Stuttgart

1. September 1927

Die Berichterstattung erreicht für damalige Verhältnisse einen ungeheuren Umfang, der von der Ausstellungsleitung in einem Pressespiegel zusammengefasst wird: „An Hand uns übermittelter Belege konnten wir feststellen, daß bis jetzt mehr als 400 in- und ausländische Tageszeitungen über die Ausstellung berichtet haben […] auch fast die gesamte Fachpresse Deutschlands, sowie viele Fachzeitschriften des Auslands in reich illustrierten Aufsätzen" (Stadtarchiv Stuttgart, Bestand 11, Akte 586).

Dezember 1927

Nach Ende der Ausstellung erscheint die Publikation „Bau und Wohnung", in der sämtliche Gebäude der Siedlung mit Zeichnungen, Fotos und Kommentaren der Architekten zur ihrer jeweiligen Lösung für das Problem des Wohnens in der Zukunft veröffentlicht sind. Stellvertretend für viele weit vorausschauende Gedanken sei hier Mart Stam zitiert: „Heutzutage backen wir uns nicht mehr jeder das eigene Brot. Wir werden in fünfzig Jahren auch nicht mehr waschen oder Apfeltorten backen, Nudeln bereiten, oder Gemüse und Obst für die Wintermonate einmachen. Wir werden das nicht mehr tun, aus dem einfachen Grunde, weil es sehr unökonomisch sein wird." Diese Äußerung illustriert das unbedingte Vertrauen in den technischen Fortschritt und die sich damit ändernden Lebensbedingungen (Deutscher Werkbund 1927: 126).

1927/28 (Abb. 12)

Diese radikalen Visionen, die noch weit von der Lebenswirklichkeit der ausgehenden 1920er Jahre entfernt sind, provozieren augenzwinkernde bis spöttische Äußerungen des Unverständnisses. Die undatierten und unsignierten Illustrationen eines Zeitgenossen mit dem Titel „Neue Lebensformen nach Mies van der Rohe" karikieren die in der Werkbundausstellung vorgeschlagenen Innovationen.

März 1928

Die Planungen Schmitthenners für die Versuchssiedlung am Kochenhof konkretisieren sich. Neben einem Lageplan werden umfangreiche Bauzeichnungen für die unterschiedlichen zu erprobenden Typen erstellt. Damit soll die Reichsforschungsgesellschaft, in deren Vorstand neben Paul Schmitthenner auch Walter Gropius vertreten ist, zur Förderung des Projektes bewegt werden. Doch auch dieser Versuch bleibt erfolglos, die Finanzierung scheitert und das Projekt bleibt Planung.

21. Dezember 1929 (Abb. 13)

Anhaltend ist dagegen die Kritik an der Weißenhofsiedlung aus konservativen Kreisen. Eine Zeitungsnotiz, die vom Städtischen Hochbauamt als „besonderes Kuriosum" bezeichnet wird, findet sich im Bau-Kurier und zeigt, dass sich die Auseinandersetzung beinahe zwei Jahre nach der Ausstellung

Sachliche Kritik

Die „führende" Tageszeitung eines schwäbischen Städtchens hatte eines Tages ihren „Bau-Referenten" — einen Oberlehrer — nach Stuttgart geschickt, um auch einmal einen „authentischen" Bericht über die soviel gelästerte Werkbundsiedlung am Weißenhof zu erhalten. Nach einem von keinerlei Sachkenntnis getrübten längeren Bericht faßt der Kritiker sein Urteil in folgendem Schlußsatz zusammen: „Demjenigen Architekten, der die Weißenhofsiedlung in Stuttgart erfunden hat, sollte man stundenlang in die Fresse hauen."

Abb. 13: „Sachliche Kritik". Blatt aus der Zeitungsausschnittsammlung des Städtischen Hochbauamtes Stuttgart, 21. Dezember 1929   Quelle: Stadtarchiv Stuttgart

vom Gegenstand der Architektur entfernt hat (Stadtarchiv Stuttgart, Bestand 11, Akte 586).

1930

In der langsam eskalierenden Diskussion sieht sich die neutral berichtende Fachpresse zur Relativierung früherer kritischer Äußerungen veranlasst. So schreibt Otto Völckers mit einem Zitat aus seinem eigenen Artikel vom September 1927 beginnend „Le Corbusier rechnet mit einem Menschentyp, der erst in ganz wenigen Exemplaren lebt; aber es sei zugegeben: es ist ein wünschenswerter Menschentyp. Wie unsere Bilder zeigen, können auch Propheten irren. Der wünschenswerte Menschentyp hat dieses vielverfluchte Haus bezogen und ist glücklich darin" (VÖLCKERS 1930: 281).

Ebenfalls 1930 erscheint als erster Band der Schriftenreihe „der keil" die wiederentdeckte Schrift Paul Jakob Manpergers von 1722 „Beschreibung des grossen Vorzugs, welchen die sogenannten Altanen vor denen biß hieher gewöhnlich gewesenen und mit überflüßigen Holz versehenen Haus-Dächern haben". Damit wird versucht, dem Argument der langen deutschen Tradition des Satteldachs ein historisches Dokument entgegenzusetzen.

1931 (Abb. 14 und 15)

Ein Jahr später erscheint ein Buch von Christine Hohrath mit dem Titel „… besonders in Stuttgart. Eine vergnügliche Geschichte von den heutigen Schwaben". Es wird die Geschichte eines Mädchens vom Lande erzählt, das zum Studium nach Stuttgart kommt und bei Verwandten, die in der Weißenhofsiedlung wohnen, aufgenommen wird. Sie berichtet in Briefen an ihre Eltern, was sie in der Großstadt und bei den Verwandten erlebt. Der Anblick des Onkels, der auf dem Flachdach Morgengymnastik

Abb. 14: Einband des Buches „… besonders in Stuttgart. Eine vergnügliche Geschichte von den heutigen Schwaben" von Christine Hohrath. Im Hintergrund und gleichzeitig in Bildmitte ist auf dem Rand des Stuttgarter Kessels die Weißenhofsiedlung gezeichnet.   Quelle: HOHRATH, C. (1931)

Abb. 15: Ein Bewohner der Weißenhofsiedlung bei der Morgengymnastik auf der Dachterrasse
Quelle: Hohrath, C. (1932)

Abb. 16: „Stuttgart. Weissenhofsiedlung, Araberdorf". Der Schwäbische Kunstverlag Hans Boettcher gibt 1932 die Postkarte mit einer Fotomontage der Siedlung heraus, die in den folgenden Jahren etliche weitere Auflagen erfährt.
Quelle: Stadtarchiv Stuttgart

1932 (Abb. 16)
Ein weiteres Jahr später erscheint eine Postkarte mit der Weißenhofsiedlung als Araberdorf – die bildmächtige Wiederaufnahme der bereits 1926 gefundenen Charakterisierung des Fremden, nicht in die Heimat Passenden.

1932 (Abb. 17)
Ein weiteres Buch, das sich des Historismus und der Weißenhofsiedlung als expliziter Feindbilder bedient, erscheint mit dem Titel „Weder so noch so. Die Architektur im Dritten Reich". Bereits der Umschlag zeigt, gegen welche Architektur sich Karl Willy Straub wendet. Als Jugendfreund von Paul Schmitthenner teilt er dessen Ideale und sieht ebenfalls den richtigen Weg für die künftige Wohnbauarchitektur in der Anknüpfung an die Tradition deutschen Bauens vor dem Historismus. Der Ton der Ausführungen ist insgesamt gemäßigter, und Straub geht so weit, dass er das Neue Bauen für technische Bauwerke akzeptieren kann. Beinahe versöhnlich erklärt er, „wäre es die Horizontale oder wären es die die ob ihrer unverhältnismäßigen Größe ebenso unsachlichen Fensterflächen allein gewesen, der Kampf gegen alle diese gehäufte Un-

macht, veranlasst sie zu der Notiz „Im ersten Augenblick dachte ich an einen Einbrecher und dann, daß da ein Verrückter herumtobe, aber dann fiel mir ein, daß ich in Stuttgart bin und daß es vielleicht eine ganz harmlose Sache sei, die ich nur nicht begreife, weil ich von Hinterbiedingen bin" (Hohrath 1932: 11). Das Unverständnis dem neu propagierten Lebens- und Wohnstil gegenüber wird hier mit einem Augenzwinkern durch die Berichte eines unerfahrenen Mädchens vom Lande thematisiert. Die erste Auflage erscheint noch ohne Illustrationen, die zweite bekommt zu den Zeichnungen auch noch einen veränderten Titel, nämlich „Hannelore erlebt die Großstadt", und einen Einband mit städtischer Szenerie.

Abb. 17: Das Doppelhaus von Le Corbusier in der Weißenhofsiedlung als Paradebeispiel für das Neue Bauen, nach Ansicht des Verfassers ebenso wie der Historismus ein Irrweg in der Architektur STRAUB, K. (1932)

sachlichkeit würde nicht so heftig entbrannt sein, hätte die moderne Richtung wenigstens vor der Tüchtigkeit und Ehrlichkeit des steilen Daches haltgemacht" (STRAUB 1932: 17).

Frühjahr 1932
Nach der Gründung des Vereins „Deutsches Holz für Hausbau und Wohnung" für die Durchführung der Kochenhofsiedlung unter der Leitung des Deutschen Werkbundes und der Württembergischen Forstdirektion im Jahre 1932 übernimmt Richard Döcker im November die Projektleitung und legt binnen kürzester Zeit erste Lageplanskizzen vor.

August 1932 *(Abb. 18)*
Der erste Band von Paul Schmitthenners geplanter Reihe Baugestaltung mit dem Titel „Das deutsche Wohnhaus" erscheint. Hierin fordert er die Rückkehr zu einer gestalteten Architektur, die Ausdruck der deutschen handwerklichen Tradition und geistiger Geschlossenheit ist und nicht die Umsetzung technischer Möglichkeiten: „Vor Überschätzung des technischen Verstandes verlor man den gesunden menschlichen Verstand. Die Architekten vergaßen, daß Baukunst beginnt, wo die Technik dienend schweigt" (SCHMITTHENNER 1932: 7). Zur Illustration seines Anliegens wählt Schmitthenner in der Tradition Paul Schultze-Naumburgs ein Bildpaar, das die falsche und die richtige Lösung im Kontrast verdeutlichen soll, das Wohnhaus von Hans Scharoun aus der Weißenhofsiedlung und Goethes Gartenhaus. Die Bildunterschrift „Wohnmaschine" trifft zwar Schmitthenners Idee, ist aber in zweierlei Hinsicht unangebracht. Zum einen handelt es sich um einen Begriff, den Le Corbusier 1921 prägte mit dem Tenor, das Haus ist eine Maschine zum Wohnen, ebenso wie das Auto eine Maschine zum Fahren ist. Zum anderen ist der Architekt des gewählten Hauses der einzige Vertreter des organischen Bauens innerhalb der Weißenhofsiedlung, welches sich dem industriellen Bauen geradezu programmatisch verweigert. Der Erläuterungstext entwirft ein martialisches Szenario, in dem die deutsche Kultur den Kampf gewinnen muss.

Ende 1932
Eine Artikelserie aus der Zeitschrift „Deutsche Bauhütte" wird als Sonderdruck mit dem eindeutigen Titel „Bausünden und Baugeldvergeudung" gedruckt, insgesamt elf Auflagen in zwei Jahren. Den Auftakt macht ein Bericht zum fünfjährigen Bestehen der Weißenhofsiedlung. Die in weiten Teilen schlampige Berichterstattung (falsche Bildunterschriften, falsch zugeordnete Konstruktionsarten, unrichtige Aussagen über den Vermietungszustand etc.) ergeht sich in pauschalen Urtei-

Abb. 18: Gegenüberstellung einer „Wohnmaschine", das Einfamilienhaus von Hans Scharoun in der Weißenhofsiedlung, und Goethes Gartenhaus als in Inbegriff deutscher Kultur   Quelle: SCHMITTHENNER, P. (1932)

len wie „Was nun die Betrachtung des heutigen Zustandes jener verpfuschten Experimente betrifft, so muß man sich an Tatsachen halten. Es handelt sich um einen direkten Verwesungszustand" (VINCENTZ 1932: 10). Es werden aber auch heftige Angriffe auf einzelne Architekten formuliert. „Sein Kollege Oud ist scharf konsequenter Edel-Bolschewist, der die Bedrückung und Ausbeutung und Erschießung hinderlicher Massen ruhig den Sowjet-Beamten zu überlassen geneigt ist, wenn ihm nur seine Platten und Zement zur Verfügung gestellt werden" (VINCENTZ 1932: 16). In solchen Attacken ist die Angst konservativer Kreise vor dem Kommunismus spürbar.

Januar 1933 (Abb. 19)

Die „Deutsche Bauhütte" beginnt das Jahr mit einem Bericht über gute deutsche Architektur und verdeutlicht mit der Überschrift „Das angeklagte Traditionshaus", wie sehr sich die Traditionalisten, hier prominent vertreten durch Paul Schultze-Naumburg, in die Defensive gedrängt fühlen. In den Ausführungen klärt sich aber auch, dass die bevorzugte Bauherrschaft dieser Architekten „vornehme Menschen, allerdings nicht reiche Emporkömmlinge" sein sollten. Der Artikel endet mit für dieses konservative Blatt rhetorischen Fragen: „Ist dies wirklich sinnwidrige Wiederholung überlebter Formen? Nur Mangel an Kühnheit und verachtliche Maskerade?

Abb. 19: Haus an der Tannenberg-Allee in Berlin von Paul Schultze-Naumburg   Quelle: Deutsche Bauhütte (1933)

Auf solche Fragen gibt dies Haus eine bescheidene Antwort – still und vornehm."

Februar 1933 *(Abb. 20)*

Die „Deutsche Bauzeitung" druckt eine Grafik ab, die zuvor in der Humorecke der Monatsschrift der Vereinigten Stahlwerke AG, Düsseldorf erschienen war und bringt damit wieder eine eher satirische Note in die erbitterte Diskussion. Der empörte Mann an der Ecke der Terrasse, der die mythische Gestalt verjagt, trägt die für Le Corbusier typische runde schwarze Brille, was zumindest für die damaligen Fachkreise eindeutig entschlüsselbar war.

13. Februar 1933 *(Abb. 21 bis 24)*

Die Umsetzung der Bauausstellung „Deutsches Holz für Hausbau und Wohnung" nimmt mit der Auswahl von 30 Entwürfen konkrete Züge an, die Suche nach Bauherren beginnt. Von den 21 beteiligten Architekten, darunter Konrad Wachsmann, Hugo Häring und Werner M. Moser, werden dann einige Stuttgarter unter Paul Schmitthenners Leitung neue Entwürfe liefern und sich an der realisierten Kochenhofsiedlung beteiligen: Walter Körte, Eduard Krüger, Oscar Pfennig, Ernst Schwaderer, Ernst Wagner und Hellmut Weber.

Abb. 20: „Frühlingsrauschen: Junger Mann, scheren Sie sich man mit Ihrem Frühlingskitsch. Hier herrscht die neue Sachlichkeit."   Quelle: Die Bauzeitung (1933)

Abb. 21: Lageplanmodell der rekonstruierten Werkbundsiedlung „Deutsches Holz" Stuttgart 1932/33 von Norden, Ergebnisse des Seminars „Eine zweite Weißenhofsiedlung in Stuttgart?" am Institut für Architekturgeschichte, Dietrich W. Schmidt und am Institut für Darstellen und Gestalten I, Martin Hechinger, Universität Stuttgart   Foto: Inken Gaukel

Abb. 22: Einfamilienhaus mit Splitlevel von Richard Döcker (1894-1968) von Südosten Foto: Dietrich W. Schmidt

Abb. 23: Einfamilienhaus mit Doppelpultdach von Werner W. Moser (1896-1970) und Rudolf Steiger (1900-1982) von Nordwesten Foto: Dietrich W. Schmidt

Abb. 24: Terrassenhaus von Bodo Rasch (1903-1995) von Nordosten Foto: Dietrich W. Schmidt

Fata morgana im Weißenhof.
(Für die Werkbund-Sommerausstellung in Stuttgart wird eine stärkere orientalische Reklamebemalung des Weißenhofes notwendig, um die Reparaturen zu verwischen.)

Darf ich meinen Sinnen trauen,
Welcher Spuk ist hier zu schauen?
Burnusträger seh ich handeln,
Wüstenschiffe würdig wandeln,
Und im Vordergrunde gar
Bleckt mich an ein Löwenpaar.

Glaubt' in Schwaben noch zu weilen,
Doch vor diesen Häuserzeilen
Blickt der Süden heiß mich an,
Ist es Fez, ist's Tetuan?
Himmel, sende Regen mild,
Wasch' hinweg das Wahngebild!

Abb. 25: „Fata morgana am Weißenhof" Quelle: Deutsche Bauhütte (1933)

Februar 1933 (Abb. 25)
Unter der Seitenüberschrift „Irrwege der Neuen Baukunst" publiziert die „Deutsche Bauhütte" die Postkarte der Weißenhofsiedlung als Araberdorf in Kombination mit einem Spottgedicht. Bei der erwähnten Werkbund-Sommerausstellung handelt es sich um die in Planung befindliche Kochenhofsiedlung unter Leitung von Richard Döcker.

7. März 1933
Paul Schmitthenner erhält von der Gemeinderatsfraktion der NSDAP den Auftrag, die Planungen Döckers zu begutachten.

8. März 1933
Bereits einen Tag später schreibt Schmitthenner sein Gutachten, das dann am 23. März in der Tagespresse veröffentlicht wird. Schmitthenner kommentiert die eingesehene Planung: „Der Bebauungsplan ist ein-

fach schlecht. Die Verschiedenartigkeit der Baukörper, vorallem der Abdeckungen teils mit Pultdächern, teils mit mehr oder weniger geneigten Satteldächern oder dachlosen Häusern mit verschiedenem Abdeckungsmaterial, wird ein verheerendes Bild ergeben" (Hauptstaatsarchiv Stuttgart E 151/08, Bü 276).

21. März 1933
Als Konsequenz des vernichtenden Gutachtens entzieht der nationalsozialistische Stuttgarter Oberbürgermeister Dr. Karl Strölin dem Deutschen Werkbund das Projekt.

12. April 1933
Die Umgründung des Vereins „Deutsches Holz für Hausbau und Wohnung" erfolgt, neue Leitung durch den Kampfbund für deutsche Kultur. Gleichzeitig geht der Planungsauftrag für die Kochenhofsiedlung an Paul Schmitthenner und Heinz Wetzel, beide Professoren an der TH Stuttgart und gemeinsam mit Paul Bonatz die prominentesten Vertreter der Stuttgarter Schule. In den folgenden Wochen geht die Planung rasch voran, so dass am 10. Mai die Suche nach Bauherren beginnt, am 20. Mai die Architekten ausgewählt werden und bereits am 26. Juni 1933 der Baubeginn gefeiert werden kann.

25. Juli bis 6. August 1933
Anlässlich des Richtfestes wird die Kochenhofsiedlung vorab als Rohbau-Ausstellung gezeigt, zu der bereits ein kleiner Führer erscheint – es wurde anscheinend von der stark kritisierten „Werkbund-Propaganda" 1927 gelernt.

23. September 1933 (Abb. 26 bis 30)
Die Ausstellung „Deutsches Holz für Hausbau und Wohnung" wird eröffnet und bis zum 5. November 1933 gezeigt – eine Woche länger als eigentlich geplant.

Oktober 1933
Auch die Kochenhofsiedlung findet umfangreiche Resonanz in der Fachpresse, allerdings fast ausschließlich in Deutschland. Die Verbindung zur Weißenhofsiedlung wird selten hergestellt, und falls doch, so ist dezent formulierte Kritik an der neuen Bauausstellung zu entdecken: „Kommt man von der Weißenhofsiedlung her, die man auf Postkarten jetzt mit einretuschierten Kamelen, Löwen und einem bunten Straßenleben als Araberdorf kaufen kann, so erfreut die neue Siedlung durch schöne Ausgeglichenheit und Ruhe. Das ist wohl einmal auf den Bebauungsplan und die einheitliche künstleri-

Abb. 26: „Deutsches Holz für Hausbau und Wohnung 1933" von Westen, während der Ausstellungszeit im Herbst 1933
Quelle: Die Bauzeitung (1933)

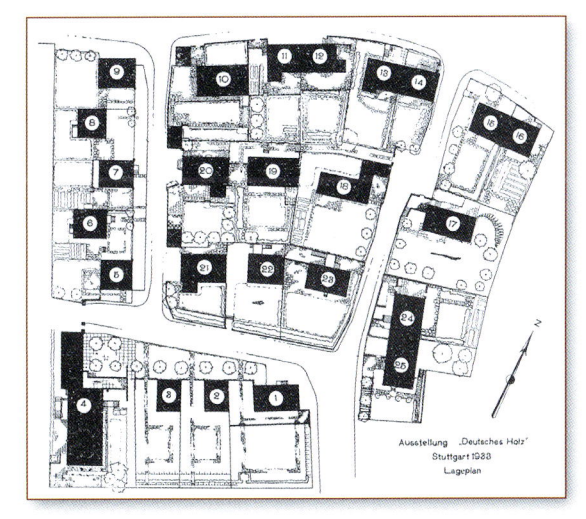

Abb. 27: Lageplan „Deutsches Holz" 1933
Quelle: Deutsche Bauhütte (1933)

Abb. 28: Südseite des Einfamilienhauses von Paul Schmitthenner (1884-1972), 1933, im Lageplan Haus 1
Quelle: Bauwelt (1933)

Abb. 29: Ostseite des Einfamilienhauses von Paul Heim (1905-1988), 1933, im Lageplan Haus 6 Quelle: Bauwelt (1933)

Abb. 30: Ostseite des Einfamilienhauses von Hans Volkart (1895-1965), 1933, im Lageplan Haus 8
Quelle: Der Baumeister (1933)

sche Leitung zurückzuführen, dann aber wohl auch darauf, daß wir seit dem Weißenhof um ein gutes Stück vorwärtsgekommen sind. Während dort Experimente und Temperamente betätigt wurden, liegen über dieser Siedlung die künstlerische Abgeklärtheit der schwäbischen Architektenschule und die vorgeschriebenen Winkel geneigten Dächer" (LEITL 1933: 1).

Februar 1934 (Abb. 31 und 32)
Paul Schmitthenners Buch „Baukunst im neuen Reich", in dem er wie schon 1932 mit Gegenüberstellungen von falschen und richtigen Beispielen arbeitet, erscheint. Allerdings scheint er inzwischen dem Leser die Beurteilung überlassen zu können, denn die Kommentare werden gesammelt im Auftakt zu den Abbildungen abgedruckt. Zu Abbildung 12 schreibt er: „Wohnhaus Weißenhofsiedlung Stuttgart. Die bewußten Anklänge an einen Schiffskörper sind unverkennbar. Das Gebilde hält, aber es ist darum noch kein Bauwerk. Erstarrte Gedankenarbeit eines geistreichen Aestheten von Geschmack. Diese „neue Sachlichkeit" hat internationale Gültigkeit, denn es ist gleichgültig, in welchem Erdteil dieses Gebilde steht. (Arch. Corbusier) Paris 1927". Für seinen eigenen Entwurf, Haus Debatin, bemerkt er: „ Wohnhaus auf der Höhe in Stuttgart, erbaut 1930. Deutsche Bürgerlichkeit mit geistiger Haltung. In jedem Punkte sachlich. Häuser dieser Art sind für Reklame nicht geeignet. Dieses Haus ist nicht überall „zu Hause", denn es ist nicht international. (Arch. Paul Schmitthenner)".

Mai 1934
Für den Besuch der Leipziger Studienkommission stellt die Stuttgarter Stadtverwaltung ein Besichti-

Inken Gaukel: Flachdach oder Satteldach? Die Stuttgarter Siedlungen am Weißenhof und am Kochenhof

Abb. 32: Gegenüberstellung eines schlechten und eines guten Beispiels für Wohnungsbau: Doppelhaus von Le Corbusier in der Weißenhofsiedlung, 1927 und Einfamilienhaus Debatin in Stuttgarter Höhenlage von Paul Schmitthenner, 1930
Quelle: Schmitthenner, P. (1934)

1936 *(Abb. 33)*
Mit einem ähnlichen Blickwinkel wie auf der Postkarte mit dem „Araberdorf" wird eine Postkarte mit dem Schriftzug „Stuttgart „Stadt der Auslandsdeutschen", Weißenhofsiedlung" gedruckt. Da dieser Ehrentitel am 27. August 1936 verliehen wird, ist davon auszugehen, dass die Postkarte nach 1936 im Handel ist. Demnach kann die Kochenhofsiedlung zumindest aus touristischer Sicht nicht an die internationale Bedeutung der Weißenhofsiedlung heranreichen.

Abb. 31: Umschlag mit Widmung von Paul Schmitthenner „Der Bibliothek der tech. Hochschule Stuttgart vom Verfasser. Februar 1934"   Quelle: Schmitthenner, P. (1934)

gungsprogramm zusammen, in dem unter III. Höhenrundfahrt die bemerkenswerten Stationen „Blick auf die Kochenhofsiedlung und Gang durch die Weißenhofsiedlung" vermerkt sind. Da auch der referierte Text überliefert ist, besteht kein Zweifel, dass eine würdigende Besichtigung mit kritischen, aber nicht polemischen Kommentaren stattgefunden hat (Stadtarchiv Stuttgart, Bestand 9, Akte 109).

Abb. 33: „Stuttgart „Stadt der Auslandsdeutschen", Weißenhofsiedlung", Postkarte um 1936
Quelle: Stadtarchiv Stuttgart

1937
Der Stuttgarter Oberbürgermeister Karl Strölin schlägt dem Reichssender das Weißenhofgelände als Bauplatz vor, allerdings ohne Erfolg. Eine neue Idee, die Zustimmung findet, ist die Nutzung des Grundstücks für das Generalkommando V.

Ende 1938
Ein beschränkter Wettbewerb für den Entwurf des Generalkommandos V. wird ausgeschrieben. Eingeladen sind Paul Bonatz mit Kurt Dübbers, Paul Schmitthenner, Alfred Kicherer, Adolf G. Schneck, Eisenlohr & Pfennig sowie Ernst Horsch mit Walter Hehl und Herbert Hettler, die den ersten Preis gewinnen (Schneider 1982: 79f.).

31. Juli 1939
Die Stadt der Auslandsdeutschen Stuttgart verkauft die Weißenhofsiedlung an das Deutsche Reich (Heer), um den Weg für die Umsetzung des siegreichen Entwurfes freizumachen.

1941
Die Postkarte „Araberdorf" wird erneut im Schwäbischen Heimatbuch veröffentlicht, diesmal mit einer Erläuterung von Felix Schuster, die den endlich errungenen Sieg der Heimatschutzbewegung feiert: „Im Jahr 1927 wurde mit Fahnen und Fanfaren die Werkbundsiedlung beim Weißenhof in Stuttgart eröffnet und der staunenden Welt jubelnd der Sieg des Neuen Bauens verkündet. Auf dem Begrüßungsabend vor der Eröffnung dieser Bauausstellung, die mit Betonung gegen die vom Heimatschutz vertretene heimische Bauweise gerichtet war, machte sich auch der damalige Geschäftsführer des württembergischen Werkbundes über das traditionsverbundene Bauen des Heimatschutzes lustig. Aber die Herrlichkeit der Sieger dauerte nicht lange. Es hieß nur zu schnell: ‚Ach wie bald schwindet Schönheit und Gestalt! Gestern noch auf stolzen Rossen, heute durch die Brust geschossen.' – Jetzt macht man sich über die Erzeugnisse der Weißenhofsiedlung lustig. Wer zuletzt lacht, lacht am besten!"

Nachspiel I: Die Stuttgarter Protagonisten
Paul Bonatz (1877–1956) nimmt nach einem ersten Aufenthalt in Ankara 1943 als Berater der Bauabteilung des Ministeriums im Februar 1944 einen weiteren Vertrag mit der türkischen Regierung an und bleibt letztlich bis 1954 Lehrer an der TH Istanbul, ab 1949 ist er auch wieder als Planer und Preisrichter in Westdeutschland tätig (Voigt/May 2010).

Paul Schmitthenner (1884–1972) wird im Dezember 1945 auf Anordnung der amerikanischen Militärregierung zusammen mit acht weiteren Professoren der TH Stuttgart entlassen. Schmitthenner bekommt keine Bezüge, darf aber arbeiten, die Spruchkammer in Stuttgart entlässt ihn 1947 als entlastet. Die erhoffte Rückkehr an den Lehrstuhl der TH Stuttgart wird verhindert. Bis 1948 beschäftigt der „Fall Schmitthenner" die Presse. 1950 löst Schmitthenners letztlich umgesetzter Entwurf für den Königin-Olga-Bau am Stuttgarter Schlossplatz einen öffentlichen Streit um die Haltung beim Wiederaufbau der Stadt aus (Voigt/Frank 2003).

Richard Döcker (1894–1968) wird 1945 zum Vorsitzenden des wiedergegründeten Bundes Deutscher Architekten, Landesgruppe Nordwürttemberg, gewählt, 1946 auf den vakanten Lehrstuhl für Städtebau der TH Stuttgart berufen, wo er mit der Umgestaltung der Architekturabteilung beginnt. Von 1947 bis 1958 war Döcker Ordinarius der Fakultät; gleichzeitig wird er zum Generalbaudirektor und Leiter der Zentrale für den Aufbau der Stadt Stuttgart (ZAS) ernannt und prägt den Wiederaufbau der Stadt (Kimpel/Worbs 1996).

Nachspiel II: Die Dächer der Nachkriegszeit
(Abb. 34 und 35)
Beim Wiederaufbau der zerstörten Gebäude erhält das Mehrfamilienhaus von Peter Behrens Satteldächer, die erst bei der umfangreichen Sanierung

Abb. 34: Nordseite des Mehrfamilienhauses von Peter Behrens (1868-1940) in der Weißenhofsiedlung, 1927, im Übersichtsplan (Abb. 9) Haus 5 Quelle: Stadtarchiv Stuttgart

Abb. 35: Nordseite des Mehrfamilienhauses von Peter Behrens (1868-1940) in der Weißenhofsiedlung, 1974, mit den in den 1950ern ergänzten Satteldächern Quelle: Stadtarchiv Stuttgart

der 1980er Jahre wieder rückgebaut werden. Damit wird zumindest an dieser Stelle die Vorhersage von Mies van der Rohe aus dem Frühjahr 1927 wahr, wenngleich nicht die skizzierten Zwiebeltürme gebaut werden.

Streit um Dachformen oder wirtschaftliche Motive?

Aus heutiger Sicht stellt sich die Frage, weshalb der Streit um die Dächer so eskalieren konnte und sich die Vertreter der Stuttgarter Schule derart angegriffen fühlten. Neben den weltanschaulichen und gestalterischen Haltungen der Kontrahenten kann wohl tatsächlich die Auftragslage bzw. die Angst der etablierten Architekten, ins Abseits zu geraten, als Motiv benannt werden. Curt Vincentz spricht diese Befürchtung als einer der wenigen besonders deutlich aus: „Der Werkbund hat viel tüchtige und ehrenwerte Mitglieder, sie ahnten nicht, welch einem Klüngel von ausländischen Auch-Künstlern vom Bunde zur Auftragsjagd für hochgeschwellte Geldtaschen Freiheit gelassen wurde" (VINCENTZ 1932: 3).

Literaturverzeichnis

CRAMER, J.; GUTSCHOW, N. (1984): Bauausstellungen. Eine Architekturgeschichte des 20. Jahrhunderts. – Stuttgart.

Deutscher Werkbund (Hrsg.) (1927): Bau und Wohnung. Die Bauten der Weißenhofsiedlung in Stuttgart errichtet 1927 nach Vorschlägen des Deutschen Werkbundes im Auftrag der Stadt Stuttgart und im Rahmen der Werkbundausstellung „Die Wohnung". – Stuttgart.

FREYTAG, M. (1996): Stuttgarter Schule für Architektur 1919–1933. Versuch einer Bestandsaufnahme in Wort und Bild. – Stuttgart Univ. Diss.

HACKELSBERGER, C. (1991): Architektur eines labilen Jahrhunderts. – München.

HOHRATH, C. (o.J. 1931): …besonders in Stuttgart. Eine vergnügliche Geschichte von den heutigen Schwaben. – Stuttgart.

HOHRATH, C. (o.J. 1932): Hannelore erlebt die Großstadt. Eine vergnügliche Geschichte von den heutigen Schwaben mit vielen Bildern von Alfred Hugendubel. – Stuttgart.

KIMPEL, D.; WORBS, D. (1996): Richard Döcker 1894–1968. Ein Kolloquium zum 100. Geburtstag. – Stuttgart.

KIRSCH, K. (1987): Die Weißenhofsiedlung. Werkbundausstellung „Die Wohnung" – Stuttgart 1927. – Stuttgart.

KRISCH, R. (2001): Kochenhofsiedlung in Stuttgart. – In: Villa und Eigenheim. Suburbaner Städtebau in Deutschland, S. 228–237. – Stuttgart.

LEITL, A. (1933): Die Kochenhofsiedlung in Stuttgart. Bauausstellung Deutsches Holz für Hausbau und Wohnung. – In: Bauwelt 1933, Heft 43, S. 1–16.

MEHLAU-WIEBKING, F. (1989): Richard Döcker. Ein Architekt im Aufbruch zur Moderne. – Braunschweig.

SCHNEIDER, W. (1982): Hitlers „wunderschöne Hauptstadt des Schwabenlandes". Nationalsozialistische Stadtplanung, Bauten und Bauvorhaben in Stuttgart. – In: Demokratie und Arbeitergeschichte, Jahrbuch 2, S. 51–95.

SCHMIDT, D. (2007): Das Phantom der Werkbundsiedlung „Deutsches Holz" am Kochenhof 1932/33. In: 100 Jahre Deutscher Werkbund 1907 – 2007, S.207–209. – München.

SCHMITTHENNER, P. (1932): Baugestaltung. Erste Folge. Das deutsche Wohnhaus. – Stuttgart.

SCHMITTHENNER, P. (1934): Die Baukunst im neuen Reich. – München.

SCHULTZE-NAUMBURG, P. (1927): Zur Frage des schrägen und des flachen Daches in unserm Wohnhausbau. – In: Schwäbisches Heimatbuch 1927, S. 50–58.

Stadtarchiv Stuttgart: Bestand 11, Akten 584–586 zur Weißenhofsiedlung, Akten 587–589 zur Versuchssiedlung am Kochenhof.

STRAUB, K. (1932): Weder so noch so. Die Architektur im Dritten Reich. – Stuttgart.

Universität Stuttgart (2004): Spuk am Kochenhof. Werkbundsiedlung Deutsches Holz, Stuttgart 1932/33. Ergebnisse des Seminars „Eine zweite Weißenhofsiedlung in Stuttgart?" – Stuttgart.

VINCENTZ, C. (1932): Bausünden und Baugeldvergeudung. Mit 49 Bilddokumenten der sog. modernen Sachlichkeit. – Hannover.

VETTER, A. (Hrsg.) (2006): Die 25 Einfamilienhäuser der Holzsiedlung am Kochenhof. Kommentierte Neuausgabe – Baunach.

VÖLCKERS, O. (1930): Habent sua fata … – In: Stein Holz Eisen 1930, Heft 13, S. 281.

VOIGT, W.; Frank, H. (Hrsg.) (2003): Paul Schmitthenner 1884–1972. – Tübingen.

VOIGT, W.; May, R. (Hrsg.) (2010): Paul Bonatz 1877–1956. – Tübingen.

50 + 7 Jahre Dürrlewang

Hans Martin Wörner

Zusammenfassung

Das Projekt „Keine Sau auf dem Balkon" ist die Leistung eines ehrenamtlichen Ortschronisten: Über 50 Interviews und Zeitzeugenberichte hat Hans Martin Wörner zur Siedlung Stuttgart-Dürrlewang gesammelt und ausgewertet – einer Siedlung, in der er selber seit Kindertagen lebt und deren Entwicklung er aufmerksam verfolgt hat. Aus Zitaten und Berichten, aktuellen und historischen Fotos entsteht eine Chronik der Siedlung, deren Darstellungsweise immer nah an dem bleibt, was Menschen unmittelbar bewegt. Die Siedlung als neue Heimat der Erstbezieher in den 1950er Jahren wird ebenso thematisiert wie die baulichen und sozialen Veränderungen der letzten Jahre. Am Ende steht auch ein Abriss der allgemeinen Gesellschafts- und Wirtschaftsgeschichte (West-)Deutschlands in der zweiten Hälfte des 20. Jahrhunderts, beispielhaft dargestellt an einer Stuttgarter Stadtrandsiedlung.

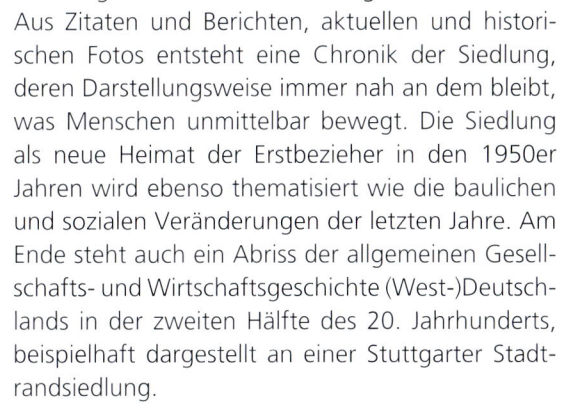

Vorbemerkung eines Chronisten

Zu meinem Bildbericht „Keine Sau auf dem Balkon" muss ich etwas Persönliches vorausschicken: Ich bin Schwabe und ich bin Pfarrerssohn! Beide schicksalhaften Eigenschaften prägen meinen Beitrag. Aufgewachsen bin ich und lebe seit meinem zwölften Lebensjahr als Kind eines hochverehrten evangelischen Pfarrers in einer Stuttgarter Stadtrandsiedlung: Dürrlewang. Hier war mein Vater von Baubeginn an, seit 1957, der erste Pfarrer vor Ort. Wir, das waren vier Kinder und die Eltern, lebten vier Jahre lang bis zum Bau des Pfarrhauses in einer 4-Zimmer-Wohnung in einem Wohnblock – das Wohnzimmer war gleichzeitig Amtszimmer! Besonders diese Anfangsjahre haben mich eng mit Dürrlewang verwachsen lassen. Durch die Tätigkeit meines Vaters habe ich intensive Einblicke in das Leben der Neubürger und in die Besonderheiten einer Nachkriegssiedlung bekommen. Ich habe persönlich erfahren, dass eine Siedlung nicht vergleichbar ist mit Dörfern und Städten mit typisch urban-gesellschaftlichem Charakter. Es gibt keine lokalen Traditionen und gewachsene Hierarchien sowie keine tradierten kulturellen Strukturen, weil sich die Bevölkerungszusammensetzung periodisch nach einer Generation ändert. Als einer der wenigen Jugendlichen konnte ich auch nach der Versetzung meines Vaters 1971 da bleiben, während kaum eines der vielen Siedlungskinder, meine Freunde, nach Studium und Ausbildung in die elterlichen Wohnungen zurückkamen.

So habe ich die Entwicklung Dürrlewangs von Anfang an sehr intensiv und direkt miterlebt, vom unwegsamen Morastgelände bis zum grünen Wohnpark, von der jungen, kinderreichen bis zur reduzierten, überalterten Bevölkerungsstruktur. Gab es in den ersten Jahren noch die üblichen Turbulenzen in mannigfaltiger Ausprägung – Vorurteile gegen alles Neue und Fremde waren hier genauso vorhanden wie anderswo (die „Sau auf dem Balkon"!) –, ist der Dürrlewang für viele zweite oder gar erste Heimat geworden! So auch für mich, was bei Pfarrerskindern durch den häufigen Wechsel der Gemeinde nicht selbstverständlich ist.

Im Sommer 2006 habe ich mein Projekt „Keine Sau auf dem Balkon" begonnen und Zeitzeugen der ersten Jahre dazu animiert, ihre Geschichten aufzuschreiben bzw. mir zu erzählen. Und siehe da: Es gab nie eine Sau auf dem Balkon! Diese Geschichte ist aus dem Reich der bösartigen Legenden, die wohl allen Nachkriegssiedlungen angedichtet wurden! Das von mir versprochene Spanferkel-Essen für nachgewiesene Balkon-Säue wurde nie eingefordert. Meine Motivation für dieses Unternehmen, die Beschäftigung mit der Geschichte unserer Dürrlewang-Siedlung, resultiert aus der Enttäuschung über die offizielle Chronik Vaihingen/Rohr/Büsnau/Dürrlewang von 1993 – eines dieser Heimatbücher, die über weite Strecken alte Aufsätze, Quellen oder Versatzstücke vergangener und austauschbarer Ereignisse einer Gemeinde publizieren („Hexen-Verbrennungen" usw.), die aber die Chance nicht nutzten, gerade in neuen Siedlungen der 1950er Jahre wie Dürrlewang, aktuelle Lebensgeschichten zu dokumentieren!

Deshalb animierte mich der damalige Vaihinger Bezirksvorsteher Burkhardt, mit Hilfe des umfangreichen Archivs meines Vaters eine aktuelle Chronik zu erstellen und mit Befragen von Dürrlewanger Ur-Einwohnern deren Lebensgeschichten festzuhalten und zu archivieren. Das „Dann mach doch was!" von Burkhardt damals 1993 und dem „M'r sott' was macha" von 2007 (50 Jahre Jubiläum) waren für mich letztendlich der Anlass, die erreichbaren, vielfach mir noch persönlich bekannten Menschen aus unserer Siedlung zu animieren, ihre Lebensgeschichte aus der Zeit vor und während „Dürrlewang" zu erzählen.

In dieser bis heute kaum bearbeiteten Kategorie der Heimatpflege beschäftige ich mich seither mit dem „Miteinander in einer neuen Heimat" nach dem Zweiten Weltkrieg. So wird man plötzlich „Lokal-Chronist", wie mich die Lokalzeitung nennt, ehrenamtlicher Chronist, wie mich der BHU sieht, und das ehrt und freut mich.

Ich bin kein Lokal-Historiker, obwohl ich nahezu alle Lokale der letzten 57 Jahre in Dürrlewang erforscht habe. Meine narrativen Erzähl-Interviews sind weit entfernt von den methodischen Standards der wissenschaftlichen Oral History und erheben keinen wissenschaftlichen Anspruch! Aber ich sehe mich auch nicht als „arm-Chair"-Chronist mit mageren Hobby-Ambitionen. Denn Dürrlewang ist ein Teil meiner Biographie, ein Teil meines Erlebens. Das birgt gleichermaßen Gefahren und Chancen in sich. Allzu große Nähe kann die Perspektive verzerren, aber auch Einsichten eröffnen, die den Außenstehenden verborgen bleiben – beides ist mir bewusst. Die Inhalte der Berichte und das mir entgegengebrachte Vertrauen in den Gesprächen war oft eine bewegende Erfahrung. Ein Zitat aus einem Bericht über das Schicksal als Flüchtling im eigenen Land:

„Meinem Vater wurde von wohlmeinender Seite 1950 nahegelegt, die russische Besatzungszone dringend zu verlassen, da er als Fabrikantensohn nichts Gutes zu erwarten habe. Meine Eltern ließen Verwandte, Freunde und eine Villa mit Park in der Oberlausitz zurück und flohen mit mir und meiner jüngeren Schwester nach Westberlin. Über viele Notunterkünfte u.a. in Waiblingen und Vaihingen, mit vielen deprimierenden Erlebnissen als ‚Reingschmeckte' kamen wir endlich nach Dürrlewang in eine große Wohnung. Man sprach so gut wie nie darüber, was man zurückgelassen und erlebt hatte. Lieber Herr Wörner, erst bei Ihrer Aktion ist mir bewußt geworden, wie tief dieses Nicht-Darüber-Sprechen in mir sitzt!"

Um so mehr freut mich dieser Brief (übrigens eines von bislang über 50 Schreiben und Interviews, die ich seit August 2007 erhielt):

„Bei meiner ganzen Sprachlosigkeit kann ich eines aber doch gleich sagen: Das Leben in dieser Gemeinde Dürrlewang hat mir die Grundlagen geschaffen für mein ganzes Leben! [...] Ich bin aufgewachsen in einer Hausgemeinschaft im Orion-Weg,

wo die Bewohner seit 1957 nie gewechselt haben, sie haben 50 Jahre unter einem Dach gelebt, ohne jeden Streit, immer hilfsbereit untereinander!"

Ich habe die Interviews und Briefe sorgfältig archiviert, zum Schutz der Anonymität werden nur die Namen derjenigen Beteiligten genannt, die das wünschten. Und das alles ist zur Zeit eine Aktion mit völlig offenem Ausgang – eine Aktion, die heute noch nicht zu Ende ist. Immer noch erzählen „dem Jonga vom Alten" Menschen ihre Dürrlewang-Geschichten. Diese gehen in ihrer Originalität weit über die offiziellen Chroniken hinaus! Ich werde sie für die Zukunft archivieren! *„Was ist eigentlich Geschichte?"* fragte der Publizist und begnadete Geschichtenerzähler Sebastian Haffner in einem Vortrag 1972. *„Nicht alles, was geschehen ist, wird Geschichte, sondern nur das, was Geschichtsschreiber irgendwo und irgendwann einmal der Erzählung für wert erachtet haben."*

Abb. 1: Gesamtbild von Süd-Osten 1964: Dürrlewang „natur".

Dürrlewang – eine andere Chronik

Die Siedlung liegt am südlichen Rand der Gemarkung der Landeshauptstadt Stuttgart. Sie erstreckt sich über ungefähr 5 Hektar im Stadtbezirk Vaihingen. Beim jüngsten Besuch des städtischen Verwaltungsbürgermeisters Wölfle kamen auf einem sehr gut besuchten Stadtteil-Spaziergang zwar viele kleine, individuelle Probleme der Bürger zur Sprache, die Zufriedenheit mit der Wohnqualität war aber überragend positiv. Die aktuellen Themen „Städtebauförderung/Soziale Stadt" und ein Bebauungsplan-Entwurf für ein Nahversorgungs-Projekt werden trotzdem sehr engagiert diskutiert. Auch in Dürrlewang gibt es die typischen Probleme einer Nachkriegssiedlung, und ich denke, Veränderungen und Neuerungen muss jedes Gemeinwesen aushalten, um seine Vitalität zu erhalten.

Geschichte

Im Zweiten Weltkrieg gab es über 50 Luftangriffe auf Stuttgart. Besonders durch die Bombardierungen 1943 und 1944 hatte sich der Wohnraum in Stuttgart um 55% verringert. Es herrschte eine unvorstellbare Wohnungsnot. Davon waren alle sozialen Schichten der Stadt, alle Stadtteile und Wohnlagen gleichermaßen betroffen. Provisorien im Freien, Bunker, Baracken, verlassene Kasernen waren überbelegt, Wohnungen wohnraumbewirtschaftet, d.h. es wurden fremde Menschen in die bestehenden Wohnungen und zu deren Bewohnern eingewiesen, die meistens schon von Großfamilien mit Oma und Opa sowie Tanten überbelegt waren. Zu den ausgebombten Stuttgarter Bürgern kamen Anfang der 1950er Jahre über 12 Millionen Flüchtlinge und Vertriebene aus dem sowjetisch besetzten Teil Deutschlands in die westlichen Besatzungszonen.

Aus diesem Barackenlager in Stuttgart-Zuffenhausen (Abb. 2) waren z.B. bis Juli 1945 die ausländischen Zwangsarbeiter der Motorenwerke Hirth gegen ihren Willen in ihre Heimatländer zurückgebracht, „repatriiert" worden. Das war von den sieg-

Abb. 2: Lager Schlotwiese.

Abb. 3: Baracken in der Dürrlewangstraße.

reichen Alliierten so ausgehandelt worden, obwohl z.B. auf die Russen die sichere Verbannung nach Sibirien wartete. Das Repatriierungslager Schlotwiese blieb verwüstet und in schlechtem baulichem Zustand zurück. „Nur Abbruch möglich!" stellte die Stadtverwaltung fest. Trotzdem wurde es im August 1945 von den Amerikanern mit Flüchtlingen aus Jugoslawien, Kroatien und Ungarn, sogenannten Volksdeutschen, belegt. Nach ihrer erneuten Flucht aus dem sowjetisch besetzten Thüringen fanden sich ganze Dorfgemeinschaften hier im Lager wieder. Sie hofften noch lange, in ihre alte Heimat zurückkehren zu können. Doch durch amerikanischen Beschluss verloren sie ihren Displaced-Persons-Status, sie mussten auf der Schlotwiese bleiben und zogen später in die neu entstehende Rotweg-Siedlung in Zuffenhausen.

Es würde zu weit führen, hier die Schicksale und Irrfahrten der verschiedenen Flüchtlings- und Vertriebenen-Gruppen zu beschreiben. Auch die Geschichte der Siebenbürger Sachsen, der Banater Schwaben und der Buchenländer ist ebenfalls ein Thema für sich.

Abbildung 3 ist mein einziges Bild der bis in die 1960er Jahre bewohnten Baracken in Dürrlewang von 1967. Es zeigt die Behelfswohnungen, die dann durch den Bau der Siedlung überflüssig wurden. Die ehemaligen Barackenbewohner sprachen später ungern über diese Zeit. Die Geschichte der Stuttgarter Wohnungssuchenden sowie die der Flüchtlinge und Vertriebenen wurde nie erfasst. Seit einigen Jahren habe ich deshalb Dürrlewanger Bürger über ihr neue Heimat befragt und besitze inzwischen einen dicken Ordner mit ihren Geschichten. So auch folgende, den Bericht eines betroffenen Stuttgarters:

„Nach Dürrlewang!

Fast schon immer waren wir eine kinderreiche Familie. Kinderreiche Familien sind in der Regel Familien, die zwar an Kindern reich sind, finanziell gesehen aber meistens nicht. Ich stamme aus solch einer kinderreichen Familie. Bevor es Dürrlewang für mich gab, wohnte meine Familie im Stuttgarter Westen. Durchaus in guter Wohngegend, jedoch unter dem Dach. Alles war klein. Eigentlich war es gar keine Wohnung – es waren die Mansardenzimmer der darunterliegenden Wohnungen. Das Elternschlafzimmer war wenig größer als das Ehebett. Das Wohnzimmer komplett mit einer Dachschräge, mit dem einzigen Ofen. Vielleicht in der Hälfte des Zimmers konnten Erwachsene stehen. Ich war kleiner. Das Kinderzimmer hatte auf zwei Seiten Dachschräge. Die Küche war im Treppenhaus, außerhalb der Woh-

nung. Bad hatten wir nicht, nur ein kleines Waschbecken im schmalen Klo mit fließendem Kaltwasser. Hier wohnten wir: die Eltern, fünf Kinder – und die Mutter war schwanger. Dann kam die Nachricht vom Wohnungsamt: Dürrlewang! Vater erzählte von neuen Häusern, die in der Nähe von Vaihingen gebaut würden. Vaihingen kannten wir Kinder vom Freibad. Unsere neue Wohnung sollte einen Balkon haben, ein Bad mit Dusche und in Küche und Bad warmes Wasser. Insgesamt vier Zimmer! Dürrlewang war für uns die Zukunft in Luxus. Wir träumten von Dürrlewang. Und eines Sonntags machten wir uns auf den Weg, mein Vater, meine größere Schwester und ich, Dürrlewang anzusehen. Mit der Straßenbahn nach Rohr, dann zu Fuß weiter die Osterbronnstraße hinunter bis zur Dürrlewangstraße. Dort gab es zuerst einmal Vesper in der kleinen Wirtschaft ‚Zum Wiesengrund'. Wer es nicht gesehen hat, wie ich mit meinen 13 Jahre alten Augen, der kann sich keine Vorstellung machen von dem, was vor uns lag! Eine riesige Baustelle, soweit das Auge reichte. Ich war beeindruckt und irgendwie auch stolz, dass ich bald dort leben würde! Was damals 1958 alles schon gebaut war und was noch nicht, weiß ich nicht mehr genau. Jedenfalls fand mein Vater in diesem heillosen Durcheinander von Baustellen den Weg zu einem Haus, unserem Dürrlewang. In einem Ensemble von vier Wohnblöcken sollte es im dritten sein. Vorsichtig kletterten wir in der Baustelle, dem Rohbau, herum. In unserer Wohnung wurde dann sofort begonnen, die Räume zu verteilen und in der Vorstellung einzurichten. Erst im nächsten Frühjahr aber, 1959, war dann der richtige Umzug nach Dürrlewang."

Für diejenigen, die damals auf der Flucht von weiter her nach Stuttgart gekommen waren, war die Eingewöhnung dort ungleich schwieriger. Nur wenige der damaligen Flüchtlinge leben noch. Sie haben mir erzählt von Batschka, Syrmien, Slawonien – das sind Heimaten, die wir heute nicht mehr kennen. Dagegen sind Masuren und Ostpreußen, Schlesien und Sudetenland durchaus noch Begriffe. Nach langem Verdrängen und überdrüssiger Abneigung in der alten Bundesrepublik ist das Interesse an Geschichte wieder da. Allerdings wird die grausame Realität von Flucht und Vertreibung in allzu reißerischen Spektakeln zelebriert (Filme wie „Die Flucht" und „Wilhelm Gustloff" oder vergleichbare Geschichten). Auch deshalb ist es wichtig, die letzten authentischen Geschichten festzuhalten, wie z.B. die einer Familie, die nach der Flucht aus dem Osten im sowjetisch besetzten Teil Deutschlands lebte, ganz knapp der Verhaftung wegen „volksschädlichen Verhaltens" entging, abenteuerlich nach Westberlin floh (was 1956 im Glücksfall noch mit der S-Bahn möglich war), mit ihren kleinen Kindern ins Lager Marienfelde kam und zu ihrem Schutz nach Frankfurt ausgeflogen wurde. Nach verschiedenen Aufenthalten in Lagern, meist leerstehenden Kasernen und Fabriken, kam sie zufällig nach Dürrlewang. Ein weiterer Bericht:

„Als Heimatvertriebene aus Tilsit in Ostpreußen und spätere Flüchtlinge aus der sowjetischen Besatzungszone kam ich mit meiner Frau und unserer Tochter 1952 nach Stuttgart. Für kurze Zeit waren wir im Durchgangslager Stuttgart-Stammheim untergebracht, dann bekamen wir für längere Zeit zusammen mit vielen anderen Familien ein Obdach in der Porschehalle in Stuttgart-Zuffenhausen. Zuletzt waren wir im Lager Fangelsbachstraße untergebracht. Wegen der großen Wohnungsnot wurde dann mit dem Bau der Siedlung Dürrlewang begonnen. Zwei Blöcke der ‚Siedlungsgesellschaft Buchenländer' und ein Block der ‚Flüwo' in der Schopenhauerstraße waren im August 1957 bezugsfertig. Wir hatten das Glück, nach Bezahlung von drei Anteilen (900 DM), Mitglieder der ‚Genossenschaft Buchenländer' zu werden und bekamen auch eine Wohnung zugeteilt, in die wir Ende August 1957 einziehen konnten."

Die Stadt Tilsit in Ostpreußen, im Bezirk Gumbinnen, am Einfluss der Tilse in die Memel, heißt heute Sowjetsk und ist bekannt durch den Tilsiter Frieden von 1807 zwischen Napoleon, Rußland und Preußen sowie durch die Käseproduktion. Holländische Mennoniten, Schweizer und Salzburger (also „Flüchtlinge"!) brachten die Rezepturen damals dorthin in ihre neue Heimat – dies nur am Rande.

Im beginnenden Wirtschaftsaufschwung gab es im Stuttgarter Raum zwar viele Arbeitsplätze, aber keine Wohnungen. Jahrelang fuhren z.B. Männer aus den Flüchtlingslagern und Kasernen in Bayern zur Arbeit bei Daimler, bei Bosch, bei den zahlreichen Baufirmen oder bei der Stuttgarter Straßenbahn. Der Bau neuer Siedlungen begann Anfang der 1950er Jahre. Seit 1950 gab es Planungen der Stadt Stuttgart, auch auf den Acker- und Wiesenflächen der benachbarten Dörfer Rohr und Möhringen, zwischen Steinbach und Schwarzbach, eine Wohnsiedlung zu erstellen. Die Stadt belegte bereits 1952 das ganze Gebiet mit Vorkaufsrecht, die Rohrer und Möhringer Grundeigentümer bekamen 10 DM pro qm bzw. Bauplätze für Reihenhäuser am Rande des neuen Wohngebietes. Diese nach einem alten Flurnamen „Dürrlewang" genannte Siedlung wurde auf dem Reißbrett geplant, die Wohnblocks sollten nach Maßgabe der ehemaligen Grundbesitzer nicht höher als dreistöckig gebaut werden.

Als Bauherren fungierten verschiedene „Gemeinnützige Wohnungsgesellschaften", staatliche Institutionen wie Bundesbahn, Bundespost oder Bundeswehr, die Stuttgarter Straßenbahn AG oder auch private Firmen wie der Strümpfehersteller Hudson und Kohlen-Scharr. Das Großkaufhaus Breuninger, Siemens und Bosch kauften sich in die Wohnbaugesellschaften ein, um ihren immer zahlreicher werdenden Mitarbeitern Wohnungen bieten zu können.

Im Herbst 1957 bezogen die ersten Bewohner die Wohnblocks, mitten in einer unwegsamen, morastigen, baumlosen und nachts völlig unbeleuchteten

Abb. 4: Luftbild/Blick von Südwesten ca. 1958 (Ausschnitt).

Landschaft. Trotzdem waren die neuen Bewohner froh, *„so in Luxus leben zu können"*. Mehrere Zimmer, fließend Kalt- und Warmwasser, teilweise modernste Heiz- und Kücheneinrichtung, gefliestes Bad und Tapeten an den Wänden – das war der krasse Gegensatz zu den Behelfsunterkünften oder zum Leben in Provisorien und Lagern. Für finanziell schwächere Wohnungssuchende realisierte die Stuttgarter Wohnungs- und Siedlungsgesellschaft die ersten sechs Wohnblocks in der Mitte der Siedlung allerdings in dermaßen primitiver Einfachbauweise, dass die Bewohner nicht nur wegen ihrer dreckigen Gummistiefel in den Nachbargemeinden als *„Asoziale"* oder *„Zigeuner"* diskriminiert wurden. Zu diesen Vorurteilen trug auch die dumpfe Furcht vor allem Fremden bei, die „Schweine auf dem Balkon" wurden, wie bei allen Siedlungen rings um Stuttgart, auch den Dürrlewangern angedichtet.

In seinen „Erinnerungen an den Luftkur- und Ausflugsort Rohr in den 1920er-Jahren" schreibt der Rohrer Erwin Ulmer von dem kleinen Flecken, in dem es bescheiden und arm zuging. Erst mit dem Gäubahnhalt endete um 1906 die Abgeschiedenheit. Die ersten Fremden belebten das Dorf. Wegen der guten Luft kamen Erholungssuchende aus ganz Deutschland und quartierten sich in den Villen auf der Rohrer Höhe ein. Es entwickelte sich ein kleiner Fremdenverkehr. Und dann begann der Bau, die Aufsiedelung

Dürrlewangs. Abbildung 4 zeigt die Bebauung im Jahre 1958: Rohbau der Schule, Läden Schopenhauerstraße, Bauplätze der Kirchen, Hudson-Blöcke.

Eine Episode: 1956 lag Friseurmeister Richard Wagner wegen eines Motorrad-Unfalls in einem 10(!)-Bett-Zimmer im Stuttgarter Marienhospital. Mit dabei waren Männer aus Rohr, die damit prahlten, dass *„da unten eine ganz neue Stadt"* entsteht. Nach der damals gültigen Devise: „1000 Menschen ernähren einen Friseur" hat sich Herr Wagner beim Bauamt beworben, den Laden bekommen – und heute ist das „Coiffeur-Team Wagner" das älteste Geschäft in Dürrlewang! Einziehen konnte er, obwohl der Bau schon im Oktober 1957 fertig war, erst im Oktober 1958: Wegen fehlender Kanalisation in der Osterbronnstraße stand der Keller im Rohbau bis zur Decke im Wasser. Kein Mensch ahnte, dass sich diese Überflutungen in dem gewässerreichen Wohngebiet noch jahrzehntelang wiederholen sollten. Seit 2013 fordern nun die betroffenen Bewohner eine modernisierte Kanalisation.

Das einzige schon vorhandene Wohnhaus im neuen Siedlungsgebiet war die Villa Schöbel. Ihr Garten mit der mächtigen Hecke und den mistelbehangenen Bäumen war bis vor wenigen Jahren ein vertrauter Anblick. Als Dr. Heinrich Schöbel 1954 das Anwesen von dem Landschaftsgestalter Erich Lilienfels erwarb, lag es auf Möhringer Gemarkung und war das Gebäude Nr. 1 „Schlattwald". 1959 wurde der Möhringer Teil Dürrlewangs in die Gemarkung Rohr und damit in den Stadtbezirk Vaihingen eingegliedert, im Behördendeutsch umgemarkt. Das Auftauchen eines Schildes für Neubebauung (Abb. 5) auf dem Schöbel-Areal war an sich keine Überraschung – der Text mit der Ortsbeschreibung „Stuttgart-Rohr", nicht Dürrlewang, allerdings sehr wohl! Ich komme auf dieses Phänomen zurück.

Mit Förderung durch die Stadt konnten sich junge Familien mit mindestens zwei Kindern auf dem Schöbel-Areal neuen Wohnraum schaffen. Dieses

Abb. 5: Neubau-Schild („Stuttgart-Rohr").

Förderprogramm hat auch an anderer Freifläche in der Siedlung für eine deutliche Verjüngung der Bewohner gesorgt. Unscheinbar in der Adresse tut sich das eigentlich Große. Ich möchte kurz auf die Straßennamen Dürrlewangs reflektieren: Mit den Namen bedeutender Astronomen und Philosophen wie Galilei, Schopenhauer, Herschel, Euler und Lambert begibt sich die neue Siedlung in den geistigen Olymp des Abendlandes. Und das, wie viele Dürrlewanger loben, völlig zurecht und der Wohnqualität angemessen – die „himmlische" Siedlung! So war Leonhard Euler, 1707 in Basel geboren und 1783 in St. Petersburg gestorben, einer der bedeutendsten Mathematiker: Differential- und Integralrechnung, Differenzengleichungen, elliptische Integrale, die Theorie der Beta- und Gammafunktionen wurden den Bewohnern Dürrlewangs per Straßennamen gewissermaßen in die Wiege gelegt.

Der Name Lambertweg erinnert an den schweizerisch-elsässischen Mathematiker, Physiker und Philosophen, den von Hugenotten abstammenden Johann Heinrich „Lombäär". Nach ihm wurden nicht nur Krater auf Mond und Mars benannt, sondern auch die ehemalige Straße „Am Schlattwald". Die katholische Kirche revidierte bekanntlich im Jahre 2009 ihr Verhältnis zu Galileo Galilei und stellte in

Abb. 6: Sternbilder Sirius und Orion als Hausschmuck.

Abb. 7: Neubauten-Blöcke Siriusweg und Wendeplatte Jupiterweg.

den Vatikanischen Gärten sogar eine Skulptur des großen Gelehrten auf. Da sind wir mit der Straßenbezeichnung Galileistraße schon 57 Jahre weiter. Und mit den Namen von Gestirnen und Planeten begibt sich die neue Siedlung gewissermaßen in die Unendlichkeit des Universums, auch als Hausschmuck.

Zurück in die 1950er/60er Jahre und, stellvertretend für die vielen Baugenossenschaften, zur Gemeinnützigen Flüchtlings-Wohnungsbaugenossenschaft Stuttgart e.G.m.b.H. Diese Baugenossenschaft hat unter ihrem rührigen Gründer Dr. Kleiner sehr viele Wohnungen im ganzen Land geschaffen. Die ehemaligen Mieter, die mir geschrieben haben, sind des Lobes voll über die Tatkraft dieses Schlesiers, der vor allem seinen vertriebenen Landsleuten geholfen hat. Eine ehemalige Bewohnerin, die aus Pommern stammt, hat mir berichtet, wie sie nach langen Leidensjahren in dem polnischen Lager Porto Lice, kahlgeschoren von ihren ehemaligen Nachbarn, vegetieren musste (sie hatte noch jahrelang Albträume!), bis ihr Ehemann sie nach zwei Jahren durch den Suchdienst des Roten Kreuzes wiederfand und sie zu sich in den Westen holen konnte. Der Mann war ohne ihr Wissen in italienischer Gefangenschaft gewesen. Als Soldat vom Gymnasium weg hatte er keinen bürgerlichen Beruf, fand aber bei der sogenannten „Ostpreußenfirma" Oehmler beim Straßenbau in Vaihingen Arbeit. Oehmler vermittelte dann eine Wohnung in Dürrlewang bei der „Flüwo". Der Mann hat dann übrigens bei Oehmler den weißen Asphalt für Zebrastreifen entwickelt.

Ein anderer „Flüwo"-Bewohner berichtete, und ich habe verschiedene solche zeittypischen Geschichten im Archiv, wie man auf verschlungenen Wegen auch als Schwabe zu einer „Flüwo"-Wohnung kam: Er hatte einen Verwandten, der für die „Flüwo" als Statiker arbeitete, dafür aber kein Geld bekam, sondern mit Genossenschaftsanteilen entlohnt wurde. Solche gab er dann an die Verwandtschaft weiter. Beide ehemaligen „Flüwo"-Bewohner haben trotz harter persönlicher Schicksalsschläge während ihrer Dürrlewangzeit nur gute Erinnerungen an die ersten Jahrzehnte in Dürrlewang.

Viele Firmen suchten für ihre im boomenden Wirtschaftswunder immer zahlreicher werdenden Mitarbeiter nach Wohnraum, bauten selbst wie Kohlen Scharr im Jupiterweg, oder kauften sich in eine der zahlreichen Wohnbaugesellschaften ein (Großkaufhaus Breuninger, Siemens, Bosch, Bundespost, Bundeswehr, Bundesbahn). Grundsätzlich waren alle neuen Bewohner froh und glücklich

Abb. 8: Moderne Küchen der 1950er Jahre.

(eine Frau schreibt ja sogar: „*stolz*"), so in Luxus wohnen zu können!

Mehrere Zimmer, Bad mit fließend Kalt- und Warmwasser, mindestens einen, teilweise sogar zwei Balkone, das war der krasse Gegensatz zu den Behelfsunterkünften, zum Leben in Provisorien und Lagern. So berichten einige Dürrlewanger von den Zuständen in der Berger-Kaserne und dem neuen Zuhause: „*Obwohl es eine einfache 3-Zimmer-Sozialwohnung war, hatte ich so etwas, also Tapeten an den Wänden, gekacheltes Bad, bislang nur im Kino gesehen!*" Zur modernen, qualitativ hochwertigen Grundausstattung in einem von Siemens ausgestatteten Wohnblock im Orionweg gehörten beispielsweise Elektroherde von Siemens – und von diesen Dürrlewangern der ersten Stunde funktionieren etliche heute immer noch tadellos.

Neben diesem Teil der Erstbezieher Dürrlewangs in Wohnblocks wurden ab den 1960er Jahren Bauplätze für Reihenhäuser ausgewiesen. Hier hatten neben Alt-Grundbesitzern aus Rohr und Möhringen vor allem Beschäftigte des öffentlichen Dienstes sowie Angestellte bei Banken und Versicherungen die Möglichkeit, Eigentum zu schaffen. Da diese Grundstücke stets mit Gartengelände konzipiert waren, entstand das grüne, das Gartenstadt-Ambiente Dürrlewangs. Aktuell besteht die Bebauung zur Hälfte aus Wohnungen in Blocks und zur Hälfte aus Ein- und Mehrfamilien-Reihenhäusern. Aus der damals vordringlichsten Aufgabe, junge Familien mit Kindern unterzubringen, resultierte die Altersstruktur der Bevölkerung bis heute. Die Folge dieser Erstbelegung war in den späteren Jahrzehnten ein starke Überalterung, da die nachwachsende zweite Generation zum größten Teil außerhalb Dürrlewangs ihre Bleibe suchen musste. Bereits bis 1967 verringerte sich die Bevölkerung von 7800 auf 5500 Bewohner.

Die meisten Erstbewohner der Wohnblocks blieben auch nach beruflicher Karriere, die sie finanziell über die Grenze einer sozialgeförderten Wohnung brachte, durch die Fehlbelegungsabgabe bis in die Gegenwart in ihren Wohnungen, ihrer neuen Heimat Dürrlewang. Inzwischen waren aus vielen jungen Erstbeziehern höhere Beamte, Direktoren und Abteilungsleiter bei Industrie- und Dienstleistungsunternehmen geworden. Heute ist der größte Teil der Wohnungen in den Wohnblocks Eigentum der ehemaligen Mieter.

Außenwirkung und Image

Vor allem durch die bereits erwähnten, „schnell-schnell" in Einfachstbauweise für ökonomisch schwächere Wohnungssuchende erstellten Wohn-

Abb. 9: Altersarmut.

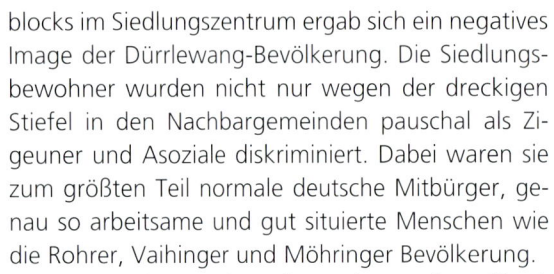

Abb. 10: Ladenzentrum Schopenhauerstraße um 1960.

blocks im Siedlungszentrum ergab sich ein negatives Image der Dürrlewang-Bevölkerung. Die Siedlungsbewohner wurden nicht nur wegen der dreckigen Stiefel in den Nachbargemeinden pauschal als Zigeuner und Asoziale diskriminiert. Dabei waren sie zum größten Teil normale deutsche Mitbürger, genau so arbeitsame und gut situierte Menschen wie die Rohrer, Vaihinger und Möhringer Bevölkerung.

Zitate in den Briefen, die Neubürger betreffend: „Lauter Bestien", „Rattenpack", usw. Frau B. aus Zendersch berichtete mir: *„In der ‚Stond' in Rohr rückten die Teilnehmer demonstrativ von meiner Mutter weg, als sie ihren Wohnort Dürrlewang erwähnte. Sie ist dann nie mehr hingegangen!"* Die Ehefrau eines Jugendfreundes gestand mir unlängst, sie hätte den Mann nie geheiratet, wenn sie von seinem Aufwachsen in Dürrlewang gewusst hätte. Es entstand mit der Zeit ein regelrechtes Namens-Trauma „Dürrlewang". Die Presseberichte waren geradezu reflexhaft immer etwas negativ. Aber das ist in diesem „Journaille-Miljö" wohl unbewusst immanent angelegt. Altersarmut ist aber kein Problem eines Stadtteils!

Die Infrastruktur

Zur Grundversorgung mit Lebensmitteln entstand für die rasch anwachsende neue Bevölkerung als

Abb. 11: Ladenzentrum Schopenhauerstraße heute.

erstes das Ladenzentrum an der Schopenhauerstraße, Ecke Junoweg. Lebensmittel Golze eröffnete bereits im November 1957, das Bierstüble war eine *„etwas prekäre Kneipe"*, Metzger Gronbach eröffnete am 4. Dezember 1957, Bäcker Maurer, Schuhmacher Brostian ergänzten die Versorgung. Abbildung 10 ist übrigens eine Rarität aus den Anfangsjahren des Kommunikations-Designs und damit aus den Anfangsjahren Dürrlewangs. Mit der Hand am Arm wurde schon „gefaked", ganz analog, mit Schere und Klebstoff!

Abb. 11: Lebensmittel Pfeiffer.

Abb. 12: Die Ladenstraße Mitte der 1960er Jahre, mit Württ. Laspa, Post, Glowinka, Riker.

Abb. 13: Schuhhaus Wask 1960, Frontansicht zur Ladenstraße.

Die ehemalige amtliche Nutzungsstruktur, die Konzeption von Ladenstraßen, endete hier schon vor Jahrzehnten. Das Einkaufsverhalten der Menschen hat sich unumkehrbar verändert, Handels- und Geschäftsstrukturen schaffen andere Fakten. Heute werden z.B. Räumlichkeiten der Metzgerei mit teilweise historisch belassenem Innenausbau von spek-design genutzt – einem überregional erfolgreichen kreativen Design-Team. Am ehemaligen Bierstüble hängen derzeit Plakate „Zu vermieten", in den Räumen der Bäckerei ist die Krabbelgruppe des Waldkindergartens untergebracht. Stellvertretend für längst vergessene Geschäfte zeigt Abbildung 11 den ehemaligen Lebensmittelmarkt, mit frischem Gemüse und Milch. Heute ist hier die Kita Bärcheninsel. Aktuell ist besonders die Ladenstraße entlang der Osterbronnstraße in der Diskussion. Wie soll es hier weitergehen?

In der Ladenstraße herrschte in der Mitte der 1960er Jahre vor allem Betrieb, weil es eine Post gab, eine Fachdrogerie mit Sonnenbank und Bademoden, ein Fotogeschäft, ein Schuhfachgeschäft, eine Metzgerei und eine Württembergische Landessparkasse („Die hervorragende Betreuung durch Herrn Kasper in der Laspa", so wird in einem Brief

Abb. 14: Am 1. September 2011 kam das Aus der Apotheke.

geschwärmt, *„ein Pfundskerle, weil er mir damals schon riet, mein Vermögen in Gold anzulegen!"* – und das im Dürrlewang!). Es gab ein Haushaltswarengeschäft (wo es vom Fahrradventil bis zum Rosenthal-Geschirr alles gab), drei Lebensmittelmärkte (coop, Nanz, Römer), zwei Bäckereien, drei gut besuchte Gaststätten (eine mit stark frequentierter Kegelbahn, eine mit Hotelbetrieb), es gab Friseure, ein Bekleidungsgeschäft, zwei Schreibwarenläden und es gab das Kino Astoria-Palast! Am unteren, östlichen Teil stand seit 1958 als Provisorium die Baracke des Schuhhauses Wask. Es begann die Zeit, in der statt überwiegend Gummistiefel auch normales Schuhwerk verkauft wurde. Und das mit modernster Technik, beispielsweise einem Röntgengerät.

Die Konzeption der Ladenstraße endete nach drei Jahrzehnten peu a peu, zunächst mit dem Ende von coop, bwz. „Penny". Dem folgte das Ende des Lebensmittelmarktes am westlichen, oberen Anfang der Ladenstraße, Nachfolger des nur kurze Zeit existierenden Kinos Astoria-Palast. Die Dürrlewanger erinnern sich noch gut an die dortigen Erlebnisse wie „Die 10 Gebote" und „Ben Hur". Leider musste das Kino schon bald wieder schließen und wurde zum „Nanz" und „Nah und Gut Sigel". Nun steht es seit Mitte 2012 leer. Das Heimkino, die Glotze, hatte Anfang der 1960er Jahre mit seiner rasanten Verbreitung die Menschen zu Hause gehalten – damals in Dürrlewang durchaus noch mit einer sympathischen Begleiterscheinung. Dazu ein Bericht aus dem Orionweg:

„In unserem Hauseingang mit 6 Parteien entwickelte sich nach dem Einzug bald eine gute Hausgemeinschaft. Familie M. war die erste, die einen Fernseher besaß. Ich erinnere mich noch, dass bei wichtigen Ereignissen, Fußballspielen, Quizsendungen usw. die Familien bei M's in der Wohnung saßen und es zuging wie im Kino!"

Diese Vielzahl florierender Geschäfte ist Vergangenheit, es ist das Neandertal einer Nutzungsstruk-

Abb. 15: Gottesdienst „unterm Baum" 1958.

tur, die durch privatisierte Post, Großdrogeriemärkte, Baumärkte, Discounter, Großbanken mit online-Service und den Fernseher daheim abgelöst wurde. Die verbleibenden Geschäfte wie Schreibwaren, Blumenladen und Friseure halten sich an der Grenze betriebswirtschaftlicher Perspektive, die Restaurants wechseln teilweise zyklisch ihre Betreiber, die Bäckereien leben von der Laufkundschaft aus dem Industriegebiet und von ihren Filialen. Diese Geschäfte punkten vor allem mit ihrem Qualitätsangebot und ihrem persönlichen Service.

Die Ladenstraße der 1960er Jahre wird auch mit dem aktuellen neuen Bebauungsplan nicht wiederhergestellt werden. Das Problem ist nicht die Größe der Verkaufsflächen, wie vielfach noch argumentiert wird, sondern die Höhe der Mieten in den privaten Häusern der Ladenstraße (Abb. 14).

Kirchen

Das alte evangelische Kirchlein in Rohr aus den 1920er Jahren war natürlich viel zu klein für die schnell wachsende evangelische Gemeinde „Rohr 2". Größere Veranstaltungen fanden in Gaststätten in Waldheimen in der Turnhalle des TSV Rohr statt. Konfirmationen und Trauungen wurden bis zum Bau der Dürrlewanger Stephanuskirche 1966 in dem von Martin Elsäßer 1926 erbauten Kirchlein gefeiert.

Abb. 16: Kellerraum Orionweg 9b: Frauenkreis im Advent 1957.

Abb. 17: Baracke als Kirchenraum im Winter 1959/60 auf dem heutigen Kindergartengelände.

Mein Vater Hans Wörner war vom Oberkirchenrat dazu ausersehen, nach seinem 10-jährigen Dienst im CVJM Stuttgart den Aufbau der neuen Großstadtgemeinde Dürrlewang zu übernehmen. Bei gutem Wetter fanden mangels Räumlichkeiten gut besuchte Gottesdienste im Grünen, „unterm Baum", statt.

Mein Vater hatte die Menschen alle beim Einzug begrüßt und willkommen geheißen, gleichgültig, ob sie der evangelischen, katholischen oder keiner Glaubensgemeinschaft angehörten. Mit seiner Fürsorge und Präsenz, mit seinem Organisationstalent und mit seinem unerschütterlich festen Gottvertrauen legte er die Voraussetzungen für die Integration der untereinander fremden Menschen und für das Zusammenwachsen einer neuen Gemeinde. Viele Gemeindeglieder unterstützten den jungen Pfarrer, und unter den bunt zusammengewürfelten Menschen entstand Gemeinschaft und Solidarität.

Bereits im Winter 1957 wurde in einem Wohnblock ein Kellerraum angemietet. Abbildung 16 zeigt den Frauenkreis, den natürlich die Pfarrfrau, unsere Mutter, managte, bei der Adventsfeier. Übrigens mit unserer eigenen Teekanne! Ein ehemaliger Bewohner des Hauses erinnert sich, dass er als Jugendlicher mindestens eine Stunde vor den Veranstaltungen den Ölofen anzünden musste. Die baulichen Gegebenheiten und die Stimmung im Provisorium unter der Erde erinnern einen anderen Bewohner ein bisschen an die frühchristlichen Katakomben in Rom. Ab dem Winter 1959/60 diente die ehemalige Wask-Baracke als Notkirche. Hier fanden jeden Sonntag zwei Gottesdienste statt, meine Mutter spielte das Harmonium, und durch die schlechte Luft und die partielle Überhitzung in der Nähe des glühendheißen Ölofens sanken in dem übervollen Raum regelmäßig Leute in Ohnmacht!

Mit Ausflügen der Gemeinde entstand neben Urlaubsfreuden ein lebendiges Miteinander unter vorher fremden Menschen. Besonders die legendären Jugend- und Familienfreizeiten in Schlatt im Ötztal sind für viele der ersten Gemeindeglieder eine gute Erinnerung. 1961 wurde endlich als erster Bauabschnitt das Stephanus-Gemeindezentrum mit einem Saal, Jugendräumen und einem zweiklassigen Kindergarten eingeweiht. Dort betreuten die Kindergärtnerinnen und ihre Helferinnen 120 Kinder. Die auf 110 Kinder ausgelegten Räume waren bereits

Abb. 18: Kath. Kirche Heilige Familie (Architekten Gries + Stolz).

Abb. 19: Leben im evangelischen Kindergarten Mitte der 1960er Jahre.

Abb. 19: Stephanuskirche (Postkarte).

bei der Eröffnung zu klein, zumal auch katholische Kinder so gut es ging aufgenommen werden sollten. Das führte oft zu „ökumenischen Disputen" zwischen dem katholischen Kurat Pierro und meinem Vater. Die katholische Kirche Heilige Familie war nämlich bereits 1959 fertig. Der Kindergarten folgte dann erst fünf Jahre später, 1964. Der historisch belegte Kommentar des Protestanten Wörner: *„Hättet Ihr Euren Turm waagrecht gebaut, wäre Platz für Eure Kinder!"* Die heutige evangelische Kita Galilei betreut 40 Kinder, davon zehn evangelische.

Die Stephanuskirche wurde 1966 eingeweiht. Der Architekt Wolf Irion gab dem Bau eine Zeltform mit freistehendem Turm. Mit dem sechseckigen Grundriss des Kirchenraums nahm er, wie Olaf Andreas Gulbransson in seinen Kirchenbauten, Bezug auf die Symbolik der Zahl sechs in der alttestamentarischen Schöpfungsgeschichte. Ein Pressetext zur Eröffnung 1966: *„Besonders schön ist der Innenraum der Kirche gelungen, indem die Sitzbänke in einer Art Halbkreis um den Altar angeordnet sind. Das schafft mehr Verbundenheit, mehr Heimat als wir es bisher kennen."*

Diverse zeittypische Baumängel sowie energetische Anforderungen bedingten die Renovierung

1996/97. Der heutige Zustand zeigt deutlich die Vorgaben des Wiesbadener Programms von 1891 für den evangelischen Kirchenbau. Kanzel, Altar und Taufstein sind in einer Ebene zur Gemeinde, die Bestuhlung hat die Form eines Amphitheaters. Vor kurzem erfuhr ich übrigens von dem besonders seltenen Phänomen in einer Siedlungsgemeinde: Eine Kirchenbesucherin erzählte mir stolz, dass sie immer auf dem Platz sitze, auf dem 1966 schon ihre Großmutter, später ihre Mutter saß.

Jugend in Dürrlewang

Kinder der Nachkriegszeit wurden oft unsensibel und mit großer Härte erzogen, es dominierte eine robuste Pädagogik. Ich weiß noch, dass der halbwüchsige Sohn von Nachbarn wegen einer Lapalie aus Furcht vor Strafe in die DDR floh und nie mehr nach Hause kam. Fast jedes fünfte Kind in Deutschland war ohne Vater, 1950 waren ein Drittel aller Haushaltsvorstände geschiedene oder verwitwete Frauen. Selbst wenn die Väter aus der Gefangenschaft zurückkehrten, wurden sie von den Kindern abgelehnt, besonders dann, wenn vorher ein extrem enges Vertrauensverhältnis zur Mutter eine unkindgemäße Verantwortung in der Familie abverlangt hatte. Die Kinder gefallener Soldaten erfuhren zusammen mit ihren alleinerziehenden Müttern oft eine soziale Diskriminierung, die an diejenige unehelicher Kinder der damaligen Zeit erinnert. Kriegserfahrungen bei Kindern äußerten sich bis in die 1960er Jahre z.B. als Angst vor Kellern, vor Menschenansammlungen oder als Faust im Magen bei Flugzeuglärm und als Panik beim Klang von Sirenen.

Ein Zeitzeuge dazu: *„Mein Vater hat nach seiner Rückkehr aus russischer Kriegsgefangenschaft einen kleinen Milchhandel gegründet und 1960 in Dürrlewang ein Lebensmittelgeschäft eröffnet. Mir selbst ist die Umstellung sehr schwer gefallen, denn im Dürrlewang galten viel rauere Gesetze als im alten Möhringen, wo wir seither lebten. Auf den Straßen waren*

Abb. 20: Kinder spielen am Steinbach.

Autos selten und Familien, in denen 4 bis 7 Kinder lebten, keine Seltenheit. Als ‚Neuer' wurde ich von einigen Gleichaltrigen aufgefordert, nicht den ‚Mittelweg' auf dem Weg zur Schule zu benutzen, ich hätte gefälligst außen herum zur Schule zu gehen! Diese Diskriminierung hat mich sehr belastet und das Problem konnte nur durch eine erfolgreich bestandene Rauferei aus der Welt geschafft werden!"

„Normalerweise verbrachten wir unsere Zeit draußen!" Die Erzählungen vieler damaliger Jugendlichen spiegeln Lebensfreude und Begeisterung wider, über Freiheiten und Abenteuer, die sie genossen. Die pädagogische Forschung sieht darin das sogenannte „Kontroll-Loch", als die Erwachsenen mit der Über-

Abb. 21: Ev. Jugend/Jungschar.

Abb. 22: Fußballjugend TSV Rohr.

Abb. 23: Junge Gemeinde.

lebenssicherung, langen Arbeitszeiten und -wegen beschäftigt waren. Dazu ein Zitat über das Jahr 1959: *„Ich schloß Freundschaft mit einem älteren Jungen, der in den vielen Bombentrichtern im Dürrlewang-Wald mit einer scharfen Pistole auf Lurche schoß!"*

Durch die große Zahl der Kinder und Jugendlichen in den Anfangsjahren (Kinder waren ja Voraussetzung für die Zuteilung einer Wohnung!) erlebten viele Vereine in Rohr, Vaihingen und Möhringen in ihren Jugendabteilungen einen großen Aufschwung. Neben der konfessionellen Jugendarbeit gab es Pfadfinder, Sozialistische Arbeiter-Jugend, Falken und einen JugendClub Rohr.

Stellvertretend für die Sportvereine in den umliegenden Orten hier die Fußballjugend des TSV Rohr. Freunde von mir waren beim SV Möhringen im Handball und Bundesligaspieler im Basketball sowie Wasserballer beim Schwimmverein Möhringen.

Bereits in der Baracke und später in den neuen Jugendräumen entstand eine sehr rege Gemeindejugend, wie Abbildung 23 zeigt. Zunächst von meinem Vater stark religiös geprägt, entwickelte sich jedoch, beeinflusst von vielen Einzelpersönlichkeiten, eine für die Zeit typische Junge Gemeinde. Der Spagat zwischen Club Voltaire, der linken Stuttgarter Kultstätte und Heimat von Joschka Fischer, und dem pietistischen CVJM, vom „Schreiten auf schmalem Negerpfad" und „Hey Joe" von Jimmi Hendrix war in unserem bürgerlich bildungsnahen Umfeld nicht nur eine pubertäre Phase, sondern Grundlage für viele Lebensentwürfe. Das soziale Engagement in der Gemeinde bewirkte eine erstaunliche Anzahl an späteren Lehrern und Lehrerinnen, Erzieherinnen sowie Pfarrern. Seit Jahren treffe ich mich mit meinen Freunden der Gemeindejugend von damals, die in ganz Deutschland verstreut leben – und es ist wie damals.

Bürgerinitiativen

Zurück zum Wachsen der Siedlung. Leider gibt es kaum Bilder vom Entstehen der Gebäude, Straßen und Plätze. Die Luftbilder aus Presseberichten sind die einzigen Referenzen, mit denen wir den Baufortschritt verfolgen können. Abbildung 1, Dürrlewang „natur", also ohne Natur, ohne Bäume (!), ermöglicht einen guten Überblick z.B. über Ladenstraße, Kirchen, die Randbebauung mit privaten Einzel- und Reihenhäusern und die Schule. Scheinbar hatte niemand mit der plötzlichen großen Schülerzahl gerechnet, und es kam zum Eklat. Aus dem Text des Elternbeirates der Volksschule Rohr zur Situation: *„Die Schulverhältnisse in unserem Stadtteil sind ernst, viel ernster, als die Statistik ersehen läßt!"*

Der Bericht eines damaligen Volksschülers lautet: „Zuletzt hatte ich an der Stuttgarter Heusteigschule Mitte der 4. Klasse recht ordentliche Noten und stand an für den Wechsel ins Gymnasium. Dann zogen wir 1957 nach Dürrlewang. In der Rohrer Grundschule in der Egelhaafstraße war man dem rasanten Anwachsen der Schülerzahl nicht gewachsen. Es waren nach meinen Erinnerungen bis zu 60 Schülerinnen und Schüler in einer Klasse. Die Lehrkräfte unterrichteten ohne Lehrplan und ohne ausreichende Lehrmittel, so gut sie konnten. In guter Erinnerung blieb mir vor allem Rektor Druffner, der alles Menschenmögliche zur Verbesserung der Situation tat. Unter diesen misslichen Umständen erreichte ich Ende der Klasse 4 nicht die Empfehlung an eine weiterführende Schule und ich blieb für ein Jahr in der Klasse 5 in der Hauptschule: Damit begann für mich ein recht beschauliches und lehrreiches Schuljahr: Ich wurde zum wohl größten Leser der Gemeindebücherei der Stephanusgemeinde und der Ludwig-Uhland-Bücherei in Vaihingen. Dann kam ich in die Österfeld-Mittelschule."* Inzwischen ist dieser Bub schon lange pensionierter Realschulrektor und war genauso engagiert wie damals Rektor Druffner.

Doch zurück zum Schulstreik: Wochenlang bot diese Elternaktion Stoff für die Presse, für sie war so eine Situation ebenfalls neu. In meinem Archiv sind zahlreiche Presseberichte von Oktober bis Dezember 1957, in denen das Thema Schulstreik bis zum Schulkrieg in Rohr hochgespielt wurde! So ein Streik war dermaßen verboten und undenkbar, dass selbst die rektorale Rechtschreibung noch nicht mitkam, so dass wir in einem Dokument von „Streick" lasen. Der Gemeinderat und die Stadtverwaltung hatten so etwas nach dem Krieg noch nie erlebt. Ihr Standpunkt war: Das Prinzip muss siegen, unter Streik verhandelt man nicht, usw. usw.

Doch irgendwie hat der massive Protest der Elternvertreter, begünstigt durch den finanziellen Auf-

Abb. 24: Dürrlewang-Wald 2014.

wärtstrend im Stadthaushalt, doch zügig zum Bau der neuen Schönbuchschule geführt, mit neuen Lehrerstellen und neuem Rektorat. Inzwischen waren an der Schule 765 Kinder, 500 Kinder aus Dürrlewang und 23 Lehrer. Die Gebäude wurden nach 50 Jahren nicht kosmetisch aufgehübscht, sondern funktional renoviert. Dieser ersten Bürgerinitiative gegen das Schuldilemma aus den Anfangsmonaten Dürrlewangs folgte 1965 die Initiative Schutzgemeinschaft Dürrlewang-Wald. Die Stadt wollte die längst geplante Verdoppelung der Siedlungsfläche Dürrlewangs realisieren. Dagegen bildete sich die Schutzgemeinschaft. Der Dürrlewanger Arzt Dr. Duvernoy mit seinen Mitstreitern hat diese Initiative erfolgreich aktiviert und so, sehr zur Verärgerung des damaligen Baubürgermeisters, die Bebauungspläne der Stadt verhindert.

In einem Text schreibt Dr. Duvernoy: „*Der Dürrlewang-Wald ist keine überflüssige Verzierung am südlichen Rand des Stadtgebietes. Er ist kein Wald der Sonntags-Spaziergänger, sondern er stellt vielmehr einen Bestandteil des Dürrlewang-Siedlungsgebietes dar, ohne welchen ein derartiges Ballungszentrum nicht verantwortbar ist! Haben nur noch Beton-Wüsteneien ihre Berechtigung?*" Dieser Dr. Hans Duvernoy entstammte einer alteingesessenen, von Hugenotten abstammenden Stuttgarter Familie.

Abb. 25: Umschlag „Die Dürrlewanger".

Abb. 26: Waldsee („Rohrer Kurve"), 2007.

Er entschied sich für die ausgeschriebene Stelle eines praktischen Arztes im neuen Siedlungsgebiet, gegen eine angebotene Stelle im Kreiskrankenhaus Balingen, weil ihn diese Aufgabe reizte. Außerdem war seine Frau, ebenfalls Ärztin, Schlesien-Flüchtling wie viele Dürrlewanger Erstbewohner. Heute ist übrigens rund um Dürrlewang Landschaftsschutzgebiet.

Eine weitere Bürgerinitiative entwickelte sich Anfang der 1970er Jahre aus dem Mieterprotest in den Wohnblocks Junoweg/Galilei- und Schopenhauerstraße. Hier ein Eindruck von den Einfachstwohnungen, mit zwei Zimmern und einem Wasserhahn: „Bei einigen Wohnblocks konnte man feststellen, dass hier auch Familien mit ökonomisch schwachen Konturen wohnten." Diese Aussage eines Ur-Dürrlewangers zeigt die Diskriminierung, die unter anderem auch durch diese schäbige Billigbauweise entstanden ist.

Organisiert von „fortschrittlichen Studenten und Politikern" führte der Protest gegen die Einfachstwohnungen der SWSG im Gebiet Junoweg/Schopenhauerstraße in den 1970er Jahren zu einer menschenwürdigen Sanierung. Die Geschichte der Mieterbewegung führt über das ehemalige Gemeinwesenzentrum bis zur heutigen Arbeiterwohlfahrt in der Osterbronnstraße. Das diskriminierende Attribut vom sozial schwachen Menschen in diesem Milieu wurde auch hier widerlegt. Ökonomisch Arme sind

Abb. 27: Auch der idyllische Hagelsbrunnen ist der Trasse im Weg.

in der Gemeinschaft oft sozial sehr stark. Viele Menschen sehen heute neue Bedrohungen für unsere Siedlung und den Wald. Das umstrittene Bahnprojekt Stuttgart 21 wird auch den südlichen Rand Dürrlewangs verändern. In der sogenannten Volksbefragung zur Weiterfinanzierung von S 21 haben z.B. 77% der Ulmer Provinz für die Zerstörungen in unserem Wald gestimmt. Die meisten Dürrlewanger waren völlig überrascht von den folgenschweren Konsequenzen der Rohrer Kurve! Durch den Dürrlewang-Wald werden ICE donnern und die Kurve kratzen Richtung Flughafen/Ulm/München/Budapest.

Abb. 28: Wohnstadt.

Abb. 29: Hofladen und Kleintierzüchter.

Das Ensemble auf Abbildung 26 wird verschwinden. Aufmerksame Waldbesucher haben schon lange bemerkt, wie die Waldbesitzer hier ernten, forstwirtschaftlich völlig verständlich. Viele Menschen glauben inzwischen, hier ist vieles schiefgelaufen, aber der Protest ist wohl vergebens.

Ausblick

Wir sind gespannt auf das geplante Förderprogramm „Soziale Stadt". Seit Anfang Mai 2014 laufen vorbereitende Untersuchungen der Stadt für die förmliche Festlegung eines Sanierungsgebietes. Dabei sollen Erkenntnisse und Grundlagen gewonnen werden, um zu beurteilen, ob städtebauliche oder siedlungsstrukturelle Defizite vorliegen, die durch die Sanierung behoben werden können. Städtebaulich ist vor allem die Hochwassergefahr durch die veraltete, unterdimensionierte Kanalisation zu nennen, siedlungsstrukturell muss die Erkenntnis reifen, dass Dürrlewang, wie alle Siedlungen, sich immer wieder neu entwickeln muss. Mangelndes Interesse an Wohnungen gibt es in Dürrlewang jedenfalls nicht, im Gegenteil: Mit Aushängen suchen z.B. Familien eine Wohnung und bieten sogar Finderlohn an.

Die Siedlung ist von Neu- und Altbürgern geschätzt wegen ihrer ausgewogenen stadtplanerischen Konzeption. Dafür sprechen die Wohnsituation (bezahlbare Wohnungen, aber auch viel Wohneigentum in Wohnblöcken und Reihenhäusern), die Naturnähe, das soziale Umfeld, die Verkehrsanbindung. Beispielhaft hat Dr. Frank Lohrberg in seiner Promotionsarbeit „Stadtnahe Landwirtschaft in der Stadt- und Freiraumplanung" den agrarischen Freiraum am Siedlungsrand von Dürrlewang zitiert. Neben einem stark frequentierten Fuß- und Radweg hat sich eine Verbindung vom Wohngebiet zur freien Landschaft entwickelt, die gleichsam als Kontaktzone zwischen Erholungsuchenden einerseits und Landwirten, Gärtnern, Reitern und Kleintierzüchtern andererseits fungiert.

Diese Schnittstelle zwischen privatem und öffentlichem Raum hat sich zu einem bunten „agrarian strip" entwickelt: zoologische Unterhaltung bei den Kleintierzüchtern, sportliche Darbietung bei den Reitern, vom „Ab-Hof-Verkauf" und der Gastronomie profitieren Spaziergänger, Landwirte und Vereine. Andere Landwirte bieten saisonal Beeren, Gemüse und Schnittblumen an. Für viele Bewohner gehören diese stadtnahen Agrarflächen und Freiräume inzwischen wie selbstverständlich zur Lebensqualität in ihrer Heimat Dürrlewang. Besonders erfreulich ist, wie schon erwähnt, die Förderung junger Familien: Auf den Spielplätzen und in den Sandkästen Dürrlewangs ist wieder etwas los!

Abb. 30: Eine moderne „Stadtmauer".

Abb. 31: Handschriftlicher Text aus meinem Archiv.

Trotz der nicht ins Gesamtensemble passenden Bausünde am Ostrand der Siedlung, dieser unter dem ehemaligen Baubürgermeister Fahrenholz hingeklotzten trutzigen Stadtmauer gegen Möhringen zu, überwiegt die beispielhafte Naturnähe rund um Dürrlewang!

Wir sind gerne in Dürrlewang, am südlichsten Rand Stuttgarts, wo Fuchs und Rehe sich „Guten Tag" sagen! Und viele, die von Dürrlewang wegziehen mussten, spüren es noch, das Heimweh.

Der Abendvortrag von Hans Martin Wörner vom 15. Oktober 2014 im Rahmen der Tagung „Heimat planen. Heimat bauen" in Stuttgart wurde für die Druckfassung leicht gekürzt und bearbeitet.

Alle Fotos: Archiv Hans Martin Wörner, Stuttgart

Siedlung und Wohnen in Stuttgart bis 1930

Bernd Langner

Zusammenfassung

Am Ende des 19. und im ersten Drittel des 20. Jahrhunderts nahm der Wohnungsbau in Stuttgart zweimal Fahrt auf: zum ersten Mal um 1880/90, als privat finanzierte Siedlungen, Ledigenheime und weitere Sozialeinrichtungen errichtet wurden, zum zweiten Mal kurz vor, vor allem aber nach dem Ersten Weltkrieg, als sich auch die Stadt selbst stark im Wohnungsbau engagierte.[1] Interessant ist, dass im Stuttgarter Wohnungsbau ausgangs des 19. Jahrhunderts erstmals ausgebildete Architekten statt Bauingenieure für städtebauliche und architektonische Lösungen herangezogen wurden. Siedlungs- und Wohnungsbau wurden nicht mehr nur als Aufgabe angesehen, bei der möglichst vielen Menschen möglichst viel Wohnraum zur Verfügung zu stellen wäre – egal wo, wie und mit welchen Mitteln. Erstmals wurde das *Wohnen* in den Vordergrund gerückt: Wohnung statt Behausung, Qualität statt Quantität, Städtebau statt Häuserbau und vor allem eine Architektur, die sich auch dem Innen zuwandte.

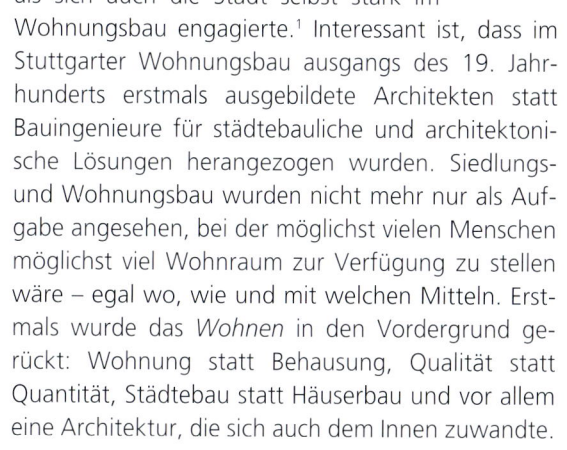

Einleitung

Bis weit ins 19. Jahrhundert hinein war Stuttgart für seine malerische Lage in einem Tal, umrahmt von bewaldeten Höhen und Weinbergen, gerühmt. Obgleich Hauptstadt eines Königreichs, war die Stadt vergleichsweise klein und beschaulich. Großindustrie, ausladende Eisenbahntrassen oder Hafenanlagen gab es nicht, stattdessen Residenzbauten und weitläufige Parks.

Rasch gehörte diese Beschaulichkeit jedoch der Vergangenheit an. Seit den 1870er Jahren verzeichnete Stuttgart ein immenses Wachstum. Wohnten um 1830 noch rund 30.000 Menschen in der Stadt, waren es 1871 bereits über 90.000. Bald nach 1900 näherte man sich der 200.000-Einwohner-Marke. Im engen Talkessel war für den Massenwohnungsbau geeigneter Baugrund allerdings rar. Für die einfachen Leute bedeutete dies vor allem teure Wohnungen. Stellenweise traten auch Wohnungsnot und Verelendung auf. Weil es kaum kleine Wohnungen gab, mussten viele Familien eine größere anmieten, die sie sich aber eigentlich gar nicht leisten konnten. In den 1880er und 1890er Jahren gehörte Stuttgart zu den deutschen Großstädten mit den höchsten Mieten, die oft ein Drittel oder mehr der Einkünfte eines Arbeiters ausmachten. Häufig wurden deshalb Teile der Wohnungen untervermietet.

Eduard Pfeiffer und der Verein für das Wohl der arbeitenden Klassen

Mangels städtischer Programme – der Wohnungsbau gehörte vor 1900 noch nicht zum städtischen Aufgabenkatalog – traten Personen auf den Plan, die an dieser Lage etwas ändern wollten. In vorderster Front der Stuttgarter Persönlichkeiten, die sich im Wohlfahrtswesen engagierten, stand *Eduard Pfeiffer* (1835–1921). Er stammte aus einer wohlhabenden Bankiersfamilie, war studierter Volks- und Finanzwirt, daneben Chemiker, Jurist, Kaufmann, Genossenschaftler und Politiker, einflussreich und ein guter Rhetoriker. Auf zahlreichen Reisen machte er sich mit der sozialen und ökonomischen Situation in Europa vertraut.

Sein soziales Engagement ist legendär: Er setzte sich für die Volks- und Arbeiterbildung ein, ließ Ledigenheime für Frauen und Männer erbauen und finanzierte Kinderhorte, Kliniken und Bibliotheken. Den größten Raum nahmen die Stuttgarter Altstadt-Sanierung um 1906 sowie vier Wohnsiedlungen ein, die er zwischen 1890 und 1911 errichten ließ. Um sich eine breite Unterstützung im Stuttgarter Bürgertum und Adel zu sichern, gründete er 1866 den „Verein für das Wohl der arbeitenden Klassen".

Pfeiffers Triebfeder war jedoch keineswegs reine Philanthropie. Er setzte – als Angehöriger des Bürgertums mehr als verständlich – auf den sozialen Ausgleich, strebte danach, revolutionäre Tendenzen einzudämmen und den Klassenkampf zu vermeiden. Sein Credo war: Man helfe den arbeitenden Klassen und stabilisiere auf diese Weise das bürgerliche Gesellschaftssystem.

Der wesentliche Aspekt bei all seinen Bemühungen war die Wohnungsfrage. Unter der Bauherrschaft des Vereins und der Führungspersönlichkeit Pfeiffers entstanden seit 1890 die größten Projekte des Vereins: vier Siedlungen mit rund 1800 Wohnungen.

Die Siedlung Ostheim

Im Jahr 1890 legte der Verein das auf mehrere randlich gelegene Standorte in Stuttgart ausgerichtete Programm „Billige Wohnungen für kleine Leute" auf. Die Namen der geplanten Siedlungen waren zugleich Programm, denn sie waren nicht nur für Bürger der Stadt, sondern auch für Hinzuziehende aus dem Umland gedacht: in *Ostheim*, *Westheim*

Abb. 1: Siedlung Ostheim aus der Vogelperspektive (1896).
Bild aus: Pfeiffer 1896

und *Südheim* sollte man sich heimisch fühlen. Die für den Mittelstand gebaute Siedlung *Ostenau* kam 1911 hinzu.

Ostheim, die größte der drei frühen Siedlungen, befand sich an der östlichen Markungsgrenze der Stadt: Sie war keine reine Arbeitersiedlung, sondern für Arbeiter, Handwerker und kleine Beamte gedacht – Leute mit niedrigem, aber gesichertem Einkommen. Die Mieten waren vergleichsweise günstig, weil sie nur die tatsächlichen Kosten für Grund, Gebäude und Unterhaltung enthielten. Die Wohnungsmieten in der Stadt lagen bei vergleichbarer Größe rund 75% höher!

Eine Besonderheit bestand darin, dass die Bewohner (und nur diese) ein Gebäude sogar mittels eines Mietkaufmodells erwerben konnten. Um möglicher Spekulation vorzubeugen, behielt sich der Verein ein Rückkaufsrecht zu festgelegten Konditionen im Falle der Veräußerung vor.

Zwischen 1891 und 1897 entstanden nach Plänen des Stuttgarter Büros Karl Hengerer und Karl Heim 132 Gebäude mit rund 200 Baunummern, insgesamt etwa 1300 Wohnungen und somit Wohnraum für ungefähr 5000 Menschen. Man folgte

Abb. 2: Stuttgart-Ostheim, Gebäude an der Haußmannstraße.
Foto: Bernd Langner

Abb. 3: Stuttgart-Ostheim, erhöhtes Eckgebäude Haußmann-/Ecke Rechbergstraße.
Foto: Bernd Langner

streng parzellierten Gartenanteilen. Das langgezogene Areal Ostheims war rechtwinklig von Straßen durchzogen; nur zwei Diagonalen sorgten für Abwechslung. An den Kreuzungspunkten entstanden zwei Plätze (Abb. 1).

Die Gebäude erhielten üblicherweise zwei Vollgeschosse und ein ausgebautes Dachgeschoss mit je einer Zwei- oder Drei-Zimmer-Wohnung sowie Wohnungsgrößen zwischen 40 und 60 qm. Die Eckgebäude wurden ein Stockwerk höher. Geschäfte für den täglichen Bedarf sowie Gastwirtschaften waren von Beginn an vorhanden. Bald folgten soziale und konfessionelle Einrichtungen wie Kinderkrippe, Kirche (1899), Schule (1903), Bücherei und Spielplatz.

Die Häuser weisen zeittypische Stilelemente der Renaissance mit Zierelementen aus Werkstein auf, aber auch romantisierende Details wie Zierfachwerk und Schweizerdach (Abb. 2, 3).

Die aufwendige Gestaltung wurde durch besonders kostengünstiges Bauen kompensiert. Die Außenmauern der Gebäude bestehen aus massivem Backstein, der Sockel wurde zusätzlich mit Zement verputzt, die Umfassungen des Kellers sind aus Beton. Die Vorderseiten wurden mit rotem, gelbem oder weißlichem Sichtbackstein verblendet, die Nebenseiten blieben unverputzt. Die zur Straße gerichteten Wandflächen sowie Giebel, Fenster, Erker und Gesimse wurden mit dekorativ bearbeitetem Werkstein ergänzt.

dem „Licht und Luft"-Prinzip, um viele der hygienischen Mängel in den dicht bebauten Innenstädten oder Mietskasernen zu vermeiden. Man bediente sich deshalb des sogenannten Landhausstils mit kleinen freistehenden Häusern und rückwärtigen,

Die Wände waren allerdings etwas dünner als im gehobeneren Mietwohnungsbau und die Stockwerke niedriger. Die Innenwände waren nicht gemauert, sondern bestanden aus Fachwerk, das mit Back-

Abb. 4: Stuttgart-Ostheim, Fassaden-Schemata.
Graphik: Bernd Langner

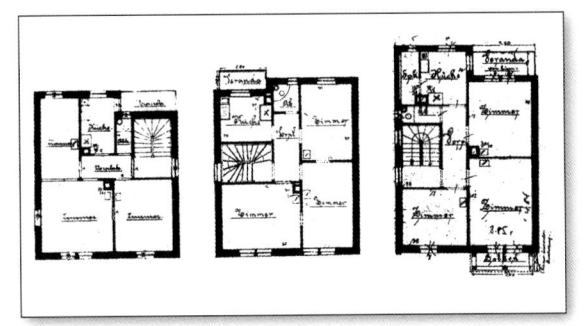

Abb. 5: Stuttgart-Ostheim, Grundrisstypen ohne „gefangene" Zimmer.
Quelle: Bauakten

stein verfüllt war. Es wurden viele standardisierte Elemente eingesetzt; so waren die Fenster und Türen, die Dachdeckung sowie die Innenausstattung in allen Gebäuden identisch. Bei genauerem Hinsehen erkennt man, dass zudem mit Ausnahme der Eckgebäude sämtliche Gebäude auf lediglich vier Grundtypen der Aufriss-Gestaltung zurückzuführen sind (Abb. 4).

Sie wurden mit unterschiedlichen Zierelementen, Dachaufbauten, Farbe der Verblendziegel, Fenstergestaltungen und Risalitbildungen zu größter Vielfalt ausgebildet und waren beliebig variierbar. Tatsächlich gleicht in Ostheim kein Haus dem anderen. Auch die Mehrfachhäuser stellen lediglich verdoppelte oder verdreifachte Einzelhäuser dar. Ihre Entsprechung fand die Fassadengestaltung in ebenfalls nur wenigen Grundrisstypen.

Mit diesem *Baukastensystem* war bürgerliches Wohnen ohne finanziellen Mehraufwand möglich! Was wie purer Luxus aussieht, ist Teil des Pfeiffer-schen Konzepts, durch erhöhten Identifikationsgrad und größtmögliche Individualisierung den Bindungsgrad an die bestehenden Strukturen zu maximieren. Der dörfliche bzw. vorstädtische Charakter des Straßenraums sowie die Kaufoption trugen ihren Teil dazu bei!

Pfeiffers Vorstellung bestand obendrein darin, Konflikte und sozialen Unfrieden unter den Bewohnern möglichst zu vermeiden. Auf die kleinen Häuser sowie die parzellierten Höfe wurde bereits hingewiesen. Ein weiterer Aspekt war die weitgehende Trennung der Lebensbereiche. So wurde darauf geachtet, dass nur wenige Teile des Hauses gemeinschaftlich genutzt werden mussten, von der Waschküche im Untergeschoss bis zum Treppenhaus. Da die Doppelhäuser nur aus aneinandergebauten Einzelgebäuden bestanden, waren auch deren Treppenhäuser nur je außenliegende Einspänner, so dass, von den Eckgebäuden abgesehen, eine Treppe durchweg höchstens drei Familien diente.

Zu diesem Konzept gehörte ebenfalls – und dies ist eine der großen Überraschungen in den Siedlungen des Vereins –, dass die Grundrisse *keine gefangenen Zimmer* besaßen (Abb. 5). Der mit allen Räumen verbundene Wohnungsflur ist das auffälligste Merkmal der Ostheimer Grundrisse und setzte für nahezu alle Siedlungen der kommenden 40 Jahre den Standard. Er ist nicht nur im Arbeitersiedlungsbau, sondern auch im bürgerlichen Wohnungsbau bis um 1900 selten, weil Schlaf- und Kinderzimmer in der Regel nur über die Stube oder die Küche zu erreichen waren. Sollte gar eine ledige Tante oder ein Großvater mit in der Familie leben, hatten sie größeren Freiraum als sonst üblich. In dieser Hinsicht waren die Ostheimer Architekten Pioniere in Deutschland.

Zugleich legte man Wert darauf, dass nicht in ein und demselben Raum geschlafen, gekocht, gearbeitet, gegessen und gewohnt wurde und dass möglichst keine Zimmer untervermietet wurden. Aus diesem Grund waren die Wohnungen ausschließlich mit zwei oder drei Zimmern, Küche, Toilette und Kellerräumen ausgestattet. Die Wohn- und Schlafräume besaßen höchstens 14–18qm, die Küchen 6–9qm und konnten somit nicht als Wohnküche fungieren. Eine Nutzung des größten und bestgelegenen Zimmers der Wohnung als selten genutzte „gute Stube" war praktisch ausgeschlossen. Auf ein Badezimmer wurde zugunsten von Wohnfläche verzichtet; es gehörte aber auch sonst kaum zur Grundausstattung einer Mietwohnung.

So stellt Ostheim in mehrfacher Hinsicht eine Art „Sparversion" eines städtischen Quartiers oder gar einer Villenkolonie des Bürgertums dar. Dies wurde auch von den Zeitgenossen so gesehen: Das „Handbuch der Architektur" (1902) wertete die Bauten Ostheims nicht als Arbeiterbehausungen, sondern als *ländliche Einfamilienhäuser (Villen)*. Es ordnete sie dem Mittelstand zu und machte damit deutlich, wie sehr sie sich in Gestalt und Ausstattung von den bis 1890 bekannten Arbeiterunterkünften abhoben. An anderer Stelle war gar von der *Arbeitervillenkolonie Ostheim* die Rede.

Abb. 6: Stuttgart, Raitelsbergsiedlung, Luftaufnahme um 1928.
Foto: Landesmedienzentrum Stuttgart

Die Raitelsbergsiedlung

Bis zum Beginn des 20. Jahrhunderts hielt sich die Stadtverwaltung beim Wohnungsbau für Familien mit niedrigem Einkommen betont zurück. Erst 1904 errichtete sie an der Tunzhoferstraße eine erste kleine Siedlung für städtische Bedienstete. Im Übrigen überließ sie das Feld zunächst den Unternehmen, Genossenschaften und Privatinitiativen. Insbesondere nach 1919 entstanden dann vor allem im Stuttgarter Osten immer mehr städtische Gebäude und Siedlungen, darunter Wohnkolonien für die Gaswerker oder Straßenbahner.

Eine der größten städtischen Siedlungen der 1920er Jahre wurde die Raitelsbergsiedlung, nur wenige hundert Meter von Ostheim entfernt. Sie wurde 1926–1928 in mehreren Bauabschnitten durch eine Architektengruppe um Alfred Daiber, Georg Stahl und Eugen Steigleder erbaut. Sie ist die größte Siedlung der Stadt der 1920er Jahre und wurde vorwiegend für Arbeiterfamilien, Handwerker, aber auch Freiberufler und kleine Beamte errichtet. In den rund 800 Wohnungen, die größtenteils drei Zimmer, Küche und Toilette besaßen, lebten etwa 3500 Menschen.

Abb. 7: Stuttgart, Raitelsbergsiedlung, Gebäude an der Abelsbergstraße. Foto: Bernd Langner

Abb. 8: Stuttgart, Raitelsbergsiedlung, Hochhaus Abelsbergstraße/Ecke Heidlesäcker. Foto: Bernd Langner

Die Siedlung nimmt in der Architektur und im Städtebau der Stadt eine besondere Stellung ein, denn hier sind traditionelle und moderne Auffassungen von Architektur miteinander verwoben. Ihre Schlüsselstellung wird auch daran deutlich, dass sie etwa gleichzeitig mit dem Kaufhaus Schocken (Erich Mendelsohn 1926), der Weißenhofsiedlung (1927) und dem Tagblatt-Turm (Ernst Otto Oswald 1928) gebaut wurde, die alle für das „Neue Bauen" stehen.

Die Raitelsbergsiedlung ist als Dreieck konzipiert, das nach außen ringförmig, im Inneren durch Stichstraßen erschlossen wird (Abb. 6). Im Unterschied zum Städtebau von vor 1919 findet man hier einen Mischtyp aus Blockrand- und Zeilenbebauung: die mehrheitlich dreigeschossigen Häuserzeilen sind vornehmlich in Nord-Süd-Richtung angelegt, mit Freiflächen bzw. Straßen 2. Ordnung dazwischen. Nur an wenigen Stellen werden die Freiflächen durch ausgerückte Kopfbauten ein wenig abgeschirmt, was den Eindruck einer Blockrandbebauung erweckt. Durch die Zeilenbauweise konnte die Durchlüftung und Durchlichtung der Wohnungen noch günstiger realisiert werden.

Vor allem aber konnten Teile der Siedlung nun fußläufig erschlossen werden – ein städtebauliches Novum in Stuttgart. Auch gab es auf diese Weise keine eigentlichen Gebäuderückseiten mehr. Beide Ansichten mussten architektonisch gleichmäßig durchgestaltet werden. Unverputzte Rückseiten aus Backstein mit unansehnlichen Küchenbalkons gehörten der Vergangenheit an.

In mancherlei Hinsicht geben sich die meisten Gebäude ganz konservativ. Beispielsweise herrscht fast durchweg das Walmdach vor; auch konventionelle Fensterklappläden gehören zum Ausstattungskanon (Abb. 7).

Die Häuser sind fast durchweg gemauert. Zwar bediente man sich bei den ersten Bauten einer modernen Holzfachbauweise, die ein schnelles Bauen ermöglichte. Jedoch stellten sich die Kosten als zu hoch heraus, weshalb man bei den späteren Baustufen wieder zum traditionellen Mauerwerk zurückkehrte. Zur Orientierung und Individualisierung wurden an vielen Häusern Figuren angebracht.

An zwei Stellen treten Bauformen auf, die in dieser Zeit in Stuttgart noch recht modern waren: das Hochhaus und das Flachdach. Im Zentrum der Siedlung weitet sich der Straßenraum im Kreuzungsbereich zweier Straßen zu einem kleinen Platz, der durch einen ungewöhnlichen Bau akzentuiert wird. Wie ein Ausrufezeichen ragt ein mit einem Flachdach ausgestattetes, siebengeschossiges Hochhaus über die Siedlung hinaus (Abb. 8).

Als traditionelle Elemente zeigen sich zwar Sprossenfenster und Fensterklappläden; ansonsten aber sprechen Formen des Neuen Bauens mit expressionistischen Elementen den Betrachter an. Das Dach etwa entwickelt sich zur gestuften Terrassen-Dachlandschaft mit Künstler-Atelier nach Norden; Fenster, grüne Klappläden und Zwischenflächen aus rotem Backstein gerieren sich als Fensterbänder zwischen den Putzzonen; ein rautenförmiges Oberlicht akzentuiert den Eingang; und kleine Gesimse an einer der Gebäudekanten setzen an den oberen Geschossen ein expressives Signal. An der nördlichen Einmündung der Abelsbergstraße, der zentralen Stichstraße durch die Siedlung, bilden ebenfalls zwei mit einem Flachdach versehene Kopfbauten eine markante Portalsituation (Abb. 6). Manche der genannten Stilmerkmale zeigen sich auch an den Eingängen und Gebäudeecken einzelner Wohnbauten (Abb. 9). An manchen von ihnen wird sogar der Gedanke der Fensterbänder wieder aufgenommen, wenn die Stockwerke in langen Horizontalen farbig unterschiedlich verputzt sind und die Fensterläden in aufgeklapptem Zustand an den Gebäudeecken direkt aufeinanderstoßen.

Auch wenn die letzten Wohnblocks der Siedlung deutlich schlichter sind und keine nennenswerten Besonderheiten mehr zeigen, präsentiert sich die Siedlung in städtebaulicher wie gestalterischer Hinsicht betont abwechslungsreich. Gebäude, Räume und Fluchten sind bewusst rhythmisiert und akzentuiert. Mit Geschäften, Spielflächen und Schule war von Beginn an die für ein funktionierendes Gemeinwesen erforderliche Infrastruktur vorhanden.

Abb. 9: Stuttgart, Raitelsbergsiedlung, Eingang Abelsbergstraße 9. Foto: Bernd Langner

Stuttgart als Siedlungsstadt

Einem Vergleich mit Art, Umfang und Innovationsgrad des Wohnungsbaus etwa in Berlin mag Stuttgart zwar nicht standhalten, gleichwohl gilt die Stadt in den 1920er Jahren zu Recht als ein Zentrum der Baukultur. Angefangen bei der Bauausstellung 1908 bis zu den herausragenden architektonischen Leistungen des Kaufhauses Schocken oder der Weißenhofsiedlung 1927 hatte Stuttgart seinen national und international beachteten Platz im Baugeschehen. Auch die Siedlungen des späten 19. Jahrhunderts wie die der 1920er und frühen 1930er Jahre sind unter diesem Aspekt zu betrachten. Stuttgart mag kein Kulminationsort einer revolutionären oder visionären Siedlungsarchitektur gewesen sein. Die Siedlungen Ostheim und Raitelsberg (aber nicht nur diese) sind jedoch gelungene Beispiele dafür, dass die Architekten und Planer in der Stadt über Jahrzehnte hinweg Lösungen hervorbrachten, die mehr als reine Bedarfsdeckung waren.

Literatur

BLANK, G. (1988): Gemeinnütziger Wohnungsbau im Stuttgarter Osten von 1890 bis 1930. – Stuttgart.

LANGNER, B. (1994): Gemeinnütziger Wohnungsbau um 1900. Karl Hengerers Bauten für den Stuttgarter Verein für das Wohl der arbeitenden Klassen. – Stuttgart.

PFEIFFER, E. (1896): Eigenes Heim und billige Wohnungen. Ein Beitrag zur Lösung der Wohnungs-Frage mit besonderem Hinweis auf die Erstellung der Kolonie Ostheim-Stuttgart. – Stuttgart.

HAFNER, T.; SIMON C. (Hrsg.) (2002): Wohnorte. 50 Siedlungen in Stuttgart von 1890 bis 2002. – Stuttgart.

1 Die beiden hier beschriebenen Siedlungen wurden auf einer Exkursion am 14. Oktober 2014 im Rahmen der BHU-Tagung „Heimat planen. Heimat bauen" (Stuttgart, 14. bis 16.10.2014) besucht.

Heimat in der Trabantenstadt
Exkursion zum Siedlungsbau der 1960er/1970er Jahre in Stuttgart

Martin Hahn und Christina Simon-Philipp

Zusammenfassung

Die Exkursion in die beiden Trabantenstädte Freiberg und Neugereut zeigte den Tagungsteilnehmern anschaulich die ursprünglichen Planungsideen, das überkommene Kulturerbe und den ganz eigenen Lebensraum dieser Großsiedlungen im Raum Stuttgart auf. Die heute überlieferten Bauten, Räume und Freiflächen wurden in markanten Ausschnitten in Augenschein genommen. Dabei bot sich dem Betrachter exemplarisch die Bandbreite von der bereits stärker überformten Großsiedlung Freiberg, bis hin zum authentisch überlieferten Wohnexperiment, dem Wohnhügelhaus „Schnitz" in Neugereut. Auch die Identifikation der Bewohner mit ihrem Wohnort, also das vermeintlich kaum existierende Heimatgefühl in den jungen Siedlungen der Nachkriegszeit, kam bei den Rundgängen zur Sprache und wurde durch einen Zeitzeugenbericht des Architekten und Bewohners Peter Faller zum Leben erweckt.

Luftige Höhenstadt Freiberg

Vom Stuttgarter Osten, der vom Städte- und Siedlungsbau des späten 19. und frühen 20. Jahrhunderts geprägt ist und dabei viele sozialreformerische Ideen dieser Zeit birgt, ist es ein gewaltiger zeitlicher, aber auch inhaltlicher Sprung in die Großsiedlungen der Nachkriegsmoderne am Stadtrand von Stuttgart. In den 1950er bis 1970er Jahren entstehen mehrere Trabantenstädte im Großraum Stuttgart, unter anderem die Siedlungen Zuffenhausen-Rot (1949–1957), Fasanenhof (1960–1967), Freiberg (1963–1970) und Neugereut (1969–1974). Mit der Verabschiedung des Ersten Wohnungsbaugesetzes im März 1950 war eine wichtige legislative Grundlage zur Beseitigung der Wohnungsnot geschaffen. Es folgt das umfangreichste Wohnungsbauprogramm der deutschen Geschichte. In Baden-Württemberg werden zwischen 1960 und 1979 rund 1,7 Millionen Wohneinheiten fertiggestellt, in Stuttgart sind es jährlich zwischen 6500 und 8100, zahlreiche davon in großen Neubaugebieten am Stadtrand (vgl. SIMON, HAFNER 2004).

Gemeinsam mit Rot und Mönchfeld bildet Freiberg das größte Stuttgarter Stadterweiterungsgebiet der Nachkriegszeit (vgl. HOPFNER, SIMON-PHILIPP, WOLF 2012). Die Trabantensiedlung wird circa acht Kilometer vom Stadtzentrum entfernt auf dem gleichnamigen Bergrücken über dem Neckartal nach dem Modell einer luftigen Höhenstadt errichtet. Auf 77 ha plant die Stadt Stuttgart in den Jahren 1963 bis 1970 (Hauptbauphase) einen neuen Stadtteil mit 2381 Wohneinheiten, eigener Infrastruktur, zwei Ladenzentren, zwei Kirchen mit Gemeindezentren und

Abb. 1: Luftbild der Trabantenstadt Stuttgart-Freiberg.
Foto: LAD, Otto Braasch, 2011

mehreren Schulen. Bauherren sind 17 ortsansässige Wohnungsbaugesellschaften, darunter die Stuttgarter Wohnungs- und Siedlungsgesellschaft (heute Stuttgarter Wohnungs- und Städtebaugesellschaft), der Bau- und Heimstättenverein Stuttgart und die gemeinnützige Flüchtlingswohnungsbau-Genossenschaft. Zudem gibt es rund 100 Einzeleigentümer, vorwiegend Selbstnutzer. 1975 hat Freiberg 8782 Einwohner. Obwohl auch zahlreiche Reihenhäuser und eine Bungalowsiedlung eine Durchmischung mit verschiedenen Bautypen und damit auch Bevölkerungsgruppen mit sich bringt, ist der soziale Wohnungsbau vorherrschend. Insgesamt 95% der Wohnungen sind zur Entstehungszeit Mietwohnungen, davon 70% öffentlich gefördert. Dies entspricht dem damaligen wohnungspolitischen Ziel der Stadt Stuttgart, sozialen Wohnungsbau in großem Umfang zu realisieren.

Freiberg steht für einen Leitbildwandel im Stuttgarter Wohnungsbau. Erstmals wird die bisher durch geneigte Dächer geprägte Stadtsilhouette in einem ganzen Siedlungsgebiet von Flachdächern abgelöst; Sichtbeton wird zu einem gestaltprägenden Element. Die städtebauliche Planung der Großsiedlung ist von Beginn an nicht durch einen geradlinigen Weg gekennzeichnet: Das erste Plankonzept Richard Döckers von 1961 wird schon ein Jahr später durch einen grundlegend veränderten Bebauungsplan des Stadtplanungsamtes Stuttgart unter Leitung von Gustav E. Heyer abgelöst. Charakteristisch für die Bebauung sind die Scheibenhochhäuser auf dem Hangrücken, eingefasst durch zwei städtebauliche Dominanten, das „Julius-Brecht-Hochhaus" und das „Apollo", sowie die Ein- und kleinen Mehrfamilienhäuser an der Hangkante zum Neckartal. In der Ansicht vom Tal ergibt sich damit eine eindrucksvolle Stadtsilhouette. Über den historischen Terrassenweinbergen türmen sich Hausgruppen und Hochhäuser auf. Die typischen Kennzeichen der Siedlungen der 1960er/1970er Jahre finden sich auch in Freiberg: Eine Trennung der Verkehrsarten durch Ringerschließung mit Sackgassen für den motorisierten Verkehr und Fußgängerwege in Grünanlagen, die Durchmischung der Siedlung mit Bauten verschiedener Größenordnung und Grundrissstruktur, eine sehr bewusste Freiflächengestaltung sowie eine eigene Infrastruktur mit mehreren Schulen, Kindergärten, Kirchen, Einkaufszentren und einem Stadtbahnanschluss. Freiberg sollte auch für die benachbarten Stadtteile im Norden der Stadt Versorgungsfunktion übernehmen.

Orplid – Salute – Apollo
Bestandteil der Stadterweiterungsplanungen der 1960er/1970er Jahre sind oftmals städtebauliche Dominanten. Diese „Leuchttürme", meist Wohnhochhäuser, werden von renommierten Architekten geplant und mit markanten Namen versehen: In den

neuen Trabantenstädten der Region Stuttgart stehen beispielsweise die Hochhäuser „Orplid" (Böblingen) und „Salute" (Stuttgart-Fasanenhof) oder „Romeo und Julia" (Stuttgart-Rot) von Hans Scharoun. In Freiberg ist das Terrassenhochhaus „Apollo" eine sehr prägnante städtebauliche Dominante, die für einen experimentellen Gebäudetypus im Wohnungsbau steht. Nicht nur das futuristische Aussehen, auch die Namensgebung steht für die damalige Fortschrittsgläubigkeit mit ihrer Begeisterung für die Raumfahrt (Landung der Apollo-11-Mission auf dem Mond 1969). In den Jahren 1971–1973 als Mischung aus Terrassen- und Hochhaus erbaut, ist es einer der markantesten und noch wenig veränderten Bauten der Trabantenstadt. Die anderen Hochhausscheiben, auch das mit 22 Geschossen und 440 Wohnungen damals größte Wohnhaus in Deutschland, „Julius-Brecht", sind dagegen durch aktuelle Sanierungsmaßnahmen stärker überformt. Die einst aufgrund der Verkleidung mit weißen Faserzementplatten „Weißer Riese" bezeichnete „Wohnmaschine" Julius-Brecht ist längst mit einer differenzierten Farbgebung versehen, deren Ziel es ist, dem Bau ein wenig seine als problematisch empfundene Größe zu nehmen.

Nachkriegsmoderne im Wandel

Andere Hochhäuser, als Betonfertigteilkonstruktionen schon zur Entstehungszeit technisch und bauphysikalisch nicht ausgereift und daher problembehaftet, sind heute wärmegedämmt und mit neuen Balkonen sowie Fenstern versehen. Gerade die Schließung der zeittypischen Luftgeschosse nimmt den Hochhausscheiben viel von ihrer ursprünglich leichten Wirkung im offen gestalteten Landschaftraum. Dies führt zu einem deutlichen Verlust im historischen Erscheinungsbild der Häuser und der Siedlung. Im Einzelnen herrscht heute ein buntes Durcheinander verschiedener Sanierungsstadien vor. Oft nehmen die Sanierungen

Abb. 2: Terrassenhochhaus Apollo in Stuttgart-Freiberg. Foto: LAD, Simone Meyder, 2010

keine Rücksicht auf die ursprüngliche Architekturidee, die Farbgebung und Materialwahl. Die für die Denkmalpflege so wichtige Authentizität der Bauten ist vielfach verlorengegangen. In Freiberg lässt sich keines der zahlreichen Bauwerke als Einzeldenkmal begründen. Oft vermitteln die Bauwerke der 1960er/1970er Jahre durch ihre Modernisierung heute den Charakter eines Neubaus und sind auch für den Laien nicht mehr als nachvollziehbare historische Bauzeugnisse zu erkennen.

Jüngere Umbaumaßnahmen im Verkehrssystem der Siedlung Freiberg, unter anderem der

Rückbau von Fußgängerunterführungen, Änderungen in der Straßendimensionierung oder der Umbau von Kreuzungen zu Kreiseln führen dazu, dass das originale Erschließungssystem nicht mehr überall zu erkennen ist. Weitere massive Veränderungen der Trabantenstadt sind durch Nachverdichtungen eingetreten. Die Großzügigkeit des Siedlungsgrundrisses – dem heutigen Grundsatz des sparsamen Umgangs mit Grund und Boden ein Dorn im Auge – hat auch in Freiberg gelitten und das ursprüngliche Planungskonzept hat an Authentizität verloren.

Bei den Freiflächen und Grünanlagen sind dagegen noch eindrucksvolle, jedoch größtenteils vernachlässigte Reste der damaligen Planung erkennbar, wie zum Beispiel Pflanzbeete und Wasserbecken sowie markante platzartige Aufweitungen des Hauptweges mit Freiluft-Spielfeldern für Schach, Dame, Mühle und Boccia.

Im Rahmen des Städtebauförderprogramms Soziale Stadt werden zwischen 1999 und 2009 zahlreiche Maßnahmen zur Wohnzufriedenheit, Energieeffizienz, Aufwertung der Infrastruktur und des öffentlichen Raums durchgeführt, die das Image der teilweise problembehafteten Trabantenstadt zweifellos gesteigert haben. Diese im Grundsatz sinnvollen Stadterneuerungsmaßnahmen führen jedoch zu einem Verlust an originaler Substanz. Der Überlieferungsgrad der Nachkriegssiedlung Freiberg hat deutlich gelitten.

Abb. 3: Beispielhafte bauliche Veränderungen in den Stuttgarter Trabantenstädten. *Fotos: LAD, Martin Hahn, 2011*

Die Trabantenstadt als Denkmal?

Im Rahmen des Forschungsprojektes „Verdichtete Siedlungen der 1960er/1970er Jahre in der Region Stuttgart" des Landesamtes für Denkmalpflege hat die Hochschule für Technik Stuttgart die Siedlung Freiberg exemplarisch auf ihre historischen Wertigkeiten untersucht. Kann eine Trabantenstadt der 1960er/1970er Jahre – ähnlich wie die etablierten historischen Stadtkerne – als denkmalgeschütztes Ensemble bestehen? Nur für in hohem Maße authentische und exemplarisch stehende Zeugnisse dieser Stadtbauepoche käme ein Gesamtanlagenschutz im Sinne des Baden-Württembergischen Denkmalschutzgesetzes in Frage. Im Ergebnis musste von der Landesdenkmalpflege festgestellt werden, dass die ursprüngliche Planungsphilosophie des Stadtteils noch erkennbar ist, die Summe der Veränderungen am Siedlungsgrundriss und an den Gebäuden das gesetzlich geforderte besondere Erhaltungsinteresse jedoch nicht mehr rechtfertigen kann. Hinzu kommt, dass die Siedlung Freiberg zwar zeittypisch und beispielhaft ist; sie kommt jedoch nicht über das allgemeine Maß des bundesdeutschen Siedlungsbaus dieser Jahre hinaus, wie zum Beispiel die Neue Vahr in Bremen, die Sennestadt bei Bielefeld oder die Siedlung Zollhaus-Planetenring in Nürnberg. Mit künftigen Sanierungsmaßnahmen wird der ursprüngliche Zustand der Trabantenstadt Freiberg sicher in Zukunft noch weiter eingeschränkt, vor allem weil die Stadtteile der 1960er/1970er Jahre aufgrund der mangelnden Akzeptanz immer noch als freie Verfügungsmasse angesehen werden. Ihr Zeugniswert für die städtebauliche Entwicklung der Boomjahre der Bundesrepublik hat dabei deutlich gelitten.

Abb. 4: Exkursionsteilnehmer vor dem Julius-Brecht-Hochhaus in Stuttgart-Freiberg.
Foto: LAD, Inken Gaukel, 2014

Mit den vor allem auf historische Bausubstanz und Siedlungsgrundrisse ausgelegten Instrumenten des Denkmalschutzes sind also nach heutigen Kriterien und Maßstäben Siedlungen wie Stuttgart-Freiberg nicht (mehr) zu fassen. Wohl aber können sie mit anderen Rechtsinstrumenten wie Bebauungsplänen, Erhaltungs- oder Gestaltungssatzungen in ihrer groben Struktur und ihrem Erscheinungsbild soweit bewahrt werden, dass künftigen Generationen zumindest ein Eindruck vom Planen und Bauen dieser Zeit erhalten bleibt.

„Der Freiberg ist meine Heimat"

Gegenstand der Veröffentlichung „größer höher dichter", die unter anderem die Ergebnisse des Projektes zu den verdichteten Siedlungen in der Region Stuttgart zusammenfasst, sind neben stadtbaugeschichtlichen, stadtplanerischen und denkmalpflegerischen Überlegungen auch Zeitzeugenberichte, dokumentiert in mehreren Interviews. In diesen Gesprächsaufzeichnungen, zum Beispiel mit einer Bewohnerin „der ersten Stunde" des Julius-Brecht-Hochhauses in Freiberg, kommt deutlich zum Aus-

Abb. 5: Wohnhügelhaus Schnitz in Stuttgart-Neugereut.
Foto: LAD, Karl Fisch, 2011

druck, dass auch in der 16. Etage einer „Wohnmaschine" in einer „Retortenstadt" Heimatgefühle entstehen und wachsen können. Die emotionale Bindung gerade der Erstbewohner an die Siedlung ist sehr hoch. „Der Freiberg ist meine Heimat" (HOPFNER, SIMON-PHILIPP, WOLF 2012: 100) darf durchaus als repräsentatives Zitat dieser Verbundenheit mit der neuen Stadt angesehen werden. Veränderungen in der Bevölkerungsstruktur, insbesondere durch den starken Zuzug von Einwohnern mit Migrationshintergrund, zeigen dagegen, dass „Heimat" von jeder Generation und Bevölkerungsgruppe neu interpretiert und ausgeformt wird und damit einem ständigen Wandel unterworfen ist.

Wohnexperiment „Schnitz"

Am Ende der Exkursion stand eine Besichtigung des Wohnexperimentes „Schnitz" in der Trabantenstadt Stuttgart-Neugereut. Der „Schnitz" ist eine 1973/1974 errichtete, schon damals vielbeachtete Terrassenwohnanlage mit architektonisch und typologisch neuen Ansätzen. Es werden neuartige Formen des verdichteten Wohnens erprobt und dabei dem selbstbestimmten und gemeinschaftlich orientierten Wohnen ein hoher Stellenwert eingeräumt. Namensgebend für das eindrucksvolle Bauwerk ist der im süddeutschen Raum verwendete Begriff „Schnitz" für ein aus einer Frucht herausgeschnittenes Stück. Er leitet sich aus der ursprünglichen Konzeption ab, dichte Reihenhäuser zu erstellen, die sich wie Teile eines Ganzen aneinanderreihen. Diese Idee ist jedoch aufgrund der baurechtlichen Vorgaben nicht möglich. Im weiteren Planungsprozess wird ein komplexes und durchdachtes Wohnhügelhaus entwickelt, das heute als authentisch erhaltenes, beispielhaftes Bauwerk dieser Zeit denkmalgeschützt ist.

Einer der verantwortlichen Architekten und Ideengeber und zugleich Wohnungseigentümer, Peter Faller, erläuterte die damaligen Planungsüberlegungen für das gemeinschaftlich entwickelte Haus. Insbesondere die Stärkung der Gemeinschaft hat zu Beginn der 1970er Jahre einen hohen Stellenwert. Sie steht auch heute noch für eine außergewöhnliche Wohnzufriedenheit. Die Grundrissorganisation des Hauses mit differenzierten Erschließungen, überschaubaren Laubengängen und nicht einsehbaren großzügigen Terrassen ist sehr qualitätsvoll. Die Gemeinschaftsräume für Kinder und Erwachsene, eine Werkstatt, Aufenthaltsräume und eine Sauna sind Bestandteil des Wohnexperimentes. Peter Faller erlaubte als Zeitzeuge auch einen interessanten Einblick in die damalige Bauherrengemeinschaft und die heutige Wohneigentümergemeinschaft. Die Identifikation der Eigentümer mit dem eindrucksvollen Gebäude ist bis heute gegeben und auch die umgebende Großsiedlung ist Teil des Heimatgefühls. Die Wohndauer ist hoch und die Fluktuation sehr gering. Ändern sich die Wohnbedürfnisse, wird, soweit möglich, inner-

Abb. 6: Architekt Peter Faller (2. v.r.) erklärt das Wohnhügelhaus Schnitz in Stuttgart-Neugereut. Foto: LAD, Inken Gaukel, 2014

halb des Hauses umgezogen. Zu Beginn gibt es 39 Familien im Haus, heute werden viele Wohnungen von nur einer Person bewohnt, der Anteil der Kinder ist gering; der Generationenwechsel setzt sukzessive ein. Der „Schnitz" zeigt, dass sich ein hoher Grad an Identifikation und Verbundenheit mit dem Wohnort entwickelt hat und die Qualitäten eines Wohnexperimentes der 1960er/1970er Jahre bis heute Bestand haben.

Heimat in der Trabantenstadt? Das klingt im ersten Moment wie ein Paradoxon. Die Exkursion zu den Siedlungen der 1960er/1970er Jahre hat das Bild der seelenlosen Retortensiedlungen jedoch relativiert. Heimatgefühle in der Trabantenstadt! Sie sind durchaus Bestandteil unserer heutigen Lebenswelten.

Literatur

HOPFNER, K.; SIMON-PHILIPP, C.; WOLF, C. (Hrsg.) (2012): größer höher dichter. Wohnen in Siedlungen der 1960er und 1970er Jahre in der Region Stuttgart. – Stuttgart/Zürich.

HAHN, M.; MEYDER, S.; HOPFNER, K.; SIMON-PHILIPP, C.; GEIGER-SCHMIDT, E. (2011): Verdichtete Siedlungen der 1960er und 1970er Jahre. Ein Inventarisationsprojekt im Regierungsbezirk Stuttgart. – In: Denkmalpflege in Baden-Württemberg (Nachrichtenblatt der Landesdenkmalpflege), Esslingen, 2/2011, S. 87–94.

SIMON, C.; HAFNER, T. (2004): WohnOrte - 50 Wohnquartiere in Stuttgart von 1890–2002. – Stuttgart/Zürich.

Die hier beschriebenen Siedlungen wurden auf der Exkursion am 14. Oktober 2014 im Rahmen der BHU-Tagung „Heimat planen. Heimat bauen" (Stuttgart, 14. bis 16.10. 2014) besucht.

Heimatforschung – Siedlungsinventar Rheinland

Walter Buschmann

Zusammenfassung

Nach Inventarbänden über den Stein- und Braunkohlenbergbau wird im Auftrag des LVR-Amtes für Denkmalpflege im Rheinland seit September 2014 durch das „Institut. Industrie-Kultur-Geschichte-Landschaft" an einem Siedlungsinventar gearbeitet. Das beauftragte Institut hat zur Realisation ein Team von sechs Bearbeitern gebildet. In einer projektierten Bearbeitungszeit von drei Jahren sollen etwa 250 Siedlungen inventarisiert und nach der Methodik der Großinventare dargestellt werden. Einbezogen werden die Erfahrungen aus einer etwa fünf Jahrzehnte andauernden Beschäftigung der Denkmalpflege in Nordrhein-Westfalen mit diesem Thema. Die früher häufig anzutreffende sachliche und zeitliche Eingrenzung auf die Werks-, Arbeiter- oder Zechensiedlungen bis 1918 oder 1939 wird es für dieses Siedlungsinventar nicht geben. Einbezogen werden vielmehr auch die Siedlungen der ersten und zweiten Nachkriegsmoderne bis 1990.

Einleitung

Seit knapp einem halben Jahrhundert befasst sich die Denkmalpflege mit Siedlungen als Bau- und Kulturdenkmale. Der damalige Landeskonservator Rheinland, das heutige LVR-Amt für Denkmalpflege im Rheinland hatte dabei immer eine Vorreiterrolle. Als in diesem Amt 2006 in einem Arbeitsheft der rheinischen Denkmalpflege (Nr. 67) erneut das Thema der „Wohn- und Arbeitersiedlungen" in einem Sammelband von 10 Autoren beleuchtet wurde (Abb. 1), konnte auf diese lange Tradition hingewiesen werden. Allerdings musste dabei auch das Fehlen eines flächendeckenden, landesweiten Siedlungsinventars festgestellt werden, mit der Schlussfolgerung, dass diese Lücke in der dokumentarischen und wissenschaftlichen Bearbeitung geschlossen werden sollte. Teilweise lagen Inventare oder inventarähnliche Werke aus den vergangenen Jahrzehnten bereits vor, allerdings jeweils beschränkt auf einzelne Städte, Regionen und/oder bestimmte Perioden im Siedlungsbau. Das am 1. September 2014 begonnene Siedlungsinventar Rheinland wird einerseits die teils profunden Ergebnisse bisheriger Inventarisationsarbeit nutzen, andererseits aber in der Qualität der Darstellung an den ebenfalls traditionsreichen Groß- oder Fundamentalinventaren anknüpfen. Das rheinische Denkmalamt hat hier mit den Gattungsinventaren zum Stein- und Braunkohlenbergbau eine Pionierarbeit geleistet, die nun in ein weiteres Gattungsinventar zum Siedlungsbau münden soll.

Die thematische Eingrenzung will ich hier an Hand von chronologisch geordneten Beispielen deutlich machen und ich will gleichzeitig dazu die wichtigsten Inventare und inventarähnlichen Werke vorstellen.

Werkssiedlungen

Eisenheim in Oberhausen ist eine der bekanntesten Siedlungen des Rheinlandes. Charakteristisch für diese Siedlungen war die phasenweise Entwicklung. Die wesentlichen Entwicklungsschritte waren nach der Gründung 1844 die Jahre 1865/1866, 1897 und

Abb. 1: Mainzer, Udo (Hg.): Wohn- und Arbeitersiedlungen im Rheinland. Eine Zwischenbilanz aus denkmalpflegerischer Sicht (= Arbeitshefte 67), Worms 2006.

Abb. 2: Landeskonservator Rheinland (Hg.) im Auftrag des Kultusministers von Nordrhein-Westfalen und des Landschaftsverbandes Rheinland: Oberhausen (= Die Denkmäler des Rheinlandes 22. Band) von Roland Günter, Düsseldorf 1975 (Manuskript abgeschlossen 1969).

1901. Unterschiedliche Haustypen kennzeichnen die Entwicklungsgeschichte der Siedlung. Die Backsteinhäuser sind in einfacher Art aufgereiht an einem rasterartigen Straßennetz. Eisenheim wurde von Roland Günter in dem bis 1969 bearbeiteten Kurzinventarband Oberhausen dargestellt. In dem Band werden sechs Siedlungen in Oberhausen beschrieben (Abb. 2). Zu Eisenheim gibt es die ausführlichsten Texte mit Darstellungen zur Entstehungsgeschichte und zu den Haustypen. Die Typenbeschreibungen bewegen sich auf dem Niveau der üblichen kunsthistorischen Architekturdarstellungen mit Einbeziehung auch der Hausgrundrisse. Roland Günter ist hier in einem sehr frühen Stadium der Beschäftigung mit dieser Architekturgattung eine wegweisende Art der Bearbeitung und Darstellung gelungen. Die anderen Oberhausener Siedlungen werden in diesem Band allerdings weniger ausführlich dargestellt.

Zeitlich nicht weit vom Kurzinventar Oberhausen entfernt beschäftigen sich die ersten Ausgaben der Arbeitshefte des Landeskonservators Rheinland 1971/1972 mit den Arbeitersiedlungen (Abb. 3). Die äußerst schlicht aufgemachten Hefte wurden 1975

Abb. 3: Landeskonservator Rheinland (Hg.): Arbeitersiedlungen 1 (= Arbeitshefte 1), Köln 1975 (2. Auflage).

Abb. 4: Bollerey, Franziska/Hartmann, Kristina: Siedlungen aus dem Reg. Bez. Düsseldorf. Beitrag zu einem Kurzinventar, o. O. o. J. (Essen um 1982).

neu aufgelegt. Insgesamt wurden in diesen schmalen Heften 11 Siedlungen behandelt. Vorgestellt werden Schutzumfang, seit dem Arbeitsheft 2 auch mit Lageplan, Geschichte und Charakteristik und eine Adressenliste. Verglichen mit dem Kurzinventar Oberhausen ist dies ein Rückschritt aber wohl aus dem Anliegen erklärbar für alle 11 vorgestellten Siedlungen eine gleichartige Darstellungsform zu finden.

Einen deutlichen Zugewinn an Wissen brachten die Arbeiten von Franziska Bollerey und Kristina Hartmann. Seit 1974 wurde, unterstützt durch das NRW-Ministerium für Wissenschaft und Forschung später auch durch den Kommunalverband Ruhrgebiet (heute: Regionalverband Ruhrgebiet RVR), an der Universität Dortmund das Forschungsprojekt „Wohnen und Arbeiten im Ruhrgebiet" durchgeführt. Das Resultat, veröffentlicht in den Jahren 1975 für die Stadt Dortmund, 1978 für den Regierungsbezirk Arnsberg also das östliche Ruhrgebiet und 1982 für den Regierungsbezirk Düsseldorf (Abb. 4), den rheinischen Teil des Ruhrgebiets eröffnete mit insgesamt 375 bearbeiteten Objekten einen Überblick über den Siedlungsbau dieser Region mit Vergleichsmöglichkeiten und damit der Erkenntnis zur Häufigkeit und zur Seltenheit bestimmter Siedlungs- und Haustypen. Erkennbar war die weite Verbreitung der einfach gereihten Backsteinsiedlungen und in diesem Siedlungstyp die Dominanz des Vierhauses mit Kreuzgrundriss. Dieser Haus- und Siedlungstyp war im elsässischen Mülhausen 1852 entwickelt worden, wurde 1862 auf der Weltausstellung in Paris präsentiert und erfreute sich dann bei den montanindustriellen Unternehmen des Ruhrgebiets großer Zustim-

Abb. 5: Fehl, Gerhard (Hg.): Werkssiedlungen im Aachener Revier. Dokumentation zur Wanderausstellung, Aachen 1988.

Abb. 6: Wehling, Hans-Werner: Werks- und Genossenschaftssiedlungen im Ruhrgebiet 1844-1939. Band 1 Kreis Wesel, Essen 1990.

mung. Beispielhaft seien die Zollverein – Siedlungen in Essen mit der in diesem Zusammenhang gewählten Inventarisationstechnik dargestellt. Es gibt einige einleitende Kurzdaten. Einen aktuellen Lageplan teilweise ergänzt durch einen oder mehrere historische Lagepläne. Der Kurztext erläutert die Entstehungsgeschichte, gibt eine Charakterisierung der Hausarchitektur sowie Hinweise zur aktuellen Situation. Details zu Bauphasen und Haustypen gibt es nicht.

Die Dortmunder Inventarbände sind zeitlich begrenzt und behandeln den Siedlungsbau bis 1933. Eine sachliche Beschränkung auf den Werks- oder Arbeiterwohnungsbau gibt es nicht. Vielmehr wird auch der Wohnungsbau durch Baugenossenschaften, gemeinnützige Wohnungsbaugesellschaften und Kommunen einbezogen. Deutlich wird so auch der Wandel im Siedlungsbau von den einfach gereihten Backsteinsiedlungen über die Parksiedlungen der 1890er Jahre, den gartenstädtischen Siedlungen zu den Siedlungen der 1920er Jahre.

In der chronologischen Abfolge der Inventare und inventarähnlichen Werke im Rheinland wäre in den 1980er Jahren eine Publikation aus Aachen zu nennen (Abb. 5). Dort hatte Gerhard Fehl mit seinem Lehrstuhl für Planungstheorie durch Lehrveranstaltungen und Ausgabe von Bearbeitungsthemen für Studentenarbeiten die RWTH Aachen neben Dortmund zu einem zweiten universitären Zentrum zu Untersuchungen über den Siedlungsbau entwickelt. Aus diesen seit 1985 laufenden Studentenarbeiten und Forschungsprojekten wurde eine Wanderausstellung zu den Werkssiedlungen im Aachener Revier konzipiert und die Ergebnisse 1988 publiziert. Die Darstellungen sind in Umfang und Qualität unterschiedlich, geprägt durch das von Ort zu Ort schrittweise Wachstum des Inventars.

Auch an der Universität GHS Essen sind unter Leitung des Geografen Hans-Werner Wehling zwei Inventarbände zum Siedlungsbau entstanden

Abb. 7: Novy, Klaus (Hg.): Wohnreform in Köln. Geschichte der Baugenossenschaften, Köln 1986.

(Abb. 6). Bearbeitet wurden 41 Siedlungen im Kreis Wesel und 46 Anlagen in den linksrheinischen Stadtteilen von Duisburg. In gründlicher Weise werden zusammenfassend grundlegende Daten zu den einzelnen Anlagen, Entstehungsgeschichte und ausführlich die Haustypen, teils mit Grundrissen dargestellt. Verteilung der Haustypen und Flächennutzungen werden durch Lagepläne verdeutlicht. Die Auffächerung in Haustypen ist allerdings sehr kleinteilig und damit entsprechend umfangreich geraten. Auch dieses Inventar ist zeitlich begrenzt und endet 1939.

1920er Jahre: Dominanz der Baugenossenschaften, gemeinnützige Wohnungsbaugesellschaften, Kommunaler Wohnungsbau

Das 19. Jahrhundert wird im Siedlungsbau stark durch die Werkssiedlungen geprägt. Gemeinnützige Baugesellschaften gab es zwar schon früh seit Mitte des 19. Jahrhunderts. Beide Bauträger, Genossenschaften und Baugesellschaften oder Bauvereine, konnten sich aber erst im 20. Jahrhundert durchsetzen und entfalten dann zusammen mit dem kommunalen Wohnungsbau eine ausgedehnte Bautätigkeit. Wohnungsbau und überhaupt das Stadtbild vieler Großstädte des Rheinlandes und infolgedessen auch die entsprechenden Bestandteile der Denkmallisten dieser Städte werden durch diese Bauten mit Schwerpunkt in den 1920er Jahren geprägt.

Beginnend in den 1980er Jahren gab es in NRW eine zweitweise intensive Beschäftigung mit dem Genossenschaftswesen und dem genossenschaftlichen Wohnungsbau. Ausgehend von den Ruhrfestspielen 1983 entstand eine von Ort zu Ort wachsende Ausstellungsserie. 1986 veröffentlichte Klaus Novy einen Band zur „Wohnreform in Köln" (Abb. 7) als Publikation zu der im gleichen Jahr stattfindenden Ausstellung „Anders leben" im Kölner Stadtmuseum. Der Band enthält eine umfangreiche Dokumentation ausgeführter genossenschaftlicher Wohnsiedlungen. Wenige Jahre später wurde der „Reformführer NRW" veröffentlicht, ebenfalls mit zahlreichen Beispielen zum genossenschaftlichen Wohnungsbau. Die Darstellungsweise ist knapp und nur am Rande wird auch die architektur- und städtebauliche Bedeutung der Anlagen gewürdigt. Die dennoch in den Bänden enthaltenen inventarartigen Überblicke mit immerhin 138 Positionen für die Stadt Köln sind auch für die Denkmalpflege wertvoll, weil die Verbindung mit der Entwicklung der Genossenschafts- und damit auch der Arbeiterbewegung aufgezeigt wird. Und der architekturhistorische Wert besteht in der direkten Vergleichbarkeit zwischen Wohnungsbau und den anderen in diesem Kontext entstandenen Bauten, den Schulen, Verwaltungs- und genossenschaftlichen Produktionsbauten.

Abb. 8: Landeskonservator Rheinland (Hg.) im Auftrag des Kultusministers von Nordrhein-Westfalen und dem Landschaftsverband Rheinland: Vier Siedlungen in Duisburg 1925-1930 (= Arbeitshefte 12) von Eberhard Grunsky, Köln 1975.

Abb. 9: Heuter, Christoph: StadtSchöpfung. Siedlungen der 1920er Jahre in Wuppertal-Barmen (= Beiträge der Forschungsstelle für Architekturgeschichte und Denkmalpflege der Bergischen Universität-Gesamthochschule Wuppertal Nr. 6), Wuppertal 1995.

Gemeinnützige Wohnungsbaugesellschaften haben im Rheinland zwar eine große Zahl von Publikationen zur Darstellung ihrer Tätigkeit produziert. Entstanden sind dabei aber stets chronologische Überblicke mit einer Auswahl von Siedlungen. Systematische Dokumentationen oder auch nur Werke mit einer für eine Inventarisation beispielhaften Objektdarstellung hat es nicht gegeben.

Nachdem im 19. Jahrhundert aus Öffentlichkeit und Politik zur Behebung der Wohnungsnot und als Korrektiv zum spekulativen Wohnungsbau auch ein kommunaler Wohnungsbau gefordert wurde, hat es in der Weimarer Republik dann dieses Engagement der Städte tatsächlich in nennenswertem Umfang gegeben. Zwei inventarähnliche Darstellungen sind zu diesem Bereich der Geschichte des Wohnungsbaus herauszuheben. Eberhard

Abb. 10: Stadt Duisburg (Hg.): Gestaltungsfibel Denkmal Siedlung Beeckerwerth. Bearbeitung und Layout Historische Bauwerke GbR Krefeld Stephan Strauß, Duisburg 2007.

Abb. 11: Stadt Köln (Hg.): Köln: Siedlungen 1938-1988 (= Stadtspuren. Denkmäler in Köln Band 10.II) von Werner Heinen und Anne-Marie Pfeffer, Köln 1988.

Grunsky, der nachmalige Landeskonservator in Westfalen-Lippe, hat in seiner Zeit beim rheinischen Denkmalamt schon 1975 vier kommunale Siedlungen in Duisburg dokumentiert (Abb. 8). Auch wenn dieses Arbeitsheft Nr. 12 des Landeskonservators Rheinland nur eine sehr begrenzte Zahl von Objekten bietet, ist die von Grunsky entwickelte Darstellung doch in Umfang und Vollständigkeit bemerkenswert. Geboten werden jeweils ein Lageplan und eine Adressenliste zum Umfang des Denkmals. Es folgen Textabschnitte zur Geschichte, zur Gesamtanlage und zu den Haustypen. Ergänzt wird die Darstellung durch Pläne, historische und aktuelle Fotos.

20 Jahre später hat Christoph Heuter in einer Magisterarbeit an der Universität Bonn Siedlungen der 1920er Jahre in Wuppertal-Barmen untersucht mit einer inventarmäßigen Darstellung von etwa 40 Objekten (Abb. 9). Heuters Darstellung steht in der Tradition kunsthistorischer Arbeiten mit teils akribischer Beschreibung der äußeren Architektur und kursorischen Angaben zu den Haustypen und den Grundrissen.

Aus der jüngsten Bedrohung denkmalwerter Siedlungen durch bauliche Veränderungen ist in den letzten 14 Jahren mit den Duisburger Denkmalfibeln eine weitere äußerst bemerkenswerte Art der Beschäftigung mit dieser Denkmalgattung hervorgegangen (Abb. 10). Es handelt sich hier zwar um monographische Darstellung zu Einzelanlagen, allerdings mit Modellcharakter für das anstehende Siedlungsinventar Rheinland. Dargestellt sei dies am Beispiel der wesentlich 1916–1933 entstandenen Thyssen-Siedlung Beeckerwerth. Es ist eines der Beispiele zum Werkswohnungsbau nach Ende des Ersten Weltkriegs. Die Siedlung wird behandelt mit den Teilen: historische Entwicklung, Charakterisierung hinsichtlich Gesamtanlage, Haustypen und Gemeinschaftsbauten und abschließend einem Text- und Bildteil zum Umfang des Denkmals. Die Duisburger Gestaltungsfibeln sind vorrangig auf Angaben zur baulichen Erhaltung ausgerichtet. Vorbildlich ist aber auch der einleitende bauhistorische Teil.

NS-Zeit

Das wohl wichtigste Inventarwerk zum Siedlungsbau im Rheinland wurde 1988 im Amt der Kölner Stadtkonservatorin erstellt. In zwei Bänden werden die Siedlungen zwischen 1888 und 1988 behandelt (Abb. 11). Einige bisher schon vorgestellte Entwicklungsperioden im Siedlungsbau hätten auch mit Beispielen aus diesem Inventar vorgestellt werden können. Hier will ich besonders den zweiten Band hervorheben, mit andernorts unbehandelten Entwicklungsphasen des Siedlungsbaus. Das Kölner Siedlungsinventar reichte heran bis an die damalige Grenze zur Gegenwart, bezog auch damals gerade erst im Bau begriffene Siedlungen der 1980er Jahre mit ein. Nicht nur der Betrachtungszeitraum, sondern auch im Umfang der Bearbeitung und Darstellung setzt dieses Inventar Maßstäbe: nach Nennung einiger Grunddaten folgen Kurzcharakteristik, Geschichte, Lagebeschreibung, Darstellung der Haustypen, eine Reflexion der Veränderungen und schließlich die Bedeutung. Aufgeführt werden auch Quellen und Literatur. Dieses Inventar lässt kaum Fragen offen. Es fehlen allerdings aktuelle Lagepläne mit dem Umfang der als denkmalwert eingestuften Anlage und Fotos. Das auch in der großen Anzahl der bearbeiteten Siedlungen umfangreiche Inventar unter Einbeziehung auch zahlreicher nicht denkmalwerter Siedlungen ist leider in der Qualität der Darstellungen uneinheitlich. Es gibt diese sehr sorgfältig bearbeiteten Beispiele, leider aber auch andere nur sehr kursorisch behandelten Siedlungen. Da wird es auch für das anstehende Siedlungsinventar Rheinland einen Bedarf zur Nachbearbeitung geben.

Für eine vollständige Dokumentation des Siedlungsbaus in der NS-Zeit reicht selbst der Bestand einer Großstadt wie Köln nicht aus. Hier werden andere Beispiele aus dem Rheinland eine wichtige Ergänzungsrolle spielen, z.B. die Weiße Stadt in Düsseldorf, die Lotte-Neumann-Siedlung in Wuppertal, die Rössler-

Abb. 12: Köln, Siedlung Volkspark in Raderthal. Siebengeschossiges Wohnhochhaus in Stahlskelettbauweise 1950/51 von Wilhelm Riphahn.
Foto: Jürgen Gregori, 2014

Siedlung in Schwalmtal am Niederrhein oder die Bereitschaftssiedlungen des Hydrierwerks in Wesseling.

1950er bis 1980er Jahre

Mit dem Kölner Siedlungsinventar haben wir nun schon seit geraumer Zeit auch eine Darstellung zum Siedlungsbau der Ersten und Zweiten Nachkriegsmoderne.

Für die 1950er Jahre ist ein teils krasser Qualitätsunterschied feststellbar für die Siedlungen der Besatzungsmächte (neben Köln auch in Bonn) und dem so dringenden Massenwohnungsbau als Ersatz für den kriegszerstörten Bestand. Beides ist Teil unserer Geschichte und sollte durch aussagekräftige Beispiele dokumentiert werden, z.B. die Siedlung am Volkspark für die Britische Rheinarmee, entstanden 1949–1952 (Abb. 12).

Seit Ende der 1950er Jahre gibt es – wie in ganz Deutschland – Bestrebungen zur Überwindung des Leitbildes von der gegliederten und aufgelockerten Stadt mit wachsenden Geschosszahlen und verdichteten Bauweisen.

Abb. 13: Köln, Siedlung Riphahnstr./Zörgiebelweg/Compesstr. in Chorweiler-Seeberg, Arch. Gottfried Böhm 1974.
Foto: Jürgen Gregori, 2014

Abb. 14: Köln, Siedlung Rheinkassel in Köln-Rheinkassel, Feldkasseler Weg, Alte Römerstr., Kasselberger Weg. Arch. Gottfried Böhm 1978.
Foto: Jürgen Gregori, 2014

Abb. 15: Köln, Siedlung Gütergasse in Köln-Porz-Zündorf. Arch. Gottfried Böhm und Mitarbeiter 1982, Erweiterung 1986.
Foto: Jürgen Gregori, 2014

Chorweiler wurde als neue Stadt vor den Toren Kölns geplant mit einigen bemerkenswerten, im Kölner Siedlungsinventar vorgestellten Teilanlagen. Oswald Mathias Ungers plante eine 1961–1963 realisierte Mehrfamilienhausanlage mit einer kubisch gehaltenen, in der Tradition des skulpturalen Architektur stehenden Formensprache. Es ist eine stark von ästhetischen Vorstellungen zur Baumassenverteilung geprägte Architektur mit der für Ungers üblichen Reduktion auf Quadrat, Rechteck, Kubus und Quader.

Knapp zehn Jahre später realisierte Gottfried Böhm seine Version zum Thema Geschosswohnungsbau (Abb. 13). Es entstanden 1974 zwei Hauszeilen mit zwischengelagertem Wohnweg. Die westliche siebengeschossige Zeile schwingt am Ende in einen konvexen Bogen aus und öffnet sich zu dem kleinen Platz mit filigran in Stahlkonstruktion gestalteten Balkonen vor der sonst sehr massiv wirkenden Betonarchitektur. Die andere Platzseite wird begrenzt durch ein Schwimmbad mit Ärztezentrum für die in der Ostzeile untergebrachten Altenwohnungen.

Die Kritik an den Urbanitätsplanern der 1960er und 1970er Jahre führte in den Folgejahrzehnten zu Formen des verdichteten Flachbaus. Auch hier lieferte Gottfried Böhm mit der Siedlung in Rheinkassel nicht weit von Chorweiler 1978 (Abb. 14) und mit einer Siedlungsanlage in Zündorf 1982–1886 (Abb. 15) zwei ebenfalls im Kölner Siedlungsinventar publizierte Beispiele.

Siedlungsinventar Rheinland

Mit Präsentation und Würdigung der über Jahrzehnte im Rheinland entstandenen Inventare und inventarartigen Werke ist die Absicht verbunden, den Ausgangspunkt, die Grundlinie vorzustellen, von der aus das Siedlungsinventar Rheinland startet. Wir werden selbstverständlich auch andere Beispiele heranziehen und auswerten, wie die in Baden-Württemberg entstandene Darstellung zu den Wohnsied-

Abb. 16: Gattungsinventar Steinkohlenbergbau. Gebr. Mann Verlag Berlin 1998.

lungen der 1960er und 1970er Jahre in der Region Stuttgart. Eine weitere Grundlage sind die im LVR-Amt für Denkmalpflege im Rheinland bereits publizierten Gattungsinventare zum Stein- und Braunkohlenbergbau (Abb. 16).

Das Inventar wird im Auftrag des Landschaftsverbandes Rheinland vertreten durch das LVR-Amt für Denkmalpflege im Rheinland und vermutlich auch durch das für die Denkmalpflege zuständige Städtebau-Ministerium in Düsseldorf finanziert. Auftragnehmer ist das „Institut. Industrie-Kultur-Geschichte-Landschaft." An dem erst kürzlich gegründeten

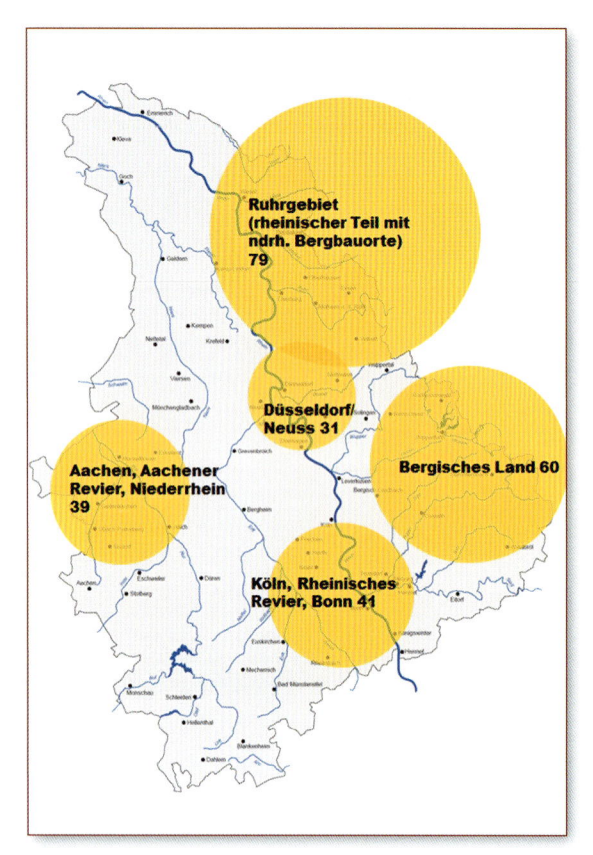

Abb. 17: Grundlage zur Kalkulation zum Gattungsinventar Siedlungen im Rheinland mit 250 Siedlungen.
Graphik: Walter Buschmann, 2014

Institut sind durch seine personelle Besetzung mehrere Fachrichtungen und Hochschulen in NRW beteiligt. Die Bearbeitung des Siedlungsinventars Rheinland erfolgt also durch ein außerhalb des Denkmalamtes tätiges Team mit derzeit sechs Personen unter Leitung des genannten Instituts. In der ersten Phase werden die in die Denkmallisten eingetragenen Siedlungen bearbeitet. Es handelt sich dabei um 180 Anlagen. Dazu sollen weitere Siedlungen kommen, die sich während der Bearbeitung als denkmalverdächtig erweisen. Hinweise dazu entstehen durch Literatur- und Quellenrecherche, durch Angaben von Mitarbeitern der Denkmalämter aller Stufen, Wohnungsbaugesellschaften und anderen während der Bearbeitung zugezogenen Kontaktpersonen. Über die Aufnahme zusätzlicher Siedlungen in das Inventar entscheidet die Denkmalkommission beim LVR-Amt für Denkmalpflege im Rheinland auf Vorschlag und mit entsprechend aufbereiteten Unterlagen durch das Siedlungsinventar-Team. Wir sind in der Kalkulation von insgesamt 250 zur Bearbeitung anstehenden Siedlungen ausgegangen (Abb. 17). Als Bearbeitungszeitraum sind drei Jahre angesetzt.

Die Präsentation der etwa 250 Siedlungen wird – wie in den bereits vorliegenden Gattungsinventaren – topographisch nach Orten geordnet erfolgen. Dort, wo zusammenfassende Texte zur Siedlungsentwicklung sinnvoll sind, z.B. für den rheinischen Teil des Ruhrgebiets, für das Aachener Revier, das Bergische Land etc. wird es entsprechende Darstellungen geben. Vorangestellt wird dem eigentlichen Inventarteil eine chronologisch aufgebaute historische Einleitung mit sicher gleichartig wichtigen Untersuchungserkenntnissen wie dies schon bei den anderen beiden Gattungsinventaren gelungen ist. Besonders erhoffen wir uns als ein Ergebnis auch Erkenntnisse über den Zusammenhang zwischen den diesem Vortrag zu Grunde liegenden Entwicklungsphasen im Siedlungsbau auch unter Einbezug vorindustrieller Beispiele. Das Siedlungsinventar Rheinland ist damit ausgerichtet auf neue wissenschaftliche Erkenntnisse aus denen heraus der vorhandene Baubestand noch besser und gründlicher als bisher in denkmalpflegerischer Hinsicht gewertet werden kann.

Alle Abbildungen: Archiv W. Buschmann

Wohnsiedlungen der Nachkriegszeit in Westeuropa: Strategien der denkmalpflegerischen Erfassung und Erhaltung

Katja Hasche

Zusammenfassung

Im Frühjahr 2014 startete das vom Bundesforschungsministerium BMBF geförderte Verbund-Forschungsprojekt „Welche Denkmale welcher Moderne" (WDWM) der Universitäten Dortmund und Weimar. Ein Forschungsteilprojekt der Bauhaus-Universität Weimar untersucht denkmalpflegerische Strategien im Umgang mit Wohnsiedlungen der 1950er bis 1980er Jahre in Westeuropa. Einer im Sommer 2014 durchgeführten Studie zufolge haben alle untersuchten westeuropäischen Länder bereits Bauten aus der Zeit nach 1950 denkmalpflegerisch erfasst – jedoch meistens in Form von Einzeleinträgen und nicht im Rahmen einer systematischen Erfassung. In Deutschland werden Bauten der 1950er bis 1980er Jahre häufig in Gattungsinventaren erfasst, Wohnsiedlungen sind hier ein aktuelles Thema. Während viele Faktoren wie Denkmalschutzgesetze, Beurteilungskriterien oder planerische Schutzinstrumente die gleichen bleiben wie in den Epochen davor, eröffnen sich für den Umgang mit Bauten der 1950er bis 1980er Jahre in der denkmalpflegerischen Praxis neue Fragen.

Welche Denkmale, welcher Moderne?

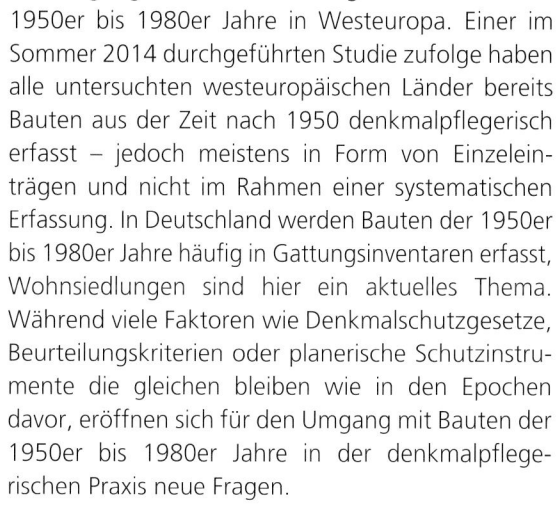

„Siedlungen als Kulturerbe und Lebensraum": Wie sehen die denkmalpflegerischen Strategien aus, um Wohnsiedlungen der Nachkriegszeit zu erfassen und zu erhalten? Um diese Frage zu erörtern, mag ein Blick über die eigenen Grenzen hinaus ins Ausland nützlich sein.

Diese Aufgabe hat sich das Forschungsprojekt „Welche Denkmale welcher Moderne" (WDWM) gestellt. Das Forschungsprojekt wird vom Bundesministerium für Bildung und Forschung gefördert und von den Universitäten Weimar und Dortmund bearbeitet (vgl. die Internetseite des Projektes: www.wdwm.info). Unter dem Oberthema „Erfassen, Bewerten und Kommunizieren des baulichen Erbes der 2. Hälfte des 20. Jahrhunderts" beschäftigen sich insgesamt fünf Teilforschungsprojekte seit Frühjahr 2014 bis Frühjahr 2017 mit themenverwandten Fragestellungen. Forschungsbereiche sind unter anderem die Frage nach dem Denkmalbegriff, der Umgang mit Großbauten, die Erfassung von Nachkriegsbauten der DDR oder die Sicht von Migranten auf das gebaute Erbe der Nachkriegszeit.

Das im folgende vorgestellte, an der Bauhaus-Universität Weimar angegliederte Teilforschungsprojekt beschäftigt sich mit der Frage, welche Strategien der denkmalpflegerischen Erfassung und Erhaltung in den westeuropäischen Ländern für Siedlungen und Bauten der 1950er bis 1980er Jahre existieren.

In den westeuropäischen Ländern bestimmten Faktoren wie Bevölkerungswachstum, eine florierende kapitalistische Wirtschaft und teilweise durch den Zweiten Weltkrieg bedingte Zerstörungen den Bausektor nach dem Zweiten Weltkrieg in gleicher Weise und ermöglichen eine gute Vergleichsbasis. Typologisch fokussiert sich das Teilforschungsprojekt auf Wohnsiedlungen. Die Schaffung von Wohnraum war in der Nachkriegszeit aufgrund des großen Bevölkerungswachstums eine der dringlichsten und großmaßstäblichsten Aufgaben im Bausektor. Außerdem lassen sich anhand der Typologie „Siedlung" sowohl städtebauliche als auch architektonische Fragestellungen und Strategien ablesen und erforschen. Und nicht zuletzt sind Siedlungen der 1950er bis 1980er Jahre aus denkmalpflegerischer Sicht häufig aktuell gefährdet. Die teilweise enormen Dimensionen, die scheinbar monotone Gestaltung oder eine Vernachlässigung im Bauunterhalt erzeugen mitunter Unverständnis und erschweren den Zugang zu dieser Baugattung. Während die geschwungenen und leichten Formen der 1950er Jahre bereits in den 1990er Jahren wieder entdeckt wurden[1], haben es Bauten und Siedlungen der 1960er und 1970er Jahre weiterhin schwer.

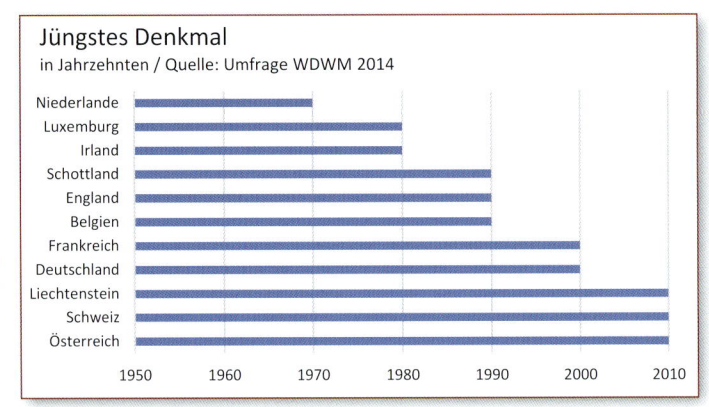

Abb. 1: Übersicht „Jüngstes Baudenkmal". Graphik: K. Hasche

Europäischer Vergleich
Im Rahmen des Teilforschungsprojektes an der Bauhaus-Universität Weimar entstand im Sommer 2014 eine Datenbank, in der weltweit einschlägige Initiativen und Aktivitäten zur Erfassung von Siedlungen und Bauten der 1950er bis 1980er Jahre gesammelt wurden. Diese Datenbasis wird weiter ergänzt. Gleichzeitig ging ein Fragebogen an die jeweiligen Denkmalämter der folgenden westeuropäischen Länder: Belgien, Deutschland, England/Schottland, Frankreich, Irland, Liechtenstein, Luxemburg, Niederlande, Österreich und Schweiz. In Deutschland und in der Schweiz ging der Fragebogen jeweils an alle 16 Bundesländer beziehungsweise 26 Kantone sowie an ausgewählte städtische Ämter. Die Antworten liefen in der Datenbank zusammen und ermöglichen verschiedene Quervergleiche.

Gemäß Ergebnis der Umfrage haben alle untersuchten westeuropäischen Länder Bauten aus der Zeit nach 1950 denkmalpflegerisch erfasst. Die jüngsten gelisteten Baudenkmale sind die Kärntner Bauten Haus am Stein von Günter Domenig und das Liaunig-Museum von Querkraft Architekten sowie das Landtagsgebäude von Hansjörg Göritz in Vaduz – jeweils 2008 fertiggestellt. Das junge Baualter dieser Denkmale mag erstaunen, aber eine fixe Zeitspanne für die Bewertung potentieller Baudenkmale ist de jure in den wenigsten Ländern festgelegt (vgl. CARUGHI 2012). In der denkmalpflegerischen Praxis wurde und wird jedoch häufig noch eine Zeitspanne von 30 Jahren eingehalten und als sinnvoll eingeschätzt, um die Gebäude mit dem Abstand einer Generation möglichst objektiv bewerten zu können. Für viele Gebäude und Siedlungen der 1950er bis 1980er Jahre war diese Zeitspanne der Nichtbeachtung beziehungsweise Nichtbewertung in den letzten Jahrzehnten problematisch, da ihre Bausubstanz teilweise saniert oder verändert wurde, bevor ihr denkmalpflegerischer Wert erfasst werden konnte. Die sich rapide verkürzenden Halbwertszeiten der Lebenszyklen eines Gebäudes werfen heute die Frage auf, zu welchem Zeitpunkt ein Gebäude künftig erfasst werden soll. Reicht eine Beurteilungszeitspanne von 30 Jahren aus, oder ist diese angesichts der möglichen zwischenzeitlichen Veränderungen zu lang?

Stand der Erfassung

Bei dem Vergleich der jeweils jüngsten erfassten Baudenkmäler beziehungsweise Inventarobjekte mag der Eindruck entstehen, die Denkmal- bzw. Inventarlisten seien bereits nachgeführt. In den meisten Fällen handelt es sich jedoch um Einzeleinträge. Eine systematische Erfassung von Bauten der 1950er bis 1980er Jahre abgeschlossen haben beispielsweise England und Niederlande, dort allerdings mit restriktiven Listen: In England macht der Denkmalbestand nach 1945 gerade einmal 0,2 Prozent des gesamten Denkmalbestandes aus, während Bauten des 19. Jahrhunderts 32 Prozent einnehmen.[2]

In den meisten anderen untersuchten Ländern gibt es noch keine abgeschlossene flächendeckende und systematische Erfassung der Bauten und Siedlungen aus der zweiten Hälfte des 20. Jahrhunderts. In Deutschland hat das Saarland als einziges Bundesland bisher eine solche Erfassung abgeschlossen, in der Schweiz haben acht Kantone flächendeckend nachinventarisiert. Aktuelle Erfassungsprojekte, darunter auch Gattungsinventare, laufen zurzeit in sechs deutschen Bundesländern und vier Schweizer Kantonen.

Wo eine flächendeckende Erfassung aufgrund mangelnder Kapazitäten und Finanzen nicht möglich ist, werden für Bauten der 1950er bis 1980er Jahre häufig Gattungsinventare erstellt. Für die Bauperiode 1950 bis 1990 gibt es in den untersuchten Ländern Inventare für folgende Baugattungen: Einfamilienhäuser, Siedlungen, Schulbauten, Hochschulbauten, Verwaltungsbauten, Sakralbauten, Krankenhäuser, Wasserkraftwerke, militärische Hochbauten, Seilbahnen und Gärten. Verschiedene Sachzwänge sprechen dafür, eine Baugattung herauszugreifen und gesondert zu betrachten. Meist sind dies Baugattungen, die in einer bestimmten Epoche sehr häufig gebaut wurden und aktuell gefährdet sind. In vielen Fällen ist die Erstellung von Gattungsinventaren mehr als eine reine Notmaßnahme – immerhin ermöglicht sie einen sehr fokussierten Vergleich innerhalb einer Typologie. Andererseits besteht aber die Gefahr, dass weniger verbreitete Baugattungen weniger Beachtung erhalten. Hier schließt sich die Frage an, wie repräsentativ die Erfassung schützenswerter Bauten in Hinblick auf den Baubestand der jeweiligen Epoche ist beziehungsweise sein sollte.

Innerhalb der Gattungsinventare ist die Erfassung von Siedlungen ein aktuelles Thema. Das erste abgeschlossene Siedlungsinventar ist das 2009 initiierte Inventarisationsprojekt „Verdichtete Siedlungen der 1960er und 1970er Jahre" im Regierungsbezirk Stuttgart, Baden-Württemberg (vgl. MEYDER 2011 und den Beitrag von M. Hahn und C. Simon-Philipp im vorliegenden Band). Laufende Gattungsinventare zur Erfassung von Siedlungen gibt es in Berlin, Nordrhein-Westfalen (vgl. den Beitrag von W. Buschmann im vorliegenden Band) und der Schweizer Stadt Winterthur.

Bewertungskriterien

Wie können Siedlungen und Bauten der Nachkriegszeit bewertet werden und anhand welcher Kriterien? Bei der Umfrage haben alle Ämter der elf untersuchten Nationen angegeben, dass die bisher in den jeweiligen Gesetzen gültigen Kriterien für die Schutzwürdigkeit von Gebäuden auch für die Erfassung von Bauten der 1950er bis 1980er Jahre ausreichen. Jedoch wurde eingeräumt, dass die Kriterien bei jüngeren Bauten mitunter anders zu gewichten seien. Die bautechnische Bedeutung fällt bei einem Systembau der Nachkriegszeit natürlich mehr ins Gewicht als bei einer klassizistischen Villa, und auch die teilweise aufgeführte industrielle Bedeutung

Abb. 2: Bewertungskriterien in Deutschland.   Graphik: K. Hasche

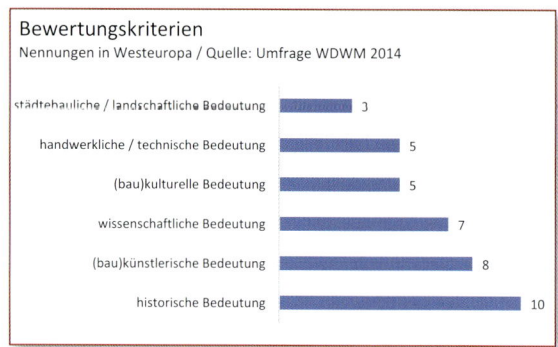

Abb. 3: Bewertungskriterien in Westeuropa.   Graphik: K. Hasche

eines Gebäudes kann stärker zum Tragen kommen als in den Epochen zuvor. Am häufigsten im Gesetz verankert sind die Bewertungskriterien „historische" und „(bau)künstlerische" Bedeutung. Die Anzahl der im Gesetz aufgelisteten Kriterien variiert im westeuropäischen Vergleich zwischen zwei und acht. Ämter, die nur zwei Kriterien in ihren Gesetzen aufgeführt haben, konzentrieren sich dabei jeweils auf die historische Bedeutung und die künstlerische bzw. architektonische Bedeutung. Gerade diese beiden Kriterien lassen jedoch einen sehr breiten Interpretationsspielraum zu, was eine Erklärung dafür ist, dass auch diese Länder ihre Kriterien als ausreichend beurteilen. Spezielle Anforderungen an Denkmale der Nachkriegszeit wurden in den Niederlanden und in Schottland definiert. In den Niederlanden wurden die bestehenden Kriterien zwar weiterhin als gültig angesehen, die Neuaufnahme jüngerer Denkmälern wurde im Jahr 2007 jedoch auf eine begrenzte Anzahl festgesetzt. Für die Erfassung dieser Denkmale wurden die Kriterien in zwei Hinsichten verschärft: wichtig ist die (inter)nationale Bedeutung eines Gebäudes – ein Denkmal muss entweder ein ‚evidenter Meilenstein' sein oder ein ‚essentielles Musterbeispiel'. Zudem muss das Gebäude eine positive Perspektive für eine künftige Erhaltung haben.[3] Explizit selektiver ist die Denkmalpflege auch in Schottland bezüglich der Bewertung von Nachkriegsdenkmalen. Die Kriterien von Historic Scotland besagen, dass Bauten nach 1945 gelistet werden können, wenn ihr besonderer architektonischer oder historischer Wert von eindeutiger Qualität sind.[4]

Erfassungskategorien

Neben der Beurteilung anhand verschiedener Kriterien werden Denkmale teilweise auch in unterschiedliche Kategorien geordnet. Im westeuropäischen Vergleich fällt auf, dass es in den meisten Ländern und auch Schweizer Kantonen mehrere Kategorien gibt, in Deutschland hingegen kaum. Grundsätzlich können Denkmale nach regionaler Bedeutung unterschieden sein (lokal, regional, national) oder rein qualitativ (z.B. erhaltenswert, schützenswert). Eine Sonderform ist die Kategorie „dokumentiert", und „bemerkenswert nach 1959" in einzelnen Schweizer Kantonen, in der jüngere, denkmalpflegerisch interessante Bauten ohne rechtliche Verbindlichkeit gesammelt werden.

Siedlungen können bei der Inventarisierung beziehungsweise Unterschutzstellung auf unterschiedliche Weise definiert werden. Die Begriffe sind in den entsprechenden Gesetzestexten festgelegt. Der Hauptunterschied besteht in der Frage, ob eine Sied-

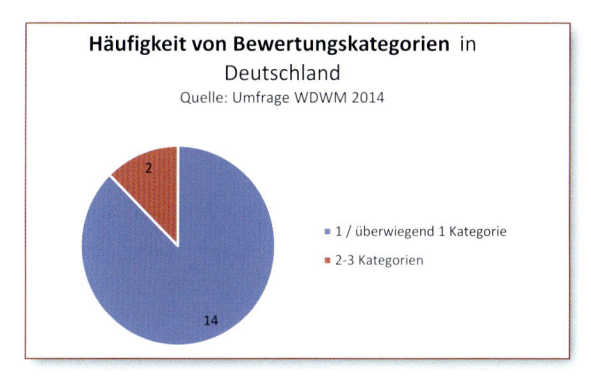

Häufigkeit von Bewertungskategorien in Deutschland
Quelle: Umfrage WDWM 2014

- 1 / überwiegend 1 Kategorie: 14
- 2-3 Kategorien: 2

Abb. 4: Kategorien in Deutschland. Graphik: K. Hasche

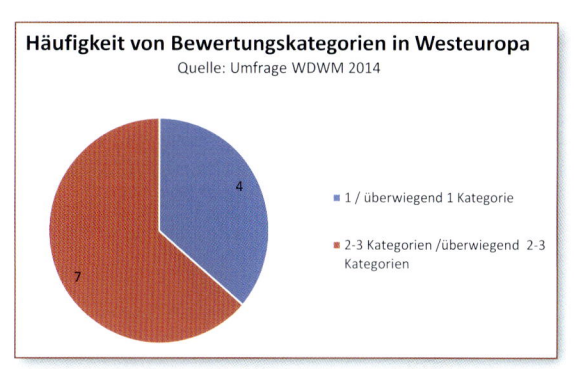

Häufigkeit von Bewertungskategorien in Westeuropa
Quelle: Umfrage WDWM 2014

- 1 / überwiegend 1 Kategorie: 4
- 2-3 Kategorien /überwiegend 2-3 Kategorien: 7

Abb. 5: Kategorien in Westeuropa. Graphik: K. Hasche

lung als Summe von Einzeldenkmalen oder als Einheit eingetragen wird.

Sieht das Gesetz nur die Erfassung von Einzelbauten vor, wird bei der Inventarisierung bzw. Unterschutzstellung jedes Gebäude der Siedlung als Einzelobjekt aufgenommen. Dies kann bei einem heterogenen Baubestand bzw. -zustand durchaus von Vorteil sein, trägt einem homogenen Baubestand, wie bei Nachkriegssiedlungen meist vorhanden, aber oft zu wenig Rechnung.

Sieht das Gesetz die Erfassung einer ganzen Siedlung als einer Einheit vor, wird die gesamte Siedlung als ein Denkmalbereich erfasst. Hier gibt es teilweise noch eine Unterscheidung zwischen einer Gesamtanlage bzw. Strukturgruppe (ein homogener Entwurf innerhalb eines kurzen Zeitraums) oder einem Ensemble bzw. einer Baugruppe (Mehrheit von heterogenen Entwürfen über einen längeren Zeitraum). Je nach Land beziehungsweise Bundesland oder Kanton können Gebäude innerhalb eines Denkmalbereichs zusätzlich noch als Einzeldenkmal erfasst werden.

Rechtliche Verbindlichkeit

Welchen Einfluss hat der Eintrag eines Denkmals ins Inventar bzw. in die Denkmalliste auf die Erhaltung des Gebäudes? Das hängt vordergründig von der jeweiligen rechtlichen Verbindlichkeit ab. Ob das auch de facto der entscheidende Faktor ist, bleibt zu untersuchen. Die kantonalen Inventare in der Schweiz sind nur behördenverbindlich. Grundeigentümerverbindlich werden sie, wenn die Gebäude beziehungsweise Siedlungen unter Denkmalschutz gestellt werden oder wenn eine Gemeinde die inventarisierten Objekte in ihren Plänen und Vorschriften verankert. Planerische Schutzinstrumente für den Erhalt von Siedlungen sind beispielsweise Zonenpläne oder Ortsbildschutzzonen. In den meisten anderen untersuchten Ländern werden schützenswerte Bauten direkt als Schutzobjekte in eine Liste eingetragen.

Unterschiede bezüglich der rechtlichen Verbindlichkeit kann es auch aufgrund verschiedener Denkmalkategorien geben. In England beispielsweise müssen Veränderungen und Abrisse von Siedlungen der Kategorien I und II* die Zustimmung von der staatlichen Organisation English Heritage erhalten, Veränderungen ander Kategorie II in gelisteten Siedlungen dagegen kommen mit der Zustimmung der lokalen Behörde aus.

In Deutschland existiert in den meisten Bundesländern ein sogenanntes nachrichtliches Verfahren, so dass eine denkmalwerte Siedlung rein rechtlich auch ohne Eintrag in die Liste bereits ein Denkmal ist. Planerische Schutzinstrumente für

Siedlungen wie die im Baugesetzbuch festgeschriebene Erhaltungssatzung müssen ebenfalls auf kommunaler Ebene in den einzelnen Bundesländern festgelegt werden, zum Beispiel im Rahmen eines Bebauungsplanes.

In den anderen untersuchten westeuropäischen Ländern existieren vergleichbare Begriffe – wie die österreichischen Flächenwidmungspläne, die sogenannten „beschermde stadsgezichten", also die geschützten Stadtansichten, in den Niederlanden oder die „Conservation Areas" in England, Irland und Schottland. In Frankreich gibt es die Besonderheit, dass jedem Denkmal eine Schutzzone von 500 Metern zugewiesen ist, in welcher Veränderungen von dem jeweiligen Departement zugelassen werden müssen. Obwohl diese Regelung Einzeldenkmale betrifft, stellt sie in der Praxis ein relevantes Instrument für den städtebaulichen Denkmalschutz dar.

Umgang in der Praxis

Viele Faktoren wie Denkmalschutzgesetze, Beurteilungskriterien oder planerische Schutzinstrumente bleiben bei der Erfassung von Bauten der 1950er bis 1980er Jahre die gleichen wie in den Epochen davor. In der denkmalpflegerischen Praxis eröffnen sich jedoch neue Fragen. Bei Sanierungsmaßnahmen, vor allem bei energetischen Sanierungen, scheint die Substanzerhaltung schwieriger durchsetzbar zu sein. Umgekehrt schließt sich auch die Frage an, inwiefern die spezifischen materiellen Erhaltensprobleme der teilweise statisch und bauphysikalisch experimentellen Bauweise der Nachkriegszeit schon den Prozess der Erfassung beeinflussen. Wird hier der Schutzumfang bereits im Vorfeld anders definiert? Welche Auswirkungen haben die gewählten Erfassungsmethoden auf die Erhaltungschancen? Solche und ähnliche Fragen sollen im weiteren Verlauf des Forschungsprojektes WDWM untersucht und geklärt werden.

Literatur

CARUGHI, U. (2012): Maledetti vincoli. La tutela dell'architettura contemporanea. – Turin u.a.

MEYDER, S. (2011): Verdichtete Siedlungen der 1960er und 1970er Jahre: ein Inventarisationsprojekt im Regierungsbezirk Stuttgart. – In: Denkmalpflege in Baden-Württemberg, 40.2011, 2, S. 87–94.

Beleidsregel van de Minister van Onderwijs, Cultuur en Wetenschap, van 13 juni 2007, nr. WJZ/2007/17812(8204).

Scottish Historic Environment Policy (December 2011), Annex 2, S.74–76.

Internetquellen

www.wdwm.info (letzter Abruf am 28.12.2014)

www.english-heritage.org.uk/caring/listing/listed-buildings (letzter Abruf am 29.12.2014)

1 Vgl. zum Beispiel den „Appell zu Schutz und Erhaltung von Bauten der Fünfziger Jahre", den das Deutsche Nationalkomitee für Denkmalschutz 1990 formulierte.
2 Vgl. www.english-heritage.org.uk/caring/listing/listed-buildings (12.12.2014).
3 Beleidsregel van de Minister van Onderwijs, Cultuur en Wetenschap, van 13 juni 2007, nr. WJZ/2007/17812(8204).
4 Scottish Historic Environment Policy (December 2011), Annex 2, p.74–76.

„Weniger, aber besser"
Die Kronberger Bungalow-Siedlung Roter Hang mit dem Wohn- und Atelierhaus des Braun-Designers Dieter Rams

Karin Berkemann

Zusammenfassung

Mit seinen puristischen Designs für den Elektrogeräte-Hersteller Braun prägte Dieter Rams (*1932) die Lebenswelt der Bonner Republik. Sein eigenes Wohn- und Atelierhaus bildete Rams in der Taunusstadt Kronberg als Gesamtkunstwerk aus. Seit 1971 wohnt er hier mit seiner Frau, der Fotografin Ingeborg Rams, fast vollständig umgeben von eigenen Entwürfen. Für sein Anwesen verband Rams zwei Bungalows der Siedlung „Roter Hang", an deren architektonischer Gesamtgestaltung er entscheidend mitwirkte. Die Pläne für die typisierten Terrassenbungalows zeichnete der Königsteiner Architekt Rudolf Kramer (*1928) – in enger Abstimmung mit der Firma Braun, Dieter Rams, der Stadt Kronberg und dem Bauträger Polensky und Zöllner. Heute befindet sich die maßstäbliche Bungalowsiedlung, deren Details Kramer um 1970 mit viel Feinsinn gesetzt hatte, mitten im Umbruch.

Einleitung

„Auch daheim, in der fashionablen Kronberger Neubausiedlung ‚Am roten Hang', wo der überzeugte Porsche-Fahrer (‚nicht wegen des Designs, sondern wegen der Technik') sich zwei ineinander verbaute Wohneinheiten möbliert hat, ist er von Rams umgeben: Mit Ausnahme einiger Thonet-Stühle […] stammt fast das gesamte Interieur von eigener Hand" (SCHOCK 1975: 123). Ebenso augenzwinkernd wie respektvoll berichtete „Der Spiegel" 1975 von einem Besuch beim

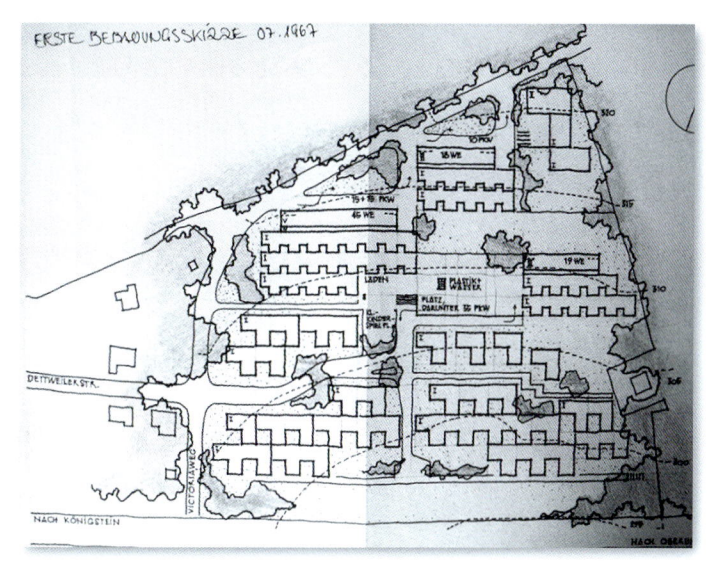

Abb. 1: „Erste Bebauungsskizze" zur Kronberger Siedlung Roter Hang, entstanden wohl im Juli 1967.
Plan: Privatarchiv Dieter Rams, Kronberg/Taunus, Planverfasser unklar

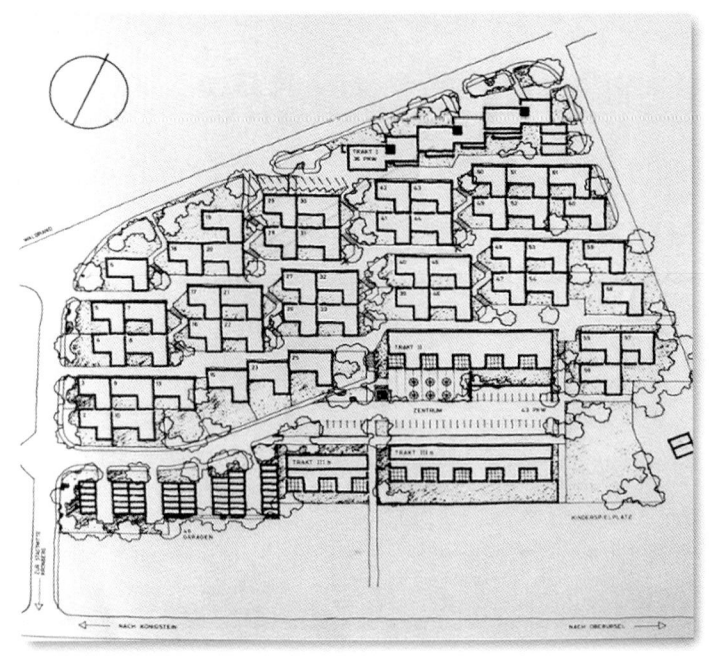

Abb. 2: Übersichtsplan der Kronberger Siedlung Roter Hang, wie er um 1969 in der Werbebroschüre des Bauträgers abgedruckt wurde.
Plan: POLENSKY & ZÖLLNER (1969)

berühmten Braun-Designer Dieter Rams. In der Taunusstadt hatte Rams dem Nachrichtenmagazin sein Wohn- und Atelierhaus geöffnet. Seit 1971 wohnte er mit seiner Frau Ingeborg in zwei verbundenen Terrassen-Bungalows. Umgeben von kleinen verschränkten Eigenheimen in vertrauter Nachbarschaft, ohne störende Autos, doch mit guter Verkehrsanbindung, mitten im Grünen – und mit einem unverstellten Ausblick, der an guten Tagen bis nach Frankfurt reichen sollte.

Die Firma Braun und der Designer Dieter Rams
Bevor erste Bewohner am Roten Hang einziehen konnten, hatten verschiedene Partner für das Gelände nördlich der Kronberger Altstadt große Pläne, darunter zunächst die Firma Braun. Seit der Nachkriegszeit war der Elektrogeräte-Hersteller mit Kronberg verbunden. Gegründet 1921 vom Ingenieur Max Braun, konnte dieser den Konzern nach 1945 mit einem selbst konzipierten Rasierapparat neu positionieren. Als Braun 1951 starb, stellten seine Söhne das Unternehmen auch inhaltlich neu auf: Regional entstand für die Mitarbeiter ein Gesundheitsdienst, international etablierte man sich mit jungen Technikern und Designern als zeitgemäße Marke. Als die Konzernzentrale stufenweise nach Kronberg zog, schloss Braun mit der Stadt 1958 auch einen Vorvertrag für das Gelände Am Roten Hang. Wo damals noch Behelfsheime standen, plante Braun nun Mitarbeiter- und Gäste-Häuser – und Dieter Rams sollte sich Gedanken machen, wie diese moderne Siedlung aussehen könne.

Dieter Rams war 1955 zu Braun gestoßen. Seit 1947 studierte er – unterbrochen von einem dreijährigen Tischler-Praktikum – an der Kunstgewerbe-/Werkkunstschule Wiesbaden. Nach seinem Innenarchitektur-Diplom arbeitete Rams zunächst für den Frankfurter Architekten Otto Apel. Bis 1995 wirkte er schließlich – neben Möbeldesigns für Vitsœ (+ Zapf) – bei Braun als Designer, doch seine Bewerbungsaufgabe war 1955 ein (innen-)architektonischer Entwurf: ein Ausstellungsraum. Für den Roten Hang fertigte Rams, so schildert er rückblickend, parallel mit dem Büro Apel und der Hochschule für Gestaltung Ulm einen Entwurf. Ob (Innen-)Architektur oder Design, für Rams lag die Kunst dabei in der Beschränkung: „In einer Welt, die sich bestürzend schnell füllt, die zerstörerisch vielgestaltig laut und verwirrend ist, hat Design für mich die Aufgabe, [...] zu einer Ruhe beizutragen, die Menschen zu sich selbst kommen lässt" (RAMS 2014: 145).

Abb. 3: Dieter Rams vor seinem Wohn- und Atelierhaus in der Kronberger Siedlung Roter Hang.
Foto: Karin Berkemann/nachkriegsmoderne.info

Der Architekt Rudolf Kramer und die Stadt Kronberg

Als sich Braun – wegen finanzieller Umstellungen im Konzern – seit 1962 schrittweise vom Projekt Roter Hang zurückzog, kam ein neuer Partner ins Spiel: Rudolf Kramer (*1928). Seit seinem Architekturstudium in Darmstadt beteiligte sich Kramer früh erfolgreich an Wettbewerben. Von 1964 bis 1969 arbeitete er mit den Darmstädtern Bert Seidel und Heribert Hausmann, zumeist als selbständiger Architekt in Königstein. Hier baute er 1965 für den Präsidenten der Deutschen Börse im Speckerhohlweg, wo 1969 weitere (Terrassen-)Bungalows folgten. Für die Ortsmitte gestaltete er, ebenfalls 1969, die Volksbank. In diesen Jahren wurde Kramer, so schildert er rückblickend, von der Stadt Kronberg auf den Roten Hang angesprochen. Im Wettstreit mit einem zweiten, ihm unbekannten Architekten – wohl das Ingenieurteam Michael und Dittmann von der TH München – habe er zuletzt überzeugt.

Denn Mitte der 1960er Jahre geriet die Stadt für den „Schandfleck" (Stadtarchiv: 1966-04-06) Roter Hang in die Vermittlerrolle: Braun drängte auf eine niveauvolle (Mitarbeiter-)Siedlung, verschiedene Bauträger witterten ein Geschäft, und private Häuslebauer träumten vom günstigen Taunusblick. Im Sommer 1967 (Stadtarchiv: 1967-07-06) schwankte man zwischen einer hohen Siedlungsdichte mit bis zu zwölfgeschossigen „Wohntürmen" und einem großzügigeren, so Rams, „Bebauungsplan aus einem Guss". Bis zum Herbst lagen drei Bewerbungen (Stadtarchiv: 1967-09-29) vor: Nach (unterschiedlichen) Plänen des Münchener Teams wollte der Bankkaufmann Kurt Sormann nur Grundstücke vermitteln, die Wohnungsbau Essen GmbH & Co. hingegen schlüsselfertig vermarkten – und Kramer hatte zwar gute Pläne, aber keinen Bauträger mehr. Den Vertrag (Stadtarchiv: 1968-12-17) schloss die Stadt 1968 schließlich, zu Plänen von Kramer, mit dem Bauträger Polensky & Zöllner. Im Norden verwirklichte die IBM-Unterstützungskasse Böblingen mit Kramer und dem Projektentwickler Grün & Bilfinger (Stadtplanungsamt: 1969-04-25) vielgeschossige Mehrfamilienhäuser.

Der Rote Hang und die Bungalowsiedlung

So viel wir über die Verhandlungen um 1967 wissen, so wenige Pläne liegen aus dieser Zeit noch vor. Die älteste bekannte, nach Beschriftung „erste Bebauungsskizze 07.1967" ist im Privatarchiv Dieter Rams erhalten. Ihre Zeichenweise deutet auf Kramer hin, doch stelle der Plan, so Rams rückblickend, „seine Ideen dar". Hier gruppierten sich die Bauten noch

Abb. 4: Der Wohnbereich – Rams-Entwürfe kombiniert mit ausgewählten Designklassikern – im Wohn- und Atelierhaus Rams in der Kronberger Siedlung Roter Hang.
Foto: Karin Berkemann/nachkriegsmoderne.info

1970-04-30, 1970-05-04) siedelten am Roten Hang, darunter Rams.

Polensky & Zöllner priesen die idyllische Lage im Luftkurort ebenso an wie die moderne ökonomische Gestaltung: Dem Geländeverlauf folgend, standen kombinierbare Bungalowtypen zur Auswahl. Der L-Typ ermöglichte für jede technisch eigenständige Wohneinheit einen geschützten Garten. Alle flachgedeckten Typenbungalows (POLENSKY & ZÖLLNER 1969; Stadtplanungsamt: Bauakte Haus Rams) erfolgten in Massivbauweise aus Stahlbeton und Ytongsteinen. Dazwischen führten Treppen und Sträßchen ins Grüne, nach Süden folgten zwei- über einer Tiefgarage um einen großzügigen zentralen Platz mit Läden, Plastik, Wasser und Spielplatz. In den folgenden Kramer-Plänen wichen die Begegnungsräume auf Drängen der Stadt (Stadtarchiv: 1968-02-16, 1968-02-20) stufenweise einer dichteren Bebauung. Auf dem Plan, mit dem Polensky & Zöllner 1969 um Käufer warben, schrumpfte der „Dorfplatz" auf ein abseitiges „kleines Zentrum mit den erforderlichen Versorgungsanlagen und einer Terrasse beim Springbrunnen" (POLENSKY & ZÖLLNER 1969), Spielplatz und Sammelgaragen. Die Kramer-Bungalows verkauften Polensky & Zöllner an (junge) Familien, nur vier Braun-Mitarbeiter (Stadtarchiv:

Abb. 5: Der von Dieter Rams entworfene Vitsœ-Sessel 620 in seinem Wohn- und Atelierhaus in der Kronberger Siedlung Roter Hang.
Foto: Karin Berkemann/nachkriegsmoderne.info

geschossige Reihenbungalows in vergleichbarer Bauweise. Im Norden errichtete die IBM-Unterstützungskasse Böblingen mit Grün & Bilfinger (Stadtplanungsamt: Bauakten Viktoriastraße 4–10) gestaffelte flachgedeckte Mehrfamilienhäuser in Stahlbetonbauweise, teils mit Klinkerplatten verkleidet. Zuletzt erwarben Polensky & Zöllner im Nordwesten 1972 einen Grundstück-Streifen für weitere Sammelgaragen und beendeten das Projekt 1974 mit der Abschlussrechnung an die Stadt (Stadtarchiv: 1972-04-28, 1974-04-09).

Das Wohn- und Atelierhaus

Das Wohn- und Atelierhaus Rams entspricht dem von Polensky & Zöllner vermarkteten, von Kramer entworfenen L-förmigen, eingeschossigen Terrassenbungalow-Typ. Doch verband Rams zwei Parzellen zu einem langgestreckten L und ergänzte – wo sonst Wohnräume vorgesehen waren – einen Pool. Der Bauschein wurde am 12. Juni 1970 erteilt, die Rohbauabnahme erfolgte am 9. März 1971, die Schlussabnahme am 28. Dezember 1971 (Stadtplanungsamt: Bauakte Haus Rams). Rams schildert rückblickend, für das architektonische Gesamtkonzept sei „seine Vorplanung in weiten Teilen berücksichtigt" worden. Dies trifft vor allem die – nach seinem Design-Verständnis elementaren – Details. In der wandfesten Ausstattung z.B. wählte Rams, abweichend von der Siedlung, dunkle Fensterrahmen und weiße Bodenfliesen. Letztere brachten seinem Haus den Spitznamen „Molkerei" ein.

„Die Gestaltung der Räume entspricht in hohem Maße der Grundintention meines Designs: Einfachheit, Wesentlichkeit, Offenheit" (RAMS 2014: 143) – so Rams über seinen Doppelbungalow. Diesen prägte Rams auch durch die Innenausstattung, die er zum größten Teil mit eigenen Werken vornehmen konnte. Vor allem Vitsœ-Möbel im Rams-Design mischte er mit ausgewählten „Klassikern": z.B. Thonet-Stühle um den als Esstisch genutzten Vitsœ-

Abb. 6: Der Arbeitsbereich im Wohn- und Atelierhaus Rams in der Kronberger Siedlung Roter Hang.
Foto: Karin Berkemann/nachkriegsmoderne.info

Tisch 720. Den Übergang vom Wohn- zum Arbeitsbereich markierte Rams gezielt durch eine Stufe. Beide Raumzonen sollten einen Ausblick in den Garten bieten, zu dem sich Rams – ebenso wie zum überdachten Freisitz und zum im Norden vorgelagerten Carport – durch japanische Vorbilder inspirieren ließ. Alle Elemente fügte er, wie er es für seine Möbeldesigns formuliert hatte, zu einem klaren Gesamtkonzept: „Für mich ist die ästhetische Qualität einer Wohnumgebung, aber auch die eines einzelnen Geräts in der Ruhe begründet, die durch Harmonie entsteht. Sie liegt nicht im Reiz ausgeprägter Formen und Farben" (RAMS 2014: 141).

Abb. 7: Die Gartenseite mit Pool des Wohn- und Atelierhauses Rams in der Kronberger Siedlung Roter Hang.
Foto: Karin Berkemann/nachkriegsmoderne.info

Abb. 8: Terrassenbungalows in der Kronberger Siedlung Roter Hang.
Foto: Karin Berkemann/nachkriegsmoderne.info

Das Vorbild und der bleibende Wert
Der Rams-Bungalow und der Rote Hang sollten ebenso modern wie erschwinglich ausfallen. Eigentlich waren Kronberg und das nahe Königstein zu exklusiven Kur- und Wohnorten aufgestiegen. So mancher wohlhabende Bauherr aus Wirtschaft und Kultur ließ sich hier von einem namhaften Architekten ein zeichenhaft modernes Anwesen entwerfen. Doch schon das Neue Bauen hatte erschwingliche Modellsiedlungen zur Wohnraum-Verdichtung erdacht, und mit den 1960er Jahren wurden Teppichsiedlungen, Gartenhof- und Terrassenhäuser dann wirklich populär. Als konkretes Vorbild für den Roten Hang benennen Rams und Kramer beide die Siedlung Halen bei Bern. Das Architektenkollektiv „Atelier 5" gruppierte hier um einen „Dorfplatz" mit Pool 1961 geschickt aneinander gefügte Fertigbau-Bungalows. Auch in Kronberg verschränkte man Bungalows, nun in Massivbauweise, so gekonnt ineinander, dass die Stadt 1968 schwärmte: „Nirgendwo [ist] Enge" (Stadtarchiv: 1968-07-25).

„Die städtebauliche Leistung darf als beispielhaft gelten" (Stadtarchiv: 1968-07-25), lobte die Stadt 1968 den Roten Hang. Behutsam abwägend, entwickelten Braun, hier gestalterisch federführend Rams, und Kramer ein stimmiges Gesamtkonzept. Darin eingebettet, verband Rams zwei Kramer-Typenbungalows zum eigenständigen Wohn-/Atelierhaus. Programmatisch formte er kein solitär nach außen inszeniertes Künstlerhaus, sondern mit besonderen, zumeist selbst entworfenen Ausstattungsdetails ein Gesamtkunstwerk nach seinem Motto: „Weniger, aber besser" (Rams 2014). Es bildet den künstlerischen Glanzpunkt der Typenbungalows am Roten Hang. Ortsgeschichtlich steht die gesamte Siedlung für das Anliegen, modernes Wohnen im exklusiven Kronberg gemeinschaftlich und erschwinglich zu gestalten. Kramer bewies dabei viel baukünstlerisches Feingefühl: eine ungestörte Dachlandschaft durch Sammelantenne und Elektroheizung, ein dunkler Unterschnitt zur Alu-Dach-Blende, farbige Akzente an nichttragenden Teilen u.a. Auch solche Details machen den besonderen Wert der Siedlung aus – und könnten durch scheinbar kleine Eingriffe langsam verloren gehen.

Literatur und Quellen

Berkemann, K. (2014): „Und wieder hatte ich Glück ...". Interview: Zu Hause bei Dieter Rams. Online abrufbar: www.moderne-regional.de/zu-hause-bei-dieter-rams. 2014-11-01.

Bode, H. (1980): Kronberg im Taunus. Beiträge zur Geschichte, Kultur und Kunst. – Frankfurt/M.

Gfeller Corthésy, R. (1994): Atelier 5. Siedlungen und städtebauliche Projekte. – Braunschweig.

Hoffmann, O. et al. (1966): Neues urbanes Wohnen. Gartenhäuser, Teppichsiedlungen, Terrassenhäuser. – Berlin.

Polensky & Zöllner (1969): Terrassen Bungalows Am Roten Hang Kronberg/Taunus (Werbebroschüre, Privatarchiv Dieter Rams, Kronberg/Taunus). – Frankfurt/M.

Privatarchiv Dieter Rams: Plan- und Pressematerial. – Kronberg/Taunus.

Rams, D. (2014): Less but better. Weniger, aber besser. – Berlin.

Rowedder, E. (2013): Hochtaunuskreis (Kulturdenkmäler in Hessen; Denkmaltopographie Bundesrepublik Deutschland). – Wiesbaden.

Schittich, C. (2013): Verdichtetes Wohnen. Konzepte, Planung, Konstruktion. – Basel.

Der Spiegel Heft 25/1975, S. 122f.

Stadtarchiv Kronberg/Taunus: Schriftverkehr, Presse-, Bild- und Planmaterial.

Stadtplanungsamt Kronberg/Taunus: Schriftverkehr, Planmaterial.

Wichmann, H. (1998): Mut zum Aufbruch. Erwin Braun. 1921–1992. – München u.a.

Ueki-Polet, K. et al. (2010): Less and More. The Design Ethos of Dieter Rams. Katalog. – Berlin 2010.

Städtebauliche Qualitäten gemeinsam sichern: das Beispiel Wolfsburg-Detmerode

Holger Pump-Uhlmann und Heidi Fengel

Zusammenfassung

Detmerode. *Städtebauliche Qualitäten gemeinsam sichern*, so nennt sich ein fachübergreifendes Projekt, das die Stadtplanung der Stadt Wolfsburg gemeinsam mit den Detmeroder Bürgern und der unteren Denkmalschutzbehörde initiiert hat. Es geht dabei um den Erhalt der städtebaulichen und architektonischen Qualitäten privater Einfamilienhausgebiete der 1960er Jahren im Wolfsburger Stadtteil Detmerode. Im Dialog mit den Bewohnern und mit Hilfe von Workshops, deren Ergebnisse in einen Handlungsleitfaden mündeten, wurden den betroffenen Hauseigentümern Möglichkeiten aufgezeigt, wie energetische Modernisierungen und bauliche Erweiterungen im Einklang mit den herausragenden gestalterische Qualitäten der von ihnen bewohnten Einfamilienhausquartiere vorgenommen werden können.

Architektur der Moderne unter Druck: Ein gemeinschaftlicher Lösungsansatz

Als eine der wenigen neu gegründeten Städte des 20. Jahrhunderts steht Wolfsburg wie kaum eine andere Kommune in Deutschland für die Ideen des modernen Städtebaus. Seit vielen Jahren bemüht sich die Stadt Wolfsburg intensiv um die Wahrung der städtebaulichen und architektonischen Eigenarten seiner zahlreichen Siedlungen und um die Erhaltung der Qualitäten ihrer herausragenden Bauten und dies mit ganz unterschiedlichen Instrumenten. Von einem Siedlungsbeispiel und einem damit verbundenen neuen Instrument soll heute die Rede sein.

Der Stadtteil Wolfsburg-Detmerode wird mit seinen besonderen gestalterischen und städtebaulichen Qualitäten von Fachleuten und großen Teilen seiner Bewohner hoch geschätzt. Die Bauten (u.a. von Alvar Aalto und Hans Scharoun) haben vergleichsweise wenige Veränderungen erfahren, so dass das architektonische Gesamtbild Detmerodes in großen Teilen erhalten geblieben ist.

Jedoch ist mit Sorge zu betrachten, dass sich der Stadtteil aktuell, fünfzig Jahre nach seiner Gründung, in einem Umbruch befindet. So sehen sich die Bauaufsicht und die Denkmalpflege mit einer zunehmenden Zahl konkreter Bauanfragen konfrontiert. Die Ursachen dafür liegen vor allem in einem Baubestand, der in die Jahre gekommen ist und der gleichzeitig einen Generationenwechsel in seiner Eigentümerstruktur erfährt. Ein unzureichender Wärmeschutz verlangt nach energetischen Sanierungen. Damit verbunden ist in aller Regel ein verändertes äußeres Erscheinungsbild. Aber auch Wohnraumerweiterungen oder ein barrierefreier Grundriss sind Auslöser für Umbaumaßnahmen.

führen ist, hat die Stadt Wolfsburg dazu bewogen, aktiv zu werden und in einen gezielten Dialog mit den betroffenen Hauseigentümern zu treten.

Das Projekt unter dem Motto „Detmerode. Städtebauliche Qualitäten gemeinsam sichern" (eines von acht Modellvorhaben im ExWoSt-Forschungsfeld „Baukultur in der Praxis") sollte die Bedürfnisse der Bewohner benennen und Lösungsansätze dafür entwickeln, um die vorhandenen Qualitäten langfristig zu konservieren. Im Idealfall könnte ein Gleichgewicht zwischen dem öffentlichen Interesse und dem privaten Bedürfnis nach Individualität entstehen. Doch bevor ich auf das Projekt eingehe, möchte ich ein paar wichtige Aspekte zur historischen Entwicklung des Stadtteils beleuchten.

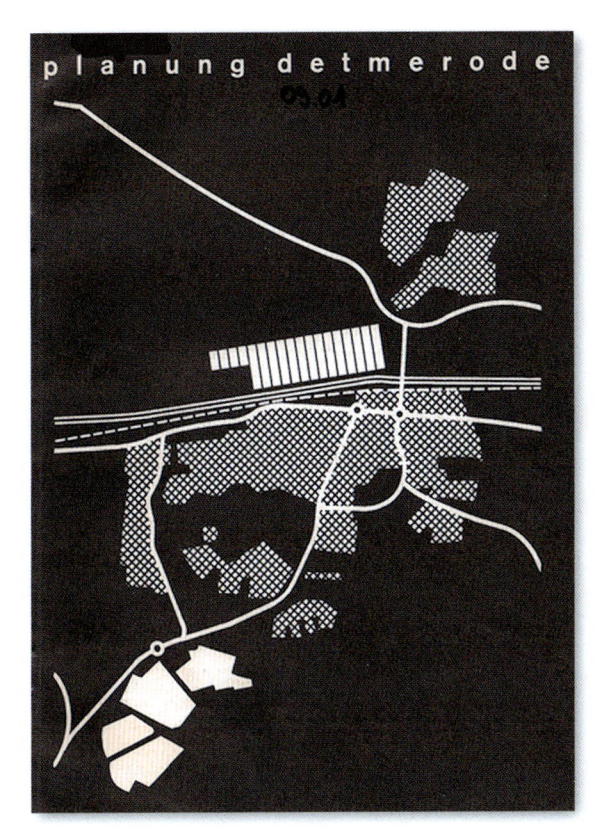

Abb. 1: Rüdiger Recknagel: „Planung Detmerode", Denkschrift 1961, Deckblatt. Foto: Archiv H. Pump-Uhlmann

Gerade in den privaten Einfamilienhausgebieten, die das Bild des Stadtteils entscheidend mitprägen, hat nun eine starke Individualisierung der Reihen-, Gartenhof- und Kettenhäuser eingesetzt. In einigen Quartieren ist deren ursprüngliche Einheitlichkeit und Homogenität bereits in Teilen verloren gegangen, so dass die städtebauliche und gestalterische Qualität bereits deutlich Schaden genommen hat. Der Ersatz abgängiger Bauteile erfolgt teilweise ohne Rücksicht auf die prägenden Gestaltungselemente im Wohnquartier. Die Vermutung, dass dies häufig nicht bewusst geschieht, sondern vielmehr auf eine fehlende oder mangelhafte Beratung der Bauherren zurück zu

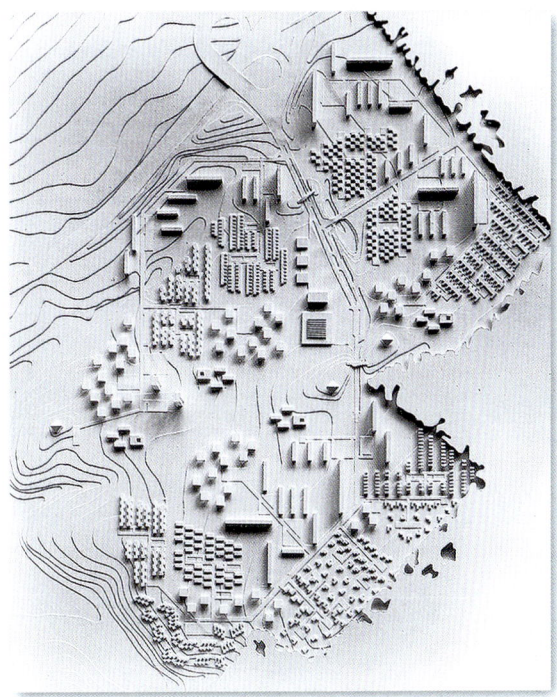

Abb. 2: Wettbewerbsbeitrag von Paul Baumgarten und Walter Rossow, Modellfoto. Foto: Stadt Wolfsburg

Denkschrift „Planung Detmerode" 1961
Am 9. Mai 1961 legte der neu gewählte Wolfsburger Stadtbaurat Rüdiger Recknagel eine Denkschrift zur Neuplanung Detmerodes vor. Darin begründete er die Neuplanung des Stadtteils mit der zunehmenden Verknappung der Baugrundstücke der mittlerweile auf knapp 70.000 Einwohner angewachsenen Stadt. Da der Raum im bisherigen städtischen Bereich weitestgehend ausgefüllt sei, sei die Aufschließung großer, weiter vom Zentrum entfernter Gebiete notwendig. Die Flächennutzung sollte sich dabei am Zukunftsbild einer Verwandlung der natürlichen Landschaft in eine Stadtlandschaft orientieren. Das Ziel seiner Schrift war es zu verdeutlichen, wie Wohnhäuser und Wald, Straßen und Grünflächen eine neue funktionierende und harmonische Einheit bilden könnten. Auf einem 180 Hektar großen Gelände sollte so im Südwesten Wolfsburgs neben dem zentralen Stadtgebiet eine neue, dritte städtebauliche Konzentration mit 4700 bis 5100 neuen Wohnungen für ca. 16.500 bis 18.000 Einwohner entstehen. Die Größe rechtfertigten die Errichtung eines eigenen Ladenzentrums sowie öffentliche Einrichtungen.

Städtebaulicher Wettbewerb 1961 und umgearbeiteter Entwurf des Stadtplanungsamtes 1962
Im Juni 1961 wurden drei Architekturbüros zur Abgabe eines städtebaulichen Vorentwurfs für das Baugebiet Detmerode aufgefordert. Der Entwurf des Architekten Paul Baumgarten und des Landschaftsplaners Walter Rossow wurde als Grundlage für die weitere Planung des neuen Stadtteils Ende 1961 ausgewählt (Abb. 2).

Das Planungsgebiet gliedert sich in drei Bereiche (Nachbarschaften), die durch Grünzüge bzw. von einer mit einem breiten Grünzug begleiteten Erschließungsstraße deutlich voneinander getrennt sind. Im Sinne der Moderne gibt es keine bauliche Verdichtung der Ortsmitte oder eine entsprechende Höhenstaffelung zum Zentrum hin.

In allen drei Nachbarschaften werden Geschosswohnungen und Eigenheime vorgesehen. Gemeinsam ist nahezu allen Quartieren, dass ihre bauliche Struktur einem strengen orthogonalen Ordnungsprinzip folgt. Die Erschließung des Geländes erfolgt durch ein hierarchisiertes Straßensystem, dessen Straßenquerschnitte entsprechend ihrer Frequentierung ausgelegt sind.

Im Frühjahr 1962 präsentierte das Stadtplanungsamt Wolfsburg einen überarbeiteten Entwurf. Wesentliche Elemente des Wettbewerbsbeitrages von Paul Baumgarten blieben zwar bestehen, dennoch wurden eine ganze Reihe von Änderungen ins Auge gefasst. Im Vergleich zum Wettbewerbsentwurf ist als Leitbild eine soziale Komponente neu hinzugekommen: Mit Hilfe einer stärkeren Durchmischung von Hoch-, Mittel- und Flachbauten (Geschossbauten, Reihen- und Einfamilienhäuser) wird nun eine stärkere soziale Durchmischung der Bevölkerung angestrebt. Die planerischen Leitgedanken waren folgende:

a) Gliederung in drei Wohnbereiche gleicher Größe und Einrichtungen mit Hilfe durchgängiger Grünzonen,

b) räumliche Offenheit des Zentrums für Freizeit- und Sportmöglichkeiten im Grünen innerhalb einer die benachbarten Naturzonen verbindenden Grünanlage,

c) räumliche Trennung von Auto- und Fußgängerverkehr,

d) Ausbildung einer hohen Raumkante im Norden durch eine hohe Bebauung mit Wohnzeilen und keine bauliche Verdichtung des Zentrums, und

e) strenge, orthogonale Ausrichtung der Bauten.

Im Gegensatz zum Baumgarten-Entwurf tauchen nun unterschiedliche Bautypen innerhalb eines Einfamilienhausquartiers auf. Die Baustruktur dieser Bereiche verliert etwas von der Einheitlichkeit und Lockerheit des Wettbewerbsentwurfs. Sie verzahnen

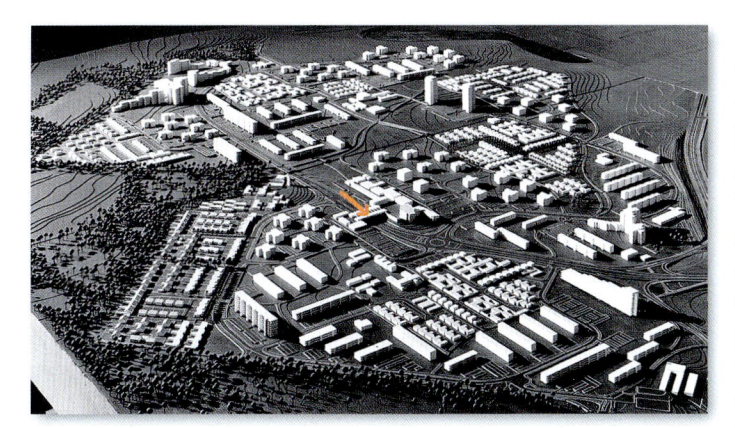

Abb. 3: Modell des überarbeiteten Entwurfs durch das Stadtplanungsamt Wolfsburg, 1965.
Foto: Stadt Wolfsburg

sich nicht mehr so sehr mit dem Grünraum, sondern erscheinen mehr als in sich geschlossene Quartiere.

Der Standort des Einkaufszentrums im Zentrum des Stadtteils wird beibehalten. Allerdings wird nun ein Teil als Brücke („Ponte Vecchio") zwischen den beiden Wohngebieten 1 und 2 geplant (Abb. 3, orangefarbener Pfeil). Das Einkaufszentrum ist nun als eine ausschließlich für den Fußgängerverkehr konzipierte, winkelförmige Ladenstraße angelegt, mit Geschäften beiderseits der Ladenstraße.

Bauliche Umsetzung (bis Mitte der 1970er Jahre)

Wie in der gesamten Stadt (1963: 73.140 Einwohner; 1970: 84.155 Einwohner so wuchs auch die Bevölkerung des Stadtteils Detmerode in den 1960er Jahren, der Zeit seiner Entstehung, rasch von etwa 1000 Einwohnern (1963) auf über 14.700 Einwohner (1970) an. Das Wachstum der gesamten Stadt konzentrierte sich in dieser Zeit fast ausnahmslos auf diesen Stadtteil. Lediglich einige Sonderformen wie die eines Stufenhochhauses, eines Kettenhochhauses, dreier Scheibenhochhäuser oder zweier Punkthochhäuser sowie einer clusterartigen Großwohnanlage wurden als solitäre Bauten ausgeführt. Das Gros der Bauten war durch Typisierung geprägt (Abb. 4 und 5). Die Idee der Vorfertigung und Rationalisierung bestimmte die Architektur und damit auch deren Gestaltung. Das Bemühen um Individualisierung drückte sich eher in der Errichtung einer Vielzahl unterschiedlicher Bautypen aus. Durch die Reduzierung auf wenige Materialien und Farben bilden Gebäudegruppen gestalterische Einheiten. Im Bereich der Einfamilienhäuser wurde diese Gleichzeitigkeit von Einheitlichkeit und Vielfalt mit Hilfe von „Architektenmessen" (Wettbewerbe) durchgeführt. Verschiedene Architektenentwürfe wurden von einer Jury begutachtet und der Öffentlichkeit gezeigt. Die Bauwilligen konnten dann ihren Lieblingsentwurf samt dazugehörigem Architekten auswählen. Gleiche oder ähnliche Bautypen wurden dann zu Baugruppen zusammengelegt. Sie bestimmen das Bild vieler Einfamilienhausquartiere in Detmerode.

Abb. 4: Nordwestliches Einfamilienhausquartier, ca. 1968.
Foto: Heinrich Heidersberger

Abb. 5: Luftaufnahme des nordöstlichen Stadtteils, 1968.
Foto: Aero-Lux Frankfurt am Main

Heutige Probleme und partizipatorischer Lösungsansatz

Demografische Veränderungen haben die Bevölkerung Detmerodes nahezu halbiert. Die Bevölkerung halbierte sich von seinem Höchststand mit 14.800 Einwohnern im Jahr 1972 auf seinen niedrigsten Stand von 7314 Einwohner im Jahr 2010. In den letzten drei Jahren war wieder ein leichter Bevölkerungsanstieg auf 7719 Einwohner (Ende 2013) zu verzeichnen. Der Altersdurchschnitt der Bevölkerung ist stetig angestiegen. Dies hat entsprechende Auswirkungen auf das Leben im Stadtteil. Bildungs- und Sozialeinrichtungen haben sich den Bedürfnissen angepasst. Einzelhandel und Gastronomie haben es nun deutlich schwerer, sich in dieser Situation zu behaupten.

Die bauliche Struktur blieb zwar weitestgehend erhalten, ebenso die Gliederung des Stadtteils in drei Wohnbereiche gleicher Größe und Einrichtungen. Jedoch kam es auch dort zu einigen baulichen Veränderungen. So wurde z.B. der östliche Teil einer Großwohnanlage abgerissen, der westliche Teil teilweise zurückgebaut und baulich umgestaltet (2009–2011). Teils umfangreiche energetische Modernisierungen lassen die Geschosswohnungsbauten recht einheitlich erscheinen, weil die Baugruppen auf den Großparzellen jeweils gemeinsam und gleichartig modernisiert wurden. Anders sieht es dagegen bei den privaten Einfamilienhausquartieren aus: Sie erlebten stärkere gestalterische Veränderungen, die deren einheitliches Erscheinungsbild massiv stören (Abb. 6 und 7).

Die Frage, wie man den Veränderungen entgegenwirken könnte, wurde seitens der Stadt intensiv diskutiert. Auf klassische Steuerungsinstrumente wie Bebauungspläne, Erhaltungssatzungen, Gestaltungssatzungen oder Unterschutzstellungen wollte man aus politischen Gründen nicht zurückgreifen. Das Einfügungsgebot wiederum ist ein zu schwaches Instrument, um damit gestalterischen Qualitäten sichern zu können. Die stetigen Nachfragen von Hauseigentümern, was evtl. verändert werden dürfe, verdeutlichten jedoch, dass es durchaus ein Bewusstsein für die Gestaltqualität der Einfamilienhausgebiete gibt. Diesen positiven Aspekt aufgrei-

Abb. 6: Einfamilienhaus mit individuellen Überformungen, aktuelle Aufnahme 2014.
Foto: H. Pump-Uhlmann

Abb. 7: Unveränderte Einfamilienhauszeile, aktuelle Aufnahme 2014.
Foto: H. Pump-Uhlmann

fend entwickelte die Stadt ein Konzept, das vorsah, mit den Hauseigentümern stärker in einen Dialog einzutreten und mit Aufklärung und Überzeugung die Qualitäten gemeinsam zu sichern. Das Ziel war es, im Dialog mit den Eigentümern einen Handlungsleitfaden zu entwickeln, der Hilfestellung und Orientierung bietet und den Bewohnern den Sinn einheitlicher Gestaltungsdetails verdeutlicht. Bei diesem Vorhaben trat das Forschungsvorhaben des BBSR (Bundesinstitut für Bau- Stadt- und Raumforschung) „Baukultur in der Praxis" unterstützend zur Seite.

Bei den Häusern handelt es sich primär um Flachbauten in verdichteter Bauweise, die überwiegend introvertiert angelegt sind. Nicht nur die Gartenhofhäuser, auch die Reihen- und Kettenhäuser zeigen sich zum öffentlichen Raum hin eher verschlossen, während sie sich zum Garten hin räumlich öffnen. Ihre generelle Einheitlichkeit besteht in der niedrigen Bauhöhe und den kubischen Baukörpern. Nahezu alle haben Flachdächer, deren oberer Abschluss mit breiten Attikakrempen gekennzeichnet ist. In Abhängigkeit von ihrem jeweiligen Quartier und ihrem jeweiligen Bautyp weisen sie eine ähnliche Farbgebung, eine ähnliche Materialität und ähnlich proportionierte und gestaltete Bauelemente auf.

Innerhalb des stark landschaftlich geprägten Städtebaues gibt es innerhalb der Einfamilienhausquartiere eine klare Hierarchie öffentlicher, halböffentlicher und privater Freiräume, d.h. eine klare räumliche Differenzierung zwischen öffentlichen und privaten Räumen. Dies prägt das Wohnumfeld der Ketten-, Gartenhof- und Reihenhäuser entscheidend. Deshalb wurde auch die Gestaltung dieser Bereich in den Handlungsleitfaden mit aufgenommen.

2011 und 2012 wurden vom Fachbereich Stadtplanung und Bauberatung der Stadt Wolfsburg alle Bürgerinnen und Bürger Detmerodes zu zwei Informationsveranstaltungen eingeladen, die sich mit der Problematik der Veränderungen der Einfamilienhausquartiere befassten. Auch die lokale Energieagentur und das Umweltamt der Stadt wurden eingebunden. Aus den Teilnehmern dieser Veranstaltungen bildete sich ein Arbeitskreis, dem neben knapp 20 privaten Hauseigentümern auch Vertreter der lokalen Agenda 21 AG angehörten.

Im Folgenden wurden fünf Workshops durchgeführt (Abb. 8). Die Inhalte wurden durch Abfrage erfasst. Jeder Workshop beinhaltete ein eigenes Themenfeld, und zwar:
1. Einführung – Thematische Abstimmung
2. Energetische Sanierung und Gestaltung
3. Aufstockungen und Wohnraumerweiterungen
4. Energieversorgung und technische Infrastruktur
5. Freiräume

Aus den Ergebnissen dieser Workshops wurde dann 2013 ein Handlungsleitfaden (Abb. 9) entwickelt, der den Teilnehmern des Workshops in einem sechsten Workshop vorgestellt und mit ihnen

Abb. 8: Workshop-Impression, 2011.   Foto: Stadt Wolfsburg

Abb. 9: Umschlag des Handlungsleitfadens.
Foto: Stadt Wolfsburg

abgestimmt wurde. Zusammen mit einem Fragebogen wurde der gedruckte Leitfaden dann an alle Eigentümer privater Einfamilienhausquartiere verteilt und in einer weiteren öffentlichen Veranstaltung vorgestellt.

Flankiert wurde diese Arbeit durch die Initiierung einer kostenlosen fachspezifischen Bauberatung für Hauseigentümer, die bereits konkrete Sanierungs- oder Umbaumaßnahmen durchführen wollten. Die firmenneutrale Beratung stieß auf großes Interesse, nicht zuletzt weil sie größeres Vertrauen durch die Unabhängigkeit der Beratung vermittelte. In einigen Fällen führte sie zu einem Umdenken bei der Durchführung energetischer Maßnahmen. Dadurch konnten Gestaltung, energetischer Nutzen und Wirtschaftlichkeit besser in Einklang gebracht werden. Bei der Bauberatung zeigte sich, dass einige Handwerkerfirmen über erschreckend geringes Wissen hinsichtlich energetischer Sanierungen verfügen und oft nicht willens sind, differenziertere Betrachtungen – auch unter Einbeziehung des Erscheinungsbildes – einzubeziehen.

Eines der Hauptprobleme ist es weiterhin, die infolge eines Eigentümerwechsels neu nach Detmerode gekommenen Bewohner von der Qualität der reduzierten Architektursprache der 1960er Jahre zu überzeugen. Eine weitgehende Reduktion der Bauelemente war oberstes Gebot der Häuser und führte zu wenigen Tür-, Fenster-, Brüstungs- und Wandelementen. Wenige Materialien und ein begrenztes Farbspektrum sollten für ein ruhiges Erscheinungsbild und einen einheitlichen Charakter der Quartiere sorgen. Der gestalterische Individualisierungswille vieler Neubürger läuft dieser Idee häufig zuwider. Die Überzeugungsarbeit wird weiter andauern. Es gilt weiterhin, den Bewohnern technisch wie ökonomisch sinnvolle Lösungswege für die Anpassung der Bauten an ihre Bedürfnisse aufzuzeigen.

Der in Detmerode gewählte Weg, stärker auf die Bevölkerung zuzugehen und mit ihr gemeinsam die städtebaulichen und architektonischen Qualitäten zu sichern, ist ein guter und sinnvoller Weg. Allerdings ist dieses, auf Restriktionen verzichtende Mittel nicht stark genug, um Zerstörungen und damit gestalterische Entgleisungen in Gänze zu vermeiden.

Heimat zwischen Realität, Traum und Anspruch

Kathrin Pöge-Alder

Zusammenfassung

Das Planen und das Bauen von „Heimat" betreffen auch kulturelle Räume, die ihr historisches Gewordensein und ihre festen Koordinaten haben. Das Fremde und das Eigene sind hier Spieler, die sowohl gegeneinander funktionieren als auch miteinander. Dabei geht es um Partizipation und Teilhabe, die Bedingungen für Heimat erstellen. Gewünscht ist das Ermöglichen von Heimat unter den Aspekten von Traum, Realität und Anspruch. Traditionen und Geschichte des Begriffs „Heimat" zeigen in diesem Beitrag Facetten seiner Herkunft. Heimat ist in historischer Perspektive etwas aktiv zu Erringendes.

Einleitung

Weltweite Umzüge, Übersiedlung aufgrund der Arbeitssuche, Flucht und Vertreibung, Migration und damit verbundene Unsicherheiten bestimmen heute den Alltag vieler Menschen. Seit der Frühen Neuzeit ist Migration als dauerhafter Wohnortwechsel für Deutschland keine Ausnahme, sondern besonders zu Krisenzeiten häufig. Wie weit lässt die Mehrheitsgesellschaft zu, dass Deutschland ihre Heimat wird? Russlanddeutsche Migranten, die nach Thüringen kamen, zeigen uns den Zusammenhang zwischen Herkunft, Wünschen und Realitäten.[1]

Das Problem: Heimat und die Realität

Johann Heinrich Zedler formulierte in seinem *Universal-Lexicon* in der ersten Hälfte des 18. Jahrhunderts: „Heim bedeutet Wohnung, einen Sitz, dahero sich viele Städte und Dörffer dahin endigen als Mannheim, Neuheim u.a." Ein Eintrag zu „Heimat" findet sich nicht. Im Grimmschen Wörterbuch, ab 1854 erschienen, kamen zum regionalen auch biographische und soziale Aspekte: „*1) heimat, das land oder auch nur der landstrich, in dem man geboren ist oder bleibenden aufenthalt hat*" bzw. „*ständige wohnort* [...], „*3) selbst das elterliche haus und besitzthum heiszt so, in Baiern.*"

Etymologisch ist „Heimat" auf *heimuotim, heimoti* (ahd.) zurückzuführen, aus heim, dem althochdeutschen Wort für ‚Heimat, Wohnort, Haus'. Definiert wird es als „Ort, an dem man zu Hause ist, Geburts-, Wohnort, Vaterland" (WAHRIG 2000: 613).

Heimat erscheint als ein Raum, zu dem der Mensch gehört – nicht unbedingt durch Geburt, vielmehr durch Besitz und Zugehörigkeit. Heimat ist also nach diesen Begriffen eine zweiseitige Angelegenheit – rechtshistorisch und psycho-sozial: Ich fühle mich heimisch und ich werde von der Umgebungsgesellschaft als dazugehörig angenommen und versorgt. Dieses Gleichgewicht ist variierend reguliert worden.

Das Thema „Heimat" ist desto lebendiger, je mehr sie vermisst und in Frage gestellt wird. Die Indizien dafür sind zahlreich (vgl. EGGER 2014). Der Boom von ‚Heimat' stellt sich als zelebrierte Regionalität dar, die zweifach interpretiert werden kann – zum einen als „Invention of tradition" (HOBSBAWM 2000), einer Technik der künstlichen Patinierung und Historisierung, zum anderen als Folklorismus, einer bewussten Wiederaufnahme traditioneller Elemente, ganz aus ihrer ursprünglichen Tradierung gerissen oder auch für diese neu erfunden (Fakelore). Diese Aktivitäten beleben Regionen und haben einen zentralen Stellenwert erhalten. Sie machen einen Teil von ‚Heimat' aus. Zur Bekräftigung von Zugehörigkeiten sandte das Land Sachsen-Anhalt schon 2006 ‚Heimatpäckchen' an die aus der ‚Heimat' Weggezogenen. Der Autor und Jurist Bernhard Schlink weist auf die einzig feststehenden Orte eines Menschen hin: den Ort der Geburt und der Kindheit (SCHLINK 2000: 49), zu denen der Ort des Todes für die Nachgeborenen ergänzt werden sollte.

Das Fach Volkskunde zum Thema

Forschungsarbeiten der Volkskunde zum Thema „Heimat" richten sich auf die Aufgabe, „Bedingungen von und für Heimat auszuloten und das Heimatbedürfnis als anthropologische Grundkonstante fassbar zu machen". Dabei erhält auch die Volkskunde/Empirische Kulturwissenschaft als Wissenschaft vom Alltag eine besondere Zuständigkeit (BINDER 2008: 4). Volkskunde untersucht gerade die Bedingungen von Eigenem und Fremdem in ihrem historischen Gewordensein, dem gegenwärtigen Status und der Option in die Zukunft. Das Thema „Heimat" ist umso drängender, je unbehauster sich Menschen und Gesellschaft in sich und ihrem Umfeld fühlen. Globalisierung wich bereits einer Glokalisierung, die das regionale Gebundensein von Menschen mit globaler Ausrichtung, ein Verwobensein von Heimaten beschreibt (EGGER: 2014: 95).

Als Phänomen der Moderne stilisierte die bürgerliche Gesellschaft seit Ende des 18. Jahrhunderts Heimat „gleichermaßen zur sehnsuchtsvollen Heterotopie" und „zum ideologisch aufgeladenen Ausgangspunkt für Vertreibung und Vernichtung" (BINDER 2008: 5). Erfahrungen in der jüngeren Vergangenheit, in der „Heimat" im Kontext nationaler Ideologien politisiert und instrumentalisiert wurde, aber auch Exil und Vertreibung, folkloristische Inszenierung und stadtplanerische Verunmöglichung von Heimat (BINDER 2008: 5f.) messen sich an allen Heimat Konzepten.

Historischer Blick

Im Mittelalter war die Aufnahme von Fremden sowohl von wirtschaftlichen Umständen wie vom Wohlwollen der Menschen abhängig. Im ländlichen Raum boten genossenschaftliche Formen zunächst die Möglichkeit, einen „extremen Familienindividualismus" einzuschränken. Ständische Unterschiede verwischten durch die gemeinsame Bewirtschaftung der umgebenden Flur. Selbst die Knechtsfamilie hatte einen Garten zur vollständig eigenen Nutzung (BADER 1974: 40). Für das Armenwesen waren die Hofgenossenschaft, die Grundherrschaft und ebenso die Pfarrgemeinde verantwortlich. Städtische Spitäler oder Klosterorte sind bekannt; auf dem mittelalterlichen Dorf hat es Armen-, Leprosen- oder Siechenhäuser dort gegeben, wo mehrere Dörfer zusammengewachsen waren (BADER 1974: 222). Vor allem in Pestzeiten kam man ohne besondere Anstalten nicht aus. Dort fanden wohl vor allem zuziehende Fremde eine Bleibe, weniger die einheimische Dorfbevölkerung. Urkunden bezeugen im Spätmittelalter zwar Arme und Reiche (BADER 1974: 24, FN 86), doch wenige waren anhaltend arm im Dorf, wie aus Beschwerden zur Bauernkriegszeit hervorgeht. Für den Ausgleich sorgten im eigentlichen Mittelalter die Teilhabe an der zunächst noch nicht erschöpften Allmende, also gemeinschaftliches Eigentum, Sippenzusammenhang und Nachbarschaft (BADER 1974: 223, auch FN 444).

An der Wende zur Neuzeit spitzte sich die Situation zu: Die Wirtschaftslage auf dem Lande verschärfte sich um die Mitte des 16. Jahrhunderts. In der Schweiz leitete der Beschluss der eidgenössischen Tagsatzung 1551 ein, dass „jeder Ort seine Armen und Sondersiechen selbst in eigenen Kosten erhalten" soll. Damit wurde die Armenpflege des Heimatortes eingeführt (BADER 1974: 224). Zusammengehörigkeit auf dem Dorf bedeutete eine räumlich-dingliche Einheit. Wer im Dorf auf der nutzungsberechtigten Dorfstatt saß, war ein „gemeindsmann, dorfsäss o.ä." mit Anteil am „Allmendrecht". Mit dem Beginn der Neuzeit nahm man häufiger im Dorfrecht denjenigen auf, der tatsächlich im Dorf lebte, geduldet wurde oder sich eingekauft hatte. Einheiratende erhielten Sonderrechte, vor allem begüterte oder Handwerker (BADER 1974: 276).

Das Einkaufsgeld passten die Herrschenden an die Gegebenheiten an. Damit wuchs es zum sozialen Regulativ, das Gemeindevermögen und einen Gemeindehaushalt entstehen ließ. Das unerlaubte Verlassen dieser Zugehörigkeit beendete die Fürsorge. Darin ist der Rechtsstatus mit dem Aspekt der Armengenössigkeit und des genossenschaftlichen Mitgliedsrechts im Heimat-Begriff offenbar (BADER 1974: 277).

Mit diesen Formen der Partizipation von Arm und Reich erhielt ‚Heimat' eine soziale Bedeutung, die Zugehörigkeit, Teilnahme und Schutz definierte. Es ist ein Geben und Nehmen, ein kulturelles Muster mit Gültigkeit. Im 19. Jahrhundert gerieten Landlose immer stärker in eine ausweglose Situation der Rechtlosigkeit, da die Gemeinden eine Überlastung fürchteten und entschiedene Schutzmaßnahmen erließen (WEBER-KELLERMANN 1988: 61).

Traum – Sehnsuchtsort HEIMAT in der Gegenwart

Trends und Moden gibt es auch für ‚Heimaten': Das Wohnen in bestimmten Gegenden wird zu Zeiten als besonders hervorgehoben angesehen. Dazu kann etwa eine Übersiedlung nach Neuseeland gehören. In der letzten Ausreisewelle auf diese schöne Insel reisten Deutsche, deren Not sich auf bestimmte Fragen bezog: auf Umweltfragen etwa oder ein Bedrohungsgefühl während des Kalten Krieges (Vgl. BÖNISCH-BREDNICH 2002).

Lebensphasen bringen unterschiedliche Heimaten: Jugendliche wollen in die Fremde ziehen, um Erfahrungen zu sammeln. Dabei sei an die Handwerkswalz erinnert. Damit ist nicht ständiger Wohnortswechsel verbunden, sondern es handelt sich um eine Lebensphase. Man spricht hier von Mobilität, die eher Singles vollziehen mögen, da sie zwischen verschiedenen Heimaten wechseln können. Junge Erwachsene dagegen gründen eine Familie, die eine eher dauerhafte Wohnstatt sucht. Ältere Menschen wiederum entscheiden sich zum Teil bewusst in der nachberuflichen Lebensphase, die entweder zur Herkunftsregion oder an ganz neue Orte führt.

Regionen können zu Sehnsuchtsorten werden. Solche Imaginationen können ein Leben lang halten. Im Traum verbinden sich Schönheiten, Wetter und Wünsche mit einem Ort. Dieser wird zur Heimat, wenn er bestimmte Bedingungen erfüllt.

Milieu und Bildung verursachen sicherlich Unterschiede, die bestimmten Orten oder dem Gefühl von Heimat je eigene Bedeutungen zuspricht.

Abb. 1: HEIMAT in Bezügen.   Graphik: Kathrin Pöge-Alder

Religion weist bestimmten Orten eine Aufwertung in ihrem moralischen Gefüge zu. Dorthin wenden sich Hilfesuchende, aber auch andere Menschen auf der Suche nach Heimat, vor allem auch ihrer Seele.

Aneignungsprozesse von ‚Heimat'
Feldforschungen am Lehrstuhl für Volkskunde/Empirische Kulturwissenschaft der Friedrich-Schiller-Universität Jena zeigen auch für das Wohnen von Russlanddeutschen und Russischsprechern in Thüringen Aneignungsprozesse, in deren Verlauf Heimat entstehen kann. Die nach Deutschland gekommenen Familien der mittleren Generation waren oft schon in der Sowjetunion vom Dorf in die Stadt gezogen. Damit war auch eine ‚Russifizierung' einhergegangen, die sich vor allem auf die Vertrautheit mit der deutschen Sprache auswirkte. Ungern gingen die Russischsprecher in Deutschland wieder in die Provinz, etwa ins ländliche Thüringen. Gesucht wurden eher städtische Strukturen. Wie alle Familien, so suchen auch die Russischsprechenden einen Garten, humorvoll von Vladimir Kaminer beschrieben. Auch im Landkreis Halle (Saale) gelten Kleingartenanlagen mit zahlreichen russischsprechenden Menschen als Integrationsprojekt, vorgestellt während der Ortsbegehung im Wettbewerb 2014 „Unser Dorf hat Zukunft".

Wesentlich für die eigene Verortung im Aufeinanderprallen von ‚Russlandbildern' sind Erfahrungen, die auch Konstantin Orlowski machte, als er 2004 mit seiner Schulklasse nach Wladiwostok gefahren war. Dort half er einer alten Dame, Bad und Küche zu renovieren. Sie lebte in einer völlig verkommenen Neubauwohnung. Die Frau hatte keine Hilfe und keine Mittel, die nötigen Dinge zu besorgen: *„Mit deutschen Verhältnissen verglichen, war die Wohnung wirklich nicht viel mehr als ein dunkles Loch. Aber wir wurden freundlich aufgenommen, bekamen Tee und ein paar Plätzchen angeboten und*

Abb. 2: Svetlanas Bad, Wladiwostok.
Foto: Konstantin Orlowski 2004

brachten sogar eine kleine Unterhaltung zustande. Wir erfuhren von der schon über achtzigjährigen Frau, dass alle ihre Verwandten hinter dem Ural in Europa leben und dass sich außer der Kirchgemeinde niemand weiter mehr um sie kümmert. Umso glücklicher war sie dann auch, als ihre vielleicht fünf Quadratmeter große Küche in neuem Glanz erstrahlte. […] Die Wohnung war insgesamt sehr klein, für eine alte Frau, meiner Meinung nach, aber ausreichend. Dass unter ähnlichen Bedingungen aber ganze Familien leben müssen, ist für mich wirklich schwer vorstellbar" (Orlowski 2005: 182).

Als ein immer wieder thematisiertes Anliegen hörte ich das Problem, dass die Heimat doch eine eigene Sache sei: Das Herz sei in Russland oder Sibirien oder wo auch immer geblieben (PÖGE-ALDER: 2008). Drei Generationen zeigen ihr Ankommen in Thüringen.

Heimat – Schutz und Unterstützung

Diejenigen Russlanddeutschen, die die Hungersnöte in den Folgejahren der Oktoberrevolution 1917 erlebten sowie die Vertreibung nach dem Überfall der Deutschen Wehrmacht auf die Sowjetunion 1941, verloren ihr Land und die Berechtigung zur Existenz, wenn sie nicht den harten Anforderungen ungewohnter Arbeit in entlegenen Gebieten und ohne ausreichende Nahrung und Unterkunft entsprechen konnten. Sie suchen in Deutschland Schutz, Betreuung, Lebensberechtigung und für ihre Kinder eine lebenswerte Zukunft.

Dora Schmidt wurde 1918 im Gebiet Saratow/Wolga als viertes von elf Kindern geboren, von denen sieben Kinder überlebten. Schon als Kind arbeitete sie in der heimischen Landwirtschaft und versorgte Haushalt und Geschwister. Die Hungersnöte der 1930er Jahre erinnerte sie als besonders schwere Zeiten. Da sie nichts anzuziehen hatte und die Schule weit entfernt war, konnte sie nicht in die Schule gehen. Sie lernte selbst Lesen und Schreiben, als sie auf die Traktoristenschule gehen musste (HERING 2005: 38). 1941 wurde sie mit ihrem zwei Monate alten Sohn in die Region um Nowosibirsk umgesiedelt, die Männer kamen 1942 als Trudarmee in die Republik Komi. Sie wurde mit Kind erneut per Schiff nach Norden verschleppt, wo sie zwei Jahre lang im Wald Bäume fällen musste. Überlebt haben sie und ihr Kind nur, weil Russen sie in ihr Haus aufnahmen; sonst wurde ihnen keine Unterkunft geboten.

Ab 1944 brachte man sie wieder in die Region Nowosibirsk, wo sie in einem Rüstungsbetrieb in einem ehemaligen Gefangenenlager lebte und arbeitete. Das Kind musste in ein Kinderheim, wo sie es jeden Tag besuchen konnte, wenn es erlaubt war und sie frische Wäsche bringen musste. 1947 kam ihr Mann zurück, und weitere zwei Kinder wurden geboren. Unter diesen Verhältnissen der Kommandantur lebten sie bis 1956. Seit 2001 ist ihr Wohnort Gera, wo auch Tochter und Enkelin wohnen. Kurz nach der Feier ihrer Eisernen Hochzeit verstarb ihr Mann. In Erinnerung an ihr Leben fühlt Dora Schmidt oft Trauer – auch wenn ihre gegenwärtige Situation anscheinend ohne Sorgen

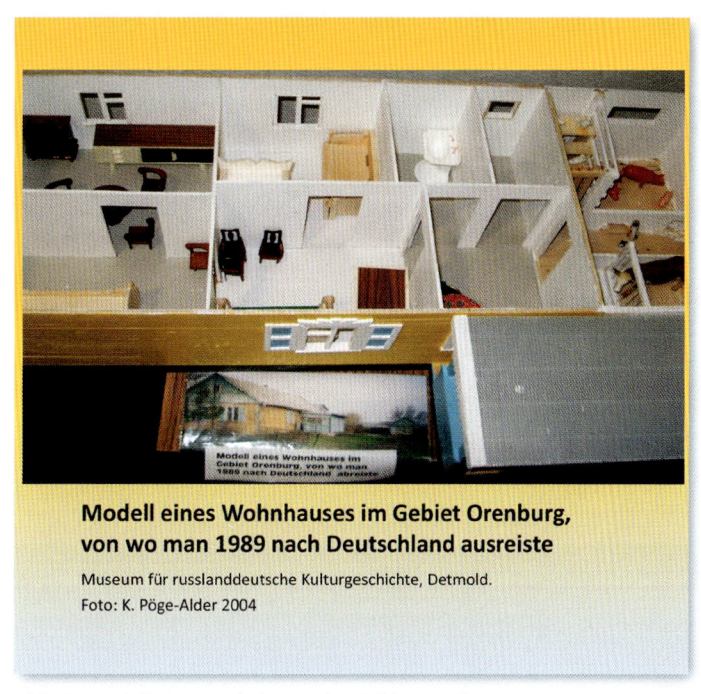

Abb. 3: Modell eines Wohnhauses im Gebiet Orenburg, von wo man 1989 nach Deutschland ausreiste. Museum für russlanddeutsche Kulturgeschichte, Detmold. Foto: Kathrin Pöge-Alder 2004

verläuft: „Wenn ich an zu Hause denke, muss ich weinen. Ich habe hier alles, aber das Herz ist dort" (Hering 2005: 43).

Frau Schmidt geht es in Deutschland ausgesprochen gut: sie fühlt sich medizinisch versorgt, gut verpflegt und in einer guten Wohnung. Aber ihr Herz – Metapher für ihr Gefühl – sei an ihrem früheren Wohnort geblieben. Dies ist die Perspektive vieler betagter Migranten. Die andere Seite, die Mehrheitsgesellschaft, empfindet Fremdheit und Unsicherheit. Dabei ist der Fall bei russischsprechenden Migranten noch besonders: Die russische Sprache ist bekannt, aber ungeliebt; auch des Deutschen seien die Migranten anscheinend nicht mächtig. Andere Gewohnheiten, anderer Geruch, anderes Aussehen. Aus Fremdheit entsteht Angst vor einer Kontaktaufnahme.

Anspruch – die Suche bleibt
Unter den russischsprechenden Migranten in Thüringen begegnete uns Aline, 1959 geboren und 1996 mit ihrer Familie aus Tula nach Deutschland gekommen. Sie fand nach langem Suchen wieder Arbeit – wenngleich nicht in ihrem Beruf. Zum Zeitpunkt des Interviews hatte sie eine eigene Wohnung gefunden und lebte von eigenem Geld.

Die Voraussetzungen dafür waren schwierig: nach dem Versprechen, in Deutschland in eine Stadt zu kommen, wurden sie nach Tüngeda verwiesen, einem 774 gegründeten Dorf mit reizvollen Fachwerkbauten. Die vierköpfige Familie erhielt ein Zimmer, in dem sie anderthalb Jahre lebten. Bad und Küche teilten sich drei Familien im Wohnheim. Komfort hatten sie nicht erwartet, aber die beengte Situation blieb nicht konfliktfrei (Laue 2005: 27). Dabei gab es die Erinnerung an eine wohlhabende Kaufmannsfamilie in Saratow mit herrlichem „Gartenland" an der Wolga, das der reiche Großvater vor 1917 dort gehabt habe. Nach Revolution und Enteignung entstand daraus eine Schule (Laue 2005: 22). Aline war im Interview nicht ohne Traurigkeit oder Schwermut, die nicht mit der selbst erschaffenen Situation zusammenhängt, sondern mit der Ferne von ihrer alten Heimat, besonders den Freunden, die sie nicht oft besuchen kann. Es sei doch eine andere Mentalität in Deutschland, wo sie zwar Arbeitskollegen habe, aber weniger Freundlichkeit und Freundschaften von Dauer (Laue 2005: 29).

Angesichts dieser Zerrissenheit fragten wir nach den Erwartungen an Deutschland. Alines Tante hatte schon immer erzählt, dass man hart arbeiten müsse. Aline hat kein Verständnis für Menschen, die nicht arbeiten. Sie brauche Menschen und Aufgaben um sich herum.

Heimat Deutschland – realer Sehnsuchtsort und Wünsche
Ludmilla gehört der nächsten Generation an. 1979 im Norden der Sowjetrepublik Kirgistan in einer deutschen Familie geboren, wuchs sie mit dem Vermerk „deutsch" im Klassenbuch heran. *„Sogar über das Haus, in dem die Familie wohnt, sagt man, es sei offensichtlich ein deutsches Haus; es sei dort immer so ordentlich. […] Heute trägt die kleine, zierliche Frau kurze Haare mit blonden Strähnchen. Ihre Augen scheinen mich anzulachen und wirken doch irgendwie wehmütig. Vielleicht wird dieser Eindruck aber auch durch ihr dunkles Augen-Make-up verstärkt. Wir sitzen hinter dem Haus unter einem Vordach in einer Art Veranda. Ich glaube Ludmila sitzt gern hier. Sie erzählt, dass sie das alles selbst geschafft hat: ihr Geld, ihre Arbeit"* (Ellguth 2005: 15).

Doch auch sie fühlte sich trotz derartig guter Lebensumstände voll Heimweh nach einem Land, das nicht das ursprüngliche Herkunftsland der Familie ist, aber doch der Ort ihrer Kindheit, von der Ernst Bloch sagte, dass die Heimat immer dort liege. Intakte Integration als Assimilation, also völlige

Angleichung an die hiesigen Lebensumstände, bedingen noch keine glückliche Heimat. Bei Ludmilla hat sie ihre Voraussetzung im Verleugnen der Herkunft, etwa im Namen oder im Vergessen der einst erlernten Sprache. *„Ihre größte Angst ist es, als Russin bezeichnet zu werden"* (Ellguth 2005: 19).

Schluss

Russlanddeutsche aus drei Generationen: die Erlebnisgeneration, die Generation der aktiv im Arbeitsleben stehenden Menschen und die eingereiste Kindergeneration, die nun erwachsen ist. Wir erwarten heute und verfolgen das Ziel, sozusagen als eine Erwartung der Gesellschaft, dass sich Menschen heimisch fühlen, also Deutschland als Heimat empfinden. Was erwarten die eingereisten Russlanddeutschen? Unserem Eindruck zufolge fragen sie nach Sicherheit und einer Entwicklungsmöglichkeit für ihre Kinder, die der der deutschen Mehrheitsgesellschaft nicht nachsteht. Ein Zur-Last-Fallen für die Gemeinschaft haben die zugereisten Russischsprecher nicht beabsichtigt. Dazu sollten sie von der Mehrheitsgesellschaft angeregt werden. Es ist dies eine Überwindung der Fremdheitsgefühle auf Seiten der Mehrheitsgesellschaft und ein aktives Gegensteuern gegen ein Verarmen der am gesellschaftlichen Rand lebenden Menschen.

Der humanitäre Akt der Rettung von Menschen sollte nicht zur Last von Minderheiten in ihrer kulturellen Vielfalt gehen. Dabei sind gesellschaftliche Standards des Grundgesetzes maßgebend für alle. Heimat als Refugium ist ein Schutzraum, über einen Erlebnisort hinausgehend (Schneider 2010: 185). Dies schließt einen emotionalen oder Wohlfühl-Faktor ein, betrifft aber auch existenzielle soziale und materielle Sicherheiten. Obwohl diese für Mitglieder einer wohlhabenden Mehrheitsgesellschaft an Bedeutung zurückzutreten vermögen, bleiben diese Aspekte erhalten.

Literatur

Bader, K.-S. (1974): Dorfgenossenschaft und Dorfgemeinde. – Wien/Köln/Graz. *(Dank für Hinweise dazu an Jana Kämpfe)*

Binder, B. (2008): Heimat als Begriff der Gegenwartsanalyse? Gefühle der Zugehörigkeit und soziale Imaginationen in der Auseinandersetzung um Einwanderung. – In: Zeitschrift für Volkskunde 104, H. 1, S. 1–17.

Bönisch-Brednich, B. (2002): Auswandern: Destination Neuseeland; eine ethnographische Migrationsstudie. – Berlin.

Egger, S. (2014): Heimat. Wie wir unseren Sehnsuchtsort immer wieder neu erfinden. – München.

Ellguth, U. (2005): Wer bin ich – wo gehöre ich eigentlich hin? – In: Pöge-Alder, K.: Russlandbilder. Russlanddeutsche. Thüringer Hefte für Volkskunde 11, S. 15–20. – Leipzig/Erfurt.

Hering, E. (2005): Hier habe ich alles, aber das Herz ist dort. – In: Pöge-Alder, K.: Russlandbilder. Russlanddeutsche. Thüringer Hefte für Volkskunde 11, S. 35–47. – Leipzig/Erfurt.

Hobsbawm, E.-J. (2000): The Invention of Tradition. Ed. by Eric J. and Terence Ranger Canto. – Cambridge.

Isenmann, E. (2014): Die deutsche Stadt im Mittelalter 1150–1550: Stadtgestalt, Recht, Verfassung, Stadtregiment, Kirche, Gesellschaft, Wirtschaft. – Köln.

Laue, F. (2005): Familie Feldbusch aus Russland. – In: Pöge-Alder, K.: Russlandbilder. Russlanddeutsche. Thüringer Hefte für Volkskunde 11, S. 21–29. – Leipzig/Erfurt.

Orlowski, K. (2005): Meine Reise nach Wladiwostok. – In: Pöge-Alder, K.: Russlandbilder. Russlanddeutsche. Thüringer Hefte für Volkskunde 11, S. 180–189. – Leipzig/Erfurt.

Pöge-Alder, K. (2007): Alltägliches Erzählen. Ausschnitte aus der Gegenwart. Arbeiten von Studierenden aus Jena. Thüringer Hefte für Volkskunde 15. – Jena/Erfurt.

Pöge-Alder, K. & Köhle-Hezinger, C. (Hg.) (2008): Europas Mitte – Mitte Europas. Europa als kulturelle Konstruktion (= Schriften des Collegium Europaeum Jenense, Bd. 36). – Jena.

Schlink, B. (2000): Heimat als Utopie. – Frankfurt am Main.

Schneider, A. (2010): Heimat: Refugium oder Erlebnisraum? – In: Zwischen Emotion und Kalkül. ‚Heimat' als Argument im Prozess der Moderne, S. 175–185. – Leipzig.

Weber-Kellermann, I. (1988): Landleben im 19. Jahrhundert. – München.

Internetquellen

ZEDLER, J.-H.: Zedlers-Universal-Lexikon, Bd. 12, Sp. 1173, online abrufbar: mdz.bib-bvb.de/digbib/lexika/zedler/images/ze12/@ebt-link;cs=default;ts=default;pt=578464;lang=de?collection=images;book=ze12;target=IDMATCH(entityref,-ze120606) Stichwort „Heim" (letzter Abruf am 11.03.2014).

GRIMM, J. & GRIMM, W.: Deutsches Wörterbuch. Bd. 10, Leipzig, Spalten 864 – 867, online abrufbar: germazope.uni-trier.de/Projects/WBB/woerterbuecher/dwb/wbgui?-textsize=600&lemid=GH05424&mode=hitlist&query_start=0&totalhits=5&textword=&locpattern=&textpattern=&lemmapattern=Heimat&verspattern= (letzter Abruf am 11.03.2014).

1 Zu den Themen Heimat und Russlanddeutsche Migration folgt hier keine Aufarbeitung der Forschungsgeschichte. Hier führe ich einige Aspekte der Wohnwelten aus den Feldforschungen des Projektes an der Friedrich-Schiller-Universität Jena an.

Heimat Halle-Neustadt

Jana Kirsch

Zusammenfassung

Halle-Neustadt ist der größte Stadtteil der Stadt Halle (Saale) in Sachsen-Anhalt. In diesem Jahr (2014) existiert die ehemalige sozialistische Modellstadt genau 50 Jahre. Die Geschichte Halle-Neustadts ist gekennzeichnet von Aufbruchstimmung, Zuversicht und visionärem Städtebau. Sie ist aber auch Sinnbild für politische und gesellschaftliche Veränderungen und Umbrüche, neues Anspruchsdenken und Festhalten an Altbewährtem. Es ist die Geschichte von einem Ort, an dem Menschen eine Heimat haben.

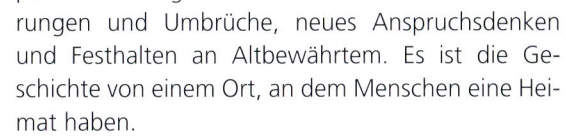

50 Jahre Halle-Neustadt – ein Stadtteil im Wandel der Zeiten

2014 ist das Jahr, in dem sich die Grundsteinlegung von Halle-Neustadt zum 50. Mal jährt. Der Stadtteil kann dabei auf eine zweigeteilte Entwicklung zurückblicken, sowohl baulich als auch ideologisch. Die ersten 25 Jahre des Stadtteils sind durch Entstehung und Aufbau im politischen System der DDR gekennzeichnet. Dabei profitierte die Stadt von einem hohen inhaltlichen Anspruch in der Planung und Konzeption als sozialistischer Modellstadt (SCHWARZENDAHL 2014: 439). Die vergangenen 25 Jahre sind durch politische, ökonomische und soziale Transformation und Rückbau in der Bundesrepublik Deutschland charakterisiert. Das hat zwar viele Tiefschläge mit sich gebracht, aber auch qualitative (Weiter-)Entwicklungen ermöglicht (ebd.).

Halle-Neustadt entstand am Reißbrett als einzige geplante Großstadt, als eigenständige Stadt Halle-West für die Arbeiter der Chemiewerke in Buna und Leuna. Die Vision entsprang dem Zeitgeist der 60er Jahre, dem technokratischen Glauben, das urbane Leben sei total planbar (BACH 2014: 25). Der Arbeitskräftebedarf der Chemischen Industrie zog zudem den Bedarf nach Wohnraum nach sich und bildete damit die Grundlage für die Planung von Halle-West. Die neuen Bewohner kamen ab 1965 aus allen Teilen der DDR, um an diesem Ort eine neue Heimat zu besiedeln, „um hier ihre eigene Zukunftsperspektive aufzubauen" (MERK 2014: 38).

Anziehend wirkten nicht nur der nahegelegene Arbeitsplatz und die gute Erreichbarkeit. Die Wohnsiedlung entstand, dem Zeitgeist folgend, im Stil der städtebaulichen Moderne, welche sich dann auch in einem völlig neuen Wohngefühl widerspiegelte: Warmes Wasser kam aus der Wand, in einem Bad mit WC innerhalb der eigenen Wohnung. Im Vergleich zum bisherigen Wohnen im Altbau ein wahrer Luxus. Im nahen Umfeld, das sich durch Licht, Luft und Grün auszeichnete, fand sich eine besonders freundliche Infrastruktur mit Kindergärten, Schulen, Ärzten und Einkaufsmöglichkeiten innerhalb kurzer Distanzen. Dies alles war nicht von Anbeginn gegeben. Die zugewanderten Menschen waren im Rahmen des politischen Systems eingebunden, diese neue Stadt mit aufzubauen – als Bewohner ein Zusammengehörigkeitsgefühl zu entwickeln. Ein Pioniergefühl, welches heute noch bei der alteingesessenen Bevölkerung zu finden ist.

Das neue Wohngefühl in der sozialistischen Moderne war bewusst als Pendant zur Altstadt gewählt,

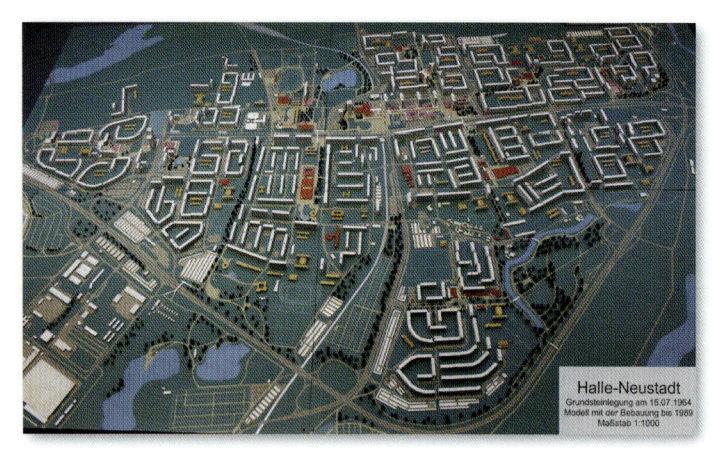

Abb. 1: Modell von Halle-Neustadt in der Geschichtswerkstatt.
Foto: SPI – soziale Stadt und Land Entwicklungsgesellschaft mbH (2014)

genheit, Werke zu erstellen, die den öffentlichen Raum mitgestalten (PASTERNACK 2014: 349). Die Synthese von Architektur, Bildender Kunst und Farbe – ganz im Sinne der Bauhaus-Tradition – war von Beginn an ein wichtiger Bestandteil des Entwurfskonzeptes (MERK 2014: 40).

Nahezu 150 Werke im öffentlichen Raum bildeten (und viele bilden heute noch) die größte Freiluftgalerie des Landes. Neben zahlreichen Skulpturen, Plastiken, Springbrunnen und Wandgestaltungen reihen sich raumgliedernde Elemente und Strukturwände sowie eine spezifische Ornamentik an einer Vielzahl von Giebelwänden. Die ursprüngliche Idee, Identifikationsangebote an die Einwohnerschaft durch Kunst zu stellen (PASTERNACK 2014: 349), ist nach wie vor gültig. Dies zeigt sich anhand von Projekten, die im Rahmen einer intelligenten und nachhaltigen Bürgerbeteiligung im Stadtteil einen großen Zuspruch erhalten (Tulpenbrunnen, Skatepark).

um sich von der bürgerlichen Klassengesellschaft abzusetzen. Alle Menschen sollten die Möglichkeit haben, unter gleichen Bedingungen den gleichen Wohnraum zu nutzen. Zudem gab es „keine Trennung von Alteingesessenen und Zugezogenen, da alle Einwohner/innen zugezogen waren" (PASTERNACK 2014: 62ff.). Architektonisch findet sich die Neustädter Stadtkrone mit den fünf Scheiben-Hochhäusern als Parallelinszenierung zur Altstadt-Silhouette wieder, welche durch die fünf Kirchtürme geprägt ist.

Entgegen der gewachsenen Struktur der Altstadt ist die 1967 in Halle-Neustadt umbenannte und nun eigenständige Stadt in acht Wohnkomplexe aufgeteilt. Jeder Wohnkomplex erhielt ein Wohnkomplexzentrum, welches eine Schule, einen Kindergarten, Grünflächen zur Erholung und eine Wohngebietsgaststätte beherbergte. Neben die funktionalen und baulichen Errungenschaften traten ästhetische Aspekte. Künstler erhielten im Kontext damaliger Möglichkeiten die Gele-

Abb. 2: Einweihung des umgestalteten Tulpenbrunnens (im Hintergrund).
Foto: SPI – soziale Stadt und Land Entwicklungsgesellschaft mbH (2010)

Abb. 3: Skatepark inmitten der grünen Neustadt.
Foto: SPI – soziale Stadt und Land Entwicklungsgesellschaft mbH (2010)

Ebenso stellen die großzügig gehaltenen Frei- und Grünflächen heute (noch vielmehr als vor 50 Jahren) eine große Identifikationsgunst dar. Dazu trägt nicht zuletzt auch die Lage Halle-Neustadts in der Saaleaue bei. Diese hat jedoch zwei Seiten: Neben einem gut erreichbaren Naherholungsgebiet und der damit verbundenen Aussicht auf Entspannung kann die Lage am Fluss den Stadtteil und seine Bewohner durch Hochwasserereignisse (wie im Jahr 2013) erheblich bedrohen. Wenngleich dieses Ereignis dazu beitrug gemeinsam als Hallenser – egal, ob Altstadtbürger oder Neustädter Bürger – gegen die Flut den Deich zu sichern.

Doch welche Bedeutung hat der Stadtteil heute?

Als größter Stadtteil in Halle bringt Halle-Neustadt heute vielerlei hervor, Herausforderungen ebenso wie Potentiale. Die Ansprüche an Wohnformen wurden neu formuliert und werden den Zielgruppen entsprechend angepasst. Das bedeutet neben der Anpassung des Wohnungsbedarfs an eine schrumpfende Bevölkerungszahl auch, den vielseitigen Lebensentwürfen einer zunehmend differenzierten Bevölkerungsstruktur zu begegnen. „Schwerpunkte im Wohnungs- und Gebäudebereich werden dabei Barriereverringerungen und zugleich das Erreichen einer höheren Attraktivität für Familien und Alleinerziehende sein" (SCHWARZENDAHL 2014: 438). Das umzusetzen, braucht Zeit und gelingt bereits gut, wird jedoch je nach Blickwinkel unterschiedlich wahrgenommen. Während sich die direkten Bewohner des Stadtteils wohlfühlen und Neustadt ein gutes Image bescheinigen, ist der Blick von außen zum Teil immer noch eher negativ behaftet. Das führt dazu, dass sich die Neustädter oft für ihren Wohnort verteidigen (müssen). Vor allem diejenigen, die die Stadt haben wachsen sehen, die beneidet worden sind um die angenehme Wohnsituation – vor 30 bis 40 Jahren. Diejenigen, die gegangen sind, gingen aus nachvollziehbaren Gründen. Allen Nachteilen zum Trotz ist der Stadtteil als größter in Halle jedoch aufgrund seiner Dimension unverzichtbar für die Wohnungsversorgung. Die Nachfrage ist da, „noch wohnt jeder fünfte Hallenser in Halle-Neustadt" (SCHWARZENDAHL 2014: 437).

Heute ist Halle-Neustadt eine Heimat für rund 44.500 Menschen. Der Stadtteil hat seit 1990 mehr als 50% seiner Einwohner verloren. Von den aktuell im Stadtteil lebenden Menschen im erwerbsfähigen Alter sind 21% unter 15 Jahren. Gleichzeitig liegt der Anteil der SeniorInnen (über 65 Jahren) bei 51%. Diese beiden Verhältniszahlen werden durch den Arbeitslosenanteil ergänzt, der bei rund 15% liegt. Besonders hoch fällt der Anteil der Kinder in Bedarfsgemeinschaften im Stadtteil auf. Rund 66% der Kinder leben in Familien, in denen mindestens ein Erwachsener Arbeitslosengeld II erhält. Für diese Alters- und Einkommensschichten ist Halle-Neustadt als Wohn- und Lebensort unersetzbar, da hier im Gegensatz zur Innenstadt bezahlbarer Wohnraum mit einer guten Infrastruktur gekoppelt ist.

Diese Infrastruktur ist nicht nur quantitativ gegeben, sondern auch qualitativ; so wird den 9% hier lebenden Migranten ebenso ein guter Lebensort als Alternative zu ihrer Heimat geboten. Halle-Neustadt weist den höchsten Anteil von Migranten an der Bevölkerung innerhalb Sachsen-Anhalts auf. Dabei bilden ausländische Mitbürger aus der Russische Föderation, aus Irak, Syrien und der Ukraine den höchsten Anteil (Stadt Halle (Saale) 2014). Die Zugewanderten können auf ein breites Netzwerk von Migrantenorganisationen zurückgreifen, die auch ein reges Vereinsleben im Stadtteil betreiben und so für ein gewisses Heimatgefühl im neuen Zuhause sorgen. Die Zusammenarbeit mit den zahlreichen verschiedenen Vereinen, die sowohl durch Migranten als auch durch alteingesessene Bürger etabliert worden sind, muss gefördert werden. Dafür braucht es koordinierende Stellen, die als niedrigschwellige Ansprechpartner vor Ort fungieren.

Zu diesem Zweck gibt es seit 2001 das Quartiermanagement im heutigen Mehrgenerationenhaus „Pusteblume". Es koordiniert durch seinen Fokus auf Netzwerkarbeit die handelnden Akteure vor Ort und hilft dabei, Fördermittel für Projekte im Stadtteil zu akquirieren. Zudem werden im Mehrgenerationenhaus professionalisierte Beratungs- und Hilfeangebote vorgehalten und durch das Quartiermanagement dorthin vermittelt. Damit sind die Grundlagen für eine sozialverträgliche nachhaltige Stadtentwicklung geschaffen. Doch auch für bauliche Projekte privater und öffentlicher Träger steht das Quartiermanagement zur Seite, ebenso, um Bürgerbeteiligung durchzuführen und zu begleiten. „Denn nachhaltige Stadtentwicklung beginnt im Quartier. Hier wohnen die BürgerInnen, die sich mit ihrem Umfeld identifizieren und gewillt sind, es unter Anleitung so zu gestalten, dass es aus ihrer Sicht wohnens- und lebenswert ist" (Kirsch 2014: 433). Diese und weitere Handlungsfelder tragen dazu bei, eine aktive Image- und Öffentlichkeitsarbeit für den Stadtteil, sowohl nach innen als auch nach außen, zu leisten.

Zum 50. Jahrestag der Grundsteinlegung Halle-Neustadts gab es zahlreiche Aktivitäten, die über ein übliches Stadtteilfest hinausgingen. Allein rund 50 Veranstaltungen sind im Rahmen des Jubiläumsjahres angemeldet worden. Das Jubiläum wurde zum Anlass genommen, die Identität der NeustädterInnen mit ihrem Stadtteil weiter zu stärken und Nicht-Neustädter für den Stadtteil zu begeistern. Denn der Ort ist über seine Grenzen hinaus ein Streitfall, an dem sich verschiedene Disziplinen und Meinungen entzünden. Um einen gewinnbringenden Austausch zwischen verschiedenen Blickwinkeln zu ermöglichen, wurden verschiedene Wege beschritten. Damit sollten die Menschen vor Ort und außerhalb darüber sensibilisiert werden, welche Potentiale und Herausforderungen der Stadtteil vorhält und welche aktiven Teilhabemöglichkeiten jedem Einzelnen zur Verfügung stehen.

Den Höhepunkt des Festjahres bildete das Stadtteilfest am 12. Juli 2014, bei dem sich die Neustädter Akteure sowohl vorstellten als auch gemeinsam ein buntes Rahmenprogramm mit namhaften Künstlern genossen. Die Kunsthochschule Giebichenstein und das Stadtmuseum haben eine Ausstellung zum Thema: „Heimat – Halle-Neustadt" mit ehemaligen und heutigen Bewohnern des Stadtteils von 1964 bis 2014 gestaltet, die den ganzen Zeitraum erfahrbar macht (vgl. auch den Beitrag von J. Feldmann im vorliegenden Band).

Einen Blick auf die Zukunft warfen gleich mehrere (Fach-)Veranstaltungen. So entwarf ein Team aus 60 Studenten aus fünf europäischen Ländern Konzepte für die zukünftige Entwicklung des Stadtteiles Neustadt mit einem Fokus auf das Stadtteilzentrum (insbesondere der Hochhausscheiben) in der Neustädter Passage.

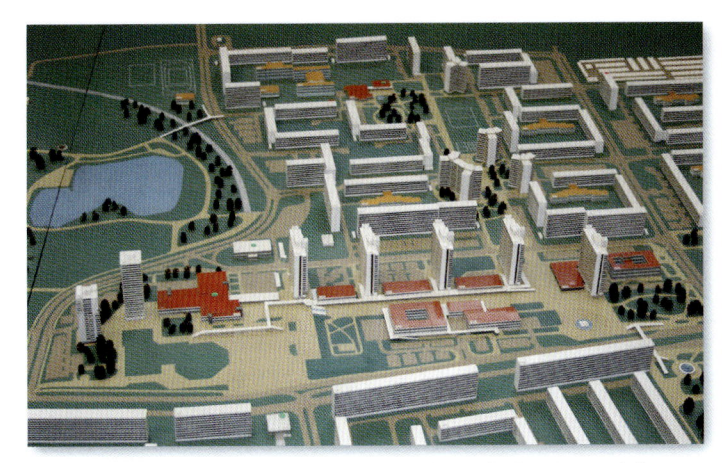

*Abb. 4: Zentrum-Neustadt mit den fünf Hochhausscheiben im Modell.
Foto: SPI – soziale Stadt und Land Entwicklungsgesellschaft mbH (2014)*

Diese Entwürfe fungierten in weiteren Veranstaltungen die Diskussionsgrundlage über die Zukunft des gesamten Stadtteils. Den Abschluss bildeten zwei Bürgerkonferenzen. Dort konnten die BürgerInnen konkrete Anliegen diskutieren und der Stadtverwaltung für die Erstellung des Integrierten Stadtentwicklungskonzeptes (ISEK) 2025 mit auf den Weg geben. Ebenso werden die speziellen Bedürfnisse und Wünsche der Kinder in einem Ideenwettbewerb zur Vorstellung über das Leben im Jahr 2025 erarbeitet und fließen als Handlungsempfehlungen in das ISEK 2025 ein (Stadt Halle (Saale) 2014a). Am Ende bleibt die aktuellste Frage, die derzeit diskutiert wird, die, ob bzw. welche Bereiche Halle-Neustadts würdig sind, unter Denkmalschutz gestellt zu werden?

Literatur

Bach, J. (2014): Neues Bauen für die neue Gesellschaft. Die konzeptionellen Referenzen bei Planung und Bau Halle-Neustadts. – In: Pasternack u.a. (Hrsg.) (2014), S. 25–28.

Kirsch, J. (2014): Ein Skatepark mitten im Stadtteilzentrum. Bürgerbeteiligung als Baustein nachhaltiger Stadt(teil)entwicklung. – In: Pasternack u.a. (Hrsg.) (2014), S. 433–436.

Merk, E. (2014): Die Neustädter Stadtgestalt im Zeitkontext. – In: Pasternack u.a. (Hrsg.) (2014), S. 38–41.

Pasternack, P. u.a. (Hrsg.) (2014): 50 Jahre Streitfall Halle Neustadt: Idee und Experiment. Lebensort und Provokation. – Halle (Saale).

Pasternack, P. (2014a): Gleiche Wohnungen für gleiche Menschen. Soziale Gleichheit als Prinzip der Stadtgestalt. – In: Pasternack u.a. (Hrsg.) (2014), S. 62–65.

Pasternack, P. (2014b): Kunststadt. Künstlerische Stadtraumaufwertung. – In: Pasternack u.a. (Hrsg.) (2014), S. 349–352.

Schwarzendahl, G. (2014): Wohnen heute. Von der sozialistischen Musterstadt zum zukunftsfähigen Stadtteil. – In: Pasternack u.a. (Hrsg.) (2014), S. 437–441.

Stadt Halle (Saale), Beauftragte für Integration und Migration (2014): Anzahl ausländischer Mitbürger im Sozialraum IV. – Halle (Saale).

Stadt Halle (Saale): Der Stadtteil Neustadt feiert seinen 50. Geburtstag, online abrufbar: www.halle.de/de/Events/50-Jahre-Halle-Neustadt/. 2014-10-23.

Bilanz von „Heimat Halle-Neustadt", einem Ausstellungsprojekt des Stadtmuseums Halle und der Burg Giebichenstein Kunsthochschule Halle

Susanne Feldmann

Zusammenfassung

Das Stadtmuseum Halle entwickelte und realisierte gemeinsam mit der Burg Giebichenstein Kunsthochschule Halle ein Ausstellungsprojekt aus Anlass des 50. Jahrestags der Grundsteinlegung von Halle-Neustadt. Aufgrund der noch jungen Geschichte des Ortes, die sich 2014 zudem in zwei sehr gegensätzliche Hälften teilte, entschied das Stadtmuseum, sich unmittelbar vor Ort zu begeben, um Akteure und Bürger aktiv an der Ausstellung zu beteiligen sowie die Ausstellung auch dort zu zeigen und durch Veranstaltungen zusätzlich zu beleben. Als konzeptioneller Zugriff wurde das Thema Heimat gewählt, das auch in der Ausstellungsgestaltung durch zehn Innenarchitekturstudierende der Kunsthochschule umgesetzt wurde. Durch die Übernahme einer aktiveren Rolle als in üblichen Projekten machte das Stadtmuseum die Erfahrung, dass der Aufwand zwar höher war, dass es aber mehr bewegte und damit spürbar zum Gelingen des 50. Jubiläums von Halle-Neustadt beitrug.

Einleitung

Am 2. November 2014 endete die Sonderausstellung „Heimat Halle-Neustadt" des Stadtmuseums Halle und der Burg Giebichenstein Kunsthochschule Halle. Den Anlass für das gemeinsame Projekt bildete der 50. Jahrestag der Grundsteinlegung für die Großwohnsiedlung Halle-Neustadt am 15. Juli 2014. Die Dauer der zweiteiligen Ausstellung betrug fast vier Monate. Der eine Teil wurde im in der Altstadt von Halle gelegenen Stadtmuseum selbst gezeigt.[1] Der andere war als „Heimatmuseum auf Zeit" in einem leerstehenden Geschäftsraum im Zentrum von Ha-Neu zu sehen, wie der Ort auch gern genannt wird.

Am letzten Ausstellungstag fanden dort noch einmal zwei Veranstaltungen statt: Am Nachmittag traf sich der Chor der Volkssolidarität mit über 50 Mitwirkenden, um gemeinsam und für das Ausstellungspublikum zu singen. Am Vormittag hatten sich mindestens ebensoviele Besucherinnen und Besucher in einer moderierten Gesprächsrunde über die Bilanz des Jubiläums insgesamt wie auch der Ausstellung im Besonderen ausgetauscht. Als die Ausstellung dann am Abend endgültig ihre Pforten schloss, schlugen fast 4200 Besuche in Halle-Neustadt zu Buche. Rund 350 Besucher hatten dort in einer besonderen Art von Gästebuch ihre Sicht auf den Ort und/oder das Ausstellungsprojekt niedergeschrieben. Im Folgenden soll ein abschließender Rückblick auf „Heimat Halle-Neustadt" gegeben werden.

Abb. 1: Der I. Wohnkomplex in Halle-Neustadt mit dem Wohnkomplexzentrum, dem runden Delta-Kindergarten und dem seinerzeit längsten Wohnblock der DDR (v. l. n. r.). Foto: Gerald Große, Wien/Halle

Abb. 2: Zum Gründungsmythos von Halle-Neustadt gehören die Gummistiefel: Sie waren ein unabdingbares Kleidungsstück, solange Straße und Wege noch nicht befestigt waren. Foto: Stadt Halle (Saale), Thomas Ziegler

Das 50-jährige Gründungsjubiläum von Halle-Neustadt als Rahmen

Die Ausstellung „Heimat Halle-Neustadt" war Teil des mehrmonatigen Festprogramms, das die Stadt Halle (Saale) für ihren Stadtteil mit der größten Fläche, den meisten Einwohnern und dem höchsten Migrantenanteil zum 50. Jahrestag der Grundsteinlegung ausrichtete. Am 15.7.1964 hatte Horst Sindermann, Erster Sekretär der Sozialistischen Einheitspartei Deutschlands (SED) im Bezirk Halle und Mitglied im Zentralkomitee (ZK) der SED den Grundstein für die 1. Polytechnische Oberschule (POS) der neuen Stadt eingemauert. Dieses Datum gilt symbolisch als Tag der Gründung von Halle-Neustadt. Seine Bedeutung entspricht der urkundlichen Ersterwähnung jahrhundertealter Städte. Entsprechend feierlich wurde es bei runden Jubiläen zu DDR-Zeiten begangen. Nach dem gesellschaftlichen Umbruch 1989/90 fand es im Zuge des allgemeinen Ansehensverlusts von Halle-Neustadt weitaus weniger öffentliche Beachtung.

Seine 50. Wiederkehr nun wurde, getragen vom politischen Willen wie auch vom bürgernahen Anspruch der Stadt, mit einem umfangreichen, über mehrere Monate verteilten Jubiläumsprogramm begangen.

In Anbetracht des schlechten Rufs, der Halle-Neustadt seit der Deutschen Wiedervereinigung anhaftet, wie auch der ungewissen Zukunft des Ortes u.a. aufgrund des demografischen Wandels, beabsichtigte die Stadt, die Identifikation der Einwohner mit ihrem Stadtteil ebenso zu fördern wie die Aufgeschlossenheit von Nicht-Neustädtern gegenüber Ha-Neu. Daneben wollte sie nicht nur für die Probleme des Stadtteils, sondern auch für dessen Potentiale sensibilisieren sowie ein breiteres Bewusstsein für die Bedeutung bürgerschaftlichen Engagements für eine positive Entwicklung des Stadtteils schaffen (Stadt Halle (Saale) 2014).

Das Festprogramm zum Jubiläum organisierte federführend der Fachbereich Planen im Geschäftsbereich Stadtentwicklung und Umwelt der Stadt in

Zusammenarbeit mit dem Quartiermanagement Halle-Neustadt. Es fußte auf drei Säulen:
1. Als Höhepunkt fand am Wochenende vor dem Jahrestag im Zentrum von Halle-Neustadt ein zweitägiges Stadtfest statt.
2. Den größten Anteil an dem Programm bildeten Veranstaltungen von Neustädter Einrichtungen und Vereinen sowie Bürgern.
3. Der Fachbereich Planen und das Stadtmuseum verantworteten die sogenannten Fachveranstaltungen.

Die Stadtplaner stellten die zukünftige Entwicklung von Halle-Neustadt in vier großen, über das Jahr verteilten Workshops bzw. Konferenzen mit verschiedensten Teilnehmern zur Diskussion. Das Stadtmuseum trug wie in solchen Fällen üblich eine Ausstellung zum Jubiläum bei.

Leitgedanken

Im Lauf der Vorbereitungen stellte sich frühzeitig heraus, dass es sich um ein Projekt jenseits der üblichen Routinen eines Stadtmuseums handelte. Dazu trugen verschiedene Umstände bei, aus denen das Ausstellungsteam des Stadtmuseums seine Schlüsse zog:

1. Partizipation und Multiperspektivität

Mit seiner gerade einmal 50-jährigen Geschichte ist Halle-Neustadt als Ausstellungsgegenstand der Zeitgeschichte zuzurechnen. Deren Darstellung ist deswegen besonders anspruchsvoll und herausfordernd, weil zwischen dem Gegenstand und seiner Betrachtung eine große zeitliche Nähe besteht. Diese zeigt sich darin, dass sich die Betrachtung nicht ausschließlich aus quellenbasierter wissenschaftlicher Beschreibung und Analyse des Gegenstands speist, sondern auch aus persönlichen Erfahrungen und Erinnerungen lebender Zeitzeugen. Dabei können sich zwischen den wissenschaftlichen und den persönlichen Aussagen durchaus erhebliche Widersprüche ergeben.

Die Tragweite dieses Umstands wurde noch gesteigert durch die gegenwärtige Debatte über die sich verändernde Rolle der Institution Stadtmuseum.[2] Diese stellt unter anderem den Anspruch des Museums auf Deutungshoheit bei der Darstellung stadtgeschichtlicher Themen in Frage. Stattdessen sollen die Bürger als Experten für ihren Ort stärker zu Wort kommen (Partizipation), so dass die Darstellung vielstimmiger wird (Multiperspektivität) (GESSER et al. 2012: 11).

Aus beiden Umständen folgerte das Ausstellungsteam des Stadtmuseums, dass die Neustädter, Akteure wie Einwohner, aktiv in das Projekt einzubinden waren, und dass es sich dafür vor Ort begeben musste, sowohl in der Vorbereitung, um möglichst vielfältige Kontakte zu knüpfen, als auch mit der Präsentation.

2. 50 = 25 + 25

Eine Besonderheit des Jubiläumsjahrs 2014 lag darin, dass es die Geschichte von Halle-Neustadt fast genau in zwei Hälften teilte: 25 Jahre „sozialistische Chemiearbeiterstadt" zu DDR-Zeiten und 25 Jahre Stadtteil von Halle (Saale) im wiedervereinigten Deutschland.[3] Beide Hälften standen unter sehr gegensätzlichen Vorzeichen: Zu DDR-Zeiten drehte es sich um den Aufbau der Stadt, in ihrer Frühphase geprägt von einer starken Aufbruchsstimmung; nach 1989/90 begann der Strukturwandel, geprägt durch einen fünfzigprozentigen Bevölkerungsrückgang,[4] verbunden mit Leerstand und teilweisem Abriss von Gesellschaftsbauten wie Wohngebäuden, aber auch mit Sanierungen und Umnutzungen. Die Schärfe des Gegensatzes zeigt sich daran, dass es zu DDR-Zeiten als Glücksfall wie als Vorrecht galt, in Halle-Neustadt eine Wohnung zugewiesen zu bekommen, der Ort aber seit Mauerfall und Deutscher Wiedervereinigung mit einem schlechten Ruf zu kämpfen hat.

Zwar liegt die historische Bedeutung von Halle-Neustadt in dem weit über die DDR hinaus einmaligen Projekt begründet, eine Stadt für rund 100.000 Einwohner mit höchstem architektonisch-städtebaulichem wie gesellschaftspolitischem Anspruch von Grund auf neu aufgebaut zu haben. Auch daraus erklärt sich die anhaltend hohe Identifikation der Gründergeneration mit dem Ort.

Doch erschien es dem Ausstellungsteam unabdingbar im Sinne der identitätsstiftenden und damit auch integrierenden Absicht des Stadtteiljubiläums, nicht nur für die Erbauer und Erstbezieher, sondern für alle Neustädter, auch die später zugezogenen, die ganze 50-jährige Geschichte in den Blick zu nehmen.

Abb. 3: Der Ausstellungsort von „Heimat Halle-Neustadt" lag strategisch günstig im Einkaufszentrum des Stadtteils.
Foto: Stadt Halle (Saale), Thomas Ziegler

3. Ha-Neu als Lebensmittelpunkt, Zuhause, Heimat

Unabhängig von der überzeitlichen Bedeutung des Partei- und Staatsprojekts „sozialistische Chemiearbeiterstadt" und vom anschließenden tiefgreifenden Strukturwandel, dessen Ende und Ergebnis nicht absehbar sind, war und ist Halle-Neustadt Lebensmittelpunkt, Zuhause und Heimat von „vielen tausend Einwohnern" (BRÄUNIG et al. 1969: 45). In dieser Eigenschaft verbindet Halle-Neustadt alle Einwohner, gegenwärtige wie ehemalige, solche, die vor und die nach 1989/90 dort ansässig geworden sind, unabhängig von Herkunft, Alter usw., Erstbezieher und Neuankömmlinge, Junge und Alte, Deutsche und Migranten.

Diese scheinbar einfache Tatsache galt es für das Ausstellungsteam jenseits aller wissenschaftlichen Beschreibung und Analyse wie auch von persönlichen Meinungen über Großwohnsiedlungen und deren Lebensqualität anzuerkennen und ernstzunehmen. Sie waren der Schlüssel für den konzeptionellen Zugriff auf das Thema Halle-Neustadt: Lässt sich nicht gerade am Beispiel einer neuen Stadt, die sowohl baulich als auch gesellschaftlich von Grund auf neu errichtet wird und deren Einwohner ausnahmslos Zugezogene sind, aufzeigen, was einen Ort überhaupt zum Lebensmittelpunkt, Zuhause, zur Heimat macht?

Welche Rolle spielt dabei die Entstehung von städtischem Leben sowie sozialem Miteinander? Wie machen sich die Neuankömmlinge die neue Stadt zu eigen? Wird sie gerade durch die tätige Aneignung zur Heimat? Und wie entwickelten sich städtisches Leben und soziales Miteinander in Ha-Neu nach dem ebenso epochalen wie dramatischen gesellschaftlichen Umbruch 1989/90, als nicht nur die in 25 Jahren aufgebauten Strukturen in Frage gestellt wurden, sondern sich auch die Einwohnerschaft in ihrer sozialen Zusammensetzung stark veränderte und dabei beträchtlich zurückging?

Die Beschäftigung mit der kollektiven Text-Bild-Reportage „Städte machen Leute. Streifzüge durch eine neue Stadt" (BRÄUNIG et al. 1969) sensibilisierte das Ausstellungsteam dafür, nach den baulichen und gesellschaftlichen Voraussetzungen für die Entstehung von städtischem Leben, sozialem Miteinander und Heimat zu fragen und nach Beispielen für die tätige Aneignung des Ortes durch seine Einwoh-

Abb. 4: Die von zehn Innenarchitekturstudierenden der Burg Giebichenstein Kunsthochschule Halle gestaltete Ausstellungsarchitektur aus Bewehrungseisen, Stretchfolie, Glühlampen und Stoff.
Foto: Stadt Halle (Saale), Thomas Ziegler

ner in Vergangenheit und Gegenwart zu suchen. Die zentrale Aussage der Reportage entwickelte sich zum Motto der Ausstellung: „Denn eine solche Stadt wird zweimal erbaut: von den Architekten und den Bauarbeitern, die Häuser, Schulen und Kindergärten und so weiter errichten – und von den vielen tausend Einwohnern, die ihr Leben darin formen" (BRÄUNIG et al. 1969: 45).

Umsetzung I: Die Form

Die Ausstellung wurde von zehn Studierenden der Innenarchitektur an der Burg Giebichenstein Kunsthochschule Halle gestaltet, angeleitet von einem Leitungsteam, bestehend aus einem Professor, zwei Gastprofessoren und einer Assistentin. Dabei griff man bei der Gestaltung von Ausstellungsarchitektur und -grafik wie auch bei den Werbemitteln das Thema Heimat auf:

Wenn man am Ende des Tages in seine Wohnung zurückkehrt, schaltet man das Licht ein. Die Fenster leuchten dann hell in die Dunkelheit draußen und vermitteln nach innen wie außen ein Gefühl von Geborgenheit und Zu-Hause-sein. Dies trifft auch für die Fenster in der gleichförmigen Fassadenstruktur von Wohnblöcken in Ha-Neu zu. Und diese Fenster vermitteln Vielfalt, denn keins leuchtet wie das andere. Sie versinnbildlichen so, dass sich trotz identischer Grundrisse in jeder Wohnung ein anderes Leben abspielt.

Die Architektur der Ausstellung „Heimat Halle-Neustadt" griff das Thema Innen und Außen auf, indem sie einen Raum im Raum mit Wänden aus Bewehrungseisen schuf, der nach außen durch Stoff abgeschlossen und nach innen offen war. Mit einem der tragenden Bauelemente der in Halle-Neustadt angewandten industriellen Plattenbauweise wurde deren Rasterung nachgeahmt, die gleichzeitig wie ein Regal die Objekte aufnahm. Diese wurden statt hinter Glas in Stretchfolie eingewickelt präsentiert – mit dem Kunststoffmaterial wurde Bezug genommen auf die historische Verbindung des Ortes zur Chemieindustrie. Die so präsentierten Objekte wurden mit Glühlampen ausgeleuchtet, deren Schalter vom Publikum selbst zu betätigen waren. Der Lichtkegel oder -strahl war dann auch das maßgebliche Element der Grafik sowohl in der Ausstellung als auch bei den Drucksachen zu Werbezwecken. Die so beschriebene Gestaltung bildete die Form für die Umsetzung der Leitgedanken des Projekts.

Umsetzung II: Der Inhalt

Die vom Ausstellungsteam des Stadtmuseums entwickelte Erzählung der Ausstellung bestand aus drei Kapiteln. Sie wurde maßgeblich auf der Grundlage hauptsächlich dreidimensionaler Objekte mit nachgewiesenem Bezug zu Halle-Neustadt entwickelt. Diese sind entweder Teil der Museumssammlung oder wurden dem Stadtmuseum als Leihgaben, vor allem von zahlreichen Privatpersonen, zur Verfügung gestellt.

Das Kapitel „Die sozialistische Chemiearbeiterstadt" vergegenwärtigte wesentliche Stationen der Entwicklung des Ortes bis 1990: vom Chemieprogramm der DDR als Ausgangspunkt für den Aufbau bis zur Angliederung der selbständigen Kommune an Halle. Die erst 50 Jahre dauernde Geschichte der jungen, modernen Stadt wurde an dieser Stelle wie die einer traditionell gewachsenen Stadt gezeigt, unter anderem mit den Zeichen städtischer Repräsentation wie der Stadtrechtsurkunde.

Das Doppelkapitel „Häuser und Leben" fragte in Anlehnung an die zentrale Aussage von „Städte machen Leute" nach den baulichen und gesellschaftlichen Voraussetzungen für die soziale Qualität von Halle-Neustadt. Für die DDR-Zeit sollte im Kapitel „Häuser" die Idee vermittelt werden, die der Untergliederung der Stadt in Wohnkomplexe mit ihren jeweiligen Zentren zugrunde lag. Für die Zeit nach 1989/90 wurden die maßgeblichen Faktoren der weiteren Entwicklung dargestellt, die in vielen Fällen eine Aufwertung bedeutete, wie etwa der Bau der Straßenbahn oder die Erweiterung des Warensortiments durch Geschäfte von Migranten.

Das Kapitel „Leben" machte am Beispiel von SED und Massenorganisationen anschaulich, dass zu DDR-Zeiten auch das Gemeinwesen in Halle-Neustadt von Grund auf errichtet werden musste, und durch welche Formen der öffentlichen Anerkennung das Engagement der Bürger gefördert wurde. Den größten Raum nahm hier die Vorstellung ehemaliger und gegenwärtiger Beispiele für ein solches Engagement ein. Hierbei lag der Schwerpunkt auf bestehenden Einrichtungen, Glaubensgemeinschaften, Vereinen usw., die entweder den Strukturwandel erfolgreich bewältigt haben oder nach 1989/90 entstanden sind. Insgesamt 25 dieser Initiativen wurden jeweils mit einem charakteristischen Objekt und einem Steckbrief vorgestellt. Die Absicht dabei war, dass sich die Vertreter dieser Initiativen in der Ausstellung wiederfinden sollten und dass Potentiale für die Zukunft von Ha-Neu aufgezeigt wurden.

Diese Erzählung des Stadtmuseums bildete den Rahmen für die Präsentation der Sicht gegenwärtiger und ehemaliger Einwohner auf Halle-Neustadt. Das Stadtmuseum hatte dazu einen Fragebogen entwickelt, der die Halle-Neustädter einlud, sich anhand von acht Fragen über ihr ganz persönliches Verhältnis zu dem Ort zu äußern. Die Fragebögen wurden über verschiedene Multiplikatoren wie Begegnungszentren, Glaubensgemeinschaften oder Jugendeinrichtungen an gegenwärtige und ehemalige Einwohner unterschiedlicher Herkunft, unterschiedlichen Alters usw. verteilt. Das Stadtmuseum erhielt 175 Fragebögen ausgefüllt zurück, die dann im räumlichen Zentrum der Ausstellung und damit als deren eigentliches Herzstück präsentiert wurden, ergänzt um Fotos einer Auswahl von Lieblingsorten, die die Halle-Neustädter in den Fragebögen angegeben hatten.

Dieses in der Ausstellungsvorbereitung entwickelte partizipative und multiperspektivische Element wurde während der Laufzeit der Ausstellung noch ergänzt durch die partizipative und multiperspektivische Einbeziehung der Besucher: Diese konnten am Ende des Ausstellungsrundgangs auf einer Postkarte die vorgedruckten Formulierung „,Heimat Halle-Neustadt' ist für mich…" vervollständigen und diese Meinungsbekundung in der Ausstellung für alle sichtbar anbringen. So entstand eine etwas andere Form von Gästebuch.

Fester Bestandteil der Ausstellung in Halle-Neustadt war eine Veranstaltungsfläche, auf der etwa 50 Personen Platz hatten. Auf der Fläche befanden sich während des regulären Ausstellungsbetriebs Sitzbänke für die Besucher, die sich eine Zusammenstellung von Fernsehbeiträgen von der Grundsteinlegung 1964 bis zu einer Reportage über die Folgen des gesellschaftlichen Umbruchs 1989/90 in Ha-Neu aus dem Jahr 1991 ansehen wollten. Daneben fand dort eine ganze Reihe von Veranstaltungen statt mit dem Ziel, zusätzliche Anreize zum Besuch der Ausstellung zu schaffen und diese dadurch weiter zu

Abb. 5: Die zentrale Installation in der Ausstellung mit 175 von Halle-Neustädtern ausgefüllten Fragebögen. Foto: Stadt Halle (Saale), Thomas Ziegler

beleben. Hierzu arbeitete das Stadtmuseum wiederum mit verschiedenen Partnern zusammen, vom Verein für hallische Stadtgeschichte über die Philatelisten und Numismatiker, das Erzählcafé des Mehrgenerationenhauses „Pusteblume" bis hin zu Germanisten der Universitäten Halle und Jena sowie internationalen Museumsfellows der Kulturstiftung des Bundes.

Bilanz

Das Ausstellungsprojekt „Heimat Halle-Neustadt" war für das Ausstellungsteam des Stadtmuseums wie für das Stadtmuseum insgesamt ein außergewöhnlich aufwendiges und herausforderndes. Der Widerhall und die Wirkung des Projekts haben jedoch den hohen Einsatz am Ende gerechtfertigt.

Das Programm der Stadt Halle (Saale) aus Anlass des 50. Gründungsjubiläums von Halle-Neustadt wurde allgemein sehr positiv aufgenommen und bewertet. In der öffentlichen Meinung wurde ein Stimmungsumschwung zugunsten einer Aufwertung und gestiegenen Wertschätzung Halle-Neustadts wahrgenommen, im Stadtteil selbst Auftrieb. Der Ausstellung wurde in vielen Äußerungen, nicht nur auf den Postkarten des Gästebuchs, bescheinigt, dass sie zu dieser Entwicklung beigetragen habe. Bei der abschließenden Gesprächsrunde in der Ausstellung, bei der Akteure wie Bürger ein Resümee des Jubiläums zogen, war der Tenor gleichlautend. Dies war umso erfreulicher, als damit auch das Bemühen des Stadtmuseums um eine differenzierte Betrachtung gerechtfertigt und anerkannt wurde.

Im Verlauf der Gesprächsrunde setzte sich unter den Teilnehmern die Auffassung durch, dass der diagnostizierte Aufschwung nun für Initiativen zur Entwicklung des Stadtteils genutzt werden sollte. Dabei wurde Einigkeit darüber hergestellt, dass diese Initiativen von den Akteuren und Bürgern selbst ergriffen werden sollten anstatt

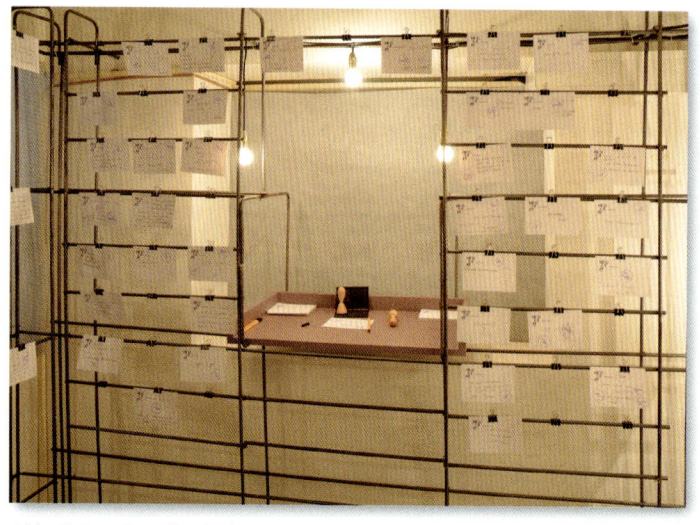

Abb. 6: Das Gästebuch der Ausstellung.
Foto: Stadt Halle (Saale), Thomas Ziegler

auf Anstoß von außen, z.B. durch die Stadt, zu warten. Unmittelbar im Anschluss an die Veranstaltung wurde ein erstes Treffen verabredet. Dieser Schlusspunkt war die größte denkbare Bestätigung für Absicht und Einsatz des Stadtmuseums aus Anlass des Jubiläums. Er bestätigte gleichzeitig die Rolle, die das Museum mit seinen Aktivitäten rund um die Ausstellung angestrebt hatte: Indem unterschiedlichste institutionelle wie persönliche Partner für eine Beteiligung gewonnen werden konnten, bildete das Stadtmuseum den Kristallisationspunkt eines äußerst vielfältigen Netzwerks. Die Zukunft wird zeigen, ob es dem Stadtmuseum gelingt, dieses Netzwerk zu erhalten und für andere Projekte wie den noch zu realisierenden zweiten Teil der stadtgeschichtlichen Dauerausstellung zu nutzen.

Daneben bot das Projekt für das Stadtmuseum Gelegenheit, auf dem Feld der Partizipation Erfahrungen zu sammeln, die über die üblichen Zeitzeugengespräche und Objektanfragen bei Privatpersonen hinausgehen. Die prägende Erfahrung hierbei war, dass selbst eine mit vermeintlich geringem Aufwand verbundene, aber gewissenhaft durchgeführte Fragebogenaktion eine intensive Verbindung zu Akteuren und Bürgern eröffnet. Die Präsentation der 25 Initiativen in der Ausstellung mit Objekt und Steckbrief war ein Ergebnis, das das Bemühen des Stadtmuseums um die Halle-Neustädter mittels der Fragebogenaktion gezeigt hat.

Selbst die Anfrage der GWG Gesellschaft für Wohn- und Gewerbeimmobilien Halle-Neustadt mbH an das Stadtmuseum, die in der Ausstellung präsentierten Fragebögen in Hinblick auf die Bedürfnisse ihrer Mieter auswerten zu dürfen, kann als Bestätigung des mit dem Projekt eingeschlagenen Wegs wie auch der oben angesprochenen Debatte über die künftige Rolle der Institution Stadtmuseum gewertet werden: Das Ausstellungsprojekt „Heimat Halle-Neustadt" zeigt, dass ein Stadtmuseum etwas bewegen kann, wenn es sich als Akteur in die Stadt hineinbegibt, auf die Menschen zugeht, sie beteiligt und miteinander verbindet.

Literatur

BRÄUNIG, W. et al. (1969): Städte machen Leute. Streifzüge durch eine neue Stadt. – Halle (Saale).

GEMMEKE, C.; NENTWIG, F. (Hrsg.) (2011): Die Stadt und ihr Gedächtnis. Zur Zukunft der Stadtmuseen. – Bielefeld.

GERCHOW, J. (2012): Geschichtsmuseen. Stadt- und regionalhistorische Museen. – In: GRAF, B.; RODEKAMP, V. (Hrsg.): Museen zwischen Qualität und Relevanz. Denkschrift zur Lage der Museen, S. 341–347. – Berlin (= Berliner Schriften zur Museumsforschung; 30).

GESSER, S.; HANDSCHIN, M.; JANNELLI, A.; LICHTENSTEIGER, S. (Hrsg.) (2012): Das partizipative Museum. Zwischen Teilhabe und user generated content. Neue Anforderungen an kulturhistorische Ausstellungen, S. 10–15. – Bielefeld.

Halle-Neustadt-Information (Hrsg.) (1986): Halle-Neustadt. Stadtchronik 1961–1976. Zeittafel. – Halle (Saale).

Landesstelle für die nicht-staatlichen Museen in Bayern (Hrsg.) (2007): Forum für alle. Museen in Städten und Gemeinden. 14. Bayerischer Museumstag, Augsburg, Juli 11–13, 2007. – München.

Landeshauptstadt Stuttgart (Hrsg.) (2007): A City Museum for the 21st Century. Documentation of an International Expert Hearing for the Planned City Museum of Stuttgart, September 25–26, 2007. – Stuttgart.

Internetquelle

Stadt Halle (Saale) (2014): Der Stadtteil Neustadt feiert seinen 50. Geburtstag, online abrufbar: www.halle.de/de/Events/50-Jahre-Halle-Neustadt (letzter Abruf am 09.01.2015).

---

1 Auf diesen Ausstellungsteil, der ausschließlich Bilder von Halle-Neustadt zeigte, darunter vom Maler Uwe Pfeifer (geb. 1947) und vom Fotografen Gerald Große (geb. 1942), wird im Folgenden nicht weiter eingegangen.

2 Vgl. hierzu u.a.: Landesstelle für die nicht-staatlichen Museen in Bayern (Hrsg.) (2007); Landeshauptstadt Stuttgart (Hrsg.) (2007); GEMMEKE, C.; NENTWIG, F. (Hrsg.) (2011); GERCHOW (2013).

3 Dabei sollte man sich auch bewusst machen, dass die bundesrepublikanische Geschichte von Halle-Neustadt von 2015 an bereits länger als die zu DDR-Zeiten dauert.

4 Bei dem Bevölkerungsrückgang handelte es sich strenggenommen um einen Bevölkerungsaustausch mit negativer Bilanz, denn der massenhafte Wegzug wurde zumindest teilweise durch Zuzug ausgeglichen, u.a. von Migranten, weswegen Halle-Neustadt heute der hallesche Stadtteil mit dem größten Migrantenanteil ist.

Halle nach Neustadt
Zwei Reisen zum Nachbarn

Matthias Behne

„Reisen ist tödlich für Vorurteile."
Mark Twain (1835–1910)

Zusammenfassung

In dem persönlichen Bericht über zwei zeitlich relativ weit auseinanderliegende Reisen in Halles Neustadt geht es um die künstlerische Auseinandersetzung mit den Themen Neugier, Erwartung, Vorurteil, aber auch um Gastfreundschaft und die wiederholte Erkenntnis, dass „nichts bleibt, wie es war". (Zitat aus dem 1972 veröffentlichten Lied „Heute hier, morgen dort" von Hannes Wader. Interessant ist die verständliche Logik der Aussage, trotz inkorrekter temporaler Konstruktion).

Abb. 1: Halle-Neustadt, 2014; im Vordergrund die Schwimmhalle Neustadt. Foto: behnelux.de

Erste Reise
1996/97 – Reise in die Vergangenheit

Mit der Absicht, Vorurteile Großwohnsiedlungen gegenüber in einer weniger problematisierenden als vielmehr spielerischen Form zum Thema zu machen, sollte ein im Rahmen meines Studiums an der Kunsthochschule Burg Giebichenstein in den Jahren 1996/97 entstandener Film als Einstieg gezeigt werden. Ich schreibe „sollte", weil es mir leider am Ende nicht möglich war, den Film im Rahmen des Workshops zu zeigen. Nach 18 Jahren war der Inhalt des VHS-Videobandes nicht mehr lesbar. Ein Umkopieren des Inhalts war versäumt; eine weitere, vielleicht besser archivierte Kopie nicht aufzufinden. Die Erkenntnis traf mich zwei Tage vor dem geplanten Referat...

Gedächtnisprotokoll:

Die einstige Studienaufgabe bestand darin, über ein fremdes Land oder eine andere Kultur zu berichten. Als anlässlich des Studiums zugezogene Studenten entschieden wir, Timo Reinhold, Daniel Scheidgen und Matthias Behne, über eine Reise nach Halle-Neustadt zu berichten. Uns schien diese nahezu eigenständige Stadt, die erst wenige Jahre zuvor, im Jahr 1990, mit der Stadt Halle (Saale) vereint worden war, so exotisch und fremd und für alle überaus spannend.

Das Ergebnis war ein kurzer Videofilm, der sich in drei Teile gliederte. Im

Abb. 2: Besagte VHS-Videokassette.   Foto: behnelux.de

ersten Teil und damit am Anfang stand die Reisevorbereitung. Dazu hatten wir kurze Interviews in der Fußgängerzone der Leipziger Straße geführt, einer bereits damals schon etwas glanzverlorenen Einkaufsmeile zwischen Hauptbahnhof und Markt, von den Hallensern liebevoll als „Boulevard" bezeichnet.

In den Interviews ging es um die Kenntnis von Halle-Neustadt, um Lebensqualität, um eventuelle Freunde und Verwandte dort und um die Beziehung bzw. um die Haltung zu Neustadt. So war in der Befragung immer wieder zu hören, dass Neustadt grau sei, wenige Bäume, viele Menschen, viele Ausländer zumal zu finden seien, dass man vermeidet, dort hinzufahren, es gebe nicht genug Parkplätze, dass es zwar schon ein paar Leute gebe, die man so kennt, aber auch nicht gut, und einer meinte, dass er schon lange nicht mehr „drüben" war.

In die Interviews war unsere konkrete Reise hineingeschnitten, der zweite Handlungsstrang des Films. Die Reise begann am Neuwerk 7, dem Sitz der Hochschule, und führte über den Robert-Franz-Ring, die Ankerstraße und dann entlang des Mühlgrabens zur „Magistrale", einer Art Schnellstraße, die als Hauptverkehrsader Halle mit Halle-Neustadt verbindet, bis hinein nach Neustadt, wo wir in etwa auf Höhe der heutigen Neustädter Passagen das Auto parken, um anschließend die Stadt zu Fuß zu erkunden. Da wir der Idee des perfekten Touristen nahekommen wollten, traten wir die Fahrt nach Neustadt in einem geliehenen Trabant 601 an, analog der Wahl eines Fiakers in Wien, einer Gondel in Venedig oder eines Tuk Tuk in Phnom Penh. Mit dem Ende der Fahrt waren auch der Zusammenschnitt der Interviews im Film beendet, und der dritte Teil des Videos begann, der eine Art Rückschau darstellte. Zu sehen war das abgefilmte Durchblättern von Fotografien, Papierabzügen in 10x15 in häuslicher Umgebung, so als schaute man gemeinsam mit Freunden deren Urlaubserinnerungen an. Die Bilder zeigten in loser Folge Neustadtaufnahmen aus ganz unterschiedlichen Perspektiven und persönlichen Vorlieben, denn jeder hatte nach Ankunft in Neustadt diesen Stadtteil aus eigener Sicht, mit eigenem Ziel erkundet und mittels eines Fotoapparats seine ganz persönlichen Neustadteindrücke gesammelt, eigene Erinnerungsbilder aufgenommen.

Dem Betrachter des Films oblag es, das im Vorfeld von den Interviewten entworfene Bild von Halle-Neustadt in dessen Abbild zu suchen, wiederzufinden, oder nicht erkennen zu können.

Zweite Reise
15. Juli 2014 – Reise mit dem Fahrrad
Am fünfzigsten Jahrestag der Grundsteinlegung Halle-Neustadts trat ich meine zweite „offizielle" Reise nach Neustadt an. Wieder ging es um Annäherung, um Interesse und um das Bedürfnis, an diesem besonderen Tag dem nach wie vor besonderen Stadtteil eine besondere Reverenz zu erteilen: Gratulieren!

Abb. 3: Kunst- und Projektraum hr.fleischer e.V. Foto: Matthias Ritzmann

Die Idee dazu kam aus den Reihen des „Kunst- und Projektraums hr.fleischer e.V.", eines kleinen Kunstvereins, der über künstlerische Aktionen im öffentlichen Raum den direkten Austausch mit dem Bürger sucht. Hervorgegangen aus einer Kunststudierendeninitiative im Jahr 2009, betreibt der inzwischen stark angewachsene Verein einen ehemaligen Zeitungskiosk am Reileck in Halle (Saale) als Ausstellungs- und Veranstaltungsort.[1]

Wir wollten den Jubilar an seinem Geburtstag besuchen; unangemeldet, überraschend. Und da es, wenn man den Dialog sucht, schöner ist, *jemanden* zu besuchen als *etwas*, hatten wir beschlossen, an diesem Tag eine Reise zu den Kiosken in Halle-Neustadt und deren Betreibern zu unternehmen. Als Geschenk erhielt jeder Kioskbetreiber eine eigens von Mitgliedern und Sympathisanten des hr. fleischer für diesen Anlass geschaffene, limitierte, originaldruckgrafische Jubiläumskartenedition.

Die Reise mit dem Rad begann am „Kunstkiosk" am Reileck und folgte einem speziell auf Neustädter Kioske ausgerichteten Stadtplan, der wiederum Ergebnis eines sehr interessanten, von der Kulturstiftung des Bundes geförderten, inter-

Abb. 4: Fahrradweg an der Magistrale. Foto: behnelux.de

nationalen Projektes aus den Jahren 2004/2005 war.[2]

Insgesamt besuchten wir elf auf diesem Plan verzeichnete Orte, wobei nicht an jedem noch ein Kiosk zu finden war. Auch hier hatten sich infolge der verstrichenen Zeit Veränderungen ereignet. „Einige der Kioske wurden erst vor kurzem abgerissen", so die Aussage einiger von uns befragter Passanten. „Man hatte wohl, wegen des Jubiläums, noch etwas aufräumen wollen", die nachgeschobene Erklärung.

Doch steter Wandel, neben diesen Fehlstellen gab es auch Ergänzungen. Auf dem Weg gab es zwei neue „Buden", die nicht auf dem Plan von 2005 verzeichnet waren. Insgesamt wurde unsere Aktion von den Kioskbetreibern mit einer Mischung aus verhaltener Skepsis und freudiger Überraschung aufgenommen. Ein persönliches Geschenk aus „heiterem Himmel" und zu einem Anlass, der zwar durch die Aktivität der Stadt und als Thema in den lokalen Medien prä-

Abb. 4: Postkartenedition 50 Jahre Halle-Neustadt. Repro: Annegret Rouél

Plötzlich entspannten sich die Gesichter, Erleichterung war in ihnen abzulesen und bei manchen dann auch ein Anflug fast kindlicher Freude über dieses unerwartete Geschenk. Interessant, dass Kunst auch interkulturell als nicht immer unbedingt verständlich, aber auf jeden Fall als eher unaggressiv bzw. harmlos angesehen wird.

Kommt Kunst in friedlicher Absicht? Die Beantwortung dieser Frage wurde nicht geklärt und ist wohl Teil einer anderen Reise.

Abb. 6: Kiosk mit außenliegender Tragkonstruktion.   Foto: behnelux.de

Abb. 7: Fundament eines ehemaligen Kiosks.   Foto: behnelux.de

1 Das vollständige Selbstverständnis lautet: Auf vier Quadratmetern städtischem Freiraum betreibt hr.fleischer seine Schaubude! An zentraler und exponierter Stelle, am Reileck in Halle (Saale), öffnet er sein Versorgungsfenster für dialogische Momente auf Augenhöhe. Die selbstverständlich verortete Position seines Kiosks im öffentlichen Raum nutzt hr.fleischer als experimentelle Schnittstelle für eine mutable Zukunft. Mehr Informationen unter: http://herrfleischer.blogspot.de
2 Siehe „Kioskisierung" unter www.raumlabor.net.

sent, dennoch wenig mit der individuellen Lebenswirklichkeit verbunden scheint. Diese durchaus beabsichtigte Irritation wurde noch verstärkt durch den Umstand, dass ein großer Teil der angetroffenen Kioskbetreiber seine Wurzeln in einer etwas anderen kulturellen Umgebung hat.

Die Beantwortung der Frage nach dem Sinn und einer halbwegs beruhigenden Möglichkeit der Einordnung dieses Ereignisses war erst gegeben, als durch unsere Erklärung die Aktion in einem Kunstkontext betrachtet werden konnte: „Ah, Kunst! Alles klar!"

Abb. 8: Glückliche Gesichter.   Foto: behnelux.de

Wildwest im Thälmannpark
Beobachtungen einer Dokumentarfilmerin

Katrin Rothe

Zusammenfassung

Der Ernst-Thälmann-Park ist eine sozialistische Mustersiedlung der DDR aus den 1980er Jahren, mitten im angesagten Prenzlauer Berg gelegen. In dem 42 ha großen Areal wohnen heute ungefähr 2000 Leute. Als die Siedlung 1986 gebaut wurde, waren es 4000, und für jeden Bewohner dieses Parks wurde ein Baum gepflanzt. Im Gegensatz zu den angrenzenden Gründerzeitvierteln wohnen hier noch ein Drittel Erstmieter, heute Rentner. Die Mieten der städtischen Wohnungsbaugesellschaft sind viel preiswerter als rundherum, und so sind die Wohnungen auch bei kinderreichen Familien und Studenten beliebt. Auch zieht es immer mehr Künstler in die einst verschmähten Betonbauten. Vor allem die Wohnungen in den Punkthochhäusern mit den dreieckigen Balkonen werden als Geheimtipp gehandelt.

Doch die Plattenbausiedlung und der Park sind ins Visier von Investoren geraten. Sie wollen verdichten und aufwerten, sprich zubauen – und machen Druck. Die Anwohner fürchten um ihren Park und um die niedrigen Mieten, denn durch neue hochpreisige Wohnungen steigt der allgemeine Mietspiegel, und das hat Auswirkungen auch auf die Miethöhen der Plattenbauten. Sie gründen eine Anwohnerinitiative und wollen gegensteuern. Die Geschehnisse, von denen ich hier erzähle, habe ich als Dokumentarfilmerin monatelang mit der Kamera begleitet.

Beste Citylage

Frühjahr 2013. Ein Großteil der Flächen des 42 ha großen Areals ist noch in kommunaler Hand, doch die schleichende Privatisierung ist auch hier in vollem Gange. Nach der Wende wurde ein Teil der Grundstücke kommunalen Unternehmen zugeordnet. Die verkauften sie weiter. So entstanden auf dem ehemaligen Gelände der Stadtreinigungsbetriebe neue Townhouses, Penthouses, Lofts.

Abb. 1: Grafitti auf dem Ernst-Thälmann-Denkmal, Februar 2014. Foto: Robert Laatz

Abb. 2: Ernst-Thälmann-Park, Februar 2015. Foto: Robert Laatz

Auf einem ehemaligen Grundstück der Gaswerke werden gerade teure Wohnungen gebaut. Das Vivantes Klinikum soll 2018 in einen Neubau im Friedrichshain umziehen, es ist offen, was mit dem alten Klinkerbau dann passiert. Die Plattenbausiedlung ist plötzlich beste Citylage geworden. Um die Erhaltung des „Kulturareals" mit Theater, Galerie und Werkstätten wird immer wieder gekämpft. Sogar das historische Bezirksamtsgelände sollte abgestoßen werden, nun soll es doch Verwaltungsstandort bleiben. Ein Bahngelände entlang der Ringbahn ist privatisiert worden und hat den Eigentümer gewechselt. Noch ist es kein Bauland. Der Bezirk kann mitreden, was und ob da gebaut wird.

Wer bestimmt, was in den nächsten Jahren im Ernst-Thälmann-Park passiert? Debatten um Mitbestimmung, Stadt und Gentrifizierung sind in vollem Gange. Ich beginne zu filmen und befrage die Anwohner, warum sie sich engagieren: Markus Seng, 40, Programmierer: „Das weitverbreitete Argument bei vielen Menschen, lautet zwar ‚Bringt eh nix'. Und ja, das kann schon sein, dass wir mehr oder weniger scheitern werden, aber wir wollen es wenigstens erst mal versuchen."[1] Andreas Höpfner, 40, freiberuflicher Werbefilmer, sagt: „Ich will das nicht anderen überlassen, was hier passiert, schon gar nicht Leuten, die nur Rendite machen wollen." Günter Hahn, 84, erklärt mir: „Ich möchte, dass der Versorgungsbrunnen wieder in Betrieb genommen wird und die Wiesen wieder gepflegt werden." Claudia Steiger, 50, Verwaltungsangestellte, meint: „Was ich alles so in der Presse lese, ist, dass letztendlich doch diejenigen, die das dicke Geld haben, sich durchsetzen werden."

Die Anwohnerinitiative entwickelt eigene Ideen gleich für das gesamte Areal. Ältere Bürger wünschen sich mehr Ein- und Zweiraumwohnungen und Möglichkeiten für Senioren-WGs, andere einen Wissenschaftscampus. Studentinnen erarbeiten alternative Nutzungskonzepte für vakante Gebäude. „Die Parkgelände und die Zwischenräume müssten unbedingt öffentlich bleiben", sagt Elke Grabinski, eine Rentnerin. Der Park ist offen für jedermann. Die zwei neuen Wohnanlagen haben Zäune und Mauern. Darüber regen sich vor allem die Erstbewohner auf, die mit den Ideen der Planung der Siedlung vertraut sind.

Anfang der 1980er Jahre sollte auf dem Gelände eines Gaswerkes, welches die Fensterbänke der engen Gründerzeitbauten oft mit einer zentimeterdicken Rußschicht verschmutzte, ein Park entstehen. Helmut Stingl wird Generalprojektant. In nur drei Jahren werden 1300 Wohnungen hochgezogen. Schon 1985 ziehen die ersten Mieter ein. Nicht nur wegen Nähe zum Alexanderplatz, Fernheizung, Park und Schwimmbad sind die Wohnungen begehrt, Wohnraum ist absolute Mangelware, und die Vergabe ist ein Politikum. Es wird darauf geachtet, dass Arbeiter neben Professoren, Pflegepersonal und Kulturschaffenden gleichberechtigt wohnen. Die DDR-Führung inszeniert sich für die Weltöffentlichkeit. Am 15. April 1986 weiht Staatschef Erich Honecker

Abb. 3a: Ein Teich mitten in der Stadt   Foto: Simone Weigelt

Abb. 3b: Ein ehrenamtlicher Teichpfleger.   Foto: Robert Laatz

Heute ist der Park verwildert. Der Teich sollte vor ein paar Jahren zugeschüttet werden. Da hat Anwohner Volker Herold zusammen mit ein paar anderen gesagt: „Nee, das wollen wir nicht, den Teich wollen wir behalten." Herold ist Schauspieler und Theaterregisseur. „2007 habe ich dem Grünflächenamt versprochen, ich kümmere mich darum," erzählt er. „Und dann haben sie den Teich wieder voll gelassen. Und so fing das an. Die richtige Arbeitsaktion war dann Kübel besorgen, Pflanzen besorgen. Du kannst dich hier hinsetzen und richtig Tiefenentspannung machen. Du entdeckst nur neue Sachen: Was die Krähen treiben, wie die sich baden, wie die hier Jungs ausführen."

Sichtbare und unsichtbare Vergangenheit

Ich treffe Manfred Zumpe, 84, Architekt der Punkthochhäuser in seinem Büro in Dresden. Ich hoffe, dass er mir die Frage beantworten kann, welche politischen Vorgaben es gab, wirken doch von der Greifswalder Straße aus die Häuser wie eine Kulisse für das Denkmal. „Es gab nur die Vorgabe, dass sie das Ganze auflockern sollten, interessant gestalten sollten von der baukörperlichen Situation und dem Zusammenwirken mit dem Ganzen, und die Parkanlagen waren wichtig. Dass man eine sehr vorbildliche Grünanlage schafft mit vielen Möglichkeiten. Das sollte ein Aushängeschild der damaligen DDR sein."

Denkmal und Park ein. Einen Tag später legt Michail Gorbatschow am Fuße des Denkmals rote Nelken nieder. Wieder eine große Menschenansammlung, viele junge Leute wollen ‚Gorbi' sehen. Die Perestroika (Umgestaltung) ist im vollen Gange. Nur (!) jeder zweite Balkon ist mit den obligatorischen Fahnen geschmückt. 1987 ist die aufwendige Parkanlage des Gartenarchitekten Erhard Stefke fertiggestellt. Es wurde sogar ein Teich angelegt.

Zumpe entwickelte schon in den 1960er Jahren Grundlagen für Wohnhochhäuser in Plattenbauweise mit zahlreichen Variationsmöglichkeiten. „Wir wollten die technischen Möglichkeiten schaffen,

Abb. 4: Architekt Manfred Zumpe in seinem Dresdner Büro – er ist weiterhin überzeugt von den Entwürfen: „Hier, diese Unterschiedlichkeit der optischen Erscheinungen! Je nachdem, von welchem Standpunkt aus ich diese Häuser betrachte." Foto: Robert Laatz

dass keine Monotonie entsteht." Die realsozialistische Produktionsrealität sah anders aus, die ‚Platte' kommt ästhetisch in Verruf. Im Ernst-Thälmann-Park kann er einen der komplexesten Grundrisse von damals verwirklichen. Die ‚Schmetterlingshäuser' mit ihren versetzten Platten werden als einzelstehende und doppelte Hochhäuser mit 12, 15 bzw. 16 Stockwerken realisiert. Zumpe betont mehrfach die Leistung Eugen Schröders, der sich als Direktor des Wohnungsbaukombinates schützend vor die Architekten gestellt und vieles möglich gemacht hat.

Die originale Materialität der Plattenbauten ist im Ernst-Thälmann-Park fast vollständig erhalten geblieben. Der Waschbeton ist für viele nach wie vor gewöhnungsbedürftig, doch er bekommt auch immer mehr Fans. Ich habe junge Studenten getroffen, die mit leuchtenden Augen vom wechselnden Spiel der Oberflächen berichten. „Bei Sonnenschein wirken sie hell und freundlich, bei Regen saugen sie sich voll Wasser und sind dunkel und trist", sagt Carlo Costabel, der in der Nähe aufwuchs. Für ihn ist wichtig, dass er den Ort als Zeugnis der Vergangenheit besichtigen kann. Touristen haben es schon lange auf den Park und das Denkmal abgesehen. Dreimal wöchentlich kommt die geführte Radtour „Osten ungeschminkt" vorbei.

Drei Gasometer des damals stillgelegten Gaswerkes sollten ursprünglich als Monumente der Industriekultur hinter den Wohnhäusern stehenbleiben. Gegen ihre Sprengung am 28. Juli 1984 regte sich Widerstand in der DDR, dann öffentlicher Protest. Für Thomas Flierl, damals wissenschaftlicher Assistent an der HU Berlin, später Berliner Kultursenator, war „die Wut darüber, dass dieser ganz zivile und konstruktive Bürgerprotest so enttäuscht wurde, einer der Treppensteine hin zum Ende der DDR."

Der Oberbürgermeister fragte damals in der Stadtverordnetenversammlung, ob jemand Einwände gegen den Bau eines Großplanetariums an dieser Stelle hat. Die zum Teil nicht ortskundigen Abgeordneten stimmten diesem Vorschlag bedenkenlos zu.[2] Damit bekam der Vorgang seinen DDR-demokratischen Stempel.

Abb. 5: Die Oberflächen der Waschbetonplatten sind original erhalten. Nur die Fugenbänder wurden in den 1990er Jahren hinzugefügt.
Foto: Robert Laatz

Dreißig Jahre später soll mehr Mitbestimmung möglich gemacht werden. Ein großangelegtes Beteiligungsverfahren für die Zukunft des Thälmann-Parks hat 2013 begonnen. Die Städteplaner der Firma „Stattbau" führen am 13. Juni 2013 einen Anwohnerworkshop durch. Auch das öffentliche Interesse am Ernst-Thälmann-Park nimmt zu, und neben den aufgeregten und aufgeschreckten Anwohnern, Quartiersmanagern, Stadtteilpolizisten, Kulturschaffenden und dem Schuldirektor sind auch Journalisten, Fotografen und Professoren anwesend. Das vom Bezirk beauftragte Verfahren soll bürgernah und transparent gestaltet werden.

Abb. 6: Eine Parkanlage mit zahlreichen Möglichkeiten – instandgehalten durch die Anwohner. Foto: Simone Weigelt

Beschäftigt man sich mit dem Ernst-Thälmann-Park, kommt man nicht umhin, sich auch mit den Altlasten und dem verseuchten Boden des ehemaligen Gaswerkes zu beschäftigen, denn das Thema berührt viele Ängste und wird politisch, ideologisch und wirtschaftlich je nach Wetterlage genutzt. Mitten im Park steht zudem sichtbar eine Aufbereitungsanlage zur Sanierung des Grundwassers. Bürgerinformationsveranstaltungen, kleine Anfragen[3] im Abgeordnetenhaus und immer wieder neue Stichproben und Gutachten, mittlerweile seit 1995 über 100 an der Zahl, belegen: Es besteht keinerlei Gefährdung über die bekannten Wirkungspfade für Mensch und Tier – solange man nicht buddelt.

Mehr Grün statt Randbebauung

15. Juni 2013: die Anwohner haben sich zum Putzen ihres Parks verabredet. Und eine im Abwärtstrend befindliche liberale Partei möchte eine symbolische Sprengung des Denkmals inszenieren. Zufällig am selben Tag.

Viele Erstmieter kümmern sich schon lange um einzelne Sträucher oder Bäume. Jetzt machen durch die Anwohnerinitiative mehr Leute mit. Markus Seng ist begeistert: „Wenn man da erst mal reinkommt, diese Aneignung, und auch putzt und macht – dann entsteht das Gefühl: Das ist nicht nur meine Wohnung, die ich gemietet habe, sondern auch meine Stadt, in der ich zu Hause bin mit allen anderen. Das ist für mich ein neues Lebensgefühl." Die symbolische Sprengaktion verläuft kläglich. Das Aktionsbündnis „Ernst-Thälmann-Denkmal" hat innerhalb von nur zwei Tagen 100 Gegendemonstranten mobilisiert. Die Anwohner wollen weder mit der Sprengaktion noch mit der Gegendemo in Verbindung gebracht werden. Anwohnerin Claudia Steiger hält eine Ansprache ins Megafon: „Meine persönliche Meinung ist: Das Thälmann-Denkmal ist richtig hässlich. Es ist gigantisch." Die Demonstranten vom Aktionsbündnis sind irritiert und beginnen zu buhen. „Es soll aber nicht weg", setzt sie fort. „So kann man mit Geschichte nicht umgehen. Eine symbolische Sprengung eines Denkmals, das direkt einen Menschen darstellt, das einem Menschen gewidmet ist, das geht gar nicht." Beifall.

Im September 2013 organisieren die Anwohner einen Flohmarkt. Standmiete ist ein selbstgebackener Kuchen. Die Leute kommen miteinander ins Gespräch. Die Sonne scheint, Jung wie Alt sind vom Flohmarkt begeistert. Die Angst um das letzte erschwingliche Refugium im Prenzlauer Berg schweißt

Abb. 7: Eine Anwohnerin spricht zum Aktionsbündnis Ernst-Thälmann-Denkmal am 15. Juni 2013. Foto: Robert Laatz

alle zusammen. Die durchschnittliche Nettokaltmiete liegt derzeit bei fünf Euro pro Quadratmeter.

Eine Kampagne für mehr Grün entsteht. Anwohner Andreas Höpfner stellt sie August 2013 online. „Wir sind ja nicht generell gegen Neubau," sagt er. „Wir sagen nur, hier an dieser Stelle, wo die alten Bahngelände waren, wäre es doch wirklich blöd, zwischen bestehenden Parkanlagen die ehemalige Bahnbrache nicht zu einer ausgedehnten Parkanlage zusammenzufassen. Das ist eine historische Chance, so was ergibt sich in hundert Jahren nicht wieder." Er wohnt seit neun Jahren hier. „Drei Neubauprojekte reichen. Eines schon fertig, eins im Bau und eines in Planung." Nachdem die Bezirksverordnetenversammlung die Bauvoranfrage mit Townhouses abgelehnt hat, machen Gerüchte über geplante Hochhäuser die Runde. In Ostberlin gab es keine Traufhöhe wie in Westberlin. Nach der Wende gilt die für ganz Berlin. Nun wünschen sich Investoren, dass sie mit Bezug auf die Hochhäuser im Park auch ein Hochhaus bauen dürfen. Dies zu genehmigen oder nicht, ist eine Sache der Behörden.

Ist eine weitere Bebauung bereits beschlossene Sache? Bald ist Bundestagswahl, und die Anwohner werden lange im Unklaren gehalten. Es herrscht Skepsis. Das Bürgerbeteiligungsverfahren eskaliert. Als die Stadtplaner im Oktober ihr Konzept das erste Mal öffentlich vorstellen wollen, kommt es immer wieder zu Tumulten und Zwischenrufen im Publikum. Junge Aktivisten haben ein Transparent aufgehängt. Der Baustadtrat Jens Holger Kirchner verteidigt das Verfahren: „Wir können uns in der Sache ganz gerne vortrefflich streiten, doch Sie müssen uns zugestehen, dass dieser Beteiligungsprozess doch mehr war als bisher in diesem Bezirk überhaupt üblich!" Anwohner Andreas Höpfner lässt nicht locker und liefert sich immer wieder Wortgefechte mit dem Baustadtrat auf dem Podium: „Wir bezahlen Sie immerhin dafür, dass Sie unsere Interessen vertreten und dass Sie sich eigentlich eher gegen die Investorenpläne stellen müssten als dahinter oder davor!" Der Baustadtrat Jens-Holger Kirchner argumentiert: „Es gibt eine Interessenslage von verschiedenen Akteuren." Der anwesende

Abb. 8: Bürger mischen sich ein. Erstmieter Günter Hahn auf einer Veranstaltung des Bezirks am 16. Oktober 2013. Foto: Robert Laatz

Immobilienentwickler behauptet: „Wenn Sie neue Wohnungen bauen, gehen die Mieten sicher mittel- und langfristig nach unten." Die Menge lacht laut auf. Wieder Tumulte.

Der amtierende Baustadtrat Kirchner vom Prenzlauer Berg und Pankow ist von den Grünen/Bündnis 90. Diese hatten im September 2011 vor der Kommunalwahl aus der Opposition heraus einen Antrag zum Erwerb des Geländes eingebracht.[4] Es wurden zu dieser Zeit schon dringend Kitas und Schulen gebraucht, und das Jugendamt meldete entsprechend Bedarf an. In der Anfrage der Grünen wird sogar auf die mögliche Erweiterung der bestehenden Parkflächen hingewiesen. Februar 2012 wird der Antrag nicht weiter verfolgt, auch nicht vom frisch gewählten grünen Baustadtrat.

Im Dezember 2013 liegt die städtebauliche Studie des Bezirks öffentlich aus. Zwei dicke Bücher, die wichtigsten Pläne sind an die Wand gepinnt. Gehwege und Straßen sollen erneuert, Spielplätze saniert werden. Ein Radweg entlang des S-Bahn-Rings soll entstehen.[5] Der Bezirk sieht auch Baupotentiale, nicht im Park selbst, aber drumherum. „Alles, was Grün ist, bleibt auch grün", sagt Constanze Cremer, Leiterin der Studie. Über 60 Stellungnahmen gehen ein. Die Bürgerinitiative mit ihrer Forderung nach mehr Grün hat sich nicht durchsetzen können.

„Rettung in letzter Minute"
Das neue Jahr bringt eine Überraschung. Der Ernst-Thälmann-Park wird unter Denkmalschutz gestellt. Platte als Ostmoderne. Hochhäuser, Achtgeschosser und Schwimmhalle haben Baudenkmalstatus, der Park ist nun Ensemblegebiet.[6] „Damit gilt für jedes einzelne Bauwerk und die gesamte Fläche, dass jede Intervention, welcher Art auch immer, mit der Denkmalbehörde auszuhandeln ist", erklärt Gabi Dolff-Bonekämper, Denkmalpflegerin und Professorin am Institut für Stadt- und Regionalplanung der Technischen Universität Berlin.

Ich rufe im Februar 2014 den Architekt Manfred Zumpe an, sage ihm, dass nun seine Hochhäuser unter Denkmalschutz stehen. Er freut sich und sagt, wie schade es ist, dass Helmut Stingl dies nicht mehr erlebt. Zur Premiere meiner Reportage in der Sportsbar im Gelände wird er von dankbaren Anwohnern mit Fotos, Blumen und Geschenken überschüttet.

Der Ernst-Thälmann-Park selbst ist erstmal gerettet. Drumherum, auch für das umstrittene Bahngelände, geht der Kampf um den Kiez weiter. Die Anwohnerinitiative setzt sich weiter für mehr Grün ein. Ihr Antrag auf Rückkauf des Bahngeländes wird im Oktober 2014 vom Bezirk abgelehnt. Sie finden weitere Ungereimtheiten heraus. So wurde das Flurstück geteilt[7] und der größere Teil Ende 2010 schon verkauft. Sie vernetzen sich mit anderen Initiativen der Stadt. Wir werden noch hören vom Ernst-Thälmann-Park.

Zum Schauen und Dranbleiben
Reportage: 44 min, RBB 2014 auf rbb online oder Link unter: www.thaelmannpark.de

Anwohnerinitiative: www.thaelmannpark.wordpress.com

Voruntersuchung Thälmann-Park, Bericht und zahlreiche Karten: www.stattbau.de/index.php?id=171

Katrin Rothe: www.karotoons.de

---

1 Dieses und alle weiteren Zitate sind, soweit nicht extra gekennzeichnet, von den Filmarbeiten zu „Wildwest im Thälmannpark", RBB 2014.

2 Hilmar Bärthel: Die Geschichte der Gasversorgung in Berlin. Eine Chronik. Herausgegeben von der GASAG/Berliner Gaswerke Aktiengesellschaft, Berlin 1997.

3 Abgeordnetenhaus Berlin, Kleine Anfrage, Drucksache 17/10457 und www.stiftung-naturschutz.de/fileadmin/img/pdf/Kleine_Anfragen/ka17-10457.pdf

4 Drucksache der Bezirksverordnetenversammlung Pankow von Berlin, VI-1391.

5 Siehe: www.stattbau.de/fileadmin/img/downloads/ETP_ENDBERICHT_Teil2_Karten.pdf_o.pdf, 01.12.2014.

6 Landesdenkmalamt Berlin, 09.01.2014, LDA 31.

7 Auszug Liegenschaftskataster 110310-33216N 1 und 2.

Gartenstadt Hellerau weiterbauen
Beobachtungen zur Aktualität und Kontinuität der Siedlungsidee

Nils M. Schinker

Zusammenfassung

Hellerau gilt als die dem englischen Vorbild am meisten entsprechende Gartenstadt in Deutschland und darf für sich in Anspruch nehmen, erste Werkbund-Siedlung zu sein – die Gründer von Hellerau waren zugleich Mitbegründer des Deutschen Werkbundes. Hellerau ist vor allem ein Paradebeispiel für das Planen und Bauen von Heimat. Mit der Siedlung verbanden die philanthropischen Gründer einen Reformgedanken, der ganzheitlich sein, also alle Lebensbereiche umfassen sollte. Die vor über einhundert Jahren angewandten Planungsmethoden sind in ihrem partizipatorischen Ansatz und ihrer umweltbewussten Weitsicht noch heute aktuell. Die Siedlungskonzeption mit sozialer Durchmischung, hohen stadträumlichen Qualitäten und einer kostenbewussten und qualitätvollen Bauweise besitzt Vorbildcharakter. Entsprechend groß ist die Identifikation der heutigen Bewohner mit ihrem Wohnumfeld und facettenreich ihr bürgerschaftliches Engagement. Ausgehend von einem Blick in die Baugeschichte, beleuchtet der Beitrag die Zukunftsfähigkeit der Ideen von Hellerau und zeigt anhand jüngerer Beispiele ihre Weiterentwicklung auf.

Ebenezer Howards Gartenstadtmodell

Der Engländer Ebenezer Howard entwickelte die Idee der Gartenstadt als Reaktion auf die miserablen Wohnbedingungen in den explodierenden Städten in der Hochphase der Industrialisierung. Mit dem Gartenstadtmodell konzipierte er eine alternative Siedlungsform abseits der historisch gewachsenen Stadt, die die Vorzüge der Stadt mit denen des Lebens auf dem Land verbinden sollte. Seine berühmten Kreisdiagramme zeigen in abstrakter Form – und nicht als direkt umzusetzende Baupläne – in einen Grüngürtel eingebettete Städte für eine begrenzte Einwohnerzahl von bis zu 32.000 Menschen. Auf Basis einer neuen Bodenordnung sollte der Grund in gemeinschaftlichem Eigentum verbleiben, um spekulative Geschäfte zulasten der Bewohner zu verhindern. Es sollten im weitesten Sinne eigenständige Städte entstehen, mit Industrie, Handel, Anbindung an das Einsenbahnnetz etc. Als wegweisende Idee der modernen Stadtplanung ist die Zonierung der Funktionen zu sehen, die eine enge räumliche Verbindung zwischen Haus und Arbeitsplatz sowie zwischen Kultur- und Versorgungseinrichtung zulassen sollte. Die Verbesserung der Wohnsituation beinhaltete eine geringere Bebauungsdichte, gute Belichtung und ausreichend Flächen für Hausgärten und öffentliche Grünanlagen. Als erstes realisiertes Beispiel entstand 1903 nach den Plänen von Raymond Unwin und Barry Parker die Gartenstadt Letchworth, die als direktes Vorbild für Hellerau diente.

Abb. 1: Modell der Gartenstadt Hellerau, präsentiert auf den Internationalen Städtebau-Ausstellungen in Berlin und London 1910.
Foto: E. Quedenfeldt (Landesamt für Denkmalpflege Sachsen, Bildarchiv, H-Reg 565)

Gründung und Bau von Hellerau

Hellerau war von Beginn an ein ambitioniertes Vorhaben von nationalem, wenn nicht sogar internationalem Geltungsanspruch. Die zeitgenössischen Besucher der Siedlung und der Hellerauer Festspiele von 1912 und 1913 lobten den experimentellen Charakter des Vorhabens. Der sächsische Staat unterstützte die Gartenstadtgründung wohlwollend und hoffte auf Erfahrungsgewinne für eigene Projekte. Wenngleich in ihrem gesellschaftsverbessernden Anspruch als Utopie gescheitert, so bot doch das „Laboratorium für eine neue Menschheit" (CLAUDEL 1914: 28) auf zahlreichen Ebenen vorbildliche und richtungsweisende Lösungen.

Initiator der Gartenstadt Hellerau war der Möbelfabrikant Karl Schmidt, der für sein florierendes Unternehmen der Deutschen Werkstätten einen neuen Produktionsstandort suchte und die Arbeits- und Lebensbedingungen seiner Angestellten verbessern wollte. In seinen Freunden und Klienten fand er schnell Anhänger für sein philanthropisches Siedlungsvorhaben. Mit ihm verfolgten die Architekten Richard Riemerschmid – der Verfasser des Bebauungsplanes – und Hermann Muthesius, der Kulturförderer Wolf Dohrn und der Nationalökonom Friedrich Naumann das Ziel, einen neuen Ort zu schaffen, in dem vieles anders, aber vor allem alles schöner, qualitätvoller, gesünder, sozialer werden und auf vertraute Weise Heimat schaffen sollte. Bis zum Baubeginn 1909 kamen noch weitere Architekten aus dem Deutschen Werkbund dazu, allen voran Heinrich Tessenow, der Erbauer des Festspielhauses.

Die Umsetzung des sozial- und bodenreformerischen Programms garantierten zwei gemeinnützige Organisationen: Die Gartenstadt Hellerau G.m.b.H. – Obereigentümerin des Bodens und Bauträgergesellschaft der gemeinschaftlichen Einrichtungen und der Mietvillen im sogenannten Landhausviertel – verpflichtete sich, die Gewinne aus den Mieteinnahmen zum Wohl der Allgemeinheit zu investieren. Die Baugenossenschaft Hellerau errichtete und vermietete die Wohnhäuser und Gärten im Kleinhausgebiet. Eine Mitgliedschaft in der Baugenossenschaft war von einem Arbeitsverhältnis bei den Deutschen Werkstätten entkoppelt, Hellerau somit keine Werkssiedlung. Eine von der Baupolizei anerkannte Bau- und Kunstkommission, die aus Künstlern und Architekten des Deutschen Werkbundes bestand, sicherte die künstlerische Qualität der Entwürfe.

Das Gelände der Gartenstadt Hellerau liegt 6,5 km vom Stadtzentrum entfernt in der Dresdner Heidelandschaft und ist auch heute noch durch Waldgebiete von der wachsenden Großstadt getrennt. Zu

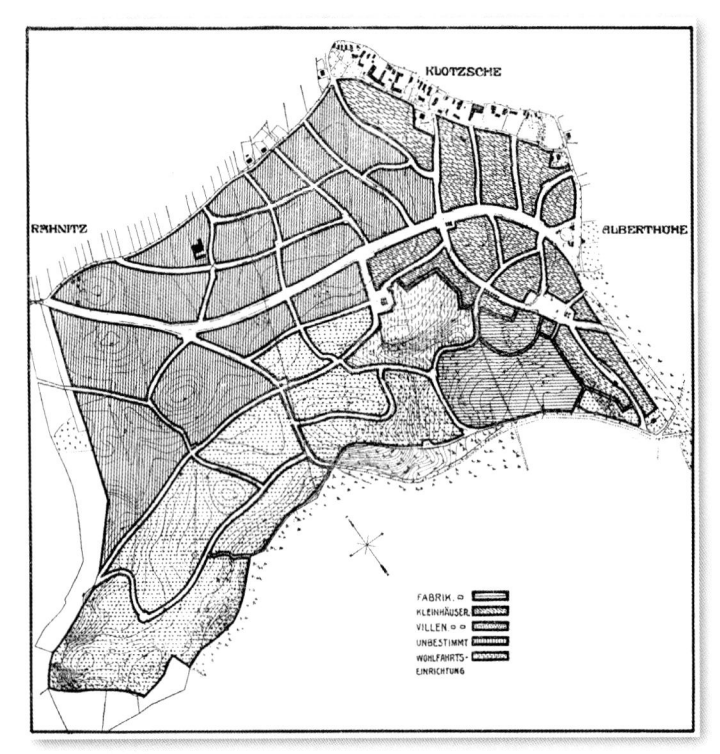

Abb. 2: R. Riemerschmid, Bebauungsplan der Gartenstadt Hellerau mit den verschiedenen Bauzonen. Zeichnung: Bildarchiv IBAD TU Dresden

den prägenden Vorgaben des Ortes zählten eine abwechslungsreich bewegte Topographie, das Plangebiet querende Wegeverbindung, die Bebauung der angrenzenden Ortschaften und ein Baumbestand aus markanten Einzelbäumen und Obstbaumgruppen. Der von Karl Schmidt finanzierte Mehraufwand in der Vorplanung, der z.B. eine Untersuchung der Bodengüte des Geländes beinhaltete, ermöglichte eine umfangreiche Nutzung der vorhandenen Ressourcen – durch Erhalten, Integrieren und Adaptieren.

Riemerschmid stimmte seinen Bebauungsplan mit unterschiedlichen Bauzonen genau auf das Gelände ab und untergliederte das Gebiet durch ein Straßennetz in verschiedene Wohnquartiere, ein Industriegebiet, Flächen für Wohlfahrtseinrichtungen, und er sah, wie bei einem modernen Masterplan, Erweiterungsflächen vor.

Mit der Differenzierung zwischen Verkehrs- und Wohnstraßen plante er ökonomisch und nahm bereits das aktuelle Thema der Verkehrsberuhigung vorweg. Die von Theodor Fischer propagierte Eleganz des Straßenverlaufs war in der geschwungenen Linienführung kein formales Mittel zum Zweck, sondern wirtschaftlich begründet. Mit dem Anknüpfen an die bestehende Kirche und den Friedhof wurden vertraute Identifikations- und Funktionspunkte für die Bewohner städtebaulich mit eingebunden. Durch die Integration des Baumbestandes in die Komposition der Hausgruppen, die Verwendung lokaler Bauformen und Materialien sowie die Übernahme der Flurbezeichnungen in die neuen Straßennamen setzt sich diese Vorgehensweise fort. Riemerschmids kontextuelles Vorgehen steht für Heimat- und Naturverbundenheit und für eine versöhnliche Haltung zwischen Tradition und Moderne, die sich von der Siedlungsplanung bis ins Detail der Wohnhäuser ablesen lässt.

Mit der Vergabe vollständiger Straßenzüge an einzelne Architekten verfolgten die Gartenstadtgründer die Idee, durch gestalterische Geschlossenheit zur Identitätsbildung beizutragen und durch baukünstlerische Qualität zur Ästhetik zu erziehen. Dabei experimentierten die Architekten mit unterschiedlichen Haustypen und Grundrissen, um ein kostengünstiges, qualitätvolles und durchmischtes Wohnen für alle gesellschaftlichen Schichten zu erreichen.

Abb. 3: H. Muthesius, Kleinhausbebauung An der Winkelwiese (um 1911). Foto: Landesamt für Denkmalpflege Sachsen, Bildarchiv, H62

Eine Vorreiterrolle fällt Hellerau auch bei der frühzeitigen Einbindung der Bewohner in die Planung zu. So befragte Wolf Dohrn die Arbeiter der Deutschen Werkstätten nach ihrer bisherigen Wohnsituation und den zukünftigen Wohnvorstellungen. Die Ergebnisse flossen in die Entwürfe der Wohnhäuser und Gärten mit ein. Des Weiteren einigten sich die Architekten auf moderne Planungs- und Baupraktiken, wie die Typisierung von Grundrissen und die Standardisierung der Bauteile Fenster, Tür und Treppe.

Stadtbaukunst und Gemeinschaft

Das Thema Gemeinschaft spielte in der gesamten Siedlungskonzeption eine zentrale Rolle. Mit einem ambitionierten Programm an Bauten für die Gemeinschaft verfolgten die Gründer progressive Ziele mit integrativem Grundansatz, angefangen mit dem Schulhaus mit Kindergarten, über das Ledigenheim für Männer und Frauen, das zentrale Bad- und Waschhaus, ein Reformgasthaus bis hin zur Idee eines Ärztehauses mit Apotheke. Ausgeführt wurden nur die Geschäftshäuser am Markt, der Umbau der Waldschänke zum Reformgasthaus und – abseits der Kernbebauung – die Volksschule sowie die Bildungsanstalt mit dem berühmten Festspielhaus. Dessen Bau verschlang jedoch die gesamten Mittel für die deshalb und wegen des Ausbruchs des Ersten Weltkriegs nicht ausgeführten gemeinschaftlichen Einrichtungen.

Dennoch ist heute die stadträumliche und architektonische Umsetzung des gemeinschaftlichen Ideals vor allem in der zusammenhängenden Gestaltung der Straßenzüge erlebbar. Für eine genauere Betrachtung eignet sich das Wohnquartier Am grünen Zipfel. Durch einen angerförmigen Straßengrundriss, Wohnhöfe, Vorplätze, mit Baum und Bank markierte Eingangssituationen bis hin zu gemeinsam genutzten Eingängen differenzierte Riemerschmid den Übergang vom öffentlichen Straßenraum hin zum privaten Wohnhaus und gestaltete Räume von hoher Aufenthaltsqualität. Besondere Erwähnung verdient das gartenseitige, halböffentliche Erschließungssystem der Mistwege, das heute von Anwohnern und Besuchern gleichermaßen genutzt wird.

Die breite Varianz an Haustypen und Wohnungsgrößen verdeutlicht, dass in Hellerau ein durchmischtes Wohnen angestrebt war – ein Konzept, das vor allem im sozialen Wohnungsbau der 1960er und 70er wieder an Bedeutung gewann. Die Idee der Durchmischung lässt sich bis in die einzelnen Wohngrundrisse nachweisen; so integrierte Riemerschmid beispielsweise beim Reihenhaustyp XVI das Zimmer für den Schlafburschen in den Grundriss eines Einfamilienhauses und bot damit Räumlichkeiten für Untermieter oder separat wohnende Familienangehörige an.

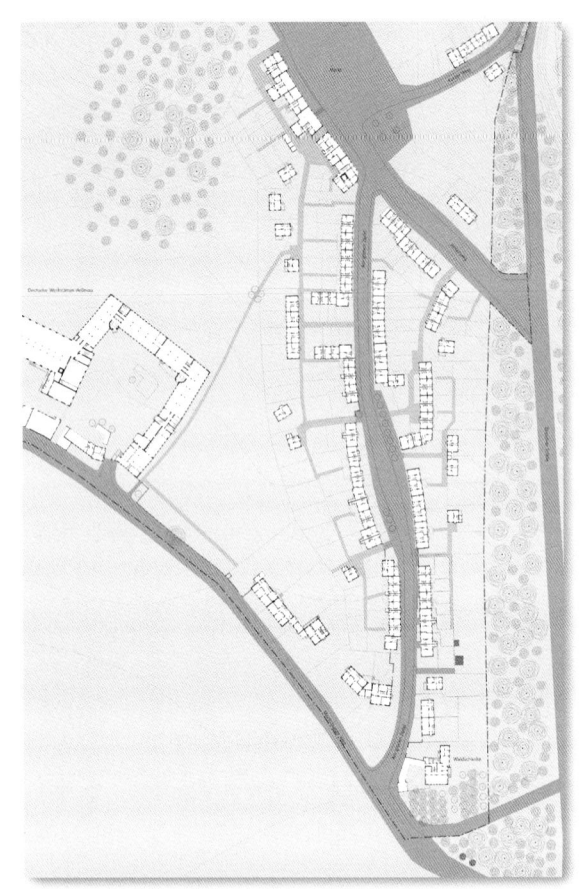

Abb. 4: Straßenzug Am grünen Zipfel, von R. Riemerschmid, rekonstruierter Zustand 1914. Zeichnung: N. Schinker

Entsprechend heterogen durchmischt zeigte sich für 1914 auch die Zusammensetzung der Berufs- und Sozialstruktur mit einer erwartungsgemäß handwerklich-künstlerischen Prägung, großer Beliebtheit bei einfachen bis gehobenen mittelständischen Berufsruppen. Es ist aber auch festzuhalten, dass die sozial Schwächsten kaum von den Vorzügen des gartenstädtischen Lebensmodells profitieren konnten: anfangs lebten nur etwa 10% der Werkstätten-Mitarbeiter in der Gartenstadt (SCHINKER 2013: 469–473).

Trotz der in den 1920er Jahren erfolgten umfangreichen Privatisierung – die Häuser wurden an die Bewohner verkauft – konnte die Siedlung über zwei Diktaturen hinweg ihren städtebaulichen und sozialen Grundcharakter erhalten. Hellerau blieb von ideologisch geprägten Bauprojekten weitestgehend verschont – sieht man einmal von der militärischen Umnutzung des Festspielhauses über 60 Jahre ab. Heute ist die Gartenstadt Hellerau bei jungen Familien ein beliebter Wohnort. Die Einwohnergemeinschaft hat den Generationenwechsel und Bevölkerungsaustausch nach 1989 gut überstanden. Neben den Deutschen Werkstätten haben sich außerdem zahlreiche innovative Firmen angesiedelt, und das Festspielhaus erfährt durch das Europäische Zentrum der Künste wieder eine kulturelle Nutzung.

Identifikation und Bürgerinitiativen

Bürgerschaftliches Engagement hat in Hellerau eine lange Tradition. Schon in der Gründungsphase gab es ein reges Vereinsleben. In der Wendezeit bildete eine Initiative aus Bauleuten, die sich gegen Eingriffe an Bestandsgebäuden einsetzte, den Ausgangspunkt zur Gründung des Hellerauer Bürgervereins. Heute reicht das Spektrum der Arbeitsgruppen von sozialen, umwelt- und baupolitischen Themen über eine eigene Stadtteilzeitschrift und Vorbereitungen für ein Museum bis hin zur internationalen Vernetzung der Gartenstädte. Zahlreiche Bürgerinitiativen belegen, dass die Siedlung gut angenommen ist, die Bewohner sich für die Werte ihres als Sachgesamtheit denkmalgeschützten Wohnortes einsetzen und ihn weiterentwickeln wollen. So ging aus einer Bürgerinitiative die Idee hervor, die Errungenschaften von Hellerau zu würdigen und für die Nominierung als UNESCO-Weltkulturerbe vorzuschlagen. Der Welterbeantrag, der im Auftrag des 2012 gegründeten Fördervereins Weltkulturerbe Hellerau e.V. vom Institut für Heritage Management in Cottbus bearbeitet wird, fasst die damals bereits umgesetz-

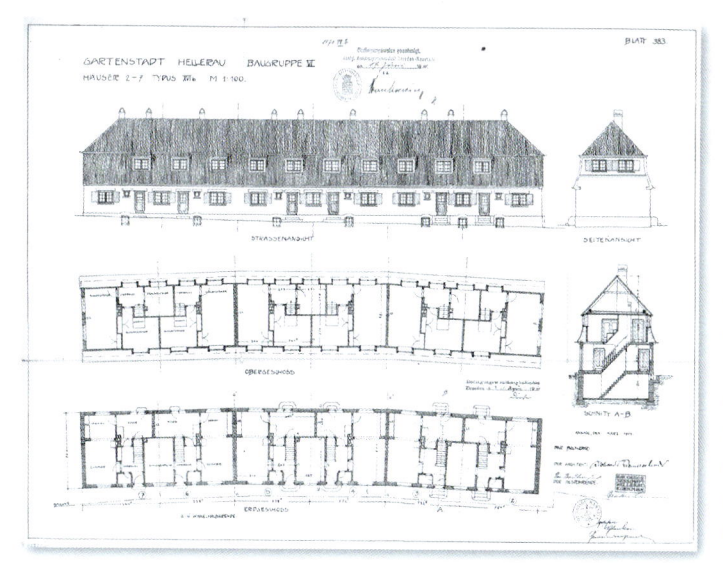

Abb. 5: Reihenhaustyp mit integriertem Zimmer für den Schlafburschen. Zeichnung: R. Riemerschmid, 1910 (Bildarchiv IBAD TU Dresden)

cherei nach dem Prinzip des „Bookcrossing". Nach dem Motto „Wer sein Buch liebt, der teilt es" können am Markt, der ursprünglich auch eine Bibliothek aufnehmen sollte, nun Bücher ausgetauscht werden.

Bei Besuchern, Bewohnern und Nachbarn gleichermaßen beliebt ist der Tag des offenen Denkmals, an dem die Hauseigentümer auch ihre Gartenwelt öffnen. Höhepunkt gemeinnütziger Bemühungen waren zuletzt der Erwerb und die Sanierung der einst von Riemerschmid umgebauten Waldschänke, die nach Jahren des Leerstandes heute ein gut ausgelastetes Bürgerzentrum geworden ist.

ten und auch heute noch relevanten Themen zusammen: gesellschaftliche Innovation, soziale Gerechtigkeit, natürliche Lebensweise und ästhetisches Bewusstsein.

Das bürgerschaftliche Engagement zeigt sich in organisierten Führungen, in der Beschilderung von Wohnstätten prominenter Künstler in der Gartenstadt und im Wiederaufbau einer Holzbank als Kommunikationsort im Stadtraum am Zugang zum gartenseitigen Wegesystem.

Diese sogenannten Mistwege sind ein sensibler Bereich, der als Ort für die nachbarschaftliche Kommunikation beliebt ist, der von den Anwohnern gepflegt und genutzt, aber eben auch von den Besuchern frequentiert wird. Das Thema kulturelle Bildung – ein Grundanliegen in Hellerau – lebt selbst im Kleinen fort, wie etwa in der in einer ausgedienten Telefonzelle eingerichteten Minibü-

Weiterentwicklung und Zukunftsfähigkeit

Trotz aller Vorbildlichkeit und Beliebtheit weist die Siedlung Hellerau heute einige Mängel auf. Aufgrund des stetigen Weiterbaus Helleraus im Laufe des 20. Jahrhunderts werden sich umfangreiche

Abb. 6: Wiederhergestellte Sitzbank am Zugang zum gartenseitigen Wegenetz Am grünen Zipfel.
Foto: N. Schinker

Abb. 7: Minibücherei in ausgedienter Telefonzelle am Markt.   Foto: E. Battis

Bauvorhaben in dem beliebten Stadtteil mangels Bauflächen kaum mehr realisieren lassen. Wie kann eine Familie mit heutigen Ansprüchen auf 50 qm Wohnfläche auskommen? Eine Nachverdichtung der Grundstücke ist aufgrund des Denkmalschutzes so gut wie ausgeschlossen, die Zusammenlegung von zwei nebeneinander liegenden Kleinhäusern ein Zufall, aber keine Lösung. Ein Mehrgenerationenwohnen ist aus Platzgründen kaum möglich, dennoch möchten die älteren Bewohner am Ort wohnen bleiben. So liegt der Wunsch nach einem seniorengerechten Wohnen an zentraler Stelle der Gartenstadt nahe. Für die jüngere Generation wird eine Erweiterung der Schule benötigt, Pläne hierfür hatten bereits die Gründer von Hellerau. Die Verkehrsanbindung durch die Straßenbahn war bereits 1913 vorbildlich, für die Stellplatzproblematik bedarf es jedoch noch einer zeitgemäßen Lösung.

Leichter lassen sich Missstände beheben, die die Nutzung und Gestaltung der Gärten betreffen. Mit diesem Ziel entsteht derzeit ein Burgergarten; dieser soll dem nachbarschaftlichen Austausch dienen, er soll aber auch dem Bildungsanspruch gerecht werden, die ursprüngliche Konzeption der Gärten und ihre Bewirtschaftung sowie die ortstypische Bepflanzung vermitteln.

Die Weiterentwicklung der Ideen von Hellerau lässt sich an der Siedlung Am Pfarrlehn nördlich des historischen Kleinhausgebietes gut nachvollziehen, welche der treuhänderische Entwicklungsträger der Stadt Dresden, die STESAD, nach dem Wettbewerbsgewinn des Büros Baltin und Partner in den 1990er Jahren umgesetzt hat. In der Wettbewerbsauslobung war gefordert, „den Gartenstadtgedanken in seiner baulichen und sozialen Ausprägung und in seinem Wesensmerkmal – der Einheit von Wohnen, Arbeiten, Kultur und Natur – aufzugreifen" und weiterzuentwickeln (BALTIN 2012: 206). Statt einer ursprünglich vorgesehenen Genossenschaft übernahm der städtische Bauträger die Organisation und vergab die Bauaufträge in zusammenhängenden Abschnitten an einzelne Architekten. Hohe stadträumliche Qualitäten und eine gestalterische Geschlossenheit, selbst bei den unterschiedlichen Haus- und Wohnungsformen, waren erklärtes Ziel. Den heutigen Verkehrsbedürfnissen wurde durch dezentrale Sammelstellplätze Rechnung getragen. In den gemeinschaftlich genutzten Straßenräumen, in den differenziert ausgestalteten Eingangsbereichen, aber auch in der Übernahme des Gartenwegesystems mit gemeinschaftlicher Pflege und Nutzung leben die Ideen von Hellerau fort.

Auf das jüngste Projekt Am Pfarrlehn darf man gespannt sein. Gemeinsam zu planen und zu bauen, ist das Motto einer Baugruppe, die eine der letzten städtebaulich zusammenhängenden Bauflächen erworben hat und ein Ensemble aus zwölf um einen linsenförmigen Wohnhof gruppierten Wohneinheiten realisieren möchte.

Literatur

BALTIN, W. (2012): Gartenstädte weiterbauen. Die Reihenhaussiedlung „Am Pfarrlehn" in Hellerau (1992–2000). – In: WILL, Th. und LINDNER, R. (2012): Gartenstadt. Geschichte und Zukunftsfähigkeit einer Idee, S. 206–217. – Dresden.

CLAUDEL, P. (1914): Nachruf auf Wolf Dohrn. – In: Berichte der Dalcroze Schule 1, no. 6/1914, S. 28 – Hellerau.

SCHINKER, N. (2013): Die Gartenstadt Hellerau 1909–1945. Stadtbaukunst, Kleinwohnungsbau, Sozial- und Bodenreform. – Dresden.

Abb. 8: Gemeinsamer Eingangsbereich, Reihenhausbebauung Am Pfarrlehn. *Foto: Th. Will*

Französisches Viertel in Tübingen
Kaserne wird Stadtquartier

Matthias Gütschow

Zusammenfassung

Das Französische Viertel in Tübingen hat seinen Ursprung in der von 1934 bis 1935 von der Wehrmacht gebauten Burgholzkaserne. Nach der Aufgabe der militärischen Nutzung wurden hier neue Wege der städtebaulichen Entwicklungen realisiert: Die ehemalige Kaserne wurde zu einem gemischt genutzten und sehr lebendigen Stadtquartier. Heute leben rund 2400 Menschen im Viertel, es ist zudem Heimat für etwa 150, zumeist kleine und mittelständische Unternehmen, darunter produzierende Betriebe, Handwerker und Dienstleister. Für seine städtebauliche Konzeption wurden das Französische Viertel und die Tübinger Südstadt mit neun nationalen und internationalen Auszeichnungen bedacht.

Vielfältig, kleinteilig und lebendig?

Läuft man heute durch das Französische Viertel in Tübingen, dann landet man schnell auf dem Platz vor der ehemaligen Panzerhalle. Kinder üben hier Radfahren, Jugendliche spielen Basketball und es herrscht eine bunte Vielfalt von Spaziergängern, Einkäufern, Studenten auf dem Heimweg von der Uni und älteren Menschen auf den Parkbänken.

Als 1991 die Franzosen die Kaserne verließen, war noch nicht abzusehen, wie sich dieses Quartier am Stadtrand von Tübingen, etwa zehn Hektar groß und bestehend aus bereits ab 1934 erbauten Kasernengebäuden, in einen lebendigen, strukturell und gestalterisch vielfältigen Stadtteil von Tübingen wandeln sollte.

Als damaliger Leiter des Stadtsanierungsamtes stellte Andreas Feldtkeller das Konzept der parzelliert und gemischt genutzten Stadtstruktur zur Umnutzung der Kasernenflächen zur Diskussion. Die Ziele der Stadtentwicklung waren dabei der Umbau und die Aufwertung der Tübinger Südstadt, eine Innenentwicklung statt „Bauen auf der grünen Wiese" und insbesondere der Aufbau städtischer Strukturen statt einer Siedlungsentwicklung. Das gestaltete sich als Herausforderung, da die Tübinger Südstadt mit einem schlechten Image bisher eher von den Kasernen, Wohnungen für sozial Schwache und unliebsamer Industrie dominiert wurde.

Abb. 1: Postkartenmotiv mit Wehrmachtssoldaten vor der gerade fertiggestellten Kaserne, um 1935. Foto: N.N. (Archiv M. Gütschow)

Abb. 2: Blick auf die Dachlandschaft der kleinteilig parzellierten Stadtstruktur, rechts im Bild das Satteldach der ehemaligen Pferdeställe. Foto: A. Scharf

Abb. 3: Die gemeinschaftlich genutzten Innenhöfe bieten trotz der hohen Dichte eine große Qualität. Foto: A. Scharf

Parzellierung. Dichtere Bebauung brachte Vorteile, wie eine sehr gute Energiebilanz, Schonung der Landschaft und vor allem bezahlbares Bauen mit sich.

Facetten der Umnutzung

Die Umnutzung der alten Militärgebäude gestaltete sich äußerst vielfältig: Einige Mannschaftsgebäude wurden zu Studentenwohnheimen, andere wurden für sozialen Wohnungsbau genutzt und ein halbes Gebäude zum Umbau an ein Wohnprojekt verkauft. Die langgezogenen Pferdeställe (Abb. 2) wurden scheibenweise verkauft und zu Wohnungen, Gewerbefläche und Künstlerateliers umgestaltet. Die beiden Kantinengebäude boten viel Raum für eine Schreinerei und einen Hausratverwerter. Nach der Entfernung der Wände wurde aus der Panzerhalle ein überdachter, öffentlicher Raum für Spiele, Feste und Veranstaltungen.

Auch die an die ehemalige Kaserne angrenzende Wagenburg gehört bis heute mitsamt Kühen, Hühnern und frei laufenden Pfauen zum Bild des Französischen Viertels. Die Struktur der Altbauten wurde während der Bauphase von 1996 bis 2008 durch Neubauten verdichtet. Diese wurden als kleinteilig parzellierte Blockrandbebauungen realisiert. Die dabei entstehenden Innenhöfe, die als Vorgabe der Stadt in Teilbereichen gemeinsam genutzt werden, zeigen heute mit den liebevoll angelegte Grünanlagen und Spielplätzen einen besonderen Charme (Abb. 3). Öffentliche Plätze lockern heute die kompakte Bebauung auf und dienen als Aufenthaltsorte.

Der 1991 ausgelobte städtebauliche Wettbewerb hatte einen 1993 erstellten Rahmenplan zur Folge. Dieser beinhaltete die Integration der Altbauten und eine hohe städtische Dichte, weiter ein Verkehrskonzept, das die Nutzung des öffentlichen Raumes zuließ, sowie die kleinteilige Nutzungsmischung und

Das Verkehrskonzept beinhaltete eine Verkehrsberuhigung im weitesten Sinne, die meisten

Abb. 4: Luftaufnahme der Kaserne vor dem Umnutzung, 1991.
Foto: Universitätsstadt Tübingen

Abb. 5: Luftaufnahme von Südwesten auf das vollständig bebaute Stadtquartier.
Foto: M. Grohe

Straßen sind Spielstraßen mit einer durchgehenden Verkehrsachse als 30er-Zone und guter Busanbindung an die Innenstadt. Eine automatische Hochgarage und Parkmöglichkeiten wurden an den Rand des Viertels gelegt. Da sich aufgrund technischer Schwierigkeiten kein Investor und Betreiber für eine zweite Hochgarage finden ließ, wurde unter dem zuletzt realisierten Baublock eine Tiefgarage ermöglicht. Das Ziel, den Autoverkehr zu reduzieren und die Straßenräume von parkenden Autos weitestgehend frei zu halten, war dabei immer vorrangig.

Die „Stadt der kurzen Wege" sah in den Erdgeschossen überwiegend Gewerbeeinheiten vor, die heute etwa 200–250 Läden, Werkstätten, Gastronomiebetrieben und Büros Raum bieten (Abb. 6). So sind neben Bäcker, Friseur und Cafés beispielsweise auch vier verschiedene Kindergärten, eine Kirche und ein Jugendtreff entstanden. Diese urbane Mischung belebt das Quartier, sie fördert die Wirtschaft und die Attraktivität des Viertels. Sie bietet etlichen Bewohnern die Möglichkeit ihren Arbeitsplatz zu Fuß oder per Fahrrad zu erreichen und auch Besorgungen des täglichen Lebens ohne Auto zu tätigen. Die Dichte an Teilautos im Französischen Viertel spricht für sich, das Carsharing wird von den Bewohnern sehr großzügig genutzt. Inzwischen verzichten immer mehr Bewohner auf ein eigenes Auto. So sind auf den Straßen spielende Kinder ein normaler Anblick und die Plätze mit der gebundenen Sanddecke laden Boulespieler zum regelmäßigen Treffen. Der angrenzende Wald und ein kleiner Bach dienen der Naherholung und sind ein Gegenpol zur hohen baulichen Verdichtung.

Private Baugemeinschaften wurden als städtebauliches Werkzeug eingesetzt, sie waren entscheidend für die Realisierung dieser gelungenen kleinteiligen Nutzungsmischung und der lebendigen

Abb. 6: Die ehemalige Reithalle beherbergt verschiedene Gewerbebetriebe, das Dachgeschoss hat sich der Inhaber der Zimmerei ausgebaut. Foto: A. Scharf

Stadtstruktur. Dabei handelt es sich bei Baugemeinschaften – oder auch Baugruppen – um eine Gruppe von Menschen, die zusammen ein Haus nach ihren eigenen Vorstellungen und Ideen eigenverantwortlich planen, bauen und später bewohnen.

Die Stadt schuf dafür Rahmenbedingungen, die zur erfolgreichen Realisierung zahlreicher Baugemeinschaftsprojekte führten: Es wurden Kaufoptionen zu Festpreisen vergeben. Die Konzepte stellten sich einem Wettbewerb, in dem sie ihren Nutzen für die Vielfalt und Qualität des ganzen Viertels vorstellen mussten. Bauträgern konnten sich in diesem Verfahren um die gleichen Grundstücke bewerben, meistens hatten die Baugemeinschaften die besseren Konzepte. Dabei gab es keine vorgegebenen Grundstücke, sie wurden im Nachhinein auf das jeweilige Konzept zugeschnitten.

Die Baugemeinschaften erreichten im Französischen Viertel eine Kostenersparnis von 15–25% gegenüber vergleichbaren Bauträgerprojekten mit deren Wagnis- und Gewinnkosten. Geringer verdienenden Haushalten konnte so die Möglichkeit des Wohneigentums eröffnet werden. Weitere Vorteile von Baugemeinschaften, wie ihre hohe strukturelle und gestalterische Vielfalt, überzeugten etliche Interessenten. Die positiven sozialen Komponenten wie eine breite soziale Mischung und die frühe Nachbarschaftsbildung kamen hinzu.

Die Realisierung verschiedener Projekte für Menschen mit Einschränkungen und deren Akzeptanz durch die Bewohner des Viertels machen klar, welche Potenziale in der Entwicklung eines solchen Stadtviertels liegen und wie sie genutzt werden können. Ein Beispiel dafür ist das Baugemeinschaftsprojekt „stadt.raum", das 2008 als letztes Gebäude des Französischen Viertels fertig gestellt wurde: Neben verschiedenen Wohnangeboten für Menschen mit Behinderung und einer Behindertenwerkstatt, realisiert durch einen sozialen Träger, baute unter anderem eine Familie aus Eritrea mit vier Kindern eine Wohnung mit 92 m² neben einer Journalistin, die für sich alleine 100 m² realisierte. Fast zur gleichen Zeit wurde nebenan ein Mehrfamilienhaus mit einer Penthouse-Wohnung mit 300 m² von einem Professorenpaar gebaut. So bietet das Viertel

Abb. 7: Die Aixer Straße mit Bioladen, Bäckerei, Gastronomiebetrieben und Bushaltestelle ist die Lebensader des Quartiers. Foto: L. Scheidig

Abb. 8: Die Altbauten wurden reaktiviert und durch Anbauten ergänzt, hier durch die Baugemeinschaft grund.stein.   Foto: A. Scharf

heute neben kostengünstigen Mietwohnungen auch gehobene Wohnungen meistens erstellt durch Baugemeinschaften.

Die Stadt Tübingen hat die positiven Erfahrungen des Französischen Viertels zum Anlass genommen, mit diesem Konzept fortzufahren: Es wurden inzwischen bereits fünf weitere Quartiere fertig gestellt, zwei sind derzeit in Vorbereitung. Dabei wird für jede Entwicklung das Konzept an die spezifischen Rahmenbedingungen angepasst. Bis heute wurden insgesamt etwa 180 Baugemeinschaftsprojekte in Tübingen realisiert.

Führungen

Führungen für Gruppen (auch in englischer, französischer, spanischer und holländischer Sprache):
Bürger- und Verkehrsverein Tübingen e.V.
An der Neckarbrücke 1, 72072 Tübingen
Telefon 07071 91360
mail@tuebingen-info.de
www.tuebingen-info.de

Führungen für Architekten, Stadtplaner und Kommunen:
Matthias Gütschow Architektur
Projektmanagement
Wankheimer Täle 20, 72072 Tübingen
Telefon 07071 6396980
mail@matthiasguetschow.de

Literatur

Architektenkammer Baden-Württemberg, Kammergruppe Tübingen und Bund Deutscher Architekten, Kreisgruppe Neckar-Alb (Hrsg.) (2011): Architekturführer Tübingen – Neue Architektur im Landkreis Tübingen 1901–2009. – Tübingen (erweiterte Neuauflage).

Architektenkammer Baden-Württemberg, Kammergruppe Tübingen und Baugemeinschafts-Architekten Südwest (Hrsg.) (2011): planen – bauen – leben. Baugemeinschaften in Tübingen. – Rottenburg (erweiterte 2. Auflage).

Feldtkeller, A. (1994): Die zweckentfremdete Stadt – Wider die Zerstörung des öffentlichen Raums. – Frankfurt.

Feldtkeller, A. (Hrsg.) (2001): Vielfalt und Integration – Neue Konzepte für den Umgang mit Stadtbrachen. – München (4. Auflage).

Heinzmann, F. (2011): Die freie Bauherrengemeinschaft. Praktische Überlegungen aus juristischer Sicht und Vertragsmuster. – Tübingen.

Scharf, A. (2002): Die Tübinger Südstadt – Modellprojekt mit Kanten. – In: Deutsche Bauzeitung (2002), Sonderheft 12. – Leinfelden-Echterdingen.

Schuster, M.; DeMaddalena, G. (2005): Go South, das Tübinger Modell. – Tübingen, Berlin.

Steffen, G.; Baumann, D.; Betz, F. (2004): Integration und Nutzungsvielfalt im Stadtquartier. – Stuttgart.

Universitätsstadt Tübingen, Stadtsanierungsamt (Hrsg.) (1993): Städtebaulicher Rahmenplan Stuttgarter Straße/Französisches Viertel. – Tübingen.

Den Siedlungen eine Zukunft geben

Gerd Kuhn

Zusammenfassung

Obwohl viele Siedlungen der Nachkriegsjahre bauliche und energetische Defizite aufweisen, wurden sie dennoch für ihre Bewohner zu ihren vertrauten Wohnorten. Zu den großen sozialen Qualitäten zählen insbesondere intakte, gewachsene Nachbarschaften. Sollten Erneuerungs- und Umbaumaßnahmen erforderlich sein, sind – neben architektonischen oder denkmalpflegerischen Aspekten – ebenso die Bewahrung der Nachbarschaften und Aspekte der Beheimatung angemessen zu berücksichtigen.

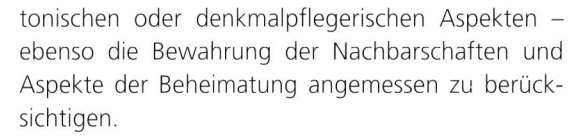

Soziale Wertigkeiten

Vor zwei Jahren lobte die Wüstenrot Stiftung den Gestaltungspreis „Zukunft der Vergangenheit – Die Erneuerung von Gebäuden der Baujahre 1945 bis 1979" aus (Wüstenrot Stiftung 2014). Dies war verdienstvoll, da unser bauliches Erbe aus den 1950er und 1960er Jahren in mehrfacher Hinsicht in der Öffentlichkeit nur eine geringe Wertschätzung erfährt. Besonders der Wohnungsbau der Nachkriegsjahre genügt den heutigen energetischen Anforderungen nicht mehr. Zudem erscheinen die standardisierten und hierarchischen Grundrisse, die sich an den Kleinfamilien der Nachkriegszeit orientierten, oftmals nicht passend zu sein für die neuen Haushaltsformen und die individualisierten Lebensentwürfe. Auch sind die Siedlungen aufgrund der demografischen Anforderungen nicht zukunftsfähig, da vermehrt die Barrierefreiheit gegeben sein sollte (KRÄMER 2012: 33). Es scheint, als ob die Nutzungszyklen der Gebäude der nahen Vergangenheit abgelaufen sind. Zudem sind die ästhetischen Vorbehalte im Hinblick auf die Gestaltung und Materialität der Nachkriegsbauten groß. Der Städtebau der Nachkriegszeit – gleich ob unter dem Leitbild der „gegliederten und aufgelockerten Stadt" der 1950er Jahre oder unter dem Leitbild „Urbanität durch Dichte" der 1960er und 1970er Jahre realisiert – schuf wenige attraktive urbane Räume mit ansprechenden Aufenthalts- und Aneignungsqualitäten.

Allerdings setzte die Kritik an den quantitativen Aufbauleistungen nicht erst in den letzten Jahren ein. Erinnert sei an die wichtige Ausstellung aus dem Jahre 1963 von einer Gruppe junger schwäbischer Architekten in Stuttgart. Die Ausstellung trug den programmatischen und auch doppelschneidigen Titel „Heimat – Deine Häuser" und polemisierte heftig gegen den monotonen, umweltzerstörenden und gestaltlosen Siedlungsbau. In anschaulichen Tafeln wurde auf die „verpassten Chancen" in Architektur und Städtebau hingewiesen. Hans Kammerer, Max Bächer und ihre Kollegen forderten eine Rückbesinnung auf eine maßstäbliche und menschengerechte Architektur. „Leistungsschauen haben wir genug gehabt", erläuterten die Mit-Initiatoren Max Bächer und Gerhard Schwab. „Seit Jahren feiern wir die millionste Neubauwohnung, das hunderttausendste Eigenheim, alles nach altem Schema hingestellt. Wie das aussieht, danach hat noch keiner gefragt; ob das für den Menschen unserer Zeit wirklich paßt, interessiert niemand." Und: „Wir wollen einmal allen, die an der Misere beteiligt sind, zeigen: ‚Seht her, das habt ihr gemacht. Hört endlich damit auf, rettet den Rest.'" (zit. in: DER SPIEGEL v. 10.07.1963). In der Presse wurde die Ausstellung rege rezipiert; die „geplante Planlosigkeit" und die „Kasernierung des Wohnungsbaus" der Nachkriegszeit wurde scharf kritisiert (Stuttgarter Zeitung 1963).

Heute hat sich innerhalb der Fachdisziplinen eine differenziertere Haltung zum Wert der Siedlungen dieser Epoche herausgebildet. Adrian von Buttlar stellt fest, dass die Erhaltung der Gebäude mit „prekären bauzeitlichen Materialien und experimentierfreudigen Konstruktionen sowie mit der bescheidenen energetischen und infrastrukturellen Erstausstattung" zugegebenermaßen „oft erhebliche Probleme" bereite und einen wirtschaftlichen Mehraufwand erfordere. Er schlug deshalb vor, „diesen Mehraufwand als ‚Opferwert' zu bezeichnen und gegen den ideellen Mehrwert der Denkmalerhaltung aufzuwiegen" (v. Buttlar 2014: 15).

Inzwischen werden vermehrt Siedlungen dieser Epoche als „Sachgesamtheit" unter Denkmalschutz gestellt. Voraussetzung für die Anerkennung als Kulturdenkmal sind gewichtige wissenschaftliche, künstlerische und heimatgeschichtliche Gründe (Geiger-Schmidt 2012: 62).

Die Qualität einer Siedlung kann jedoch nicht nur nach baulichen oder energetischen Kriterien beurteilt werden. Für die Bewohner waren die Siedlungen oftmals Zeichen eines Neubeginns, auch wenn die Ausstattung bescheiden und die Wohnungsgrundrisse minimal waren. Die neuen Siedlungen waren Orte der Hoffnung auf eine Zukunft ohne Krieg und Not. Gleichzeitig waren diese Siedlungen auch die Orte für die soziale und emotionale Stabilisierung entwurzelter Menschen (Flüchtlingen, Heimatvertriebenen) und ausgebombter Familien. Es haben sich stabile Nachbarschaften herausgebildet, die die Lebens- und Wohnbiographien der Bewohner prägen.

Die Qualität einer Siedlung sollte daher nicht nur nach ihren energetischen und baukulturellen Werten bestimmt werden, sondern es sollten ebenso lebensgeschichtliche Aspekte der Betroffenen und gewachsene soziale Nachbarschaften bei der Beurteilung der „Wertigkeit" einer Siedlung einfließen, denn diese tragen wesentlich zum Gefühl der Beheimatung bei.

Die ernste Beschäftigung mit dem Wohnungsbestand der Nachkriegszeit ist ferner wegen seiner quantitativen Bedeutungen wichtig. Von den heute vorhandenen ca. 38,7 Mio. Wohneinheiten wurden allein in der Nachkriegsphase des Wiederaufbaus und der Konsolidierung des Wohnungsmarkts, also zwischen 1949 und 1978, ca. 18,1 Mio. Wohneinheiten gebaut. Dies entspricht fast der Hälfte des gesamten Wohnungsbestandes (46,77%). Insgesamt wurden in Deutschland also etwa drei Viertel aller Wohnungen (29,0 Mio. Wohneinheiten von 38,7 Mio. Wohneinheiten) vor 1978 gebaut (Statistisches Bundesamt 2003; Krämer/Kuhn 2014). Nachfolgend werden einige Siedlungen skizziert, die einen unterschiedlichen Umgang mit unserem kulturellen und sozialen Erbe zeigen.

ECA-Siedlung, Reutlingen
Nach dem Zweiten Weltkrieg herrschte in Deutschland eine enorme Wohnungsnot. Für 2,87 Millionen Haushalte Vertriebener und für 2,11 Millionen Haushalte Bombengeschädigter mussten schnell preisgünstige Wohnungen gebaut werden. Um dieses Ziel zu erreichen, lobte das Bundesministerium für Wohnungsbau im Einvernehmen mit der amerikanischen Behörde „Economic Cooperation Administration" (ECA) einen Wettbewerb aus. Für diesen Wettbewerb wurden ungewöhnlich viele Entwürfe (725) eingereicht. Mit einem Etat von 3,5 Mio. DM sollte eine größtmögliche Anzahl von Wohnungen entstehen. Entsprechend der Dringlichkeiten sollte vorrangig für „Heimatvertriebene" und für Einheimische, deren Wohnungen im Bombenkrieg zerstört worden waren, gebaut werden.

Abb. 1: ECA-Siedlung Reutlingen. Foto aus: WANDERLEB, H. (1958), S. 79

Eine der 15 ECA-Siedlungen wurde in Reutlingen, im Ortsteil Betzingen, errichtet.

Nach den Zielsetzungen des ECA-Programms sollten die Wohnungen mittelfristig in Einzel- oder gemeinschaftliches Eigentum überführt werden. Dies war bei Einfamilienhäusern unproblematisch. In Reutlingen wurden 29 Einfamilien-Reihenhäuser privatisiert und in den folgenden Jahrzehnten individuell aus- und umgebaut. In einer Abstimmung unter 125 Bewohnern der Stockwerkswohnungen der Reutlinger ECA-Siedlung sprach sich eine Mehrheit gegen die Privatisierung der Mietwohnungen aus.

Wenige Jahre nach dem Einzug der Bewohner untersuchte der Tübinger Volkskundler Hermann Bausinger mit Kollegen die neue ECA-Siedlung bei Reutlingen. Sie hielten in ihrer Untersuchung fest, dass die Mehrheit der Bewohner Vertriebene waren und dass ein für die damalige Zeit ungewöhnlich hoher Anteil der Bewohner berufstätig war (52% der Gesamtbevölkerung). Auf die Volkskundler machte die Siedlung einen guten Eindruck: Die Siedlung sei als Ganzes geplant und wirke einheitlich. Einzelne Bäume aus der Zeit vor der Bebauung seien stehen geblieben, besonders auffallend wären die zwei Linden auf einem größeren Platz. Die Siedlung wirke gepflegt mit wohlangelegten Gärten. Garagen, Schuppen oder Ställe sehe man nicht. Die Wohnungen seien gut eingerichtet, jede Wohnung habe ein Bad oder einen Duschraum; die Küchen seien mit Warmwasserspeichern versehen. Neue Möbel, Tapeten, Teppiche, Wandbehänge, Blumenfenster, besondere Beleuchtungseinrichtungen, aber auch Fernsehapparate u.ä. zeugten – so die Volkskundler – von dem guten Verdienst der Bewohner und ihrer Absicht, „modern" und gemütlich zu wohnen.

Die neuen Bewohner der Eberhard-Wildermuth-Siedlung hatten sich anscheinend schnell eingelebt, gleichwohl verstanden sie sich aber nicht als Betzinger, sondern als Angehörige eines neuen Reutlinger Stadtteils. Ein Grund hierfür war sicherlich, dass die Mehrheit der Bewohner in Reutlingen arbeitete und zu den Einwohnern des nahegelegenen Ortsteils Betzingen kaum persönliche Bindungen hatten. Die noch in einer dörflichen Umgebung lebenden Betzinger nahmen Anstoß an der, wie sie meinten, amerikanischen Wohn- und Lebensweise der Siedlungsbewohner. Der Eindruck des Andersartigen und „Amerikanischen" würde – so die Auffassung der Einheimischen – ihrem Geschmack, ihrem Empfinden und ihren gewohnten Vorstellungen gänzlich widersprechen.

Die Eberhard-Wildermuth-Siedlung wurde in den 1960er Jahren erweitert und 1972 durch ein zwölfstöckiges Wohnhochhaus ergänzt. Wie bei vielen einfachen Wohnbauten der frühen Nachkriegsjahre stellte sich auch hierbei die Frage, ob eine Generalsanierung der ECA-„Entwicklungsbauten" wirtschaftlich ist oder ob nicht ein Abriss und anschließender Neubau kostengünstiger und zukunftsfähi-

Abb. 2: Abriss der Wohngebäude am Wennfelder Garten, Tübingen. Foto: Gerd Kuhn

ger wäre. Nach dem Abbruch großer Teile der ECA-Siedlung zogen viele Bewohner der Siedlung in den Neubauten um. Von dem einstigen Pionierprojekt blieb baulich letztlich nur die städtebauliche Grundstruktur erhalten. Die Geschichte der ehemals bedeutenden ECA-Siedlung ist vielen heutigen Bewohnern nicht mehr bewusst, gleichwohl ist die Siedlung zu ihrer Heimat geworden.

Siedlung Wennfelder Garten, Tübingen

In Tübingen, nicht weit von der Reutlinger ECA-Siedlung entfernt, wurde ebenfalls über den Umgang mit einer Schlicht-Siedlung aus den 1950er Jahren beraten. Ein Gutachten bescheinigte die schlechte bauliche Substanz und empfahl den Abbruch der Gebäude. Die Eigentümer der Siedlung, zwei ehemals gemeinnützige Wohnungsbaugesellschaften (die städtische GWG Gesellschaft für Wohnungs- und Gewerbebau Tübingen mbH und die GSW Gesellschaft für Siedlungs- und Wohnungsbau Baden-Württemberg), lobten deshalb einen städtebaulichen Wettbewerb für den Bereich Wennfelder Garten/Eisenhutstraße aus.

Der beabsichtigte Abriss der bisher kostengünstigen Miethäuser rief unter den Bewohnern erhebliche Ängste hervor. Sie befürchteten den Verlust günstigen Mietwohnraums in einer Stadt mit angespanntem Wohnungsmarkt und die Zerstörung gewachsener Sozialstrukturen. In öffentlichen Veranstaltungen wurden die Bedenken leidenschaftlich vorgetragen. Das städtische Planungsamt und die beiden Wohnungsbaugesellschaften entwickelten schließlich gemeinsam mit den Bewohnern sozialverträgliche Lösungsansätze.

Der Gewinnerentwurf sah eine eigenständige Baustruktur vor, die gut zwischen dem benachbarten Französischen Viertel und dem Wennfelder Garten vermitteln sollte. Zentrales Anliegen war, durch die Neubebauung nicht die Bewohner aus ihrem vertrauten Wohngebiet zu verdrängen. Auch sollte keine „Kolonialisierung der Lebenswelten", beispielsweise durch alternative Baugruppen, erfolgen. Den bisherigen Bewohnern wurde ein Bleiberecht im Quartier zugesichert. Erforderliche Mieterhöhungen sollten moderat ausfallen und teilweise durch geringe Energiekosten ausgeglichen werden. Die Neuschaffung kostengünstiger Mietwohnungen erforderte aber auch eine bauliche Nachverdichtung durch ergänzende Wohnneubauten. Ziel war ein durchmischtes Quartier mit unterschiedlichen Wohn- und Eigentumsformen. Die Finanzierung sollte durch den Verkauf der Eigentumswohnungen gesichert werden. Mit den baulichen Maßnahmen wurde zwischenzeitlich begonnen, und die ersten Altmieter sind temporär innerhalb der Südstadt umgezogen.

Ludwigkai, Würzburg

Ein sehr überzeugendes Beispiel dafür, wie eine Siedlung aufgewertet werden kann, ohne gewachsene soziale Milieus zu zerstören, ist die Maßnahme am Ludwigkai in Würzburg. Dort sollte der Wohnungsbestand der städtischen Wohnungsbaugesellschaft Stadtbau aus den 1950er Jahren aufgewertet und ein durchmischtes „Wohnen in allen Lebenslagen" ermöglicht werden. Wie in dieser Entstehungszeit üblich, waren die bescheidenen baulichen Standards der Siedlung der materiellen Not der unmittelbaren Nachkriegsjahre geschuldet. Auf einem kriegszerstörten Areal errichtet, wies die Siedlung alle charakteristischen Defizite einer schlichten Bauweise auf.

Es waren bauliche Eingriffe erforderlich, aber es wurde ebenfalls als Ziel der Aufwertungsmaßnahmen formuliert, die Bestandsmieter durch eine Deckelung der künftigen Miethöhen in ihrer vertrauten Wohnumgebung zu halten und darüber hinaus generationsübergreifendes Wohnen mit Betreuungsangeboten zu schaffen. In ausgewählten Bauten sollte zudem barrierefreier und rollstuhlgerechter Wohnraum entstehen.

Um die unterschiedlichen Ziele zu erreichen, wurden in den einzelnen Bereichen unterschiedliche Maßnahmen ergriffen. Während im Bauteil A an der Rückertstraße nur behutsame Sanierungen vorgenommen wurden, war es sinnvoll, im Bauteil B am Ludwigkai umfangreichere Maßnahmen durchzuführen. Besonders problematisch waren die veralteten technischen Ausstattungen (Gasspeicheröfen und Durchlauferhitzer) und die Wohnungszuschnitte, die heutigen Anforderungen nicht mehr entsprechen. Zugleich sollte das unattraktive Erscheinungsbild gestalterisch aufgewertet werden.

Für die Bestandsgebäude in der Sonnenstraße (Bauteil C) war ursprünglich ebenfalls eine Sanierung vorgesehen. Aus wirtschaftlichen Gründen

Abb. 3: „Behutsame Sanierung" der Altbauten (Bauteil A). Rückertstraße/Ludwigkai.
Foto: Stadtbau Würzburg/H. Müller-Wünsch

Abb. 4: Barrierefreie Neubauten (Bauteil C) im Wohnquartier Ludwigkai in Würzburg, Ecke Sonnenstraße/Ludwigkai.
Foto: Stadtbau Würzburg/H. Koepke

entschied sich die Stadtbau jedoch zu Abriss und Neubau. In diesem Neubau war dann die Erstellung von barrierefreien und rollstuhlgerechten Wohnungen mit Größen von 37 bis 105 qm möglich.

Im Bauteil D sollen 2015 weitere 20 Wohnungen und ein Gemeinschaftsraum entstehen; dadurch wird die ursprüngliche Anzahl von 105 Wohnungen im Quartier auf insgesamt 120 Wohnungen erhöht. In das Quartierskonzept wurde auch ein Pilotprojekt zur ergänzenden Betreuung und Begleitung der Bewohner aufgenommen. Die Stadtbau unterzeichnete mit der benachbarten Caritas, der Pflegeeinrichtung St. Thekla und dem Malteser Hilfsdienst eine Kooperationsvereinbarung, um eine wohnungsnahe Versorgung für Menschen mit Handicap im Quartier zu sichern. Die sehr niedrigen Mieten zwischen 3,10 und 4,50 € pro qm Wohnfläche stiegen nach der Sanierung bzw. dem Neubau auf 4,53 bis 11,50 € pro qm an.

Insgesamt zeigen die Maßnahmen, dass eine erfolgreiche Quartiersaufwertung auch ohne Verdrängung der bisherigen Bewohner möglich ist. In Würzburg leisten auch die hierfür gut ausgestatteten Förderszenarien des Freistaats Bayern einen wichtigen Beitrag. Eine Differenzierung in den einzelnen Bauteilen und eine gute Abstimmung der baulichen, energetischen und organisatorischen Maßnahmen ergeben einen komplexen Ansatz für ein Quartier mit deutlichem Erneuerungsbedarf. Für ein zukunftsfähiges und sozial gemischtes Wohnquartier ist eine komplexe Sichtweise erforderlich, die gute Abstimmung der baulichen und energetischen Maßnahmen sowie der sozialen Intentionen voraussetzt (KRÄMER/KUHN 2014: 170f.).

Abb. 5: Wohnquartier Altenhagener Weg, Hamburg. Preisträger des Gestaltungspreises der Wüstenrot Stiftung. Foto: Arne Fentzloff

Fazit

Die drei Beispiele zeigen, wie unterschiedlich Wege im Umgang mit bestehenden Siedlungen sein können. Die Palette reicht vom vollständigen Abriss und Neubau bis zur behutsamen Sanierung einzelner Wohnbauten. Das Preisträgerprojekt des eingangs erwähnten Gestaltungspreises „Zukunft der Vergangenheit" der Wüstenrot Stiftung zeichnet sich durch einen respektvollen Umgang mit den Altbauten und qualitätsvolle Nachverdichtungen aus. Es wurde Wert auf die Erhaltung des gewachsenen und vertrauten sozialen Milieus gelegt.

Während in den letzten Jahren eine größere Sensibilität hinsichtlich der baulichen Qualität der Wohngebäude aus der Nachkriegszeit festzustellen ist, fehlt die Sensibilität jedoch oftmals hinsichtlich der Wertschätzung gewachsener sozialer Strukturen in den Wohnquartieren. Viel zu wenig wird bei Bau- und Abrissentscheidungen gewürdigt, dass die Wohnorte den Bewohnern zur Heimat wurden, in der über Jahrzehnte ein feines und enges Netzwerk an persönlichen Beziehungen entstand war. Veränderungen sollten immer auch die Bewohner einbeziehen und die Qualität der Beheimatung würdigen.

Literatur

Bausinger, H./Braun, M./Schwedt, H. (1959): Neue Siedlungen. Volkskundlich-soziologische Untersuchungen des Ludwig-Uhland-Instituts Tübingen. – Stuttgart.

v. Buttlar, A. (2014): Das baukulturelle Erbe der 1950er und 1960er Jahre erkennen und bewahren. – In: Wüstenrot Stiftung (Hrsg.): Zukunft der Vergangenheit. Die Erneuerung von Gebäuden der Baujahre 1945 bis 1979, S. 14–27. – Ludwigsburg/Stuttgart.

Geiger-Schmidt, E. (2012): größer, höher, dichter – denkmalwert? – In: Hopfner, K./Simon-Philipp, Ch./Wolf C. (Hrsg.): größer, höher, dichter. Wohnen in Siedlungen der 1960er und 1970er Jahre in der Region Stuttgart, S. 62–65. – Stuttgart/Zürich.

Krämer, S. (2012): Neues Wohnen in neuen Städten. – In: Hopfner, K./Simon-Philipp, Ch./Wolf, C. (Hrsg.): größer, höher, dichter. Wohnen in Siedlungen der 1960er und 1970er Jahre in der Region Stuttgart, S. 28–33. – Stuttgart/Zürich.

Krämer, S./Kuhn, G. (2014): Quartiere. – In: Wüstenrot Stiftung (Hrsg.): Zukunft der Vergangenheit. Die Erneuerung von Gebäuden der Baujahre 1945 bis 1979, S. 164–193. – Ludwigsburg/Stuttgart.

Kuhn, G. (2013): Die Wildermuth (ECA-)Siedlung in Reutlingen. – In: Amt für Stadtentwicklung und Vermessung Nr. 83, S. 6–9. – Reutlingen.

Stuttgarter Zeitung (1963): Geplante Planlosigkeit. Die Kasernierung des Wohnungsbaus und seine letzte Chance (Autor: Richard Biedrzynski), Ausgabe vom 03.12.1963, S. 3.

Wanderleb, H. (1958): Neuer Wohnbau. Bd. II. Durchführung von Versuchssiedlungen. Ergebnisse und Erkenntnisse für heute und morgen. Von ECA bis Interbau. – Ravensburg.

Internetquelle

Statistisches Bundesamt (2003): Bauen und Wohnen. Wohnsituation „Bewohnte Wohneinheiten in Wohngebäuden" (Stand: August 2003); online abrufbar: www.destatis.de/basis/d/bauwo/wositab3.php

Siedlungsrevision oder: die Suche nach einer wohnlichen Stadt

Claude Schelling

Zusammenfassung

Mein Anliegen ist die Schaffung zusammenhängender verkehrsfreier Begegnungsräume:

Unter Punkt 1 lege ich die Gründe für mein Unbehagen über die Verkehrsentwicklung dar. Der Verkehr dominiert das Straßenbild und verdrängt die Fußgänger auf beidseitig oft enge Trottoirs. Straßenverbreiterungen zur Steigerung der Verkehrseffizienz schaffen Zersiedelung und Unwirtlichkeit, also das Gegenteil unserer Bestrebungen, städtischen Raum zu verdichten und Lebensqualität zu steigern. Zersiedelung und Wunsch nach „Nähe zur Natur" veranlassen viele Leute, in der Agglomeration zu wohnen und zur Arbeit zu pendeln. Immer effizientere Straßen machen Orte attraktiv, welche weiter vom Stadtzentrum entfernt sind, was wiederum weiteres Pendeln nach sich zieht: ein Teufelskreis.

Im Punkt 2 möchte ich demonstrieren, wie der Flächenbedarf für Straßenverkehr zugunsten möglichst zusammenhängender Gebiete mit reinen Fußgängerstraßen reduziert werden kann. Dazu habe ich das lebendige, bunte Langstrassenquartier im Zentrum von Zürich gewählt. Im heutigen Zustand sind alle Straßen befahren und fast überall mit parkierten Autos verstellt. Ein weitmaschigeres Straßennetz könnte jeweils ein Netz zusammenhängender Fußgängerstraßen umschließen. Der Fahrverkehr würde über Rampen direkt vom Straßennetz in Einstellhallen unter den Fußgängerstraßen geführt. Diese Einstellhallen, welche zugleich die Funktion der oberirdischen Anfahrtswege übernehmen, ermöglichen es, dass die darüberliegenden Straßenräume reine Fußgängerstraßen werden. Ein solches Erschließungssystem nenne ich „zweigeschossige Erschließung". Am Beispiel der Marktgasse, einer reinen Fußgängerstraße in Winterthur in der Nähe von Zürich, zeige ich das Prinzip der zweigeschossigen Erschließung, indem das Straßenfoto durch eine Schnittzeichnung ergänzt wird. Mit diesem Erschließungsprinzip könnten Straßen mit Autoverkehr auf 60–80% reduziert werden. Sämtliche Einzelgaragen, sonstige Abstellplätze, Sammelgaragen und Parkhäuser – samt dem Raum für alle Zugangsstraßen und Rampen – könnten frei werden für übrige städtische Funktionen wie Lager, Werkstätten, Tagesstätten, Kindergärten, Ateliers usw. Straßenbereich und Fußgängerbereich sind vollständig auf den öffentlichen Grund konzentriert.

Unter Punkt 3 zeige ich das Beispiel einer Siedlung aus meiner Tätigkeit als Architekt. Es ist die Siedlung Esplanade in La Chaux-de-Fonds. Seit 1970 habe ich mich mit dem Prinzip der zweigeschossigen Erschließung befasst. Dank der zweigeschossigen Erschließung konnte eine wesentliche Verdichtung erzielt werden. Im Wettbewerb waren 180 Wohnungen vorgeschrieben. Wir konnten 294 Wohnungen realisieren. Charakteristisches Merkmal der zweigeschossigen Erschließung ist, dass der Autoverkehr genau unter der Fußgängerstraße zu liegen kommt. Die Orientierung gegenüber den Häuserzeilen links und rechts des Fußgängerweges ist die gleiche wie für die Einstellhalle.

Im Punkt 4 will ich zeigen, wie ich mir eine Siedlung mit verkehrsfreiem Begegnungsraum über einer Autobahn vorstelle. Die Umgebung um die immer verkehrsreicheren Hochleistungsstraßen am Rande von Stadtzentren ist äußerst unwirtlich und starken Immissionen ausgesetzt. Es ist deshalb sinnvoll, diese Verkehrsimmissionen in einen Tagbautunnel einzupacken. Das erlaubt, bis an die Tunnelwände zu bauen. Auf den riesigen überbaubaren Flächen über den Tunneldecken lassen sich Siedlungen samt zentraler zweigeschossiger Erschließung errichten. Aus Kostengründen sollte über der unveränderten Autobahn gebaut werden. Für einen realitätsbezogenen Vorschlag habe ich ein Autobahnteilstück auf dem Gebiet der Gemeinde Wallisellen am Nordrand von Zürich gewählt. An diesem Ort befinden sich die beiden einzigen Autobahnübergänge, welche von Wallisellen direkt in die Stadt Zürich führen. Das wären auch die einzigen Zufahrten zu dieser Autobahnüberbauung. Eine solche Überbauung würde die Öffentlichkeit finanziell dank guter Rendite nicht belasten. Selbst für Private, insbesondere auch Genossenschaften, wäre eine solche Überbauung realisierbar. Durch diese zwei einfachen Grundprinzipien, nämlich

1. durch das Prinzip der zweigeschossigen Erschließung und
2. durch Autobahnüberbauungen

können wir sowohl verdichten als auch Wohnlichkeit und Lebensqualität schaffen.

Suche nach einer wohnlichen Stadt

Nehmen wir an, Sie seien auf Wohnungssuche und könnten frei zwischen zwei qualitativ ebenbürtigen Wohnungen wählen, die sich nur in Bezug auf ihre nähere Umgebung unterscheiden. Die eine liegt an einer Quartierstraße mit Autoverkehr. Die andere Wohnung liegt in der Nähe einer vollständig autofreien Fußgängerstraße. Sie ist jedoch ebenfalls per Auto direkt über eine Tiefgarage erreichbar. Für welche der beiden Wohnungen würden Sie sich entscheiden?

Wie ich beobachte, ziehen Sie, wie ich selber auch, die Wohnung an der Fußgängerstraße vor. Dort gibt es keinen Motorenlärm, und die Kinder können gefahrenfrei auf der Straße spielen. Genau das ist das Anliegen meines Beitrages: die wohnliche Stadt. Aber da die Stadt bereits vorhanden ist, wird die Siedlungs-„Vision" auch zur Siedlungs-„Revision".

Anliegen des Beitrags ist also die Schaffung von zusammenhängendem verkehrsfreiem Begegnungsraum. Der Beitrag ist folgendermaßen unterteilt:
1. Warum ich Unbehagen über die Verkehrsentwicklung empfinde.
2. Wie ich mir verkehrsfreie Begegnungsräume in zentralen städtischen Quartieren vorstelle.
3. Beispiel für verkehrsfreie Begegnungsräume aus meiner selbständigen Tätigkeit als Architekt.
4. Wie ich mir verkehrsfreie Begegnungsräume über einer Autobahn vorstelle.

Punkt 1: Mein Unbehagen über die Verkehrsentwicklung

Die Straße in Abbildung 1 sieht aus wie viele andere Straßen. Der Straßenverkehr macht sich breit im Raum zwischen den Häusern. Die Straßenräume quer zu diesem Straßenraum sind bestimmt ebenfalls vom Straßenverkehr dominiert. Wir haben uns daran gewöhnt, dass eine Stadt ein Straßennetz besitzt, das überall von Autos befahren werden kann. Unwirtlich? „Das ist doch Stadt, oder nicht?" Wir stellen den Mangel an Wohnlichkeit nicht einmal infrage. „Eine Stadt ist doch so, sonst wäre es keine Stadt." In Wirklichkeit wünschen wir nicht an einem solchen Ort zu wohnen. Ich blende zurück zur Wahlmöglichkeit für die beiden identischen Wohnungen

Abb. 1: Straße in Nürnberg (Wölckenstraße). Foto: Achates

am Anfang meines Referates: Wie ich Ihrer Zustimmung entnehmen konnte, haben Sie die Wohnung an der autofreien Fußgängerstraße vorgezogen und nicht die Wohnung an der Quartierstraße mit Verkehr.

Der Flächenanspruch für den Verkehr greift immer weiter in die bauliche Struktur der Städte ein und trägt somit zur Zersiedlung großer Städte bei. Beispielsweise werden durch Begradigung der Baulinien zwecks besserer Autodurchfahrt in den Straßenraum ragende Häuser abgebrochen! Wie die Fläche einer Stadt aufgeteilt ist, habe ich für einige charakteristische Orte innerhalb von Städten grob kalkuliert und bin auf folgendes Resultat gekommen: Rund 40% beanspruchen Straßennetz und Autobahnflächen, Tendenz steigend, oft bis gegen 50%. Rund 30% sind Parks, Spielflächen, Hinterhöfe usw., wiederum durch Parkplätze bedrängt. Somit verbleiben für jeden Quadratmeter Siedlungsfläche nur etwa ein Drittel Quadratmeter Bodenfläche für alle Gebäude einer Stadt, Tendenz sinkend, da selbst auf dieser Fläche noch Parkhäuser gebaut werden. Allein auf meiner Bahnfahrt von Zürich zur Tagung nach Stuttgart habe ich mindestens zehn sehr große Parkhäuser gesehen.

Das Straßennetz in zentralen Gebieten einer Stadt vermag den Ansturm des morgendlichen Hauptverkehrs der verschiedenen Hochleistungsstraßen aus den Agglomerationen nur langsam zu schlucken. Verursacher dieses Ansturms sind die Pendler aus den Agglomerationen und die explosionsartige Verkehrsentwicklung seit 1960 bis heute. 1960 gab es für 73 Mio. Einwohner 5 Mio. PKW. Heute ist es für 88 Mio. Einwohner (also nur ca. 17% Bevölkerungszunahme) das Zehnfache, also gegen 50 Mio. PKW.

Abb. 2: Stau zu den Hauptverkehrszeiten: die A1 bei Wallisellen.
Foto: Keystone

Die Autos, welche täglich in die Innenstädte drängen, verstellen jeden freien Platz. Deshalb müssen den Ansprüchen für den Verkehr und die Parkplätze generell viele Gebäude weichen. Wohnraum wird u.a. deswegen in zentralen städtischen Gebieten immer knapper und deshalb teuer. Das zwingt viele Leute dazu, ihren Wohnraum in den Agglomerationen zu suchen. Auch viele Familien ziehen in die Agglomerationen, da städtische Zentren in den seltensten Fällen familiengerecht sind, besonders wegen des immer intensiveren Verkehrs. Durch die erzwungene und freiwillige Stadtflucht müssen sie pendeln. Dadurch produzieren sie noch mehr Verkehr, der noch mehr Platz beansprucht: ein Teufelskreis! Zum Flächenanspruch des fahrenden Verkehrs beansprucht der ruhende Verkehr zusätzlich eine riesige Parkplatzfläche. Wie groß ist diese insgesamt? Um eine Größenordnung zu bekommen, nehmen wir die erwähnten 50 Millionen PKW. Da es für jedes Auto einen Parkplatz am Ausgangsort und einen disponiblen Parkplatz am Zielort braucht, sind das – stark vereinfacht – 100 Millionen Parkplätze. Rechnen wir der Einfachheit halber für einen Parkplatz mit zugehöriger Anfahrtsfläche 20 m², ergibt das eine Fläche von 2000 km². Das ist zehnmal die Fläche der Stadt Stuttgart, welche auf rund 200 km² ca. 600.000 Einwohner hat. Das heißt: Auf der Parkplatzfläche Deutschlands könnten bei gleicher Dichte wie für die Stadt Stuttgart 6 Mio. Einwohner oder drei Viertel der Schweizer Bevölkerung wohnen.

Die Verkehrsimmissionen und der Anspruch des Verkehrs auf einen riesigen Flächenbedarf, der jeglichen menschlichen Maßstab sprengt, zehren an unserem Wunsch nach Lebensqualität. Um den Verkehr effizienter zu gestalten, wird zersiedelt statt verdichtet. Wie können wir dieser Tendenz der Zersiedlung durch den Verkehr zugunsten einer verbesserten Lebensqualität entgegentreten?

Abb. 3: Zürich, Langstrassenquartier, Planausschnitt. Foto: Google Maps

Punkt 2: Verkehrsfreie Begegnungsräume in städtischen Quartieren

Diesen Punkt möchte ich an einem konkreten Beispiel, dem Langstrassenquartier im Zentrum von Zürich, demonstrieren. Es ist ein feinmaschiges, sehr belebtes, dichtes Quartier mit engen Straßen. Heute sind alle Straßen rege befahren. Feinmaschig bedeutet aber auch kurze Straßenabstände, also viele Kreuzungen. Straßenkreuzungen hemmen den Verkehrsfluss. Je weiter also die Kreuzungen des Straßennetzes einer Stadt auseinander liegen, desto besser kann der Verkehr fließen und desto mehr Verkehr aufnehmen.

Abb. 4: Marktgasse in Winterthur, reine Fußgängerstraße, ergänzt durch Schnittzeichnung zur Darstellung einer zweigeschossigen Erschließung.
Foto: Claude Schelling; Prinzipschnitt: Werner Jäggi

Auf dem Plan sehen Sie weitmaschige rot gefärbte Straßen für einen effizienten Verkehrsfluss und engmaschige, grün gefärbte Straßen, welche nur von Fußgängern und Velofahrern, spielenden Kindern, alten Leuten usw. benützt werden. Parkplätze sind auf beiden Straßentypen keine mehr zu sehen. Das weitmaschigere Straßennetz (rot gefärbte Straßen) könnte jeweils ein Netz zusammenhängender Fußgängerstraßen (grün gefärbte Straßen) umschließen. Der Fahrverkehr würde über Rampen direkt vom Straßennetz in Einstellhallen unter die Fußgängerstraßen geführt. Diese Einstellhallen, welche zugleich die Funktion der vorher oberirdischen Anfahrtswege übernehmen, ermöglichen es, dass die darüber liegenden Straßenräume reine Fußgängerstraßen werden. Ein solches Erschließungssystem nenne ich „zweigeschossige Erschließung". Sämtliche heute bestehenden Einzelgaragen, sonstige Abstellplätze, Sammelgaragen und Parkhäuser – samt dem Raum für alle Zugangsstraßen und Rampen – könnten frei werden für übrige städtische Funktionen, wie Lager, Werkstätten, Tagesstätten, Kindergärten, Ateliers usw.

Straßenbereich und Fußgängerbereich sind vollständig auf den öffentlichen Grund konzentriert. Eine der engen Straßen – im Plan die grünen – ist auch die Langstrasse, eine Einkaufsmeile. Ansprechend ist ihre Lebendigkeit, ihre Vielfalt. Es braucht aber mehr Lebensqualität, damit Menschen wirklich ein Leben lang darin wohnen können. Am analogen Beispiel der Marktgasse, einer reinen Fußgängerstraße in Winterthur in der Nähe von Zürich, zeige ich das Prinzip der zweigeschossigen Erschließung, indem das Straßenfoto durch eine Schnittzeichnung ergänzt wird. Hier sehen Sie die Veränderung.

Der Fußgänger ist ungestört darüber, der Verkehr mit Parkierung/Anlieferung darunter. Autoprobleme, sowohl für Verkehr als auch für Parkierung sind mit der zweigeschossigen Erschließung gelöst. Die Finanzierung ist ebenfalls kein Problem: Ihre Verzinsung wäre mit der Anlieferung, der Parkplatzmiete und Parkuhren gesichert, d.h. Kostendeckung nach dem Verursacherprinzip. Auf diese Weise gewinnen wir Lebensqualität zurück – sowohl für Anwohner als auch für Passanten, Kinder, alte Leute usw. Der Zwischenraum zwischen den Häuserzeilen gehört in diesem Gebiet wieder dem Fußgänger. Die engen und lauschigen verwinkelten Straßen müssen so nicht mehr zugunsten des Verkehrs ausgeweitet und begradigt werden. Die von den roten Straßen umschlossenen Flächen mit grünen Straßen werden wieder zu familienfreundlichen Wohngebieten. Auf diese Weise könnten Straßen mit Autoverkehr um 60–80% reduziert werden, ein wesentlicher Beitrag an eine wohnliche Stadt. Menschenlärm ist sozialer Lärm. Man fühlt sich geborgen in der Menschenmenge. Das Prinzip der zweigeschossigen Erschließung kann für jedes Quartier, jede Siedlung und für viele innerstädtische Orte angewendet werden. Zweigeschossige Erschließung muss auch bedeuten, dass der Autofahrer von der gleichen Seite an das Haus herankommt wie der Fußgänger darüber. Das erleichtert die Orientierung wesentlich. Mit einer zweigeschossigen Erschließung werden mit Vorteil zwei Zeilen von Gebäuden gleichzeitig erschlossen, nämlich links und rechts der Fahrbahn und der Fußgängerebene.

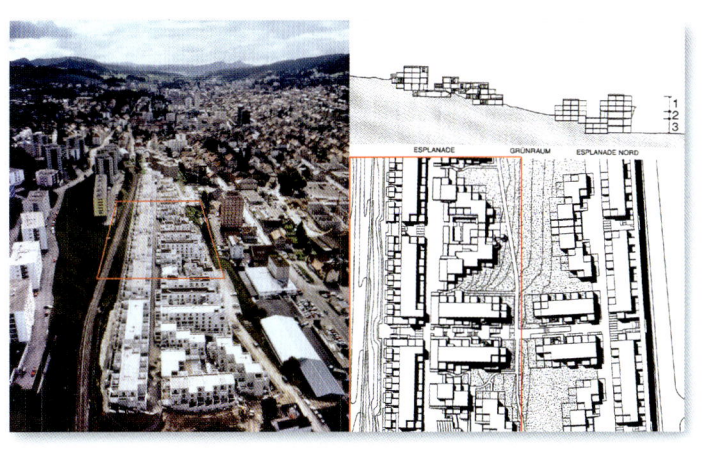

Abb. 5: Luftaufnahme des Wettbewerbsprojektes.
Foto: Eric Leuba; Planausschnitt: Quartierbau

Punkt 3: eigene Beispiele

Hier werde ich eine Siedlung aus meiner Tätigkeit als freischaffender Architekt zeigen. Ich habe das Prinzip der zweigeschossigen Erschließung in allen meinen bisherigen Siedlungen und Stadtquartieren seit 1970 angewendet. Es ist hier konkret die Siedlung Esplanade in La Chaux-de-Fonds, Wettbewerb 1989, erstellt 1995. Die Verdichtung ist das deutlichste Resultat der zweigeschossigen Erschließung. Im Wettbewerb wurden 180 Wohnungen vorgeschrieben. Mit den gleichen Vorgaben von Ausnützung und Freiflächen konnten wir 294 Wohnungen und 3500 m² Nutzfläche für Gewerbe, Restaurants, Detailhandel, Schulen usw. erstellen. Abbildung 5 zeigt das ausgebaute Wettbewerbsprojekt.

Darüber hinaus mussten wir im Wettbewerb aufzeigen, wie wir uns einen zukünftigen Ausbau des ganzen Quartiers vorstellten. Wie das aussieht, sehen Sie in einem Situationsausschnitt. Das rot markierte Feld auf dem Foto entspricht dem rot markierten Feld auf dem Situationsausschnitt. Erst mit dem Vollausbau des Quartiers würde es zum reinen Begegnungs-

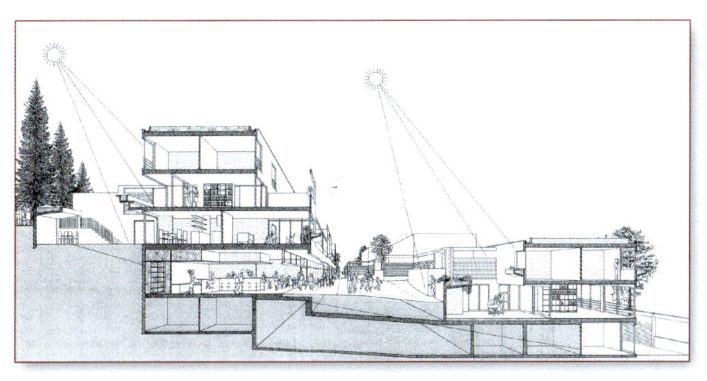

Abb. 6: Schnittperspektive für den Wettbewerb 1989
Graphik: Claude Schelling+Partner AG, Zürich

raum für Fußgänger. Der Autoverkehr befindet sich unter den beiden Fußgänger-Hauptachsen.

Der Raum für die Autos liegt ein Geschoss unter der Fußgängerebene. An der Breite der Einstellhalle sehen Sie auch, wie viel breiter der Straßenraum darüber sein müsste, um zusätzlich zu den Fußgängern noch Raum für Parkplätze zu schaffen. Trotzdem war diese Bauweise nicht verteuernd, dies wegen der kostendeckenden Miete der Parkplätze. Wegen der Mehrdichte wurde der Wohnungsbau sogar wesentlich günstiger, da der teure Grundstückspreis

Abb. 7: Hauptfußgängerachse im reinen Fußgängerbereich.
Foto: Hannes Henz

sich auf mehr Wohnraum verteilt. Interessant: Die Fußgänger haben trotz Verdichtung mehr Raum für sich.

Im ganzen Bereich der Siedlung Esplanade in La Chaux-de-Fonds stört kein Auto das Spiel der Kinder und den unsicheren Gang der alten Leute. Wie sicher sich die Menschen auf der Fußgängerstraße fühlen, ist auch daraus ersichtlich, dass sich in den gewerblichen Räumen hinter den Arkaden vier Grundschul- und zwei Kindergartenklassen befinden. Dieser Fußgängerbereich dient zugleich als Pausenplatz.

Punkt 4: Siedlungen mit zweigeschossiger Erschließung über Autobahnen als Autobahnüberbauungen

Mit Hochleistungsstraßen in Siedlungsbereichen können die äußersten Punkte der Agglomerationen in kurzer Zeit erreicht werden. Diese immer effizienteren Straßenverbindungen machen entferntere Orte immer attraktiver. Das lässt die Metropolen wachsen und damit auch die Verkehrsimmissionen. Je mehr man sich auf diesen Hochleistungsstraßen den Stadtzentren nähert, desto dichter wird das Verkehrsaufkommen, was zu täglichen Staus bis zu mehreren Kilometern Länge führt. Es ist deshalb sinnvoll, die Verkehrsimmissionen an solchen Orten in einen Tagbautunnel einzupacken, und zwar aus Kostengründen genau über dem aktuellen Verlauf der Autobahn. Das erlaubt sofort, von außen her bis an die Tunnelwände zu bauen. Auf der Tunneldecke entstehen riesige überbaubare Flächen. Hier zeige ich Ihnen ein Beispiel für eine Autobahnüberbauung über einem geeigneten Autobahnteilstück, auf dem Gebiet der Gemeinde Wallisellen am Nordrand von Zürich.

Heute ist die Autobahn ein trennendes Element. Auf diesem Teilstück können 1600 Wohnungen und 80.000 m² für Läden, Büros, Schulen usw. gebaut werden. Wir sehen den reinen Fußgängerbereich über der Einstellhalle und das Gan-

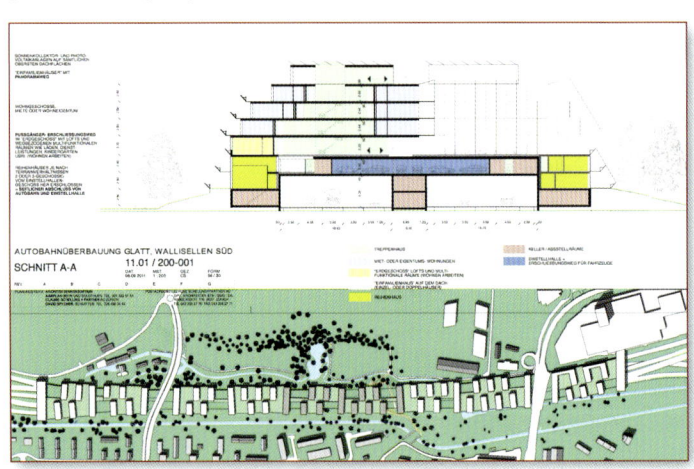

Abb. 8: Schnitt und Situation.
Graphik: Claude Schelling+Partner AG, Zürich

ze über der Autobahn! Autobahnüberbauungen können mit Vorteil von bestehenden Autobahnüberquerungen bzw. Zufahrtsstraßen erschlossen werden. Auch hat die Siedlung über der Autobahn genügend Nahbereich und Freiraum. Der umgebende Grünraum um eine solche Autobahnüberbauung bleibt weitgehend intakt.

In den beiden Schemata (Abb. 9) sehen Sie die konsequente Trennung von Fußgänger- und Auto-Verkehr. Auf dem Schema für Fußgängerwege ist der Autoverkehr auf die beiden Autobahnüberquerungen beschränkt und über eine große Fläche vollständig aus der Oberfläche verschwunden. Auf dem Schema für Autoverkehr sehen Sie, dass sich der Verkehr auf den ockerfarbenen Flächen der Einstellhallen (= untere Ebene der zweigeschossigen Erschließung) von den beiden Kreiseln aus abwickeln kann. Eine solche Überbauung belastet die Öffentlichkeit finanziell nicht, da sich eine gute Rendite ergibt. Daher können Private, insbesondere auch Genossenschaften, eine solche Überbauung realisieren. Für die im Modell (Abb. 10) gezeigte Überbauung haben das Schweizerische Bundesamt für Strassen und das Planungsamt des Kantons Zürich je für sich eine Bewilligung in Aussicht gestellt. Elf Baugenossenschaften waren stark daran interessiert, Bauherrenfunktion zu übernehmen. Vorläufig geht eine derartige Überbauung wegen der vielfältigen Privatinteressen innerhalb der Gemeindeautonomie nur schleppend voran. Für Überbauungen dieser Größenordnung muss mit einer jahrelangen Entstehungszeit gerechnet werden.

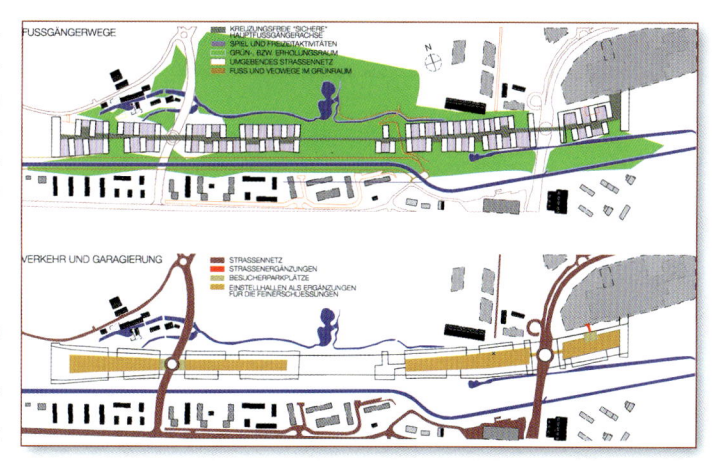

Abb. 9: Schema: Freiräume; Schema: Verkehr.
Graphik: Claude Schelling+Partner AG, Zürich

Abb. 10: Modellfoto der Autobahnüberbauung. Modell: Philippe Rohner; Foto: Claude Schelling+Partner AG, Zürich

Fazit und Appell

Durch die Anwendung zweier einfacher Grundprinzipien, zum einen der zweigeschossigen Erschließung und zum anderen der Überbauung von Autobahnen, können wir sehr viel erreichen:

- Mit zweigeschossiger Erschließung können wir Verkehrs- und Parkplatzprobleme eliminieren sowie Wohnlichkeit in Quartier und Stadt schaffen.

- Mit Autobahnüberbauungen können wir Kulturland retten (= Landschaftsschutz).
- Bereits bestehende Autobahnüberführungen können wir gleichzeitig als Erschließungsstraßen für Autobahnüberbauungen benützen und dadurch weiteren Straßenbau vermeiden.
- Mit Autobahnüberbauungen fallen die Baukosten der Öffentlichkeit nicht zur Last, da diese kostendeckende Rendite erbringen.
- Mit Doppelnutzungen gewinnen wir das für den Straßenverkehr verlorene Land zurück und schaffen dadurch Mehrwert.
- Mit beiden Prinzipien steigern wir generell die Lebensqualität.

Ich möchte den Bogen schließen zum Anfang meines Referates, das ich mit der Wohnungssuche eröffnet habe: Stellen Sie sich vor, Sie hätten Ihre Wohnung hier gefunden, wie in Abbildung 11 zu sehen. Es sei die Wohnung mit der roten Gartentür in der Gartensiedlung Grindel, Volketswil (Wettbewerb 1983, Gartensiedlung, 280 Wohnungen mit 35.000m² verkehrsfreien Begegnungsraum, ausgeführt in Etappen bis 1992). Darunter, d.h. im unteren Geschoss der zweigeschossigen Erschließung parkieren die Autos. Andernorts fährt möglicherweise unter dieser Erschließung für die Autos zusätzlich noch der Schnellverkehr der Autobahn durch.

Ob in zentralen Lagen einer Stadt, einem Siedlungsneubau oder über einer Autobahn stellt sich die Frage nach der Qualität der unmittelbaren Umgebung nicht mehr. Denn wo immer das Prinzip der zweigeschossigen Erschließung realisiert wurde, werden Sie eine qualitativ hochwertige Umgebung für Ihre Wohnung finden. Wie in Abbildung 11 zu sehen, ist hier oben der Autoverkehr kein Thema: Hier ist Lebensqualität.

Abb. 11: Gartensiedlung Grindel, Fußgängerbereich der zweigeschossigen Erschließung. Foto: Claude Schelling+Partner AG, Zürich

Autorinnen und Autoren

Berkemann, Karin
Dipl.-Theologin, Dr. theol., Kunsthistorikerin M.A., Architekt in der Denkmalpflege; seit 2013 Kustodin der Gustaf-Dalman-Sammlung, seit 2014 theol. Lehrauftrag an der Universität Greifswald; Mit-Herausgeberin des Online-Magazins moderneREGIONAL; freies Büro für Baukunst nach '45 (www.nachkriegsmoderne.info).
E-Mail: kirchen.kunst@gmx.de

Buschmann, Walter
Dr.-Ing. habil.; Architekt und Denkmalpfleger (u.a. Technik- und Industriedenkmale); Lehraufträge, seit 2013 apl. Prof. an der RWTH Aachen, LFG Denkmalpflege und Bauforschung.
E-Mail: w.buschmann@50933koeln.de

Caparrós Sanz, César
Architekt; aktives Mitglied der Gruppe Ahora Arquitectura, u.a. mit Vorträgen und Führungen.
E-Mail: ccsanz2004@yahoo.es

Fengel, Heidi
Graduierte Bauingenieurin Architektur; seit 2005 Leiterin der Unteren Denkmalschutzbehörde der Stadt Wolfsburg.
E-Mail: heidi.fengel@stadt.wolfsburg.de

Gaukel, Inken
Dipl. Ing.; Studium der Architektur, Kunstgeschichte und Philosophie; ab 2006 freiberufliche Architekturhistorikerin mit Schwerpunkt Stuttgarter Architektur des 19. und 20. Jahrhunderts, seit 2009 Lehrbeauftragte am Institut für Kunstgeschichte der Universität Stuttgart; seit 2013 im Landesamt für Denkmalpflege im Regierungspräsidium Stuttgart projektbezogen mit dem Aufbau einer Datenbank zur Weißenhofsiedlung und der Auswertung der Archivalien beschäftigt.
E-Mail: inken.gaukel@rps.bwl.de

Gierczak, Dariusz
Studium der Geographie und Slawistik (Russisch/Tschechisch); seit 2008 Mitarbeit im Projekt Historisch-topographischer Städteatlas von Schlesien am Herder-Institut Marburg.
E-Mail: dariusz.gierczak@herder-institut.de

Granta, Dace
Dipl.-Geografin, Master Raumplanung; seit 2008 Senior Expert im Ministerium für Umweltschutz und regionale Entwicklung Lettlands.
E-Mail: dace.granta@varam.gov.lv

Gütschow, Matthias
Dipl.-Ing. Architekt; seit 2005 Projektentwicklung und -steuerung von Baugemeinschaftsprojekten, seit 2008 Fortbildungsveranstaltungen sowie Beratung von Projektinitiativen und Kommunen zum Thema Baugemeinschaften.
E-Mail: mail@matthiasguetschow.de

Gunzelmann, Thomas
Dr.; Studium der Geographie, Geschichte und Verwaltungswissenschaft; seit 1988 beim Bayerischen Landesamt für Denkmalpflege, aktuell als Hauptkonservator und stellv. Leiter des Referats Siedlungs- und Kulturlandschaftsdokumentation (thomas-gunzelmann.net).
E-Mail: thomas.gunzelmann@blfd.bayern.de

Hahn, Martin
Dr.-Ing., Studium der Geografie, Kunstgeschichte und Denkmalpflege; seit 2011 stellv. Referatsleiter für Planungsberatung/städtebauliche Denkmalpflege im Landesamt für Denkmalpflege Baden-Württemberg; Lehrbeauftragter an der Hochschule für Wirtschaft und Umwelt Nürtingen-Geislingen und der Hochschule für Technik Stuttgart.
E-Mail: martin.hahn@rps.bwl.de

Hasche, Katja
Dipl. Architektin MAS ETH; seit 2005 selbständige Tätigkeit im Bereich Denkmalpflege und Architekturjournalismus, Schwerpunkt 20. Jahrhundert/Nachkriegsarchitektur, seit 2014 wissenschaftliche Mitarbeiterin an der Bauhaus-Universität Weimar (Denkmalpflege und Baugeschichte).
E-Mail: katja.hasche@uni-weimar.de

Höppner, Gabriele
Dipl.-Ing. Landschaftsplanung, MLA Landschaftsbewertung; als Landschaftsplanerin tätig in den Bezirken Reinickendorf und Spandau von Berlin mit Schwerpunkt Gewässerplanung; zuletzt freischaffende Landschaftsplanerin; Mitglied in der Interessengemeinschaft Bauernhaus e.V. als Beauftragte für (Kultur-)Landschaft.
E-Mail: gh@landschaftsplanung-berlin.de

Kirsch, Jana
Dipl.-Pädagogin, Studium des Bauingenieurwesens und der Erziehungswissenschaften; seit 2006 tätig für die SPI gGmbH als Quartiermanagerin in Halle-Neustadt; seit 2010 Mitglied im Bundeskonvent Baukultur und Jurymitglied des „Preis Soziale Stadt", Mitinitiatorin des Bündnis Soziale Stadt Sachsen-Anhalt.
E-Mail: j.kirsch@spi-ost.de

Knufinke, Ulrich
Dr.-Ing. habil.; Germanist M.A., Dipl.-Ing. Architekt; derzeit freier Mitarbeiter an der Bet Tfila-Forschungsstelle für jüdische Architektur in Europa; Forschungsaufenthalte an der Hebräischen Universität Jerusalem (Publikation „Bauhaus: Jerusalem"); zahlreiche Vorträge und Führungen u.a. zur Vermittlung kulturhistorischer Bildung an eine breite interessierte Öffentlichkeit.
E-Mail: U.Knufinke@gmx.de

Kuhn, Gerd
Dr. phil.; Studium der Neueren Geschichte und Gesellschaftswissenschaften (Soziologie/Politik); seit 1997 akademischer Mitarbeiter an der Universität Stuttgart, Institut Wohnen und Entwerfen; seit 2002 Mitherausgeber der Informationen zur Modernen Stadtgeschichte (IMS); 2008 Gründungsmitglied des Bundesverbandes Baugemeinschaften.
E-Mail: gerd.kuhn@iwe.uni-stuttgart.de

Kurtenbach, Sebastian
B.A. Soziale Arbeit, M.A. Sozialwissenschaft; aktuell Promotionsstudium an der Universität zu Köln („Leben im Problemviertel – Sozialer Wandel und Auswirkungen von Segregation und Desinvestition auf Nachbarschaftsbeziehungen in westdeutschen Großsiedlungen am Beispiel Köln-Chorweiler"); seit 2014 Lehrbeauftragter an der Universität zu Köln und der Ruhr-Universität-Bochum.
E-Mail: kurtenbach@wiso.uni-koeln.de

Langner, Bernd
Dr. phil.; Studium der Kunstgeschichte mit Schwerpunkt Architektur sowie Germanistik und Geschichte; berufliche Stationen: Universität Stuttgart, Landesdenkmalamt Baden-Württemberg, Geschäftsführung in Kunsthandel, Wissensvermittlung und Kommunikation, langjähriger Dozent für Kunst- und Architekturgeschichte Universität Stuttgart; seit 2013 Geschäftsführer des Schwäbischen Heimatbundes.
E-Mail: langner@schwaebischer-heimatbund.de

Luser, Hansjörg
Dipl.-Ing. Architekt; 1992–2004 Leiter des Amts für Stadtentwicklung und Stadterhaltung Graz; seit 2005 wieder als freier Architekt tätig, seit 2006 geschäftsführender Partner von HoG architektur ZT GmbH (M. Emmerer, C. Luser, Hj. Luser).
E-Mail: hj.luser@hog-architektur.com

Mauelshagen, Christine
M.Sc. Geographie; seit 2015 wissenschaftliche Mitarbeiterin an der Rheinisch-Westfälischen Technischen Hochschule Aachen, Institut für Sprach- und Kommunikationswissenschaft, im Projekt „Kommunale Energieversorgungssysteme der Zukunft".
E-Mail: christinemauelshagen@gmail.com

Oberhofer, Josef
Nach Handelsoberschule und Studium der Betriebswirtschaft Tätigkeit als Lehrkraft an der Handelsschule in Auer und Bozen, parallel Weiterbildung in den Bereichen Biologie, Natur- und Landschaftsschutz; 1990 Eintritt in den Heimatpflegeverband Südtirol, dort als Geschäftsführer tätig; aktuell Ausbildung zum kommunalen Klimaschutzbeauftragten.
E-Mail: info@hpv.bz.it

Okresek, Marie-Theres
Ausbildung an der TU München-Weihenstephan und der Universidade de Évora; 2001 gemeinsam mit Tobias Baldauf, Florian Otto und Rupert Halbartschlager Gründung des Kollektivs bauchplan).(., Arbeit in Projekten an der Schnittstelle zwischen Raum und Gesellschaft, derzeit mit Niederlassungen in München und Wien (www.bauchplan.de).
E-Mail: mt@bauchplan.at

Pöge-Alder, Kathrin
Dr. phil.; Studium der Germanistik und Musikerziehung; beim Landesheimatbund Sachsen-Anhalt e.V. Referentin für historische und gegenwärtige Alltagskultur; Erzählforscherin (u.a. Studienbuch „Märchenforschung" und ein Erzählerlexikon).
E-Mail: poege-alder@lhbsa.de

Pump-Uhlmann, Holger
Dr., Dipl.-Ing. Architekt; tätig als Architekturhistoriker, Untersuchungen zu den Wirkungsweisen innerstädtischer Einkaufszentren und Beratungen von Bürgerinitiativen und Kommunen zu diesem Thema, stadtbauhistorische und bauhistorische Gutachten und Forschungsarbeiten, städtebauliche Entwicklungskonzepte und deren Umsetzung.
E-Mail: h.pump-uhlmann@catal.de

Rothe, Katrin
Regisseurin, die Trickfilm mit anderen Formaten verbindet; Studium der Experimentellen Filmgestaltung an der UdK Berlin; ihr Dokumentarfilm BETONGOLD bekam den Adolf-Grimme-Preis 2014, den 3Sat Dokumentarfilmpreis für die beste deutschsprachige Dokumentation im Rahmen der 37. Duisburger Filmwoche und den Journalistenpreis „Der lange Atem".
E-Mail: info@karotoons.de

Schelling, Claude
Dipl.-Ing. Architekt; Arbeit u.a. bei Arne Jacobsen in Kopenhagen, seit 1970 selbständig als Architekt in Zürich, seit 1991 Weiterführung des Architekturbüros als Claude Schelling+Partner Architekten AG, Hauptaufgaben: Wohnungsbau/Siedlungsbau im städtebaulichen Kontext.
E-Mail: claudeschelling@c-schelling.ch

Schinker, Nils M.
Dr.-Ing. Architekt; seit 2006 wissenschaftlicher Mitarbeiter TU Dresden (Prof. Thomas Will, Denkmalpflege und Entwerfen), Projektarchitekt beim Forschungsvorhaben „Hochwasserschutz für Grimma"; Mitautor beim Antrag für das UNESCO-Weltkulturerbe für die Gartenstadt Hellerau.
E-Mail: Nils_M.Schinker@tu-dresden.de

Simon-Philipp, Christina
Dr.-Ing., Architektin und Stadtplanerin; seit 2007 Professorin für Städtebau/Stadtplanung an der Hochschule für Technik Stuttgart; Forschungstätigkeit u.a. zu Großwohnsiedlungen der 1960er und 1970er Jahre, städtebauliche Beratungen, Mitwirkung in zahlreichen Preisgerichten und Gremien.
E-Mail: cs@simon-philipp.de

Stoetzer, Sergej
Dr. phil., Dipl.-Pädagoge; 2013–2014 tätig im Bereich „Naturwissenschaftlich-Technische Bildung und Räume" am zdi-Zentrum Duisburg Niederrhein an der Universität Duisburg-Essen, seit 2015 bei der LPE Technische Medien GmbH.
E-Mail: stoetzer.sergej@technik-lpe.com

Storelli-Metzeltin, Christiana
Architektin und Landschaftsforscherin; Mitarbeit in internationalen Arbeitsgruppen u.a. an: Europäische Städtecharta, Europäische Landschaftskonvention, Europäische Charta für die Gleichheit von Mann und Frau in Lokalbehörden. Auszeichnung „Goldener San Valentino" der Stadt Terni (Italien) für Engagement zu Themen der Gleichberechtigung und Demokratie; Ehrenmitglied des Europarats.
E-Mail: cristorelli@hotmail.com

Wörner, Hans Martin
Seit 1972 Technischer Lehrer für Satz, Fotosatz und photographische Medien an der Staatl. Akademie der Bildenden Künste Stuttgart, Institut für Buchgestaltung, FB Kommunikations-Design und FB Kunst, dort bis zur Pensionierung 2010 auch Hausfotograf; ehrenamtlich tätig u.a. als Chronist der Dürrlewang-Siedlung und Initiator verschiedener Bürgerinitiativen.
E-Mail: hans-martin-woerner@t-online.de

Zutz, Axel
Dr.-Ing., Dipl.-Landschaftsplaner, Landschaftsgärtner; lebt und arbeitet als Garten- und Planungshistoriker in Berlin, Forschung und Publikationen v.a. zur Entwicklung von Gartenkunst und Landschaftsplanung während des 20. Jahrhunderts; engagiert für die Anerkennung und Bewahrung des gartenkulturellen Erbes der DDR.
E-Mail: axel.zutz@65.b.shuttle.de

Anschriften BHU und BHU-Landesverbände

Bund Heimat und Umwelt in Deutschland (BHU)
Bundesverband für Kultur, Natur und Heimat e.V.
Adenauerallee 68, 53113 Bonn
E-Mail: bhu@bhu.de, Internet: www.bhu.de
Bankverbindung: Kreissparkasse Köln
Konto 100 007 855, BLZ 370 502 99
IBAN DE 94 3705 0299 0100 0078 55
BIC COKSDE33

Präsidentin: Dr. Herlind Gundelach, MdB
Bundesgeschäftsführerin: Dr. Inge Gotzmann

BHU-Landesverbände

Bayerischer Landesverein für Heimatpflege e. V.
1. Vorsitzender: Landtagspräsident a. D. Johann Böhm
Geschäftsführer: Martin Wölzmüller
Ludwigstraße 23, 80539 München
Tel. 089 2866290, Fax 089 28662928
E-Mail: info@heimat-bayern.de
Internet: www.heimat-bayern.de

Verein für die Geschichte Berlins gegr. 1865 e. V.
Vorsitzender: Dr. Manfred Uhlitz
Geschäftsstelle: Henning Nause
Lichterfelder Ring 103, 12279 Berlin
Tel. 030 7115806
E-Mail: nause@DieGeschichteBerlins.de
Internet: www.DieGeschichteBerlins.de

Brandenburg 21 – Verein zur nachhaltigen Lokal- und Regionalentwicklung im Land Brandenburg e. V.
Vorsitzende: Marion Piek
Haus der Natur, Lindenstraße 34, 14467 Potsdam
Tel. 01523 3877263,
E-Mail: marion.piek@nachhaltig-in-brandenburg.de
Internet: www.nachhaltig-in-brandenburg.de und www.lebendige-doerfer.de

Bremer Heimatbund – Verein für Niedersächsisches Volkstum e. V.
Vorsitzer: Wilhelm Tacke
Geschäftsführer: Karl-Heinz Renken
Friedrich-Rauers-Straße 18, 28195 Bremen
Tel. 0421 302050

Verein Freunde der Denkmalpflege e. V. (Denkmalverein Hamburg)
Vorsitzender: Helmuth Barth
Alsterchaussee 13, 20149 Hamburg
Tel. und Fax 040 41354152
E-Mail: info@denkmalverein.de
Internet: www.denkmalverein.de

Gesellschaft für Kultur- und Denkmalpflege – Hessischer Heimatbund e. V.
Vorsitzende: Dr. Cornelia Dörr
Geschäftsführerin: Dr. Irene Ewinkel
Bahnhofstraße 31 a, 35037 Marburg
Tel. 06421 681155, Fax 06421 681155
E-Mail: info@hessische-heimat.de
Internet: www.hessische-heimat.de

Lippischer Heimatbund e. V.
Vorsitzender: Bürgermeister a. D. Friedrich Brakemeier
Geschäftsführerin: Yvonne Huebner
Felix-Fechenbach-Straße 5 (Kreishaus)
32756 Detmold
Tel. 05231 627911/-12, Fax 05231 627915
E-Mail: info@lippischer-heimatbund.de
Internet: www.lippischer-heimatbund.de

Landesverband Mecklenburg-Vorpommern
befindet sich in Neugründung. Kontaktaufnahme über BHU

Niedersächsischer Heimatbund e. V.
Präsident: Prof. Dr. Hansjörg Küster
Geschäftsführerin: Dr. Julia Schulte to Bühne
An der Börse 5 – 6, 30159 Hannover
Tel. 0511 3681251, Fax 0511 3632780
E-Mail: Heimat@niedersaechsischer-heimatbund.de
Internet: www.niedersaechsischer-heimatbund.de

Rheinischer Verein für Denkmalpflege und Landschaftsschutz e. V.
Vorsitzender: Prof. Dr. Heinz Günter Horn
Geschäftsführerin: Dr. Heike Otto
Postanschrift: Ottoplatz 2, 50679 Köln
Besucheranschrift: Hermann-Pünder-Straße 1
50679 Köln
Tel. 0221 8092804/-5, Fax 0221 8092141
E-Mail: otto@rheinischer-verein.de
Internet: www.rheinischer-verein.de

Institut für Landeskunde im Saarland e. V.
Direktor: Regierungsdirektor Delf Slotta
Zechenhaus Reden, Am Bergwerk Reden 11
66578 Schiffweiler
Tel. 06821 9146630, Fax 06821 9146640
E-Mail: institut@iflis.de
Internet: www.iflis.de und
www.institut-landeskunde.de

Landesheimatbund Sachsen-Anhalt e. V.
Präsident: Prof. Dr. habil. Konrad Breitenborn
Geschäftsführerin: Dr. Annette Schneider-Reinhardt
Magdeburger Straße 21, 06112 Halle (Saale)
Tel. 0345 2928610, Fax 0345 2928620
E-Mail: info@lhbsa.de
Internet: www.lhbsa.de

Landesverein Sächsischer Heimatschutz e. V.
Vorsitzender: Prof. Dr. Hans-Jürgen Hardtke
Geschäftsführerin: Susanna Sommer
Wilsdruffer Straße 11/13, 01067 Dresden
Tel. 0351 4956153, Tel./Fax 0351 4951559
E-Mail: landesverein@saechsischer-heimatschutz.de
Internet: www.saechsischer-heimatschutz.de

Schleswig-Holsteinischer Heimatbund e. V.
Präsident: Minister a. D. Dr. Jörn Biel
Geschäftsführerin:
Dr. sc. agr. Ute Löding-Schwerdtfeger
Hamburger Landstraße 101, 24113 Molfsee
Tel. 0431 983840, Fax 0431 9838423
E-Mail: info@heimatbund.de
Internet: www.heimatbund.de

Schwäbischer Heimatbund e. V.
Vorsitzender: Fritz-Eberhard Griesinger
Geschäftsführer: Dr. Bernd Langner
Weberstraße 2, 70182 Stuttgart
Tel. 0711 239420, Fax 0711 2394244
E-Mail: info@schwaebischer-heimatbund.de
Internet: www.schwaebischer-heimatbund.de

Heimatbund Thüringen e. V.
Vorsitzender: Dr. Burkhardt Kolbmüller
Geschäftsführerin: Barbara Umann
Hinter dem Bahnhof 12, 99427 Weimar
Tel. 03643 777625, Fax 03643 777626
E-Mail: info@heimatbund-thueringen.de
Internet: www.heimatbund-thueringen.de

gegenseitige Mitgliedschaft:
Deutsche Burgenvereinigung e. V.
Präsidentin: Prof. Dr. Barbara Schock-Werner
Geschäftsführer: Gerhard A. Wagner
Marksburg, 56338 Braubach am Rhein
Tel. 02627 536, Fax 02627 8866
E-Mail: dbv.marksburg@deutsche-burgen.org
Internet: www.deutsche-burgen.org